■《资本论》专题研究丛书

全国中国特色社会主义政治经济学研究中心（福建师范大学）2022年重点项目研究成果

全国经济综合竞争力研究中心2022年重点项目研究成果

福建省"双一流"建设学科——福建师范大学理论经济学科2022年重大项目研究成果

福建省社会科学研究基地——福建师范大学竞争力研究中心2022年资助研究成果

《资本论》专题研究参考资料　8

一般利润率趋向下降规律

主编：李建平　黄　瑾
执行主编：鲁保林

中国财经出版传媒集团
经济科学出版社
Economic Science Press

图书在版编目（CIP）数据

一般利润率趋向下降规律/李建平，黄瑾主编；鲁保林执行主编. -- 北京：经济科学出版社，2023.1

（《资本论》专题研究丛书. 《资本论》专题研究参考资料；8）

ISBN 978 - 7 - 5218 - 4520 - 4

Ⅰ.①一····　Ⅱ.①李···②黄···③鲁···　Ⅲ.①利润率下降趋势的规律 - 研究　Ⅳ.①F014.392

中国国家版本馆 CIP 数据核字（2023）第 027699 号

责任编辑：孙丽丽　戴婷婷
责任校对：刘　昕
责任印制：范　艳

一般利润率趋向下降规律

——《资本论》专题研究参考资料·8

主　编　李建平　黄　瑾

执行主编　鲁保林

经济科学出版社出版、发行　新华书店经销

社址：北京市海淀区阜成路甲 28 号　邮编：100142

总编部电话：010 - 88191217　发行部电话：010 - 88191522

网址：www.esp.com.cn

电子邮箱：esp@esp.com.cn

天猫网店：经济科学出版社旗舰店

网址：http://jjkxcbs.tmall.com

北京季蜂印刷有限公司印装

710×1000　16 开　28 印张　420000 字

2023 年 9 月第 1 版　2023 年 9 月第 1 次印刷

ISBN 978 - 7 - 5218 - 4520 - 4　定价：119.00 元

绪　　论

平均利润率趋向下降规律是马克思主义经济学研究中经久不衰的理论课题。早在 20 世纪 60 年代，我国学者陈彪如就译介了吉尔曼的开创性研究成果①，但是彼时这一主题在国内学界并未受到太多关注，更未形成研究热潮。20 世纪 80 年代以来，关于这一主题的译介和评论成果大量涌现，与国际同行相比，国内学者的研究基本实现了从跟跑到并跑的迈进。

一、对利润率下降理论逻辑的辩护

利润率下降理论作为一个有机整体，包括一系列理论规定和认识环节。自从《资本论》第三卷出版以来，这一规律就一直受到各种质疑和诘难，主要涉及以下几个方面的问题。

（一）剩余价值率不变设定是否合理

在早期文献中，不少学者认为剩余价值率不变这一假设并不合理。琼·罗宾逊（J. Robinson，1962）认为，实际工资不变与剩余价值率不变不能同时存在。② 因为，如果剩余价值率固定不变，那么随着生产率提高，实际工资就得增加。爱德华·N. 沃尔夫（Edward N. Wolff，1979）也认为，假定剥削率不变来论证一般利润率下降规律是错误的。因为资本有机构成提高是劳动生

①　陈彪如：《吉尔曼〈利润率的下降〉一书评论综述》，载于《现代外国哲学社会科学（文摘）》1961 年第 4 期；吉尔曼、郭家麟、陈彪如：《利润的下降》，载于《国外社会科学文摘》1961 年第 1 期。

②　［英］琼·罗宾逊：《论马克思主义经济学》，纪明译，商务印书馆 1962 年版，第 34 页。

产率上升的标志,资本有机构成提高和剩余价值率不变不可能同时成立。①

　　针对上述非议,我国学者对马克思的理论进行了辩护。

　　第一,马克思运用的是抽象分析法和科学界普遍使用的叙述方法。抽象分析方法先把干扰、阻碍研究对象的运动、变化的一些因素排除掉,以便集中注意力找出研究对象的本质或运动的规律。② "为了对这种情况在其纯粹状态下进行研究,这个假定是必要的。"③ 此外,马克思采用的是从抽象到具体,从简单规定性到复杂规定性的叙述方法。先从最简单的特殊条件——剩余价值率不变——出发来阐明原理,然后再增加规定性,放松剩余价值率不变假设,以逐步推广到复杂的情况。④ 当把利润率下降规律的条件从"剩余价值率不变"拓展到"在劳动剥削程度不变甚至提高"情形时,"剩余价值率会表现为一个不断下降的一般利润率。"⑤ 换句话说,剩余价值率不变并非是利润率下降规律成立的必要条件。正如彭必源所说,马克思的这一假定并非严格不变,剩余价值率不变也不是这一规律成立的唯一前提。针对这一点去攻击马克思的规律站不住脚。⑥ 骆桢认为,剩余价值率变动对利润率下降趋势的影响,并不是马克思所忽略的因素,而是马克思在更高的抽象层次分析利润率长期趋势时所抽象掉的因素。⑦

　　第二,剩余价值率不变这一假定是合理的。薛宇峰(2015)认为,无论剩余价值率怎样无限制地提高和上升,剩余价值量的绝对增加受到一定限制。如果将剩余价值率的变动一并同时考虑探讨,会人为地增加问题讨

---

① Edward N. Wolff, "The Rate of Surplus Value, the Organic Composition, and the General Rate of Profit in the U. S Economy, 1947 –67", *The American Economic Review*, Vol. 69, No. 3 (1979): 329 –341.

② 袁镇岳、庄宗明:《对马克思的利润率下降倾向规律的"评论"的评论》,载于《中国经济问题》1983 年第 A 期。

③ 《马克思恩格斯文集》第 7 卷,人民出版社 2009 年版,第 120 页。

④ 鲁品越:《利润率下降规律下的资本高积累——〈资本论〉与〈21 世纪资本论〉的矛盾及其统一》,载于《财经研究》2015 年第 1 期。

⑤ 《资本论》第 3 卷,人民出版社 2004 年版,第 237 页。

⑥ 彭必源:《对国外学者非议马克思利润率下降规律的分析》,载于《当代经济研究》2008 年第 1 期。

⑦ 骆桢:《有机构成提高导致利润率下降的条件及其背后的矛盾关系》,载于《当代经济研究》2016 年第 8 期。

论的复杂性。①

第三，剩余价值率不变设定在一定条件也是成立的。袁镇岳、庄宗明早在 20 世纪 80 年代就已经证明，当生产率提高时，剩余价值率可以保持不变。因为生产率提高意味着劳动力的消耗也在增大，作为劳动力价值反映的实际工资就必须随着生产率增进而提高。假如工人的实际工资能够与每个工人平均创造的净产值同幅度增长，工人活劳动所创造的价值量在工人和资本家之间的分配将保持不变。

（二）资本有机构成提高的速率是否一定会超过剩余价值率

1. 资本有机构成不会提高

保罗·斯威齐（Paul M. Sweezy, 1987）认为，现在资本主义的生产是以生产效率高的机器代替生产效率低的机器，但这并不意味着是资本有机构成的提高。② 沃尔夫（1979）认为，假如实际工资和技术构成上升一样快，并且由于生产率提高所引起的劳动价值下降在两个部类中相同，那么有机构成不会提高。③

对于这一问题，袁镇岳、庄宗明（1983）认为，这种情形——实际工资和技术构成提高一样快并且相互抵消——在现实生活中并不存在。因为科学技术的发展总是首先使技术构成提高，然后才会影响到实际工资，所以后者提高的速度只可能比前者低。这样，即使两部类的产品价值以同样幅度下降，有机构成也总是提高的。一般地说，劳动生产率提高会使两部类的产品价值都下降，而情况往往是生活资料价值的下降快于生产资料价值，在技术构成比实际工资提高得更快或者第 1 部类产品价值比第 2 部类产品价值下降更快

---

① 薛宇峰：《利润率变化方向是"不确定"的吗？——基于经济思想史的批判与反批判》，载于《马克思主义研究》2015 年第 7 期。

② P. M. Sweezy, "Some Problems in the Theory of Capital Accumulation", *International Journal of Political Economy*, Vol. 17, No. 2 (1987): 38 - 53.

③ Edward N. Wolff, "The Rate of Surplus Value, the Organic Composition, and the General Rate of Profit in the U. S. Economy, 1947 - 67", *The American Economic Review*, Vol. 69, No. 3 (1979): 329 - 341.

的条件下，有机构成都会呈现出不断提高的倾向。针对上述责难，薛宇峰（2015）发出质疑："使用何种生产方式可以达到在资本有机构成没有提高的前提下，充分实现劳动生产率的快速提高？"[①] 他指出，技术进步的目标绝对不仅仅局限于使用新工艺新机器新材料新的生产方法来提高和增强企业劳动生产率，更重要的是资本家对劳动过程和对工人生产活动的控制与操作的提高和强化。它的本质在于：所使用的新的机器和新的工艺的出现迫使工人的功能被不断取代和弱化，直到他们的生产活动无法被机器取代为止。因此，资本有机构成提高是指工人在反对劳动强度提高以及在物价持续上升而工人要求提高工资的过程中，所必然出现的资本家不得不必须引进与使用的机械化、电子化与信息化，而绝对不是所谓资本家可以任意选择的生产方式与技术进步。[②]

2. 能否证明资本有机构成提高速率比剩余价值率高

莫里斯·道怖（Maurice Dobb，1962）认为，将新技术应用于所有企业，利润率可能是上升的。劳动生产率提高同时也会加速机器和生产资料价值的下降，相对剩余价值可能会超过资本有机构成提高带来的利润率的下降。[③]

首先，剩余价值率无法无限提高。那种认为在技术进步和劳动生产率提高条件下，剩余价值率增长可以永无止境的观点是不能成立的。在劳动生产力发展过程中，剩余价值率的无限提高存在一定的限制，而且随着资本有机构成的提高，剩余价值率提高的速率不得不降低。因为剩余价值率可以无限实现数量增加的可能性并不存在。而且，当必要劳动趋于零时，剩余价值率可以趋于无穷大。但这时剩余价值仍然是有限的。同时，资本构成也趋于无穷大了。所以，在剩余价值率趋于无穷大时，利润率可以下降，甚至趋于零。[④]剩余价值率无限提高还存在工人的生理因素和社会因素阻碍以及必要劳动时间趋向无限小这一前提，但后者是不成立的。[⑤]

①②④　薛宇峰：《利润率变化方向是"不确定"的吗？——基于经济思想史的批判与反批判》，载于《马克思主义研究》2015 年第 7 期。

③　［英］莫里斯·道怖：《政治经济学与资本主义》，松园、高行译，生活·读书·新知三联书店 1962 年版，第 95-96 页。

⑤　彭必源：《对国外学者非议马克思利润率下降规律的分析》，载于《当代经济研究》2008 年第 1 期。

　　其次，剩余价值提高并不能完全抵消资本有机构成提高所带来的利润率下降。因为"劳动生产率的提高不能完全补偿劳动量的（相对）减少，或者说，剩余劳动和所花费的资本的比例不是按照所使用的劳动的相对量减少的同一比例增长，这种情况之所以造成，部分是由于：只有当一定的投资领域的劳动生产率有了发展，……必要劳动量才会减少，即使在这些领域，劳动生产率的发展也是不平衡的。并且还会有各种抵消的因素起作用：工人……不会允许工资绝对降到最低限度，反而会努力争取在量上分享一些增长的共同财富。"① 从马克思的论述可以得出三点：一是剩余价值率提高以必要劳动量减少从而剩余劳动量相应扩大为前提，而这又以劳动生产率普遍提高为前提，但是劳动生产率普遍提高要有一个过程。二是必要劳动量下降还会受到工人的抵制。三是靠提高劳动剥削程度来补偿工人人数的减少存在不可逾越的界限。②

　　再次，剩余提高只是在一定时期内起反作用。即使在某一时期存在着剩余价值率上升速度大于资本有机构成从而使得利润率上升这种现象，它与马克思利润率下降规律也不矛盾。因为马克思多次说明过劳动剥削程度提高是抵消或延缓利润率下降规律的重要因素，但不会取消一般的规律。③

　　最后，剩余价值率可以完全抵消资本有机构成提高这个推论是不真实的。因为在这一推论中，只有资本价值构成，而没有看到资本技术构成，没有看到活劳动减少这一核心因素。没有看到马克思从技术构成与价值构成相统一的角度对剩余价值率与利润率的关系所作的论述。④ 实际上，现有的长时段研究都表明剩余价值率提高不足以抵消有机构成提高引起的利润率下降趋势。⑤

---

　　① 《马克思恩格斯全集》26 卷（Ⅲ），人民出版社 1974 年版，第 348 页。

　　②③　彭必源：《对国外学者非议马克思利润率下降规律的分析》，载于《当代经济研究》2008 年第 1 期。

　　④　彭必源：《评西方学者对马克思利润率下降趋势理论的分析》，载于《当代经济研究》2011 年第 3 期。

　　⑤　谢富胜、汪家腾：《马克思放弃利润率趋于下降理论了吗——MEGA2Ⅱ出版后引发的新争论》，载于《当代经济研究》2014 年第 8 期。

（三）技术进步是否为劳动节约型

根据马克思的前提条件，在资本主义生产方式下，生产力的发展表现为采用了节约劳动的技术，等量劳动使用的资本量不断上升，也就是剩余价值和预付资本的比值下降，马克思所说的相对剩余价值生产的机制是以节约劳动为主要特征的技术进步。[1]"技术进步的本质是机器劳动代替手工劳动"。[2]有学者认为，作为理性人，资本家会将资本投在价格低廉的劳动力而不是昂贵的机器上，这种做法不仅降低成本，而且可以增加利润。

技术进步具有节约活劳动的内在倾向，这可以从经济、技术和社会层面寻找原因。[3]

（1）节约活劳动的技术革新能够为资本家带来更大的经济利益。节约活劳动的新技术不但可以降低成本，还能提高劳动效率。提高劳动生产率还可以加速资本周转，提高年利润量或年利润率。陈恕祥认为，节约总资本是一种消极办法，并且其节约幅度和对利润率的影响在一定技术条件下又很有限。因此争取更大利润的办法和根本途径是从劳动者身上榨取更大生产力，就这种努力造成技术构成提高即所使用的活劳动量相对减少而言，可以说选择了节约劳动。鲁品越（2015）指出，绝对剩余价值生产所带来的利润必然是边际递减的，因为延长劳动时间的结果是劳动力质量下降，生产事故率和次品率上升，从而导致劳动生产率下降。资本家为追求更高利润率而持续提高技术投资，用更多机器代替劳动力，以获得更多相对剩余价值。[4] 骆桢（2010）认为，节约劳动或提高劳动生产率，不仅可以降低单位产品价格，而且能增加超额剩余价值总量。[5]

---

① 谢富胜、汪家腾：《马克思放弃利润率趋于下降理论了吗——MEGA2 Ⅱ 出版后引发的新争论》，载于《当代经济研究》2014 年第 8 期。

② 薛宇峰：《利润率变化方向是"不确定"的吗？——基于经济思想史的批判与反批判》，载于《马克思主义研究》2015 年第 7 期。

③ 高峰：《资本积累理论与现代资本主义》，社会科学文献出版社 2014 年版，第 58－63 页。

④ 鲁品越：《利润率下降规律下的资本高积累——〈资本论〉与〈21 世纪资本论〉的矛盾及其统一》，载于《财经研究》2015 年第 1 期。

⑤ 骆桢：《对"置盐定理"的批判性考察》，载于《经济学动态》2010 年第 6 期。

（2）与单纯节约资本的革新不同，节约劳动的革新和机械化会在生产过程内部和生产过程之间引起连锁反应。节约劳动的新技术一旦在生产的某个环节被采用，就会诱发一系列同类性质的技术发明和革新，迅速向整个企业、部门和社会扩张。

（3）资本主义条件下技术进步的节约劳动倾向具有深刻的制度根源和阶级根源。相对剩余价值生产作为资本主义典型的剥削方式，以劳动生产率不断提高为前提，这要求生产资料的数量相对于活劳动量要更快地增长。因此，资本主义生产本身就包含一种内在的趋势——扩大雇佣工人投入生产的劳动量，同时使活劳动不断被物化劳动所代替。[①] 实际上，即便存在剩余劳动力，资本家仍会主要投资于机器而不是劳动。否则，当资本主义社会出现失业大军后，也就不会有机器的改进了。而历史证明，正是机器的不断改进即资本家不断地投资于新机器，并将大量工人不断地抛入失业大军，才得以形成大量相对过剩的剩余劳动力。[②] 节约劳动也是用来对付工人阶级的一种手段：一是通过机械化加强对劳动过程和生产活动的控制。二是用来威胁工人、对付罢工以及应对工资的上升。[③]

也有学者认为，在马克思的分析中，资本主义技术进步不存在一个单纯的具体动机如利润率动机，而是一系列指向资本积累的复杂历史进程。在资本主义发展实践中，资本家进行技术更新的动机十分复杂，有些是出于成本考虑，有些出于产品改良机，有些可能出于控制劳动过程，有些可能出于市场扩张和生产效率动机，有些则是被裹挟进了技术更新浪潮。[④] 马克思的利润率趋向下降理论不在于论证每一种技术进步的具体形态都必然会导致利润率下降，而在于声明，不断扩大的资本积累过程会通过提升有机构成的途径影响利润率。这一理论允许某些具体的技术进步会导致利润率上升的反例，

① 牛文俊：《战后美国长期利润率变动研究》，南开大学博士学位论文，2009 年，第 103、104 页。
② 余斌：《平均利润率趋向下降规律及其争议》，载于《经济纵横》2012 年第 9 期。
③ 陈恕祥：《论一般利润率下降规律》，武汉大学出版社 1995 年版，第 48－50 页。
④ 裴宏、李帮喜：《置盐定理反驳了利润率趋向下降规律吗?》，载于《政治经济学评论》2016 年第 2 期。

只要这些技术进步不是从根本上否定资本积累过程。①

（四）皮凯蒂的误读和反批判

在《21 世纪资本论》中，皮凯蒂批评马克思利润率下降规律是错误的。理由有二：一是马克思研究利润率下降规律时没有关注生产率的提高，陷入了"无限积累原则"误区；二是利润率下降是一个错误的历史预言，因为资本收益率持续保持 4%—5% 甚至更高。②"马克思主义者的研究尤其强调利润率会不断下降——一个被证明是错误的历史预言，尽管这其中确实包含了有趣的直觉判断。"③ 资本主义主要国家资本收益率高企不下的事实，似乎与马克思的利润率下降规律理论存在矛盾。

针对皮凯蒂的批评，有学者指出，皮凯蒂的资本范畴和马克思的资本范畴是有本质区别的：在质的方面，皮凯蒂的资本概念是从"物"的视角，否定了资本的历史性和社会关系属性，抹杀了资本和劳动的对立，排除了劳动在利润（剩余价值）创造中的作用；从量的统计上看，皮凯蒂将全社会的财富的货币额作为资本的统计基础，比马克思资本范畴中的不变资本部分更宽泛，但不包括可变资本部分。皮凯蒂统计意义上的资本收益率会随着资本主义社会生产力的发展，由小于马克思理论中的利润率转变为大于马克思的利润率。④ 而马克思特别关注生产力的发展和生产率提高。利润率下降规律紧紧围绕生产力提高而展开。生产力提高不仅是利润率下降规律的根本原因，而且利润率下降还通过生产力的发展表现出来。利润率下降与生产力的发展，

---

① 裴宏、李帮喜：《置盐定理反驳了利润率趋向下降规律吗?》，载于《政治经济学评论》2016 年第 2 期。

② 宁殿霞：《破解〈21 世纪资本论〉之谜——皮凯蒂对马克思的误解及其辨正》，载于《当代经济研究》2015 年第 8 期。

③ 托马斯·皮凯蒂：《21 世纪资本论》，巴曙松等译，中信出版社 2014 年版，第 53 页。转引自鲁品越《利润率下降规律下的资本高积累——〈资本论〉与〈21 世纪资本论〉的矛盾及其统一》，载于《财经研究》2015 年第 1 期。

④ 桑朝阳、马可：《资本收益率高企和利润率下降规律——皮凯蒂对马克思理论的经验证明》，载于《当代经济研究》2018 年第 11 期。

从而与生产率的提高之间是内在统一的。① 马克思曾指出，"劳动的社会生产力的同一发展，在资本主义生产方式的发展中，一方面表现为利润率不断下降的趋势，另一方面表现为所占有的剩余价值或利润的绝对量的不断增加。"②"利润率下降，不是因为劳动的生产效率降低了，而是因为劳动的生产效率提高了。"③ 此外，皮凯蒂的历史数据不仅没有否定马克思的理论，而且证明了马克思利润率下降规律的科学性。皮凯蒂的"资本收益率＞经济增长率"这一研究结论，揭示了资本主义制度日益尖锐化的矛盾，论证了马克思"资本主义生产的真正限制是资本自身"的重要论断，也就是"资本的发展程度越高，它就越是成为生产的界限，从而也越是成为消费的界限"的论断。④ 马克思的资本一般利润率下降规律和皮凯蒂的资本收益率高企，是全社会资本积累过程的两个对立的方面：利润率下降规律驱使资本寻求高利润率，使得资本收益集中于在市场竞争中胜出的资本，而亏损则集中于在市场中失利的资本，由此产生了表面上违背利润率下降规律的资本收益率高企的现象，其背后是资本的不断积累与集中。⑤ 皮凯蒂关于资本收益率基本稳定不变的经验统计结果，恰好证明了马克思的利润率下降规律的正确性。⑥

至于皮凯蒂为何误读了马克思，概括起来有两个方面的原因。第一，世界观的原因。皮凯蒂的世界观导致他"只是从客体的或者直观的形式去理解"他自己面对的现实和马克思的理论。第二，批判方法的原因。⑦

（五）利润率下降是否源于实际工资提高

在对马克思利润率下降理论的非议中，流行着一个极具误导性的观点，

---

① 宁殿霞：《利润率下降规律：一个亟须破解的迷局》，载于《天津社会科学》2016 年第 5 期。
② 《马克思恩格斯文集》第 7 卷，人民出版社 2009 年版，第 248 页。
③ 《马克思恩格斯文集》第 7 卷，人民出版社 2009 年版，第 267 页。
④⑦ 宁殿霞：《破解〈21 世纪资本论〉之谜——皮凯蒂对马克思的误解及其辨正》，载于《当代经济研究》2015 年第 8 期。
⑤ 鲁品越：《利润率下降规律下的资本高积累——〈资本论〉与〈21 世纪资本论〉的矛盾及其统一》，载于《财经研究》2015 年第 1 期。
⑥ 桑朝阳、马可：《资本收益率高企和利润率下降规律——皮凯蒂对马克思理论的经验证明》，载于《当代经济研究》2018 年第 11 期。

那就是把利润率的下降归咎于实际工资提高。首先，马克思反对用工资率的变化来说明利润率的下降。[1] 马克思说，"最荒谬的莫过于用工资率的提高来说明利润率的降低了，虽然这种情况在例外的场合也是存在的。只有理解了形成利润率的各种关系，才有可能根据统计对不同时期、不同国家的工资率进行实际的分析。"[2] 其次，马克思将利润率下降由实际工资提高的情况作为特殊因素，排除在利润率变动的一般规律之外。"利润率的提高或降低——由[劳动的]供求的变化，或者由必需品价格（同奢侈品相比）暂时的提高或降低（这种暂时的提高或降低又是由供求的这种变化和由此造成的工资的提高或降低引起的）造成的工资的提高或降低所决定的利润率的提高或降低——同利润率提高或降低的一般规律没有任何关系，正象商品市场价格的提高或降低同商品价值的规定根本没有任何关系一样。"[3] 彭必源（2011）指出，工资是影响利润率的因素之一，把利润率下降仅仅归结为由实际工资提高所造成的论点是不能成立的。[4]

二、"置盐定理"研究

在批判马克思利润率下降理论的观点和文献中，置盐信雄的批评最为直接也最为尖锐，以其命名的理论——"置盐定理"，影响深远。

（一）置盐定理的基本内容

1961 年，日本经济学家置盐信雄指出，除非实际工资率有足够高的上升，否则资本家引进的技术创新不会降低一般利润率。具体来说，基本品行业的技术创新会提高一般利润率，而非基本品行业的创新对一般利润率水平没有影响。置盐还指出，利润率趋向下降的规律并不是马克思体系大厦赖以存在

---

[1] 彭必源：《对国外学者非议马克思利润率下降规律的分析》，载于《当代经济研究》2008 年第1 期。

[2] 《马克思恩格斯文集》第 7 卷，人民出版社 2009 年版，第 267 页。

[3] 《马克思恩格斯全集》第 26 卷（Ⅲ），人民出版社 1974 年版，第 345 页。

[4] 彭必源：《评西方学者对马克思利润率下降趋势理论的分析》，载于《当代经济研究》2011 年第 3 期。

的基石。试图从规律中演绎出危机理论的努力注定将失败。[①] 置盐信雄的上述论点后来被学界命名为置盐定理。此后，围绕置盐定理的论战拉开帷幕。

（二）对置盐定理的批判性分析

以 2010 年《技术变革与利润率》的中译本发表为界，我国学者对置盐定理的批判分为两个阶段。

1. 2010 年以前

2010 年以前，高峰、彭必源等学者都触及了这一问题，但他们基本上都是引用马克思和西方学者的观点反驳置盐定理。彭必源认为，个别资本家采用新技术会提高本部门的资本有机构成和利润率，但其最终要导致整个社会的一般利润率下降。从采用新技术所带来的利润率高于采用原有技术的利润率，不能推导出随着新技术的扩散一般利润率一定会提高。因为一般利润率的高低主要取决于整个社会总资本的平均构成。如果某个部门由于新技术的采用而提高了资本有机构成，则必然导致一般利润率下降。如果新技术的采用，改变了原有的资本的有机构成，就一定会改变平均利润率形成的条件。[②]

2. 2010 年以后

随着《技术变革与利润率》的中译本发表，关于置盐定理的批判开始增多。主要论点可以概括如下：

第一，置盐定理的前提假设和马克思的利润率趋向下降理论相去甚远。骆桢（2010）指出，置盐之所以得到利润率上升的结论，是因为其假设前提保证了"剩余价值率"变动是快于"有机构成提高"的速度的。实际上，置盐定理的三个假设——实际工资不变、"成本准则"以及利润率由斯拉法价格体系决定——与马克思的思想都相去甚远。首先，资本主义企业推进技术进步的动机在于追逐超额利润。在马克思的理论中，资本主义技术进步的主导类型是节约劳动的。其原因是节约劳动或提高劳动生产率，不仅可以降低单

---

① 置盐信雄：《技术变革与利润率》，载于《教学与研究》2010 年第 7 期。

② 彭必源：《评西方学者对马克思利润率下降趋势理论的分析》，载于《当代经济研究》2011 年第 3 期。

位产品价格，而且能增加超额剩余价值总量。其次，置盐所采纳的价格体系蕴含着"市场自动出清"的均衡思想，无法分析"价值实现"的困难。作为相对价格体系，其不能分析总量层次的动态和矛盾。资本主义企业的技术进步必然推动总量层次的资本积累基本矛盾的展开，从而对利润率产生影响。最后，把实际工资作为一个独立变量"孤立"起来也是不恰当的。马克思认为，技术进步和相对剩余价值率的提高同时可以伴随实际工资的增长。而实际工资增长和利润率下降是在同一原因下出现的、是同时并存的规律。实际工资增长只涉及剩余价值率提高速度的快慢（这是利润率下降的抵消因素之一）。[1]

第二，置盐定理和马克思利润率趋向下降规律在经济原则上是相容的。尽管由于方法论等基本观点的差异，置盐定理和马克思利润率趋向下降规律虽不能被看作相同的理论，但是二者在经济原则上是相容的。置盐定理实质上正是证明了利润率趋向下降理论中所预言的反作用因素。

置盐定理假设资本家选择技术进步的标准是成本下降，这一标准等价于单位资本的利润率上升。马克思的利润标准强调的是利润总量而非利润率，资本家会接受一个利润率较低但资本积累造成利润量更大的技术进步，而且，这一技术进步并非如置盐定理所描述的那样是一个基于个别资本家的短期的技术比较和选择，而是一个资本积累的宏观的历史产物。[2] 置盐定理把某一类特定类型的技术选择（即单位商品成本下降）作为资本主义技术进步的一般特征，对资本主义技术进步的理解缺乏历史感，无法用于把握大历史尺度的资本主义运动规律。因此，置盐定理不能对马克思利润率趋向下降规律的第三命题造成实质性的评价。当我们用马克思的技术进步观点替换置盐的"成本标准"时，仍然能够在置盐定理的环境下得到马克思的第三命题。因此，置盐定理论证了满足一定特征的具体的技术进步所导致的利润率变化的市场理论，而马克思的利润率趋向下降规律则试图建立一个抽象的、超越具体技术进步形态并以资本积累为核心的资本主义历史理论。

---

① 　骆桢：《对"置盐定理"的批判性考察》，载于《经济学动态》2010 年第 6 期。

② 　裴宏、李帮喜：《置盐定理反驳了利润率趋向下降规律吗？》，载于《政治经济学评论》2016 年第 2 期。

　　如果技术进步路径是利润率标准或是规模报酬不变下的成本标准如置盐定理的假定，那么新均衡下的一般利润率会上升；而如果技术进步被视作资本积累的产物，以总利润为标准，甚至遵循其他更复杂的技术进步历史路径，那么就会引致利润率趋向下降与利润量上升并存的表现形式。置盐定理恰恰保证了马克思所主张的利润率上升反例的存在，置盐定理是一个"正确的特例"。因为置盐定理实质上揭示的是某一类型的技术进步由于提高了剩余价值率从而在观测意义上体现了上升的剩余价值率。这可以被蕴含在马克思所说的由于剩余价值率上升而导致利润率上升的反例当中，这种特例并没有从原则上反对利润率趋向下降规律的作用机制。孟捷和冯金华（2016）认为，置盐定理是对利润率下降理论的一个补充。置盐定理是在价格和实物量纲上考虑问题，而马克思是在价值量纲上考虑问题。这两个量纲虽有差别，但又是相互对应、相互转化的，置盐的贡献在于"将抵消利润率下降的一种特殊情形在理论上明确化了"，同时"使利润率的研究有可能从纯理论研究转化为利用数据的经验研究"。① 换句话说，置盐定理将理论分析转化为了经验度量，即由价值量纲的度量转为价格和实物量纲的度量。② 杨帅泓、朱安东（2021）放松实物工资不变的假设，在置盐定理框架中纳入固定资本建立了一个新的数理模型，该模型分析表明，资本有机构成更高的技术可能会降低利润率的上限，但在实际工资率提高的情况下，单个资本家会出于追求更高的利润率目的而采纳该技术，从而长期会导致利润率下降。因此，置盐定理并不能否定利润率趋于下降规律。③

　　置盐定理并不回答在技术进步过程中资本有机构成上升与否这一问题，也不涉及马克思所主张的从大的历史尺度上看，资本主义生产的发展蕴含"有偏技术进步"所造成的利润率下降趋势这一效应。④ 置盐定理和马克思的

　　①②　孟捷、冯金华：《非均衡与平均利润率的变化：一个马克思主义分析框架》，载于《世界经济》2016 年第 6 期。

　　③　杨帅泓、朱安东：《马克思—斯拉法生产价格体系下的利润率下降规律——对置盐定理的一个修正》，载于《当代经济研究》2021 年第 4 期。

　　④　李帮喜、王生升、裴宏：《置盐定理与利润率趋向下降规律：数理结构、争论与反思》，载于《清华大学学报（哲学社会科学版）》2016 年第 4 期。

一般利润率下降规律在以下三个方面存在重大差异。首先，二者对经济变量（特别是利润率）的定义不同。在马克思的框架中，平均利润率等于总剩余价值除以总资本量，因此逻辑上必须在剩余价值确定之后得以确定。但在置盐（1961）的证明中，平均利润率同剩余价值率没有逻辑上的直接联系。其次，二者的实际研究对象不同。马克思研究的是在资本主义生产力发展过程中，利润率的下降是一个动态历史过程，具有深刻的历史图景。而置盐定理实际上揭示的是一个在生产上物质耗费较低的技术可以产出一个较高的净剩余这一直观结果。置盐定理本质上可以说是对给定的技术矩阵本身生产性的研究，定理本身并没有涉及马克思的价值理论，反而跟马克思理论有一定的相容性。最后，二者对技术进步的理解不同。置盐定理中的技术进步说的是为了生产相同产品，资本家以减少成本为标准在不同种技术中进行的"工艺选择"，而在马克思的理论中，资本主义发展趋势是资本积累、技术进步以及工资变化相结合的结果，其中资本积累是核心，技术进步和工资都受资本积累的制约。所以，对马克思而言，技术进步一方面是资本家进行工艺选择导致的，另一方面也是社会总资本进行资本积累导致的。

　　第三，置盐定理对马克思的责难并不成立。（1）置盐定理责难马克思没有区分奢侈品行业与其他行业在一般利润率形成中的不同作用，实际上，马克思关于奢侈品行业也参与和服从一般利润率的观点是正确的。（2）责难马克思没有区分提高劳动生产率的技术创新与节约成本的技术创新。实际上，马克思科学阐明了提高劳动生产率的技术创新与节约成本的技术创新的界限。（3）责难马克思没有分析节约成本的技术创新会导致一般利润率会无一例外地上涨，实际上，马克思科学分析了节约生产成本的技术创新对一般利润率的影响。（4）责难马克思没有分析利润率的下降是由于实际工资上涨得足够高所导致，并认为利润率的运动是由阶级斗争所决定的。实际上，从长期来看利润率是趋向于下降的，而且影响工资和一般利润率的因素是多样的，二者的相对变化不只取决于阶级斗争。①

----

① 彭必源：《用马克思理论分析"置盐定理"》，载于《湖北工程学院学报》2012年第6期。

第四，置盐定理的前提假设不切实际。（1）技术进步在时间与空间上对不同企业和不同产业的利润率变动影响的区别和差异的讨论在"置盐定理"中被完全抛弃了。从个别企业选择新技术在部门中的普及过程和从企业和部门的利润率过渡到不同企业和部门间的社会一般利润率的形成过程来看，"置盐定理"完全忽视了劳动生产率在不同企业和部门间的差异，主观假定某一部门引进新技术后，所有部门和企业随即会形成不变资本价值同时即刻下降的局面。置盐定理没有区别引进不同的新技术的产业之间存在着新技术的差异，没有区别不同企业和不同产业之间劳动生产率的差别。（2）在相对静态条件下，"置盐定理"混淆了将各部门引进新技术后在内部发生的竞争过程，与不同部门引进不同的新技术后所发生的社会的竞争过程。对技术进步的影响与作用的议论被局限在相对静态的前提条件下，忽视了企业的实际利润率与社会的一般利润率的实质性差异。[1]（3）置盐定理关于资本家是否选择使用新技术的条件是必须符合"成本准则"是无法成立的。薛宇峰（2012）指出，其一是置盐信雄错误地将马克思提出的"生产率准则"等同于"成本准则"来进行分析。其二是置盐信雄没有认识到"利润准则"才是资本家进行生产的目标准则。[2]余斌认为，以所谓的成本准则取代利润准则，完全忽略了资本家对于利润的追逐。由于过于关注成本，置盐信雄忽略了有酬劳动和无酬劳动的区分，忽略了商品中所包含的剩余价值和商品价值本身的变动。[3]王智强（2011）认为，"生产率准则"和"成本准则"是等价的。成本降低只能靠生产不变资本和可变资本的社会必要劳动时间的缩短，从而成本价格的降低来实现，而社会必要劳动时间的缩短，成本价格的降低，只能靠劳动生产率的提高来实现。[4]（4）置盐定理所依赖的两个假设——实物工资率不变和新均衡能够形成——在长期的资本积累过程中无法保证。因此从某种意义

①　薛宇峰：《利润率变化方向是"不确定"的吗？——基于经济思想史的批判与反批判》，载于《马克思主义研究》2015年第7期。
②　薛宇峰：《"置盐定理"批判》，中华外国经济学说研究会第二十次学术年会，北京师范大学珠海分校，2012年12月。
③　余斌：《平均利润率趋向下降规律及其争议》，载于《经济纵横》2012年第9期。
④　王智强：《按照马克思的思想研究"定理"》，载于《当代经济研究》2011年第9期。

上讲，置盐定理更适合论证一个中短期状态，而非一个大尺度的历史趋势。这种局限性也源于其模型设定的非一般性。任何一个较为复杂的经济系统，置盐定理都不能对其利润率的变化趋势作预测。

第五，置盐信雄给出的一般利润率决定体系不符合资本主义经济规律。置盐定理的利润率决定体系是不符合资本主义经济规律本质的。这是因为，即使置盐给出的一般利润率决定体系能够求出一般利润率，但却无法解释每个部门都必须存在的正利润的性质及其来源问题。这种体系下的一般利润率，完全是由外在条件决定的，看不到平均利润与剩余价值之间、生产价格与作为转形出发点的价值之间的任何的联系。置盐信雄把对于所有部门都相同的"成本高出率"当成资本主义经济中的一般利润率、把存在于庸俗资本家意识中的相对价格当成价值的转化形式生产价格的原因，同时，也进一步干扰了他对一般利润率下降规律的研究。①

三、利润率下降理论的模型分析

数理模型具有严谨、简洁、直观的特点，往往能够使复杂的问题简单化、清晰化。在遵循马克思经典文本的基础上，使用数理逻辑来表达利润率下降理论具有重要价值，我国马克思主义经济学者在这一方面也颇有建树。

（一）余斌模型

假定资本有机构成提高前的预付总资本为 $C_1 + C_2 + V$，其中 C_1、C_2 和 V 分别代表固定不变资本、流动不变资本和可变资本。相应地，单个商品的成本价格为 $c_1 + c_2 + v$，产品数量为 n，剩余价值率为 m'，固定资本的损耗率为 $a(a < 1)$。于是，我们有：$nc_1 = \alpha C_1$，$nc_2 = C_2$，$nv = V$，剩余价值（利润）= nvm'，资本有机构成指数为 $C_v = \dfrac{C_1 + C_2}{V} = \dfrac{\dfrac{nc_1}{\alpha} + nc_2}{nv} = \dfrac{\dfrac{c_1}{\alpha} + c_2}{v}$，

---

① 王智强：《按照马克思的思想研究"定理"》，载于《当代经济研究》2011 年第 9 期。

利润率 $p' = \dfrac{nvm'}{\dfrac{nc_1}{\alpha} + nc_2 + nv} = \dfrac{vm'}{\dfrac{c_1}{\alpha} + c_2 + v}$。

现在，由于机器的采用节省了劳动力并提高了生产效率。假定原材料的价值以及原材料与产品之间的技术关系不变，即单个商品中所包括的 c_2 不变。单个商品的成本价格中固定资本转移的价值部分的变化为 $c_1 + \Delta(\Delta \geqslant 0)$。由于使用机器的条件在于机器的价值与其所替代的劳动力价值之间存在差额，因此单个商品的成本价格中可变资本部分变为 $v - \Delta - \delta(\delta \geqslant 0, v - \Delta - \delta > 0)$。假定新的产品数量为 n'，剩余价值率为 m''。通常情况下，新固定资本的损耗率会低于原固定资本的损耗率。这里假定两者相等，于是，机器采用后单个商品的成本价格为 $c_1 + \Delta + c_2 + v - \Delta - \delta = c_1 + c_2 + v - \delta$，新的预付总资本为 $\dfrac{n'(c_1 + \Delta)}{\alpha} + n'c_2 + n'(v - \Delta - \delta)$，

新的资本有机构成指数为：

$$C_v' = \frac{\dfrac{c_1 + \Delta}{\alpha} + c_2}{(v - \Delta - \delta)} = C_v + \frac{\dfrac{v\Delta}{\alpha} + (\Delta + \delta)\left(\dfrac{c_1}{\alpha} + c_2\right)}{(v - \Delta - \delta)v} > C_v,$$

新的利润率为：

$$p'' = \frac{n'(v - \Delta - \delta)m''}{\dfrac{n'(c_1 + \Delta)}{\alpha} + n'c_2 + n'(v - \Delta - \delta)} = \frac{(v - \Delta - \delta)m''}{\dfrac{(c_1 + \Delta)}{\alpha} + c_2 + v - \Delta - \delta}。$$

由于采用机器，资本有机构成得到了提高。不妨假定 $(v - \Delta - \delta)m'' = vm' = m$，这时 $m'' = \dfrac{v}{v - \Delta - \delta}m' > m'$，剩余价值率提高了。

在这里，$(v - \Delta - \delta)m'' = vm' = m$ 的假定，实际上存在高估 $(v - \Delta - \delta)m''$ 从而高估新的利润率问题。因此，即便剩余价值率因为生活消费品变得便宜而有所提高，但与工人人数的相对减少伴随的剩余价值量也会有所下降。由于这里要考察的是资本有机构成提高会导致利润率下降，因此，不妨高估一下新的利润率，只要这个高估的新利润率相比原利润率也是下降的，那么模型就能说明利润率趋向下降的结论。

根据上面的计算结果，

$$p'' - p' = \frac{m}{\frac{(c_1 + \Delta)}{\alpha} + c_2 + v - \Delta - \delta} - \frac{m}{\frac{c_1}{\alpha} + c_2 + v}$$

$$= \frac{-m\left(\frac{1-\alpha}{\alpha}\Delta - \delta\right)}{\left(\frac{c_1 + \Delta}{\alpha} + c_2 + v - \Delta - \delta\right)\left(\frac{c_1}{\alpha} + c_2 + v\right)}$$

因此，当 $\delta < \frac{1-\alpha}{\alpha}\Delta$（公式1）时，$p'' - p' < 0$ 即利润率下降。显然，α 越小，Δ 越大，公式1成立的可能性越大。另一方面，当 δ 大到使公式1有可能不成立时，关于 $(v - \Delta - \delta)m'' = vm'$ 的假定越难以成立。而当新的剩余价值量（利润量）由此小于原资本有机构成下的剩余价值量时，即便公式1不成立，利润率也是可以下降的。而如果 $m'' = m'$，即资本有机构成提高的生产部门所生产的产品与工人的消费无关，从而不能降低工人的生活消费品价值和工人的必要劳动时间，因而在工作日长度和劳动强度不变情况下，剩余价值率不变时，则无论公式1是否满足，都会得出 $p'' - p' < 0$，即利润率下降的结论。①

（二）马克思主义平均利润率规律的动态模型

马艳、李真（2007）对经典马克思主义资本有机构成假定条件进行重新界定之后，构建了一个新型马克思主义平均利润率规律理论框架。②

1. 动态模型假定条件

（1）技术进步不仅影响劳动的客观条件，同时也影响劳动的主观条件。

（2）社会必要劳动分为自然社会必要劳动和密度社会必要劳动，可变资本相应区分为外延可变资本（v_t）和内涵可变资本（$\hat{v}_t$）。

---

① 余斌：《平均利润率趋向下降规律及其争议》，载于《经济纵横》2012年第9期。

② 马艳、李真：《马克思主义平均利润率变动规律的动态模型》，载于《海派经济学》2007年第2期。

（3）资本区分为绝对资本有机构成$\left(\sigma=\dfrac{c}{v}\right)$和相对资本有机构成$\left(\beta=\dfrac{\hat{v}_t}{\hat{v}_{t-1}}\right)$。

（4）剩余价值率m'保持不变。

2. 预付资本总量不变条件下的平均利润率动态模型

内涵式用v_t表示t期外延式可变资本价值，$\bar{v}_t$表示t期可变资本价值，p'_t表示t期的平均利润率，m'不变，在$\sum\limits_{n=1}^{N}C_t=\sum\limits_{n=1}^{N}C_{t-1}$的前提下，可以推导出：$\overline{P'_t}=\beta g\,\overline{P'_{t-1}}$。

那么根据可变资本的内涵价值与可变资本的外延价值变化幅度不同，平均利润率可表述为三种变动情况：

（1）当$\beta>1$时，即$\left(\dfrac{\hat{v}_t}{\hat{v}_{t-1}}>\dfrac{v_t}{v_{t-1}}\right)$，$\overline{P'_t}>\overline{P'_{t-1}}$，技术进步导致相对资本有机构成增加，生产资料价值$c_t$增加，外延式可变资本价值$v_t$减少，然而由于可变资本的内涵价值$\hat{v}_t$增加，$\hat{v}_t$增加的幅度大于$v_t$减少的幅度，所以最终所生产的剩余价值是增加的，利润也增加，在预付总资本不变的情况下，平均利润率呈上升趋势。

（2）当$\beta<1$时，即$\left(\dfrac{\hat{v}_t}{\hat{v}_{t-1}}<\dfrac{v_t}{v_{t-1}}\right)$，$\overline{P'_t}<\overline{P'_{t-1}}$，$\hat{v}_t$增加的幅度小于$v_t$减少的幅度，所以最终所生产的剩余价值是减少的，利润也减少，在预付总资本不变的情况下，平均利润率呈下降趋势。

（3）当$\beta=1$时，即$\left(\dfrac{\hat{v}_t}{\hat{v}_{t-1}}=\dfrac{v_t}{v_{t-1}}\right)$，$\overline{P'_t}=\overline{P'_{t-1}}$，$\hat{v}_t$增加的幅度等于$v_t$减少的幅度，所以最终所生产的剩余价值是不变的，利润也不变，在预付总资本不变的情况下，平均利润率不变，长期看来是一条平行于横轴的直线。

3. 预付资本总量变化条件下的动态模型

当技术进步使得资本有机构成和预付资本价值同时增加时，平均利润率的动态变动规律也会出现不同的变化。可以推导出$\overline{P'_t}=\varnothing g\,\overline{P'_{t-1}}$，

这里$\varnothing=\dfrac{\hat{v}_t}{\hat{v}_{t-1}}\times\dfrac{C_{t-1}}{C_t}$

根据 Ø 的取值，可以推断在预付资本可变的情况下，平均利润率的变动规律为以下三种情况：

（1）当 Ø > 1 时，即 $\dfrac{\hat{v}_t}{\hat{v}_{t-1}} > \dfrac{C_{t-1}}{C_t}$，$\overline{P'_t} > \overline{P'_{t-1}}$，科技进步使得内涵式可变资本价值的增加幅度大于全部预付资本的增加幅度，平均利润率上升。

（2）当 Ø < 1 时，即 $\dfrac{\hat{v}_t}{\hat{v}_{t-1}} < \dfrac{C_{t-1}}{C_t}$，$\overline{P'_t} < \overline{P'_{t-1}}$，科技进步使得内涵式可变资本价值的增加幅度小于全部预付资本的增加幅度，平均利润率下降。

（3）当 Ø = 1 时，即 $\dfrac{\hat{v}_t}{\hat{v}_{t-1}} = \dfrac{C_{t-1}}{C_t}$，$\overline{P'_t} = \overline{P'_{t-1}}$，科技进步使得内涵式可变资本价值的增加幅度等于全部预付资本的增加幅度，平均利润率不变。

4. 模型的含义

在劳动主观条件变化的假定条件下，劳动生产率提高后，由于劳动密度增强（内涵式可变资本增加），在单位自然劳动时间里，价值和使用价值是同方向增长的。那么，在劳动力价值不变的条件下，剩余价值量、利润量以及平均利润率不仅会增加，而且将增加得更快。

（三）非平衡框架与平均利润率变动的一般模型

孟捷、冯金华（2016）指出，利润率的变化应置于一个以剩余价值生产和剩余价值实现的矛盾为基础的非均衡框架中。为此，他们重新设计了平均利润率和生产价格决定的方程，引入了代表再生产失衡的产品实现率这个概念，构建了一个可以解释平均利润率变动的一般模型。[①]

$$r = \dfrac{2\text{\O}}{a_1 + \omega\tau_2 + \sqrt{(\omega\tau_2 - a_1)^2 + 4a_2\omega\tau_1}} - 1$$

在上式中，平均利润率 r 取决于三项因素，即反映技术状况的消耗系数（a_1，a_2，τ_1，τ_2）、实际工资 ω 和实现率 Ø。如果假定实现率 Ø 不变，则平均

---

① 孟捷、冯金华：《非均衡与平均利润率的变化：一个马克思主义分析框架》，载于《世界经济》2016 年第 6 期。

利润率就只取决于消耗系数和实际工资。特别是如果假定实现率 Ø = 1，公式就变为：

$$r = \frac{2}{a_1 + \omega\tau_2 + \sqrt{(\omega\tau_2 - a_1)^2 + 4a_2\omega\tau_1}} - 1$$

这是所有产品都能够得到完全实现条件下的平均利润率决定公式。

如果再进一步假定实际工资不变，如 $\omega = \omega_0$，则上式就转化为：

$$r = \frac{2}{a_1 + \omega_0\tau_2 + \sqrt{(\omega_0\tau_2 - a_1)^2 + 4a_2\omega_0\tau_1}} - 1$$

这相当于置盐（1961）的平均利润率决定公式。

在上述平均利润率一般公式中，平均利润率将随实现率 Ø 的上升、消耗系数的下降（亦即技术的进步）以及实际工资 ω 的下降而上升。因此，在孟捷 - 冯金华模型里，平均利润率的变动受到技术进步、产品实现率和实际工资这三重因素的影响。这三重因素的并存意味着平均利润率的变化与生产率进步的联系不是直接的，而是以社会年产品的实现程度和成本的变化为中介，所谓置盐定理只是在假设产品实现率为 1 和实际工资不变前提下的特例。

四、利润率的实证研究

在对一般利润率下降规律进行理论分析的同时，学术界也就这一问题进行了大量的实证研究，并且侧重点也逐渐从单纯的理论逻辑研究转向实证研究为主。实证分析方法的多样化进一步推进和深化了对这个规律的认识及应用。

（一）关于美国经济利润率的实证研究

高峰（1991）计算了 1880—1979 年美国制造业部门的技术构成和价值构成。[①] 研究表明，100 多年来，美国制造业的资本有机构成呈现"提高—下降—提高"的变动模式。由于数据限制，他只计算了 1929—1984 年美国制造

---

① 高峰：《资本积累理论与现代资本主义》，南开大学出版社 1991 年版，第 104 - 105 页。

业的利润率。制造业的利润率动态主要呈下降趋势，但是与 20 世纪 20 年代以前相比，利润率的波动加强了。① 为了深入分析"二战"后美国制造业利润率及有关变量的动态，高峰还详细考察了 1949—1984 年制造业部门剔除能力利用率影响后的利润率。② 王庭笑（1988）运用实际统计资料计算了美国制造业 1859—1981 年长达 122 年的劳动生产率、资本技术构成、资本有机构成、剩余价值率和利润率等变量。③ 蒋建军、齐建国（2002）测算了 1960—1999年美国资本有机构成、剩余价值率和资本利润率，得出结论认为，马克思利润率下降规律对于知识经济不再适用了，知识产业发展带来的效率提升至少可以实现利润率稳定。④ 牛文俊（2009）对 1947—2006 年美国私人部门利润率的实证分析表明："二战"后美国经济形成了两个利润率长波，整体来看，利润率趋于下降。在整个利润率下降过程中，产出资本比起主要作用，解释了其变化的 37.8%，这说明资本技术构成提高是利润率下降的主要决定因素。⑤

谢富胜等（2010）基于韦斯科普夫分析框架计算了美国实体经济（NFCB部门）1975—2008 年的季度利润率。研究结果表明，近 30 多年来美国实体经济的利润率一直低迷，没有恢复到"二战"后繁荣时期的水平。对利润率的进一步分解表明，利润份额是 NFCB 部门利润率周期波动的最主要原因，产能利用率位居其次。1975 年以来，实体经济的盈利能力长期没有恢复，导致内部融资不足而依赖于外部融资。同时，实体经济部门的经营行为受股东价值运动的影响越来越短期化，其把大量的现金流用于股票回购以拉升股价和提高企业账面价值。在这两种因素的作用下，实体经济部门出现了巨大的金融缺口，外部融资的代价是企业把越来越多的剩余价值用于支付股息和利息。⑥ 赵英杰

---

① 高峰：《资本积累理论与现代资本主义》，南开大学出版社 1991 年版，第 330－331 页。
② 高峰：《资本积累理论与现代资本主义》，南开大学出版社 1991 年版，第 340 页。
③ 王庭笑：《资本主义一般利润率变动的长期趋势》，载于《南开学报》1988 年第 4 期。
④ 蒋建军、齐建国：《当代美国知识经济与"三率"变化分析》，载于《数量经济技术经济研究》2002 年第 10 期。
⑤ 牛文俊：《战后美国长期利润率变动研究》，南开大学博士学位论文，2009 年。
⑥ 谢富胜、李安、朱安东：《马克思主义危机理论和 1975—2008 年美国经济的利润率》，载于《中国社会科学》2010 年第 5 期。

（2013）对美国非农非金融类公司（NNFCB）利润率的实证研究表明，20 世纪 80 年代利润率的平均水平低于 70 年代，90 年代和 2000—2011 年利润率平均水平高于 70 年代和 80 年代。2000—2011 年利润率水平较前 30 年平均水平上升了 5.1%，与马克思在利润率趋向下降规律中表述的利润率的变化趋势不同。利润率变化的主导因素是剩余价值率，而且这样的主导作用在 2000 年以后更加突出，因为资本价值构成基本维持不变，与利润率趋向下降规律关于资本有机构成变化主导利润率变化趋势分析不同。① 在区分生产劳动和非生产劳动的基础上，鲁保林和赵磊（2013）测算了 1966—2009 年美国非金融公司部门的平均利润率和净利润率，并且考察了它们的演变过程及其根源。研究表明，影响利润率变动的主要因素是产出资本比，非生产劳动支出的增加抑制了净利润率的增长。② 李翀（2018）根据美国 1948—2015 年的实际经济数据证明：虽然一般利润率在相当长的历史时期趋向下降，但是一般利润率不是必然趋向下降的。③

（二）关于中国经济利润率的实证研究

高伟（2009）测算了 1987—2002 年中国经济的三种平均利润率，三种利润率均呈下降趋势。利润率趋于下降的原因是资本有机构成上升而剩余价值率没有显著的变动。该文发现名义投资增长率与利润率有一定相关性。④ 张宇、赵峰（2006）计算和分析了 1978—2004 年中国制造业剩余价值率、资本有机构成和利润率。发现资本有机构成对利润率的影响不大。⑤ 李亚平

① 赵英杰：《利润率趋向下降与经济危机关系的新探索》，载于《兰州商学院学报》2014 年第 1 期。

② 鲁保林、赵磊：《美国经济利润率的长期趋势和短期波动：1966—2009》，载于《当代经济研究》2013 年第 6 期。

③ 李翀：《马克思利润率下降规律：辨析与验证》，载于《当代经济研究》2018 年第 8 期。

④ 高伟：《中国国民收入和利润率的再估算》，中国人民大学出版社 2009 年版，第 124、125、138、139 页。

⑤ Zhangyu and Zhangfeng, "The Rate of Surplus Value, the Composition of Capital, and the Rate of Profit in the Chinese Manufacturing Industry: 1978—2005", paper presented at the second annual conference of the international forum on the comparative political economy of globalization.

（2008）从动态角度计算了我国制造业 1980—2006 年的利润率、资本有机构成和剩余价值率。该文的计量分析结果表明：对数利润率与对数资本有机构成和对数剩余价值率具有简单的线性关系。另外，该文的经验分析也证实了上述各个变量的变动趋势符合马克思的预测，其中制造业的利润率总体上趋向下降。制造业利润率的变化经历了三个明显有区别的阶段。[①] 赵峰等（2012）在马克思主义经济学国民经济核算方法基础上，以我国的投入产出核算为基础，整理计算出了 1987 年、1990 年、1992 年、1995 年、1997 年、2002 年和 2007 年我国国民收入账户主要的经济变量。实证分析发现：利润率在 20 年中整体呈下降趋势，其中个别年份出现了利润率提高的情况。[②] 鲁保林（2014）研究发现，1981—2009 年中国工业部门的利润率变动模式遵循马克思利润率下降规律。[③] 樊勇和李昊楠（2019）基于 2011—2015 年中国企业微观层面数据考察了马克思的利润率下降理论，指出"营改增"虽然提高了企业资本有机构成，但这种变化并没有及时转化为盈利能力提高，反而加速了平均利润率的下降趋势。[④]

　　谢富胜和李直（2016）借鉴谢克等建立的国民经济核算的政治经济学框架，然后结合中国实际估算了 1994—2011 年的一般利润率。研究发现，1994—2011 年中国经济一般利润率存在不断下降的趋势，进一步的分析表明，中国大量廉价劳动力导致了剩余价值率的提高，而重化工业扩张使得资本有机构成不断提高，不过后者的上升速度快于前者，从而一般利润率在这一时期是呈趋向下降的。[⑤] 基于谢富胜和郑琛（2016）[⑥] 的研究，吴晓华等（2020）估算了 1994—2018 年中国的一般利润率、剩余价值率、资本有机构

---

①　李亚平：《中国制造业利润率变动趋势的实证分析》，载于《经济纵横》2008 年第 12 期。

②　赵峰、姬旭辉、冯志轩：《国民收入核算的政治经济学方法及其在中国的应用》，载于《马克思主义研究》2012 年第 8 期。

③　鲁保林：《中国工业部门利润率动态：1981—2009 年》，载于《海派经济学》2014 年第 2 期。

④　樊勇、李昊楠：《资本有机构成变动与马克思利润率下降理论的再检验——以"营改增"为背景的实证》，载于《财政研究》2019 年第 3 期。

⑤　谢富胜、李直：《中国经济中的一般利润率：1994—2011》，载于《财经理论研究》2016 年第 3 期。

⑥　谢富胜、郑琛：《如何从经验上估算利润率？》，载于《当代经济研究》2016 年第 4 期。

成等指标。① 齐昊（2017）根据谢克和托纳克（1994）的方法，得出停滞的剩余价值率和上升的资本价值构成导致利润率趋于下降的结论。②

五、利润率下降危机理论及其拓展

经济危机理论是马克思政治经济学体系的重要组成部分，马克思没有专门阐述危机的论著，在其著作中，他从不同角度深刻论述了资本主义经济危机问题，但没有对此进行必要整合。③

（一）理论研究

陈恕祥（1996）系统研究了利润率下降与经济危机发生的联系。④ 利润率下降导致生产扩大、资本和人口过剩，加剧比例失调和社会消费需求不足。矛盾冲突的发展导致生产缩减、企业破产、工人失业、资本贬值，等等，最后形成经济危机。生产停滞、经济收缩的核心问题是"价值增值即利润率问题"。⑤ 薛宇峰（2012）认为，利润率下降规律和经济危机相联系的内容包括三个方面：第一，利润率下降规律的作用，这个规律的内部矛盾的展开，是导致经济危机发生的原因；第二，危机是阻碍利润率下降、对规律的趋势起反作用的因素；第三，以危机为起点的资本主义经济周期中实际利润率的变化，是规律的运动形式。⑥ 杨继国（2010）从利润率和经济增长率关系出发，阐明了利润率下降引发经济危机的形成机理：在资本主义经济运行过程中，追求利润最大化的资本家会不断地引进新技术、新工艺，从而提高

①　吴晓华、时英、陈志超：《中国经济中的利润率变化趋势及技术影响分析》，载于《福建师范大学学报（哲学社会科学版）》2020 年第 2 期。

②　齐昊：《剩余价值率的变动与中国经济新常态：基于区分生产劳动与非生产劳动的方法》，载于《政治经济学报》2017 年第 3 期。

③　谢富胜、李安、朱安东：《马克思主义危机理论和 1975—2008 年美国经济的利润率》，载于《中国社会科学》2010 年第 5 期。

④　陈恕祥：《论一般利润率下降规律》，武汉大学出版社 1995 年版，第 152 - 153 页。

⑤　陈恕祥：《论一般利润率下降规律》，武汉大学出版社 1995 年版，第 152 - 154 页。

⑥　薛宇峰：《"置盐定理"批判》，中华外国经济学说研究会第二十次学术年会，北京师范大学珠海分校，2012 年 12 月。

劳动生产率。与此同时，资本有机构成也在不断提高，由于资本有机构成有"递增"趋势而储蓄率和剩余价值率变化范围有限，因此经济增长率会呈递减趋势。一旦经济增长率下降到"负值"，"经济危机"就会爆发。①赵磊和刘河北（2017）认为，利润率下降规律是扩大生产与价值增殖矛盾的动态表现，利润率下降规律一方面在刺激资本积累的同时又限制着资本主义的发展，另一方面又导致商品价值和利润无法正常实现，资本生产总过程受阻，由支付手段引起的债权债务链条被打断，当矛盾被激化时，经济危机便发生了。②

（二）利润率下降危机理论的新发展

于泽（2009）运用利润率下降规律理论解释了美国次贷危机的发生机制。IT 投资浪潮以后，美国的劳动生产率迅速增长，资本深化和资本有机构成提高。同时人均资本投入的平均增长率高于平均劳动生产率的增长率，这意味着利润率随着资本深化必然进入下降阶段，利润率下降引发经济和金融危机。③谢富胜等（2010）结合黄金非货币化条件下货币和信用因素，在利润率新综合基础上，发展了在黄金非货币化条件下经济危机从债务收缩型危机向金融化危机转化的逻辑框架，并对 2008 年国际金融危机的根本原因和发生机制进行了探索。该文认为，美国的经济金融化根源于实体经济部门利润率的长期停滞，当资本试图通过金融活动恢复其获利能力时，借贷成本的增加反而压低了资本实际获得的利润率。美联储采取的宽松货币政策在短期内有利于金融部门的发展与经济金融化的持续，但同时造成了整个经济中各个环节、各个部门的风险累积。美联储为维护美元的国际地位和美国资本的利益而采取收紧利率的政策是这次金融危机的导火索。美国经济的金融化和新金融化积累模式的成因是美联储、金融部门、家庭部门、NFCB 部门与境外美元等多

---

① 杨继国：《基于马克思经济增长理论的经济危机机理分析》，载于《经济学家》2010 年第 2 期。

② 赵磊、刘河北：《利润率下降与中国经济新常态》，载于《四川大学学报（哲学社会科学版）》2017 年第 1 期。

③ 于泽：《IT 革命、利润率和次贷危机》，载于《管理世界》2009 年第 6 期。

方面因素综合作用的结果。[1]

六、中国经济利润率的下降与经济健康发展

一般利润率下降规律并非资本主义生产方式的专利产品，而具有市场经济的共性，是发达商品经济社会的必然伴生物。当然，在社会主义市场经济条件下，由于社会主义公有制这一"普照的光"，规律的表现形式和它"引起的社会经济后果"肯定会有所不同。另外，这个规律也给我们研究中国的现实经济问题提供了一种新的研究思路和分析视角。

刘程（2013）采用时间序列分析方法对 1983—2014 年我国工业部门资本利润率的变化进行了分析。2010—2014 年，利润份额、技术效率、出口份额和工业比重下降共同导致了利润率的下降。作者认为，加大技术研发投入、避免资本过度深化并促进我国劳动密集型工业产业进行升级和阶梯式转移，可以减缓利润率的下降趋势。[2]

为减缓一般利润率下降趋势，促进我国经济健康平稳运行，杨善奇认为要正确把握工资与利润的关系，国企、民企和外企之间的关系以及外需与内需的关系。处理好这三方面的关系可以在减缓利润率下降的压力的同时带动我国实体经济走出困境，实现健康平稳发展。[3]

针对经济运行中的"实冷虚热"问题，范方志、鲁保林和胡梦帆（2012）认为，这是一般利润率趋向下降规律在我国经济发展中发挥作用的结果。20世纪 90 年代末以来，相对于实体经济利润的低增长，资本更倾向于以房地产业为主的虚拟经济。基于实体经济现状，他们提出了扩大消费需求和推进自主创新两个解决方向。[4] 赵磊和刘河北发现，2007 年以后资本有机构成的快

---

① 谢富胜、李安、朱安东：《马克思主义危机理论和 1975—2008 年美国经济的利润率》，载于《中国社会科学》2010 年第 5 期。

② 刘程：《中国工业部门资本利润率变动趋势及其省际差异性研究》，广东外语外贸大学硕士学位论文，2013 年。

③ 杨善奇：《实体经济困境与思考——一个平均利润率趋向下降规律的分析》，载于《经济学家》2016 年第 8 期。

④ 范方志、鲁保林、胡梦帆：《利润率下降规律视角下的中国经济增长动力分析》，载于《毛泽东邓小平理论研究》2012 年第 10 期。

速上升和剩余价值率的相对下降，导致利润率快速下降，利润率下降是中国经济增长率下降的主要原因。针对经济新常态下利润率的下降趋势，该文提供了一个供给侧改革可以参考的视角——"资本的破坏"。①

七、简要述评

利润率趋向下降规律是现代政治经济学最重要的规律。在《资本论》第三卷中马克思用了相当大的篇幅来阐述这一规律，形成了一系列的认识阶段和理论环节，主要包括"剩余价值转化为利润""利润转化为平均利润""规律本身""起反作用的各种原因"以及"规律的内部矛盾的展开"等内容。利润率趋向下降规律内嵌于《资本论》庞大的逻辑体系之中，不仅是对劳动价值理论和剩余价值理论的实践验证，而且揭示了资本主义生产方式的历史局限性。

由于种种原因，规律自提出以来就一直受到各种挑战和质疑。总体而言，我国学者对规律提出质疑的少，为规律进行辩护的多。大体而言，国内的利润率下降理论研究可以分为四类：一是利润率下降理论论战史的梳理；二是对利润率下降理论争论的剖析；三是利润率下降理论数理模型的建构；四是利润率下降理论的实证研究。其中，以任力、周思成等为代表的学者归纳了西方学者关于马克思利润率趋向下降规律的争论焦点。以薛宇峰、彭必源等为代表的学者对剩余价值率不变设定是否合理、技术进步是否为劳动节约型等问题进行了系统性分析，以李帮喜、骆桢等为代表的学者对置盐定理进行了批判性分析，这些工作有力地捍卫了马克思的规律。以余斌、孟捷等为代表的学者通过引入新的假定条件来构建利润率下降规律数理模型，增强了这一规律的解释力；以高峰、谢富胜等为代表的学者测算了世界主要经济体的利润率变动趋势，得出了实际利润率趋于下降的结论，充分验证了规律的科学性。以陈恕祥、谢富胜等为代表的学者进一步拓展和应用了利润率趋向下

---

① 赵磊、刘河北：《利润率下降与中国经济新常态》，载于《四川大学学报（哲学社会科学版）》2017 年第 1 期。

降规律危机理论。特别是谢富胜的研究，将劳资斗争、价值实现和资本有机构成等因素纳入利润率公式，并结合黄金非货币化条件下货币和信用因素，形成了对马克思主义危机理论新的综合，引起了许多国外马克思主义学者的关注。以赵磊等为代表的学者运用利润率下降理论分析中国经济实际问题比如产能过程、供给侧结构性改革等，拓展了规律的适用空间。

虽然国内学术界关于利润率下降理论的研究起步较晚，但是自改革开放以来我们加大了对西方马克思主义经济学成果的译介和跟踪研究，经过几十年的努力我们的整体研究水平已经得到大幅度提升。同时，在与西方马克思主义学者就某些学术命题如置盐定理的交锋和碰撞过程中，我们的创新意识和问题意识进一步增强，已经涌现出一些有分量有质量的研究成果，形成了富有洞见的学术观点。但是，总体而言，我们关于这一规律的研究最多处在与国外学者并跑的阶段，我们的短板在于学术理念创新不够，提出新的学术命题和学术观点的能力不足，主动设置研究议题的敏锐度不够，同时也缺乏走向世界的意识，在国际学术领域的影响力还比较微弱。

目　　录

第三编　理 论 模 型

第四编　实 证 研 究

第五编　利润率下降危机理论及其拓展

第一编　论　战　史

西方学者对马克思利润率下降规律研究的新进展

任 力 王亮杰[*]

马克思在《资本论》第三卷中提出了利润率下降规律，这是马克思经济学中最为重要的理论之一。马克思认为，从长期来看，随着技术进步和劳动生产率不断提升，资本有机构成会随之提高，在剩余价值率不变的情况下，一般利润率会趋于下降。这一规律提出后引发了持久的争论。日本学者置盐信雄提出的"置盐定理"成了主要争论点。该定理认为，在实际工资不变的假设下，如果基本品部门引入的技术创新满足成本准则，那么整个经济的利润率将会提高。后续学者如 Roemer、中谷武、Laibman、Kliman 等人对这一定理展开了详细讨论。进入 21 世纪之后，学者们逐渐转向利润率下降规律的实证层面争论，其争论的主要方面包括马克思利润率的计算方式、利润率下降的原因以及利润率下降规律与经济危机的内在联系。目前国内外学者对利润率下降规律的最近进展缺乏系统性研究。基于此，本文将 21 世纪以来西方学者关于马克思利润率下降规律的研究划分为三个主要方面，即利润率计算方法的区分、利润率下降的不同解释、利润率下降规律与经济危机，进一步分析了利润率下降规律研究取得的进展以及存在的不足，并对利润率下降规律提供了一种创新性分析。

一、利润率计算方法的区分

（一）生产性部门与非生产性部门的划分

马克思在分析利润率下降规律时区分了生产性劳动和非生产性劳动。他

＊ 任力：厦门大学经济学院。王亮杰：厦门大学经济学院。

认为利润率的计算应该仅仅使用生产性部门的数据，因为非生产性劳动不能创造价值。20 世纪 80 年代，美国学者 Wolff 和 Moseley 对这一问题进行了争论，其争论的本质是非生产性劳动是否创造剩余价值。[①] Shaikh 和 Tonak 按照马克思价值理论将美国标准工业分类（SIC）划分为生产性部门和非生产性部门。他们在这一划分基础上计算生产性部门从业人数以及相应的工资水平，从而得到可变资本的货币量价值，但由于数据的不足，Shaikh 等人对相关部门的数据进行了近似估计。[②] 后续学者对 Shaikh 和 Tonak 的研究进行了进一步完善。Mohun 没有将服务业、公共事业、交通运输业、农业以及国有企业等行业当作一个整体来进行计算，而是进一步将这些部门划分为生产性部门和非生产性部门，并利用劳动统计局（BLS）以及国民收入核算账户（NIPA）数据分别估算了 1964—2001 年间这些部门可变资本的货币价值，这弥补了 Shaikh 和 Tonak 的数据不足问题。[③] Paitaridis 和 Tsoulfidis 将 Shaikh 和 Tonak 的方法运用到非生产性劳动与利润率的实证分析中，发现在 1963—2007 年期间，美国的剩余价值加速积累，但是剩余价值在生产性部门和非生产性部门之间的分配出现严重失衡。绝大部分剩余价值流入到非生产性部门，这导致用于生产性部门的投资增长速度远低于剩余价值的增长速度。[④]

（二）金融部门与非金融部门的区分

Fine 根据马克思相关理论将商业资本纳入利润率的计算中。假设产业资本家以下列价格出售商品：$(C + V)(1 + r)$，商业资本家按该价格购买商品，他所出售的商品总价格等于总价值，则有 $(C + V)(1 + r) + Br + K(1 + r) = C + V + S$，其中 B 是购买商品的货币资本，K 是用于楼宇、商业工人等开支

①　Wolff E. , "The Rate of Surplus Value, the Organic Composition, and the General Rate of Profit in the US Economy", *American Economic Review*, Vol. 69, No. 3 (1979): 329 – 341.

②　Shaikh A. , Tonak E. , *Measuring the Wealth of Nations*, Cambridge University Press, 1994.

③　Mohun S. , "On measuring the wealth of nations: the US economy, 1964—2001", *Cambridge Journal of Economics*, Vol. 29, No. 5 (2005): 799 – 815.

④　Tsoulfidis L. , "The Growth of Unproductive Activities, the Rate of Profit, and the Phase – Change of the U. S. Economy", *Review of Radical Political Economics*, Vol. 44, No. 2 (2012): 213 – 233.

的商业资本。Fine 在这一等式中表达了一个独特的观点，即预付商业货币资本 B 虽然不计入商品的销售价格，但是却获得平均利润率。对上式进行重新调整可得，$r = \dfrac{S - K}{C + V + B + K}$。Fine 定义的利润率计算公式从剩余价值中扣除了流通成本 K，同时在预付资本中加入商业资本 B + K。[①] Norfield 在 Fine 的基础上将金融资本加入利润率计算公式中，他将金融部门定义为其活动局限在吸纳存款和投资于金融资产的公司，他将全社会资本分为金融资本和产业资本，即不变资本 C 可以分为 $C_1 + C_2$，其中 C_1 为产业资本家预付的不变资本，另一部分不变资本 C_2 借自银行部门。同理，$V = V_1 + V_2$，$B = B_1 + B_2$，$K = K_1 + K_2$，E 表示银行自有资本，D 表示产业资本和商业资本向银行部门借入的资金，即 $D = C_2 + V_2 + B_2 + K_2$。Norfield 把包含产业资本、商业资本和银行资本的利润率写成 $r = \dfrac{S - K - E}{C_1 + V_1 + B_1 + K_1 + D + E}$。[②]

上述学者的研究主要对金融部门的利润率形成机制展开了理论层面的分析，其主要贡献在于界定了不同类型金融资本在金融部门平均利润率形成过程中的作用，其不足之处在于理论假设难以符合实践，对现实的解释力差。另一部分学者如 Duménil 等人不满足于理论模型层面的研究，借鉴 Weisskopf 于 1979 年提出的非金融部门利润率计算公式来实证研究金融部门的利润率变动规律。Weisskopf 的非金融部门（NFCB）利润率计算公式，即非金融部门利润率 =（总产出 - 工资补偿 - 资本折旧）/（固定资本 + 存货），本文称之为"Weisskopf 利润率"。[③] Duménil、Duménil 和 Lévy、Bakir 和 Campbell 进一步发展了 Weisskopf 利润率。Duménil 的创新之处在于将 Weisskopf 利润率在行业层面上进行了区分，研究发现，将高资本密集性行业剔除之后，美国非金融部门的利润率下降趋势变得比较明显，其原因在于高资本密集型行业的利润率较低且变动趋势不明显，这掩盖了非金融部门其他行业的利润率变

①② Norfield T., "Value Theory and Finance", in *Contradictions: Finance, Greed, and Labor Unequally Paid, ed. Zarembka.* Emerald Group Publishing Limited: Bingley, 2013: 161 - 195.

③ Weisskopf E., "Marxian Crisis Theory and the Rate of Profit in the Postwar U. S. Economy", *Cambridge Journal of Economics*, Vol. 3, No. 4 (1979): 341 - 378.

动趋势。① Duménil 等人首次将"Weisskopf 利润率"扩展到金融部门利润率计算中，他们提出了包括金融部门利润的"扩展型利润率"（Augmented Profit Rate）这一新颖的概念，其计算公式为 $r^* = $（净产值－劳动报酬－税收＋真实金融收入－真实金融成本）/净资产，"扩展型利润率"将金融部门的剩余价值纳入利润率计算中，这符合美国金融资本主义发展的现实情况。② Bakir 和 Campbell 进一步分析了"Weisskopf 利润率"在不同历史阶段的变动规律，将 1949—2001 年这一时期划分为十个短周期，其中每个周期分别包括扩张早期阶段 A、扩张晚期阶段 B 以及紧缩阶段 C，研究表明"Weisskopf 利润率"在 A 阶段呈现上升趋势，在 B 和 C 阶段呈现下降趋势，且在每个短周期中，利润份额下降是利润率下降的主要原因。从长周期来看，他认为利润率下降并不是从 1980 年的新自由主义阶段开始的，而是发生在 20 世纪 70 年代的过渡阶段。③ Bakir 和 Campbell 采用"扩展型利润率"计算公式进一步分析美国 1947—2011 年的金融部门利润率变化趋势。研究发现，"Weisskopf 利润率"低估了经济危机对金融部门利润率的冲击，而 NIPA 型利润率在新自由主义时期较好地拟合了扩展型利润率的变化轨迹，在 20 世纪 80 年代之前其拟合程度较差。④

　　将金融资本纳入马克思利润率变动的研究是现实经济发展的结果。金融资本在新自由主义时代的崛起和资本积累的金融化，改变了传统的利润率计算方式。因此，引入金融资本可以更好地反映金融资本主义阶段利润率的变动规律，丰富了政治经济学的时代内涵。

① Dumenil G., "The profit rate: where and how much did it fall? Did it recover? (USA 1948—2000)", *Review of Radical Political Economics*, Vol. 34, No. 4 (2002): 437–461.

② Dumenil G., Levy D., "The Real and Financial Components of Profitability (United States, 1952—2000)", *Review of Radical Political Economics*, Vol. 36, No. 1 (2004): 82–110.

③ Bakir E., "The Effect of Neoliberalism on the Fall in the Rate of Profit in Business Cycles", *Review of Radical Political Economics*, Vol. 38, No. 3 (2006): 365–373.

④ Bakir E., Campbell A., "The Financial Rate of Profit: What is it, and how has it behaved in the United States?", *Review of Radical Political Economics*, Vol. 45, No. 3 (2013): 295–304.

二、利润率下降的不同解释

(一) 技术进步与利润率下降

马克思利润率下降理论认为利润率 $r = \dfrac{s}{c+v} = \dfrac{s/v}{1+(c/v)} = \dfrac{e}{1+(c/v)}$，其中 e 为剩余价值率，c/v 为资本有机构成。马克思认为技术进步导致资本有机构成增长速度超过剩余价值率增长速度，因此利润率长期来看具有下降趋势。Tsoulfidis 认为资本有机构成反映了一个经济体的机械化程度和技术水平，而剩余价值率表明了收入分配情况。他在研究美国 1964—2007 年利润率变化趋势时发现资本有机构成 c/v 在此期间呈上升趋势并几乎增长了一倍，他将这一上升归结为技术进步。[①] Zarembka 对这一看法提出了质疑，提出资本有机构成只能片面地反映经济体的技术水平。他运用 Shaikh 提出的资本物质构成 c/(v+s) 概念对资本有机构成进一步分解，即 c/v = (1+m/v)c/(v+m) = (1+e)c/(v+m)，这表明资本有机构成的变化取决于剩余价值率和资本物质构成的变化。Zarembka 利用相同的数据和方法进行重新测算，并加入产能利用率进行调整，结果表明，美国资本物质构成 c/(v+s) 仅在 1948—1956 年间有明显的上升，而在 1956—2011 年间保持平稳。因此，资本有机构成的上升是由于剩余价值率上升引起的，这反映了收入分配情况而不是技术变化。[②] Tsoulfidis 在 Zarembka 的研究基础之上考虑了资本有机构成的增长率形式，他发现，资本有机构成的上升主要是由于技术进步所致而不是分配效应导致。[③]

[①] Tsoulfidis L., "The Growth of Unproductive Activities, the Rate of Profit, and the Phase – Change of the U. S. Economy", *Review of Radical Political Economics*, Vol. 44, No. 2 (2012): 213 – 233.

[②] Zarembka P., "Materialized Composition of Capital and its Stability in the United States: Findings Stimulated by Paitaridis and Tsoulfidis (2012)", *Review of Radical Political Economics*, Vol. 47, No. 1 (2015): 106 – 111.

[③] Tsoulfidis L., "Growth Accounting of the Value Composition of Capital and the Rate of Profit in the U. S. Economy: A Note Stimulated by Zarembka's Findings", *Review of Radical Political Economics*, Vol. 49, No. 2 (2017): 203 – 206.

（二）工资挤压与利润率下降

20 世纪 70 年代，有三个主要学派解释了利润率下降的原因：第一个学派认为有效需求不足导致了价值实现困难，从而引起利润率下降，该学派的主要代表是 Baran 和 Sweezy；第二个学派认为资本有机构成上升速度超过剩余价值率上升速度导致了利润率下降，其主要代表是 Mandel 和 Shaikh；第三个学派认为实际工资超过劳动生产率，造成工资份额挤压利润份额，引起利润率下降，其主要代表是 Weisskopf，社会积累结构学派的主要代表如 Gordon 等人也隶属于这一学派。

Weisskopf 将利润率分解为三个部分：$\rho = \dfrac{\Pi}{K} = \dfrac{\Pi}{Y} \cdot \dfrac{\gamma}{Z} \cdot \dfrac{Z}{K} = \sigma_\pi \cdot \varphi \cdot \zeta$，其中 Π 为利润量，K 为资本存量，γ 为实际总产出，Z 为潜在产出，σ_π 表示利润份额，φ 表示产能利用率，ζ 表示产出资本比。为了反映三种因素变化对利润率变化的影响程度，作者将该方程转换成增长率方程，即 $\dot{\rho} = \dot{\sigma}_\pi + \dot{\varphi} + \dot{\zeta}$。Weisskopf 的这一分解方法的贡献在于将三种利润率下降理论统一在一个方程中，为实证检验不同理论的解释力创造了条件。他选取美国非金融性公司部门（NFCB）作为考察对象，数据跨度为 1949 年第四季度到 1975 年第一季度，包含了五次完整的经济周期。在每一个周期中，利润份额的变动对利润率变动的影响程度最大。结果表明利润率的下降主要是利润份额下降引起的，进一步研究发现劳工实力的增强（工资品价格相对于产品价格的提升）是利润份额下降的主要原因。他认为，工资挤压利润理论比其他理论更具有解释力。[①]

Bakir 在 Weisskopf 的基础上将数据扩展到 2001 年，并考察了新自由主义时期利润率变动情况。他将工资份额分解成实际工资与劳动生产率之比以及工资品价格与总产品价格之比，研究发现在 1970—1980 年过渡时期，实际工资与劳动生产率之比在缩小，但是工资品价格与总产品价格逐渐扩大，这继

---

① Weisskopf E., "Marxian Crisis Theory and the Rate of Profit in the Postwar U. S. Economy", *Cambridge Journal of Economics*, Vol. 3, No. 4 (1979): 341 –378.

续造成工资挤压利润，导致利润率下降。[①] 但不少学者对工资挤压利润这一解释表示了质疑，Freeman（2009）将利润率分解成利润份额 $\dfrac{\Pi}{Y}$ 和产出资本比 $\dfrac{Y}{K}$ 两部分，利用美国 1929—1965 年的数据对利润率和利润份额进行回归后发现，利润率 99.2% 的变动不能用利润份额的变动来解释，作者认为这一结果表明工资挤压利润理论不能很好地解释利润率下降规律。[②]

（三）非生产性劳动扩张与利润率下降

20 世纪 80 年代，美国学者 Wolff 和 Moseley 对生产性劳动和非生产性劳动的区分进行了论战。Wolff 发现美国剩余价值率和资本有机构成在 1947—1967 年间都呈上升趋势，但是剩余价值率的相对增长速度更快，这导致一般利润率上升，Wolff 认为马克思的利润率下降规律得不到实证支持。[③] Moseley 认为 Wolff 在计算利润率的时候没有区分生产性劳动和非生产性劳动，这一差异造成二人估计的资本有机构成和剩余价值率分别相差 44% 和 85%。[④] Wolff 和 Moseley 等人争论的重点在于非生产性劳动是否创造剩余价值，但是二人并没有考虑非生产性劳动的变动对利润率的影响。近 10 年来，西方学者从实证及理论挖掘两个方面分析了非生产性劳动的扩张对于利润率的影响。

Paitaridis 和 Tsoulfidis 考察了美国 1964—2007 年间非生产性部门对一般利润率的影响，发现美国一般利润率从 1966 年持续下降到 1982 年之后开始逐渐恢复，于 1997 年达到顶峰，但是其利润率低于 20 世纪 60 年代中期的水平，另一方面，非生产性部门利润占总剩余价值的比重呈上升趋势，而扣除非生

① Bakir E., "The Effect of Neoliberalism on the Fall in the Rate of Profit in Business Cycles", *Review of Radical Political Economics*, Vol. 38, No. 3 (2006): 365–373.

② Freeman A., "What makes the US Profit Rate Fall?", *Mpra Paper*, Vol. 12, No. 3 (2009): 1–37.

③ Wollf E., "The Rate of Surplus Value, the Organic Composition, and the General Rate of Profit in the US Economy", *American Economic Review*, Vol. 69, No. 3 (1979): 329–341.

④ Mohun S., "On measuring the wealth of nations: the US economy, 1964—2001", *Cambridge Journal of Economics*, Vol. 29, No. 5 (2005): 799–815.

产性部门利润的净利润却几乎保持不变。他认为新自由主义时期一般利润率低于 1966 年的水平的主要原因是非生产性部门利润的扩张。[①]

Tsoulfidis 构建了利润率变动的理论模型以分析非生产性劳动对利润率的影响。其理论模型主要研究非生产性劳动扩张对利润率下降速度和资本积累临界点的影响，研究表明，非生产性劳动的增加会加快积累临界点的到来，从而导致积累的停滞，同时会导致利润率下降速度加快。他进一步利用希腊 1960—2007 年数据来研究非生产性劳动对利润率的影响，发现希腊非生产性劳动支出占总剩余价值比重逐渐升高，这挤压了用于投资的净利润，从而导致希腊一般利润率在 1970—1980 年代的下降，虽然之后出现了回升，但是始终没能恢复至 20 世纪 70 年代之前的利润率水平。[②]

以上学者的研究出发点是将非生产性劳动作为一个整体进行分析，但是部分学者对这一前提提出了质疑。Mohun（2014）认为不能简单将非生产性劳动看作一个同质的整体，他认为应该从阶层的角度来研究非生产性劳动对利润率的影响。他将非生产性劳动者分为工薪阶层和管理层，并认为管理层工资收入大部分属于股票分红，这应该看作是利润的一部分。基于这一认识，Mohun 提出了"阶层利润率"（Class Rate of Profit）这一概念，丰富了非生产性劳动的异质性分析，其计算公式为 $r^{class} = \dfrac{\Pi + W_u^s}{k}$，其中 W_u^s 表示管理层人员工资收入。作者将管理层收入计入利润之中，研究发现"阶层利润率"并没有呈现下降趋势。[③] Kliman 对 Mohun 的"阶层利润率"提出了质疑。他认为 Mohun 将管理层收入当作利润的一部分会高估利润率，其管理层的收入大部分应该看作是对其提供劳动服务的补偿而不是股票分红，Kliman 的改进办法

---

① Tsoulfidis L., "The Growth of Unproductive Activities, the Rate of Profit, and the Phase – Change of the U. S. Economy", *Review of Radical Political Economics*, Vol. 44, No. 2（2012）：213 – 233.

② Tsoulfidis L., "Unproductive labour, capital accumulation and profitability crisis in the Greek economy", *International Review of Applied Economics*, Vol. 28, No. 5（2014）：562 – 585.

③ Mohun S., "Unproductive Labor in the U. S. Economy 1964—2010", *Review of Radical Political Economics*, Vol. 46, No. 3（2014）：355 – 379.

是将收入前 10% 的管理人员收入计为资本收入，这样避免对利润率的高估。[1]

以上学者的研究将非生产性劳动纳入利润率的研究当中，丰富了马克思利润率下降规律的时代内涵。但是仍存在以下问题：一方面，西方学者们没有在实证层面上对非生产性劳动这一概念进行清晰界定，其主要原因是学者们选取的研究视角不同；另一方面，学者们没有考虑双向因果问题，即非生产劳动扩张会导致生产性部门利润率的下降，但同时生产性部门利润率的下降也会使得资本家将更多的剩余价值分配到非生产性部门，这些问题都值得进一步地研究。

（四）金融化与利润率下降

进入 21 世纪以来，新自由主义崛起。这一时期，金融资本的迅速发展和资本积累的金融化成为发达资本主义经济中引人注目的现象。特别是 2008 年金融危机之后，更多的学者从金融化角度来研究金融部门利润率变化情况。

Shaikh 将利率因素引入到利润率的分析中，研究美国 2008 年金融危机的起因。首先，根据马克思的理论，Shaikh 认为影响企业资本积累的关键因素是"企业利润率"，即投资回报率 r 与利率 i 之差。研究发现新自由主义时期的实际工资低于劳动生产率，这提高了投资回报率 r，同时低利率政策使得基准利率维持在较低水平，这有两方面的影响：其一，这降低了企业的借贷成本，提高了企业利润率。其二，低贷款利率增加了家庭负债，缓解了实际工资停滞导致的消费水平下降。这些因素共同导致了新自由主义时期美国的繁荣。但这一繁荣是建立在低利率水平和高负债的基础之上，利率水平不可能无限下降，而负债收入比过高已经为经济危机的爆发埋下了伏笔。[2]

Lapavitsas 等主要研究影响金融部门利润率的因素，他结合马克思劳动价值论和 Godley 提出的"存量–流量一致性"方法发展了包含金融部门和非金

---

① Kliman A., "Income inequality, managers' compensation and the falling rate of profit: Reconciling the US evidence", *Capital & Class*, Vol. 39, No. 2 (2015): 287 – 320.

② Shaikh A., "The First Great Depression of the 21st Century", *Socialist Register*, Vol. 47, No. 9 (2011): 44 – 63.

融部门的理论模型。非金融部门资产包括非金融部门的总资本存量 K 以及非金融部门持有的存款和证券 B。非金融部门负债包括非金融部门持有的其他非金融部门的资产 S 以及非金融部门从金融部门持有的借款 L，L 也是金融部门的资产，G 是金融部门对其他金融部门的负债。$\delta\Pi$ 为非利息收入，其中 Π 为总利润，$\gamma\Pi$ 为非利息成本。则总利润 $\Pi = rK = r(S + L - B)$，金融利润 $F = i_L L - i_B B + \delta\Pi - \gamma\Pi$。其中 $i_L L$ 为金融部门利息收入，$i_B B$ 为金融部门利息支出。$F/\Pi = \dfrac{(i_L L - i_B B)/L}{r(K/L)} + \delta - \gamma$，他用 NIM 表示净利息收入占比，得到 $F/\Pi = \dfrac{NIM}{r(K/L)} + \delta - \gamma$。理论模型表明金融部门利润跟利息收入和非利息收入呈正比，跟一般利润率、资本存量与生息资本比例以及非利息支出呈反比。实证结果同样支持了理论分析，作者发现在 1955—2014 年期间，影响金融部门利润率的长期因素是净利息收入和非利息收入，在 1974—2014 年期间，这两者的影响更明显，净利息收入每增长 1%，金融利润增长 8.6%，非利息收入每增长 1%，金融利润增长 1%。但 1992 年之后，净利息收入出现大幅下降，金融部门利润开始依靠非利息收入，作者认为金融部门开始逐渐丧失了对非金融部门的优势。[①]

Bucchianico 发展了 Garegnani 提出的"综合性工资品部门"模型，并运用该模型研究金融化影响一般利润率的渠道。他首先将美国 1900—2010 年金融化发展进程分为四个阶段，其中第四阶段（1974—2010 年）称为金融资本主义阶段，作者认为这一阶段的金融化表现出三个主要特征：一是金融部门高收入份额；二是金融创新程度高；三是家庭负债水平高。作者接着构建"综合性工资品部门"模型来考察这三个特征对利润率的影响。与 Garegnani 的"综合性工资品部门"模型不同的是，Bucchianico 进一步将工资品部门分解成工业部门和金融部门，这一改进可以将金融部门纳入分析框架中。作者通过理论分析发现，金融化的三个特征中，只有金融创新会影响一般利润率。在

---

① Lapavitsas C., "The historic rise of financial profits in the U. S. Economy", *Journal of Post Keynesian Economics*, Vol. 42, No. 3 (2019): 443–468.

分析金融化对劳动报酬的影响时，作者发现只有当劳动者的谈判力被削弱后，金融化才会对劳动报酬产生负面影响。[①]

（五）积累的社会结构与利润率下降

积累的社会结构理论（SSA）最先由 Gordon 等人于 20 世纪七八十年代提出。[②] 积累的社会结构理论认为正常的经济繁荣是在一系列促进资本积累的经济和政治制度出现的结果，这些制度被称作"积累的社会结构"。一个 SSA 通过调节资本主义制度来创造一个相对稳定和可预测性的环境，促进整个经济中利润率的上升，较高的利润率会有效地增加资本积累，但是在危机阶段，SSA 不再创造稳定的环境，资本家失去了高利润率的预期，从而减少投资。Wolfson 和 Kosz 在 Gordon 等人的基础上提出了三个新的观点：（1）SSA 会产生稳定的资本积累和高利润率，但不是所有的 SSA 都会带来经济的迅速扩张；（2）SSA 可以区分为自由型 SSA 和管制型 SSA；（3）管制型 SSA 比自由型 SSA 带来更快的经济扩张。[③] Kotz 和 Basu 在 Wolfson 和 Kotz 的基础上补充了第四条理论，即自由型 SSA 的经济危机会带来长期的经济停滞。作者进一步利用美国 1948—2014 年的非金融部门数据研究发现，虽然新自由主义时期第二阶段利润率高于管制型资本主义时期，但是其资本积累率却低于管制型资本主义，这表明新自由主义时期利润率对资本积累的作用减弱了。[④]

Kotz 认为通过一般性的资本主义理论或者具体的事件和政策不能很好地解释 2008 年经济危机爆发的原因，他将 SSA 理论运用到危机分析之中。Kotz 指出，在 1980—2007 年期间，资本主义结构处在新自由主义时期，这一时期

---

① Bucchianico L. ，"The Impact of Financialization on the Rate of Profit：A Discussion"，*Review of political economy*，Vol. 33，No. 2（2020）：303 – 326.

② Bowles S，Gordon D，Weisskopf E. ，"Power and Profits：The Social Structure of Accumulation and the Profitability of the Postwar U. S. Economy"，*Review of Radial Political Economics*，Vol. 18，No. 2（1986）：132 – 167.

③ Wolfson M，Kotz D. ，"A Reconceptualization of Social Structure of Accumulation Theory"，in *Contemporary Capitalism and Its Crises*，ed. Mcdonough T. Cambridge University Press，2010：72 – 92.

④ Kotz D，Basu D. ，"Stagnation and Institutional Structures"，*Review of Radical Political Economics*，Vol. 51，No. 1（2019）：5 – 30.

出现了三个主要特征：一是收入不平等增加；二是资产泡沫膨胀；三是金融部门转向了投机性和高风险活动。收入不平等虽然提高了利润率，但是限制了家庭消费水平，资产泡沫膨胀和金融机构投机性行为增加了家庭可支配收入，这促进了资本进一步的扩张。但是这种扩张方式严重依赖于资产价格的上升，2007 年房地产价格暴跌最终引爆了这场危机。①

通过上述文献研究，我们认为以 Kotz 为代表的新一代积累的社会结构理论丰富了利润率变动与经济危机的研究，但 SSA 影响利润率的具体作用机制还缺乏系统阐释。目前的研究对于 SSA 中每项制度是如何稳定阶级冲突和竞争的具体机制缺乏分析。

三、利润率下降规律与经济危机

（一）利润率下降规律与经济危机理论的争论

马克思认为利润率下降规律是资本主义经济危机爆发的主要原因。但是马克思这一危机理论并没有得到马克思主义学者的一致认同。早期马克思主义者，如考茨基、列宁、布哈林、卢森堡等人不同意利润率下降是危机产生的主要原因。2008 年经济危机爆发之后，马克思利润率下降规律与经济危机理论又重新引起了西方学者的关注。

Heinrich 通过对《马克思恩格斯全集》进行文本研究，认为马克思在晚年已经放弃了利润率下降规律的研究，也没有形成完整的经济危机理论，《资本论》中马克思的危机理论只是恩格斯进行裁剪拼接的结果。作者从三个方面对马克思的利润率下降规律展开批判：第一，没有证据表明资本有机构成增速快于剩余价值率增速；第二，马克思认为利润率下降趋势在长期内会超过反作用因素，但作者认为马克思并没有给出合理的解释；第三，马克思的利润率下降规律无法进行证伪。作者认为，这一规律研究的是利润率未来的

---

① Kotz D. , "Capitalism and Forms of Capitalism: Levels of Abstraction in Economic Crisis Theory", *Review of Radical Political Economics*, Vol. 47, No. 4 (2015): 541 – 549.

变动趋势，即使过去的利润率出现下降，也不能表明未来利润率会呈现下降趋势；其次，即使利润率呈现上升趋势，这可能是反作用因素在短期内阻止利润率下降，仍然无法推翻利润率下降规律。[①]

Harvey 批判了利润率下降的单一因果论。首先，他认为马克思利润率下降规律是一个偶然性命题而非确定性命题，每一次危机的爆发都是由特定事件共同作用导致的。其次，作者认为利润率下降规律是不同机制导致的，没有理由去接受某种特定的机制而舍弃其他机制。最后，Harvey 认为资本是一个流量概念，其变动是错综复杂的，单方面的数据不能全面反映资本整体的变动，即利润率下降的实证结果并不可靠。[②]

（二）利润率变动与经济危机的实证研究

学者们除了对马克思经济危机理论与利润率下降规律进行争论外，还有一部分学者关注利润率变动与经济危机的关系。Giacche 认为 2008 年金融危机本质上是生产过剩危机，生产过剩导致价值实现困难，这降低了生产部门利润率，造成资本增值困难。金融资本作为阻止利润率下降的一个反作用因素，在 2008 年金融危机之前发挥了三个主要作用：第一，它为家庭提供信贷，这缓和了家庭收入降低带来消费不足；第二，它使得企业缓解了生产过剩危机，企业可以向消费者提供低息贷款来促进消费，并且企业可以在金融市场上获取更高的利润率；第三，金融部门利润率的上升使得资本投机获利成为现实。这带来的后果就是金融债务的迅速扩张，在 2007 年，全球金融债务占 GDP 的比重高达 356%，最终这一债务泡沫破碎引发了 2008 年的金融危机。作者最后总结到，经济危机不能通过提高市场效率或恢复总需求得以解决，真正的解决方式是将社会生产的盲目状态置于一定的管控之下。[③]

---

① Heinrich M. , "Crisis Theory, the Law of the Tendency of the Profit Rate to Fall, and Marx's Studies in the 1870s", *Monthly Review*, Vol. 64, No. 4 (2013): 15 – 31.

② Harvey D. , "Crisis Theory and Falling Rate of Profit", in *The Great Meltdown*, ed. Subasat T. Edward Elgar Publishing Limited, 2016: 37 – 54.

③ Giacche V. , "Marx, the Falling Rate of Profit, Financialization, and the Current Crisis", *International Journal of Political Economy*, Vol. 40, No. 3 (2011): 18 – 32.

　　Bakir 分析美国 2008 年金融危机时提出了一个重要问题，即经济危机为什么不是经济周期的下降阶段而是一场结构性的衰退。作者将 1949—2009 年分为十个短周期和三个长周期，考察利润率的变化及其影响因素。研究发现，在每个短周期的最后扩张阶段，利润率的下降主要是由利润份额下降所致，其次是产能利用率下降所致。在进一步研究利润份额下降的原因后，作者认为在短周期的最后扩张阶段，实际工资增速超过了劳动生产率，造成劳动挤压利润，从而导致利润份额下降。从长周期视角来看，凯恩斯主义时期（1949—1970 年）利润率每年增长 0.52%；过渡时期（1970—1980 年）利润率每年下降 3.09%；新自由主义时期（1980—2009 年）利润率每年增长 0.48%，利润份额增长是利润率恢复的重要原因，但是利润份额增长的原因却不相同。在凯恩斯主义时期，利润份额上升主要是劳动生产率提升所致，而在新自由主义时期，则是由实际工资下降所致，这种恢复是在超额劳动剥削的基础上完成的。[①]

　　Kotz 从利润率变化、影响因素和总需求的作用等角度分析美国自 2008 年经济危机至 2018 年的经济复苏期。研究发现，2009—2013 年利润率的上升和 2013—2016 年间利润率的下降主要是由利润份额的上升和下降导致的，而 2016—2017 年利润率的小幅上升是由于产出资本比相对于利润份额的小幅上升导致的。与之前几次危机后的复苏期相比，本次经济恢复期的非金融部门企业利润率处在最高水平，而资本积累率却处在最低水平。在分析总需求的作用时，作者发现在管制型资本主义时期，投资支出和政府支出增速高于 GDP 增长速度，而需求支出增速却落后于 GDP 增长速度，在新自由主义时期，这种情况恰恰相反。作者指出，目前新自由主义经济已经处在结构性危机之中，需要新的制度改革才能克服危机，但没有迹象表明新的制度改革出现。[②]

---

　　① Bakir E., "Capital Accumulation, Profitability, and Crisis: Neoliberalism in the United States", *Review of Radical Political Economics*, Vol. 47, No. 3（2015）: 3001 - 3008.

　　② Kotz D., "The Rate of Profit, Aggregate Demand, and the Long Economic Expansion in the United States since 2009", *Review of Radical Political Economics*, Vol. 51, No. 4（2019）: 525 - 535.

最近几年，随着计量方法的发展，学者们开始用现代计量方法对利润率展开统计性分析。Ali 利用英国的数据来验证马克思利润率下降理论。在实证方法上，作者首次采用向量自回归（VAR）时间序列分析方法进行研究，以格兰杰因果推断作为稳健性检验，并将企业兼并、政府支出和进出口作为影响利润率的因素进行研究。[①] Basu 采用 Box - Jenkins 方法对美国利润率变动进行时间序列分析，实证结果发现美国利润率变动为单位根非平稳过程，这表明美国利润率呈现出长波特征。[②] Kotz 和 Basu 在研究自由社会结构和管制型社会结构中利润率对资本积累的影响作用时，在控制变量中加入了区分不同时期的指示变量，更准确地分析不同阶段利润率对积累的影响程度。[③]

四、研究现状的讨论

针对利润率下降规律的原因，学者们从技术进步、非生产性劳动扩张、收入分配、金融化、社会结构等方面给出了解释，从实证结果看，虽然学者们根据不同的计算方式得到的利润率变动情况并不一致，却拓宽了利润率下降规律的研究视野。但现有研究仍存在如下问题。

第一，利润率计算方法没有形成统一的标准，这使得利润率的计算缺乏可比性。一部分国外学者主要以生产性部门和非生产性部门为分类基础，这一分类的弊端在于，生产性部门（如餐饮业、娱乐业）中存在非生产性劳动而非生产性部门（如金融、批发贸易、零售贸易）中存在生产性劳动。简单地以行业来区分这两种劳动会造成利润率测算的偏差。

第二，目前利润率下降的理论存在不足之处。工资挤压利润理论认为劳工力量的提升是导致利润份额下降的原因，但是其他因素，如产能利用率下降导致的价值实现困难同样会带来利润份额下降，Weisskopf 以及其他学者并

---

① Ali N., "An Empirical Investigation Into The UK Profit Rate, 1949—2003", http://gala. gre. ac. uk/id/eprint/7784（2011）.

② Basu D., "Is There a Tendency for the Rate of Profit to Fall? Econometric Evidence for the U. S. Economy, 1948—2007", *Review of Radical Political Economics*, Vol. 45, No. 1（2013）: 76 - 95.

③ Kotz D, Basu D., "Stagnation and Institutional Structures", *Review of Radical Political Economics*, Vol. 51, No. 1（2019）: 5 - 30.

没有解决这些遗漏变量问题，其实证结果很难令人信服。另一种理论认为非生产性劳动扩张挤压了用于投资的利润，从而造成利润率下降。但是这一理论可能存在因果颠倒的问题，即并不是非生产性部门扩张挤压了用于生产性部门的投资，而是生产性部门利润率下降导致了资本家将剩余价值投入到非生产性部门（如金融业、房地产业），现有的文献没有进一步讨论这种双向因果关系，这一假设需要后续研究进行进一步论证。

第三，现有利润率下降规律的研究主要在封闭体系下考察单个国家利润率的变动规律，缺乏开放体系下的相关研究。在经济全球化的背景下，国家之间的经济紧密联系在一起，剩余价值在不同国家之间进行转移，这对不同国家的利润率造成不同的影响，因此将利润率变动的研究纳入全球开放体系下具有重要的现实意义。

第四，现有利润率下降规律的研究采用的数据是宏观层面的数据，如美国学者经常采用国民收入与产品账户（NIPA）以及投入产出表。这一类宏观数据不能很好地识别生产性劳动和非生产性劳动。Shaikh 和 Tonak[1] 按照马克思价值理论划分了生产性部门和非生产性部门，Paitaridis 和 Tsoulfidis[2]、Tsoulfidis[3] 等人在此基础上考察了生产性部门和非生产部门的利润率变动规律，但是现有研究没有考虑到生产性部门中的非生产劳动以及非生产性部门的生产性劳动，这些问题有待进一步的研究。

五、利润率计算模型的创新

针对上述问题，本文对利润率计算模型作出了一定的创新。经典马克思利润率计算模型如下：$r = \dfrac{m}{c+v} = \dfrac{m/v}{1+(c/v)} = \dfrac{e}{1+(c/v)}$，其中 r 为利润率，m 为剩余价值，c 为不变资本，v 为可变资本，e 为剩余价值率，c/v 为资本有

① Shaikh A. Tonak E. , Measuring the Wealth of Nations. Cambridge University Press，1994.

② Tsoulfidis L. , "The Growth of Unproductive Activities, the Rate of Profit, and the Phase – Change of the U. S. Economy", *Review of Radical Political Economics*, Vol. 44，No. 2 (2012)：213 – 233.

③ Tsoulfidis L. , "Unproductive labour, capital accumulation and profitability crisis in the Greek economy", *International Review of Applied Economics*, Vol. 28，No. 5 (2014)：562 – 585.

机构成。马克思在研究资本主义利润率变动趋势时主要着眼于长期过程，他在剩余价值率不变的假设前提下认为技术进步会导致资本有机构成不断提高，利润率在长期过程中呈现下降趋势，但是在短期内剩余价值率的变动对利润率短期波动起到重要作用。本部分探索在马克思长期利润率模型的基础上引入短期需求波动、资本偏向型技术进步以及劳动偏向型技术进步。资本有机构成进一步分解如下：$\frac{c}{v} = \frac{c}{v+m} \cdot \frac{v+m}{v}$，其中$\frac{c}{v+m}$为资本物化构成[1]，$\frac{v+m}{v}$表示活劳动创造的价值与可变资本之比。为了便于进行实证研究，本文的模型设定采用价格形式[2]。因此资本有机构成分解如下：

$$\frac{C}{W_p} = \left[\frac{p_k}{p_y} \cdot \frac{K \cdot u}{y}\right]\left(\frac{p_y \cdot y}{w_p \cdot N_p}\right) = \left[\frac{p_k}{p_y} \cdot \frac{ek \cdot u}{y}\right]\left(\frac{p_y \cdot y}{w_p \cdot N_p}\right) \qquad (1)$$

将（1）式转换为增长率形式，可得到（2）式：

$$\left(\frac{\hat{C}}{W_p}\right) = \left(\frac{\hat{p_k}}{p_y}\right) + \left(\frac{\hat{ek}}{y}\right) + \hat{u} + \left(\frac{\hat{p_y}}{w_p}\right) + \left(\frac{\hat{y}}{N_p}\right) \qquad (2)$$

其中 C 为固定资本存量的价格形式，$C = p_k \cdot K \cdot u = p_k \cdot ek \cdot u$。$p_k$ 表示资本品价格，K 表示有效利用的资本投入量，k 表示实际的资本投入量，e 表示固定资本转换效率，则 $K = ek$，随着固定资本实际利用效率的提升，则单位固定资本投入将带来更高的产出，从而出现资本偏向型技术进步；u 表示产能利用率，用以表示产业的短期需求状况；y 表示以不变价格衡量的新增价值，p_y 表示产出品价格；W_p 表示生产性部门工资总额，即可变资本的价格表现形式，其中 $W_p = w_p N_p$，w_p 表示生产性劳动单位时间的工资量，N_p 表示生产性部门劳动时间总量，因此$\left(\frac{\hat{y}}{N_p}\right)$表示生产性劳动技术变动率。其增长率方程（2）的等号右侧依次表示投入产出相对价格变动、资本型技术变动率、需求

① Zarembka P.，"Materialized Composition of Capital and its Stability in the United States：Findings Stimulated by Paitaridis and Tsoulfidis（2012）"，*Review of Radical Political Economics*，Vol. 47，No. 1（2015）：106 – 111.

② Tsoulfidis L.，"Growth Accounting of the Value Composition of Capital and the Rate of Profit in the U. S. Economy：A Note Stimulated by Zarembka's Findings"，*Review of Radical Political Economics*，Vol. 49，No. 2（2017）：203 – 206.

变动、产出工资价格变动和劳动型技术变动率。

以上我们创新了一个马克思利润率计算模型。其主要创新有三点：第一，在资本有机构成的计算中引入了产能利用率，这一指标可以更好地反映短期需求波动情况。这一改进主要考虑到我国缺少完整的长期利润率数据，因此将产能利用率引入模型后会更好地符合中国的实际情况。第二，提升资本投入的实际利用率是促进我国经济转型、实现高质量发展的重要手段。本文模型引入了固定资本转换效率 e 这一变量，分析了资本型技术进步以及劳动型技术进步对利润率变动的影响。模型表明，在其他条件不变的情况下，固定资本转换效率 e 的提升会产生资本偏向型技术进步，从而引起资本有机构成的降低，提升利润率。第三，本文模型将劳动生产率和劳动收入份额引入利润率计算模型中，公式（1）等号右侧圆括号里表示生产性劳动收入份额的倒数；公式（2）中最后两项分别表示总产出价格指数与生产部门工资价格比例和生产部门的劳动生产率。此外，根据马克思劳动价值论，马克思认为剩余价值是由生产性劳动创造的，非生产性劳动只是重新分配剩余价值，因此模型中主要研究生产部门劳动生产率和劳动收入份额变化情况，这与马克思劳动价值论是一致的。

（原文发表于《经济学家》2021 年第 7 期）

欧美学者近期关于当前危机与利润率下降趋势规律问题的争论

周思成*

平均利润率下降趋势问题，是马克思资本积累理论与经济危机理论的重要组成部分，围绕这个问题所展开的讨论也"最广泛、最激烈、时间持续最长"。① 据学者研究，国外理论界对于利润率下降趋势规律理论的争论，自 19 世纪末至 20 世纪末，大体上有三次高潮，大批马克思主义活动家和理论家——包括卢森堡、莫兹科斯卡、希法亭、格罗斯曼、保罗·斯威齐等等——均卷入了相关争论；另一方面，自上世纪 60 年代后期以来，越来越多的学者（包括大卫·耶菲、曼德尔、赛克等）倾向于从利润率下降规律出发研究资本主义经济危机，也引发了长期且相当激烈的讨论。②

2007 年由美国次贷危机所引发的金融危机迅速发展成为全球性的金融危机，又迅速地发展成为严重的经济危机，从发达国家向周边国家蔓延，由金融领域向实体经济侵袭，并很可能引发全球经济的长期衰退。在对当前金融和经济危机的根源、发生机制、传导机制和趋势进行深入分析的同时，近来在西方马克思主义经济学阵营中，就利润率自 80 年代初以来是否仍维持下降趋势、当前经济危机是否肇源于利润率长期下降这一问题，产生了激烈争论。争论的一方认为，20 世纪 50 年代末至 80 年代初，利润率显著下降，而 1982 年至 2001 年期间利润率并无持续反弹的趋势，因而，利润率下降是当前危机的根本原因，这一观点的主要支持者是克里斯·哈曼、安德鲁·克里曼、弗

---

　*　周思成：中共中央编译局。

　①　高峰：《资本积累理论与现代资本主义——理论的和实证的分析》，南开大学出版社 1991 年版，第 20 页。

　②　朱奎：《马克思主义经济思想史》，中国出版集团东方出版中心 2006 年版，第 117 - 136 页。

朗索瓦·沙奈、阿兰·弗里曼和路易斯·吉尔等；另一方则认为，利润率自80年代初以来持续上升，并几乎完全恢复了其前一阶段的下降水平，因而，利润率与对当前危机的解读关系不大，这一观点的支持者主要是米歇尔·于松、热拉尔·杜梅尼尔、多米尼克·列维等。双方以西方一些左翼刊物及网站为媒介，撰写专门的争论文章或研究笔记进行争论，其标志性的回合即如2009年6月于松题为《教条主义不是马克思主义》（Le dogmatisme n'est pas un marxsime）的论战性文章，及哈曼当年10月的回应：《不是所有的马克思主义都是教条主义：答米歇尔·于松》，以及克里曼的《言词之师：就当前危机的特点答米歇尔·于松》等；前不久，于松还专门写了《关于利润率的争论》一文就双方的一些基本分歧再度申明己方的见解。虽然这场利润率之争的个别当事人（哈曼）不久前逝世，但争论的硝烟似乎还未散尽。

将这场争论以这样的方式介绍给国内的读者主要出于下述考虑：一方面，危机爆发以来，国内学者对危机的分析逐步深入，从对一些孤立或表面因素（如货币政策失误、金融衍生品滥用、金融创新过度、政府监管不力）的分析，到着眼于资本主义制度的基本矛盾分析危机的根源。①② 今天，就国外马克思主义阵营中这场复杂的争论作一较客观全面的勾勒，或许有助于我们从理论和现实多个层面，深化对当前危机及资本主义体系固有矛盾的认识，有利于进一步的研究。

这场争论涉及从现实到理论的诸多层面，这一点也为参与争论的一些国外学者所认同。③④ 综合来看，争论焦点主要集中在以下三个层面：首先是作为可观察的经验现象的利润率趋势的问题，分歧主要来自对计算方式及其要素的不同理解与选择；其次，是如何理解马克思的平均利润率下降趋势规律的理论问题；最后，在上述背景下，应如何理解当前危机本质的问题，笔者

---

① 李其庆：《马克思经济危机理论及其当代价值》，载于《中共宁波市委党校学报》2010年第3期。

② 张宇：《金融危机、新自由主义与中国的道路》，载于《经济学动态》2009年第4期。

③ Husson M.，"La hausse tendancielle du taux de profit"，document de travail，http：//hussonet. free. fr/tprofbis. pdf（janvier，2010）.

④ Harman C.，"Not all Marxism is dogmatism：A reply to Michel Husson"，http：//isj. org. uk/not-all-marxism-is-dogmatism-a-reply-to-michel-husson/.

将依次从经验、理论与现实三个层面就当前争论的一些主要问题作一审视。

一、计算问题：作为经验现象的利润率

一般说来，双方争论的出发点即利润率是否下降，本应是从经验上能够观察到的事实，在这个层面，不致引起激烈的争论。但是，事实上，对于利润率趋势的经验研究，由于数据来源、采集年份、考察区间以及对利润与资本范畴的理解各不同，对利润率趋势的描述也就存在相当大的差异。当然，这些不同之处对利润率计算结果的影响是程度不等的，其中，由于利润与资本是利润率计算公式中的两大要素，对这两个量的界定与计算，也是争论双方绝大多数人都认同的、导致对利润率趋势作出相反判断的主要原因。下面着重分析围绕这两个要素产生的分歧。

（一）分析范围与对利润的界定

首先，问题在于，应考察某个或某几个经济领域中的利润率，或应考察整个经济体的利润率？对于利润本身又应如何界定？一般地说，考察的范围越狭窄，或者说越局限于制造业，利润率的趋势也就愈接近下降，而考察的范围越宽泛，如包括金融部门或者非公司部门的利润，则利润率变化的趋势也就愈复杂。

20 世纪一些早期的经验研究者，如曼德尔和吉尔曼，对利润率的计算主要局限于（美国）制造业，而韦斯科普夫、莫斯里等研究者，则将计算范围扩大到整个产业部门或非金融公司产业部门。对于考察范围的问题，当前的争论双方也存在一些分歧。安德鲁·克里曼认为，利润率考察的范围主要是美国的公司（Corporation）部门而非整个经济体，其理由首先是公司在私人领域中的主导性地位；而且，他还认为，在考察美国资本主义生产时将合伙公司和独资公司包括进来，会引起严重的偏差。[①] 克里曼的公司部门，实际上既

① Kliman A., "The persistent fall in profitability underlying the current crisis: new temporalist evidence", http://akliman.squarespace.com (Oct, 2009).

包括金融公司也包括非金融公司，因此他计算的利润也包括了金融公司的利润。

在利润率趋势上持相反立场的杜梅尼尔和列维在其经验研究中，则首先将住宅资本及其收入从考察范围中排除出去，其次排除政府及政府企业，得到的是广义的产业（Business）部门，杜梅尼尔和列维计算的利润率主要就是这个部门的利润率。[①] 与克里曼不同，杜梅尼尔和列维考察"产业"实际既包括了"公司"，也包括了"非公司"部门。在产业部门中，又可以分别排除金融部门、个体产业和资本高度密集型产业（如采矿业）来对利润率进行考察。他们特别提出，所谓"资本高度密集型产业"，其资本—劳动比率非常高，与其他产业全然不同，它们的利润率特别低且下降趋势不明显，如果不考虑这些产业的数据，则利润率下降及其有限的恢复趋势就更加清晰。对于利润率计算，这两位作者采用了两种标准，第一种利润率，计算的是"广义上"的利润，即利润（产品净额扣除总劳动报酬）与固定资本之比；第二种利润率计算的是"狭义上"的利润，即支付间接商业税与利息后的利润与固定资本加存货之比。

同在利润率上升阵营中的米歇尔·于松则认为，在考察范围上，应该把公司部门的利润与业主收入都包括进去，于松的业主收入实际上就包括了与克里曼希望排除的非"公司"的企业：合伙公司、独资公司和免税合作社。把这些项归并到一起，就得到了"私人部门的剥削净盈余"。[②] 由此，于松使用了一种意义最为广泛的利润概念，利润包括了税、利息、股息和金融部门的利润。他提出，要寻求一种"劳资之间首次分配价值"时的利润，这样，利润就等于新创造的价值与工资总量之差。利润在不同"权利所有者"之间的分配，如企业支付利息、纳税、分红只属于利润的第二次分配，把上述任何一个要素排除在外，都会歪曲劳资间最根本的分配。于松认为，尤其应该

---

① G. D. Lévy, "The profit rate: where and how much did it fall? Did it recover? (USA 1948—1997)", *Review of Radical Political Economics*, Vol. 34, No. 4（2002）: 437–461.

② Husson M., "La hausse tendancielle du taux de profit", document de travail, http://hussonet. free. fr/tprofbis. pdf（janvier, 2010）.

把金融部门的利润计算在内，否则利润率的向上趋势就不明显了，这一事实表明金融部门获取了总利润中越来越大的一部分，但是这里与金融资产带来的虚拟利润无关，而是指由生产部门向金融部门转移的真实利润。此外，于松还认为，在计算利润率时应该把服务业也包括在内，因为在主要资本主义国家，制造业的剩余价值有向服务业转移的趋势。例如，在英国，制造业的利润率下降了，但服务业乃至整个私人部门的利润率是上升的。

（二）资本价值计算方式的差异

在就利润率下降进行争论的文献中，资本价值计算方式的差异，也是双方都公认的导致对经验现象的描述出现很大分歧的重大因素，尤其是在对于固定资产价值计算方面。对于前者，会计业习惯上采用两种方式，一种是按"历史成本"（aux prix historiques）或者说按资产的原始成本计算，另一种则是按"现行成本"（aux prix courant）或者说按资产的重置成本计算。前一种计算方式的主要支持者是克里曼和哈曼，而杜梅尼尔和于松等人则是后一种计算方式的支持者。

对于按"历史成本"计算固定资产价值，克里曼采用了如下计算途径：首先，投资净额等于该年总投资量减该年的资产减值，用"历史成本"计算的 t 年固定资产（代表预付资本）CH 就等于各年的投资净额的总和。

为了校正通货膨胀因素，克里曼进而采用了如下两套方案。首先是将其除以当年 GDP 价格指数，其次是除以投资净额除"劳动时间的货币表现"（MELT）。

最后，使用"历史成本"计算利润率的总公式（以 GDP 价格指数和 MELT 校正前）为[1]：

$$r_t^H = \frac{\pi_t}{C_t^H} = \frac{\pi_t}{\sum_{\tau=0}^{t-1} I_\tau};$$

---

[1]　Kliman A. , The persistent fall in profitability underlying the current crisis： new temporalist evidence, http：//akl iman. squarespace. com（Oct, 2009）.

与哈曼和克里曼不同，杜梅尼尔和于松则主张采用"现行成本"即重置成本计算法计算利润率公式中的固定资产，即将每年的投资净额 I 除以该年的固定资产价格指数 F，而不是像克里曼那样，除以年 GDP 价格指数或年劳动时间的货币表现，由此，用"现行成本"计算利润率的公式为：

$$r_t^C = \frac{\pi_t/F_t}{C_t^c} = \frac{\pi_t}{F_t \sum_{\tau=0}^{t} \left(\frac{I_\tau}{F_\tau}\right)};$$

克里曼认为，尽管存在多种利润率计算途径，根据本质上是名义量的"历史成本"计算固定资产，进而计算利润率，是更好的一种方式，且不说这种方式也是会计业常用的方式。另一方面，"现行成本"计算法，据克里曼看来，则不是适当的计算途径：它不是企业和投资者所力求最大化的利润率，也不能准确地衡量企业和投资者的"真实"回报率，即利润占最初投资量的百分比，甚至也无法准确衡量其预期未来回报率；更重要的是，"现行成本"计算法模糊了利润率与资本积累率（经济增长）之间的极其重要的联系，在价格下降时期，生产企业按减值后的"重置成本"计算出的利润率很可能不低，但是实际上从价值上看，可能根本就没有利润，生产也无法扩大。

同样，克里斯·哈曼也认为，使用"现行成本"计算利润会使数据失真，因为，投资实现以来的生产率的任何增长——哪怕是市场价格由于通胀而上升了——都意味着投资的当前价值少于投资实现时的价值。[1] 因此，利润率就要比真实情况显得高；技术创新的速度越快，这个虚假差距就越大。这一点在近年尤其关键，因为与信息技术相关的生产率是迅速增长的，使用"现行成本"计算的利润率自然也使得近年来的利润率高于往年。

然而，于松在 2010 年发表的两篇文章中，对克里曼采用的"历史成本"计算法及其校正方法均予以了否定。[2][3] 与克里曼相反，于松认为，就一般计

---

[1] Harman C. , "Not all Marxism is dogmatism: A reply to Michel Husson", http://isj. org. uk/not-all-marxism-is-dogmatism-a-reply-to-michel-husson/.

[2] Husson M. , "La hausse tendancielle du taux de profit", document de travail, http://hussonet. free. fr/tprofbis. pdf（janvier, 2010）.

[3] Husson M. , "Le débat sur le taux de profit", *Inprecor*, No. 562 – 563（juin-juillet, 2010）.

算惯例而言，资本家在计算利润率时，不会只在乎名义量，而不把通货膨胀因素考虑在内。对于克里曼使用 GDP 价格指数校正通货膨胀因素的做法，于松提出：首先，对资本家来说，利润的首要功能是为积累融资（对应资产价格）而不是单纯将之以货币形式消费掉（对应 GDP 价格指数），因而不注重一般购买力，选择 GDP 价格指数来校正通胀因素是不恰当的；其次，克里曼是从每年以历史成本计算的资本变量来进行校正的，这个量等于投资净额，即总投资 I 与资本减值 D 之差，其公式为：$\Delta K = In = I - D$，因而，以历史成本计算的资本等于投资净额的并合：$K = \sum In(i)$，在根据克里曼的方案除以 GDP 价格指数之后，得到校正通胀因素后的资本价值 $Kd = \sum [In(i)/p(i)]$。但是，于松指出，这个计算是错误的，投资净额是总投资与资产减值这二个流量之差，但是，与总投资与减值相对应的不是同一阶段的设备，如果说，对于 t 年的投资，使用该投资实现年份的价格来校正数据是无可厚非的，那么，用这一价格来计算分别属于多个不同投资阶段的旧设备就是错误的。对于后者，应该用它们的"平均历史成本"来校正通胀，以 θ 代替资本的平均寿命，于松认为正确计算公式为：$Kd = \sum [I(i)/p(i)] - \sum [D(i)/p(i-\theta)]$。

对于克里曼以"劳动时间的货币表现"（MELT）来校正的方法，于松基于上述同样的理由进行了批判，即通过 t 时期生产率 $\pi(t)$ 来计算以劳动小时数表示的减值 $Dw(t)$。其实，转移到商品中去的减值 Dw 来自各个不同时期的设备，因而其以劳动时间表示的量，就要按这些设备的投资实现的年份的劳动生产率估算。这里同样要引入一个资本平均寿命的量 θ，修正后的公式为：$\Delta Kw = [Iw(t)/\pi(t)] - [Dw(t)/\pi(t-\theta)]$。于松认为，克里曼以上述错误方式为基础计算出的利润率，无怪乎是要持续下降的。

在最近的一篇争论文章中，克里曼对于松的一些批评作了不失诙谐的正面回应。[①] 针对于松将以历史成本（名义量）计算的观点称为"唯名论错觉"（une illusion nominaliste）的讽刺，他提出，于松与杜梅尼尔等人则是"物理

---

① Kliman A.，"Master of Words：A reply to Michel Husson on the character of the latest economic crisis"，http：//minibiblionet. free. fr/textes. page6K/2010. kliman. pdf.

主义"和"同时主义"错觉的受害者。资本家不但用利润来购买商品和服务，还要偿还债务和纳税，在价格上涨 10% 的情况下，1100 万的利润能购买的实物虽然只相当于上一年的 1000 万利润，企业却仍然多出了 100 万用以还债，由通胀多出的这笔钱，常常是决定企业是清偿还是破产的因素，因此，利润的名义货币量对于资本家是很重要的；此外，于松认为利润的首要功能是为积累融资也是不确切的，近 20 年来，美国公司对于固定资产的投资净额按现行成本计算，也只有其税前利润的 25%。另一方面，克里曼分析说，尽管于松提出的利润率校正方式在理论上有可取之处，但实际上，无论采用这两种"校正"方式的哪一种计算出的利润率趋势，都不会有实质性差异，决定性差异最终还是来自是以按"现行成本"还是按"历史成本"计算利润率。

进一步，克里曼认为，自 80 年代始，以"现行成本"计算的利润率的几乎全部增长趋势，既不是新自由主义造成的，也不是剥削率提高造成的，实际都源于固定资产相对价格的异常上涨。

目前来看，到底是按"历史成本"还是按"现行成本"计算出的利润率曲线，更能反映出 80 年代以来的利润率变动的真实情况，在这场争论中尚无定论。对于固定资产计算中的这两种模式，从会计学角度出发，国内也时见一些论述发表，[1][2] 但就政治经济学中利润率下降趋势这一角度提出问题，在国内的研究中比较罕见，似乎也值得我们关注。

二、理论问题：对马克思的平均利润率下降趋势规律再考察

在利润率趋势的经验问题上的争论，必然要上升到理论层次，也就是于松提出的：利润率下降趋势在马克思主义学说中到底占有什么样的地位？在当前的争论中，对这一基础理论问题做出一定贡献的主要是哈曼和于松。不过，要指出的是，无论是哈曼还是于松，在理论问题上，都没有超出早期的

---

① 梁兵等：《现行成本会计下固定资产的折旧及其价值补偿》，载于《技术经济》1998 年第 6 期。
② 吴丽雅：《现行成本会计与历史成本会计的比较》，载于《财务与会计》1995 年第 1 期。

保罗·斯威齐和巴兰或布劳格等学者已经达到的深度，在这场争论中，理论
领域的争论还有待深化。

（一）哈曼对马克思平均利润下降规律理论的辩护

对于利润率下降趋势规律，克里斯·哈曼认为"不论过去，还是现在，
马克思的这一理论都是重要的，因为它必然导出资本主义存在根本的、不可
根除的缺陷的结论"。① 哈曼陈述了自己对马克思利润率下降趋势规律的理解：
由于竞争，资本家被迫不断提高工人的生产率，这是通过使每个工人使用更
多的生产资料来实现的，于是，生产资料的物质量与雇佣劳动力人数之比，
即马克思说的"资本的技术构成"提高了。但生产资料物质量的增长将导致
生产资料投资的相应增长，后者的增长速度又快于对劳动力投资的增长，也
就是说不变资本的增长快于可变资本的增长，作为积累的必然结果，资本的
"有机构成"提高。然而，活劳动是唯一的价值源泉，投资增长快于劳动力增
长，也就快于劳动力创造的价值的增长，即资本投资的增长快于利润源泉的
增长，因而，必然使利润与投资的比率即利润率下降。

对于历来关于马克思平均利润率下降趋势规律理论的三种批评观点，哈
曼也一一提出了自己的反驳，第一个观点认为，对于新投资，只要存在剩余
劳动力，没有任何理由保证资本家将倾向于采取资本密集而不是劳动密集的
生产形式。哈曼认为，为了在竞争中保持领先地位，势必会有一些创新需要
更多的生产资料投资，这一点也得到了经验上的支持。第二个否定观点认为，
生产率的提高会降低劳动力价值，因而资本家可以获得更大份额的新创造价
值来保持利润率，哈曼认为，这个抵消影响作用有限，必要劳动时间不可能
缩减为负数，而生产资料的积累则没有限制。最后一个批判观点来自 20 世纪
60 年代由日本学者置盐信雄提出的"置盐定理"。对此，哈曼认为，置盐定
理的假设条件在现实中不可能发生，生产率的提高所带来的未来投资成本的

---

① ［英］克里斯·哈曼：《利润率和当前世界经济危机》，丁为民等译，收入刘元琪主编《资本
主义金融化与国际金融危机》，经济科学出版社 2009 年版。

削减，不会帮助个别资本家从当前的投资中获利，一两年后购买新机器的成本降低，不会导致资本家对现有机器的支付减少。① 事实上，技术创新越快，生产率增长越快，机器就越容易遭受"自然贬值"而过时，这必然也对利润率产生愈来愈大的压力，而不是减缓压力。（从哈曼上述的理论立场中，我们似乎仍然能看到利润率计算中现行成本与历史成本两种模式的根本分歧点）。哈曼还补充说，只有一种方式能够使得新投资成本的下降缓解利润率下降的压力，就是那些因为新投资成本降低而贬值了的原有投资从账面上被抹去了，也就是说，那些遭受了损失的资本家被排挤出了行业，而另外一些资本家从廉价购买他们的厂房、设备和原料中得益，危机正是通过创造这样一个掠夺的条件而缓解了利润率长期下降的压力。路易斯·吉尔对马克思这一理论的理解大体与哈曼相同。②

（二）于松对利润率下降规律正统理论的再审视与批判

与哈曼相反，于松③④提出，在正统马克思主义的诠释中，利润率趋势取决于两个量的相对变化，作为分子的剥削率和作为分母一部分的资本有机构成，而剥削率的增长是有一定限度的，资本有机构成则是不断增长的，结果利润率下降（这是一个趋势规律）。这个规律本质上其实就是有机构成下降规律，积累被等同于死劳动（资本）相对于活劳动（剩余价值的唯一源泉）的增加。在这样的情况下，剩余价值就要比预付资本增加得快，也就是利润率的下降，倒不是说利润率从来都是下降的，而是指最终克服了起反作用的趋势而形成的下降趋势。

于松认为，这一典型模式是错误的，因为它没有析出决定利润率的真正

---

① Harman C. , "Not all Marxism is dogmatism: A reply to Michel Husson", http://isj. org. uk/not-all-marxism-is-dogmatism-a-reply-to-michel-husson/.

② Gill Louis, "A l'origine des crises: surproduction ou sous-consommation?", *Carré Rouge*, No. 40 (avril, 2009).

③ Husson M. , "La hausse tendancielle du taux de profit", document de travail, http://hussonet. free. fr/tprofbis. pdf (janvier, 2010).

④ Husson M. , "Le débat sur le taux de profit", *Inprecor*, No. 562 – 563 (juin-juillet, 2010).

要素，亦未将劳动生产率的双重影响考虑在内，即劳动生产率是同时作用于利润率公式中的分子与分母的。对于分母，如果生产率提高了而真实工资不变，那么剥削率就提高了，这是很清楚的。但是同时，劳动生产率对于分子或者说有机构成也会产生作用：劳动生产率的提高，降低了构成固定资本的设备的价格，因而抵消了其数量的增长。人们往往混淆了两个概念，即资本的技术构成和有机构成。的确，资本的技术构成是逐渐提高的，但这并不意味着以价值表示的资本的有机构成也会提高，因为前述的劳动生产率的提高降低了机器的价格，因而抵消了其数量增长。正如马克思所言：

> 使不变资本量同可变资本相比相对增加的同一发展，由于劳动生产力的提高，会使不变资本各要素的价值减少，从而使不变资本的价值不和它的物理量，就是说，不和同量劳动力推动的生产资料的物理量，按同一比例增加，虽然不变资本的价值会不断增加。在个别情况下，不变资本各要素的量，甚至会在不变资本的价值保持不变或甚至下降的时候增加。……造成利润率下降的同一些原因，也会阻碍这种趋势的实现。

于松指出，既然是"同一些原因"（劳动生产力），那么就不能断定，趋势一定会在系统地战胜反趋势。劳动生产力可以同时以一种对称的方式，弥补真实工资和资本物理量的增长。或者说，更应该假设，在生产资料部门，生产率的增长要比在消费品部门快得多，虽然相反的情形更加常见一些。由此，资本的有机构成的趋势事实上是无法确定的，经典的利润率公式的分子和分母都可能不变，从而利润率的趋向也是如此。

为了更清楚地说明问题，于松将利润率公式进行了改造，设 p 为价格，K 为资本，则利润率 R = PROF/pK，利润 PROF 被定义为 GDP（以产品量 Q 乘以价格 p）与工资总额（名义工资 w 乘以就业 N）之差，即 PROF = pQ – wN，利润率 R =（pQ – wN）/pK。将这一公式的分子分母同除以 pQ，得到：

$$R = \frac{1 - \dfrac{wN}{pQ}}{\dfrac{pK}{pQ}};$$

将上式稍作调整，就得到：

$$R = \frac{1 - \dfrac{w/p}{Q/N}}{\dfrac{K/N}{Q/N}};$$

实际上，就相当于：

$$利润率 = \frac{1 - \dfrac{真实工资}{生产率}}{\dfrac{人均资本}{生产率}};$$

于松认为，这一计算利润率的生产率—真实工资—人均资本的三元模式，比起剥削率和有机构成的二元模式，更能清楚地反映生产率变化对利润率公式分子和分母的影响，生产率的提高，同时能抵消真实工资与人均资本的增长；他还进一步通过数学演算导出：当真实工资的增长低于全要素生产率的增长时，利润率也提高。此外，于松还补充说，自己的分析与哈曼所提到的置盐定理没有关系，置盐定理实际是说，利润率"不可能下降"，而自己主张利润率"可能不下降"，是与前者显然不同的。最后，于松认为，应该正视马克思对利润率下降趋势规律的分析，这一规律只能看作是一种长期趋势，于松认为，"资本主义得以运行的条件也许可以维系一个相当长的时期，但是并不能保证其长期稳定或持续地被再生产出来"，最终会有一个时期，人均资本的增长不会带来生产率的相应增长，生产率下降会同时作用在人均资本与工资上，最终导致利润率下降。导致这一下降的是资本主义的根本矛盾（追求利润最大化、资本间的竞争），但这一描述仅适用于长期，也就是适用于长波理论。①

三、现实问题：利润率下降与危机根源

认为 80 年代以来利润率趋势是上升还是下降的不同观点，也导致了学者们对危机根源及发生机制的不同理解。一般说来，认为 80 年代以来利润率维持下降趋势或并未恢复的学者，一般也认为危机是马克思所认为的生产过剩

---

① Husson，Michel，Misère du Capital，（Paris：Syros，1996）.

危机，并自觉与单纯的消费不足论保持距离；而对利润率趋势持相反观点的学者，则多另辟蹊径，对当前危机根源与性质提出不同见解。利润率趋势在当前危机分析中的关键地位或说"分水岭"效用，由克里曼去年在阿根廷的一次学术讲座中激烈地表达了出来：

> 我要提出的第一个问题，与我对一些马克思主义经济学家观点的批评有关，这些经济学家包括热拉尔·杜梅尼尔、多米尼克·列维、弗雷德·莫斯里和米歇尔·于松等，他们宣称：利润率尤其是美国公司的利润率已经几乎从 80 年代初的低点完全恢复过来了。这个问题是极其重要的，因为它关乎我们对当前危机性质的理解。如果这是一次发生在利润率几乎完全恢复时期中的大危机，那就意味着这只是一次金融危机而不是我们所认为的资本主义生产本身的危机，进而意味着需要补救的只是金融体系：我们需要恢复管制，或者需要银行国有化，而绝非是要去动摇这个社会—经济体系的根本。于是很多人都投靠到了凯恩斯主义的阵营中，呼吁反对金融资本主义，而不是资本主义本身。①

（一）从利润率下降出发对当前危机的解读

在另一篇专门分析利润率趋势的文章中，克里曼认为，虽然数据显示出，最近五年的利润率明显上升了，但危机仍然和利润率下降有关；利润率下降虽然不是危机的近因，但从长期发展来看，却是当前危机的关键的间接原因。为危机创造条件的利润率下降，不需要持续到危机爆发的时刻，而只需要造成一个极低的利润率就可以了，因为在平均利润率相对较高的时期，那些利润率低于平均水平的企业也能生存，但一旦平均利润相对下降，就会造成很大一部分企业的生存危机。在平均利润率低的时期，即使是利润率的短期（周期性）波动也会造成相当广泛的影响。此外，信用制度在当前危机中也有突出作用，利润率下降引起积累率的下降，进而造成一个或长或短的投机热

---

① Kliman, Andrew. "La crisis económica, sus raíces y perspectivas", (15 de diciembre. 2009, La conférence).

和大量无法偿付的债务，最终导致危机的爆发，这一切都符合马克思在《资本论》中的分析。[①]

克里斯·哈曼也提出：当前危机源于 60 年代末以来的利润率下降压力。[②]资本主义体系对这一压力的反应就是通过工资和工作条件的恶化来提高剥削率，但由于缺乏大规模破产这样的资本破坏，这些反应不足以维持利润率的原有水平，因此，也造成了生产积累率的长期低下。积累率低下的副作用之一虽然是暂时减缓资本有机构成上升的压力，但更重要的是，在剥削率上升期的积累率低下，扩大了资本主义体系生产商品的能力与市场吸收这些商品的能力之间的差距。这种"生产过剩"并不是肇源于"消费不足"本身，而是由于不能以增长的投资品需求替代已失去的消费品需求，即积累不足。由此，"金融化"应运而生，它虽然不能挽救整个体系，但能使个别资本家获得相对于生产性投资更高的利润率，此外，它鼓励工人和中产阶级负债消费因而创造了短期的消费需求增长。哈曼认为，总的说来，当前危机可以被视为"利润率下降趋势规律及其反趋势"的共同结果，这些相反趋势在效果上是有限的——将利润率从 80 年代初极低的水平向上抬升，但不足以使积累增长到可以吸收资本主义体系生产出的一切产品的程度。

另一位马克思主义经济学家沙奈同样认为当前危机是生产过剩的危机。[③]

路易斯·吉尔也明确提出，马克思理解的危机，是积累过剩与商品生产过剩的危机，不是工资不足造成的消费不足危机；当前的危机正是马克思意义上的生产过剩危机，其金融特征不能理解为因补偿工资不足而寻求扩大家庭部门的债务所致。[④] 一般来看，吉尔认为，对马克思危机理论学界存在两种解释，一种源于利润率下降，一种源于产品"实现困难"，后者又分为消费不

---

① Kliman A. , The persistent fall in profitability underlying the current crisis：new temporalist evidence，http：//akl iman. squarespace. com，（Oct，2009）.

② Harman C. , "Not all Marxism is dogmatism：A reply to Michel Husson"，http：//isj. org. uk/not-all-marxism-is-dogmatism-a-reply-to-michel-husson/.

③ Chesnais François, "Crise de suraccumulation mondiale ouvrant une crise de civilisation"，*Inprecor*，No. 556 – 567（janvier，2010）.

④ Gill Louis, "A l'origine des crises：surproduction ou sous-consommation ?"，*Carré Rouge*，No. 40（avril，2009）.

足与比例失调两亚类。用比例失调只能解释资本主义体系的局部危机，通过局部调整即可解决，而不需要触碰制度的根基；而在马克思恩格斯看来，消费不足只是资本主义生产的经常性现象，不能用来解释危机；又如果认为是最终消费的不足导致了生产过剩危机，则是把二者看成同一现实的不同表现，对这种观点，吉尔的立场与哈曼相似，即应该区分两种过剩：消费品过剩和生产资料过剩，利润率下降导致的积累间断同时造成两种需求的不足并呈现为总需求不足，而不单单是消费品不足。关键在于，不是市场的失衡导致了危机，而是资本的自行增殖出现了危机。从当前危机的发生机制看，2001 年到 2006 年巨大不动产泡沫是投机的结果，住房被不断地转变为高回报率的证券，这一投机导致大量对住房建筑的投资，从而产生巨大的生产过剩，这绝非是用工资购买力不足而导致的收缩解释得了的。市场一旦达到饱和，生产过剩就通过住房价格的崩溃和大规模的次贷危机表现出来。

（二）"去利润率下降趋势"后的当前危机解读

与上述从利润率下降趋势出发的解读相反，杜梅尼尔与列维则从"金融霸权"理论的强调与利润率并未下降的经验观察出发，提出了当前的危机是"金融霸权危机"的独特观点。[①] 他们认为，金融霸权危机区别于利润率下降型的危机，在金融霸权时期，资本家阶级在其金融机构权力的支持下，享有完全或几乎完全的独占统治：第一次金融霸权是 20 世纪初新兴大资产阶级的霸权，大资产阶级广泛地将管理任务委派给管理层（经理革命的效果），并有着一套新的金融体系的支撑；新自由主义则是第二次金融霸权，它以对劳工阶级施加新的纪律、工人阶级购买力的停滞甚至倒退、管理层与金融资本的妥协以及自由贸易等为特征。在这次可称为新自由主义的资本主义的危机中，有两方面的因素起了重要的作用，其一是金融化和金融全球化相关的机制的混乱，及资本家不择手段地追求高收入。第二个方面则完全与美国的宏观经

---

① 周思成：《关于新自由主义的危机——热拉尔·杜梅尼尔访谈》，载于《国外理论动态》2010年第 7 期。

济路线（低积累和过度消费）相关，特别是该国内外债务的增长，两组因素互相作用，是当前危机的根源——当前的危机"不是过度积累和消费不足的危机，而恰恰是过度消费与积累不足的危机"。

于松认为，不论是哈曼、克里曼等"利润率下降派"的解读，还是杜梅尼尔、列维的"金融霸权危机"说，都难令人满意。首先，他认为在分析当前的危机时，应该在马克思主义经济学意义上，将不同层次的危机区别开来，不能用分析"周期性危机"的方法来分析资本主义的总体运动及其不同层次的危机；由于缺乏一种适当的历史维度，部分马克思主义者将对短周期的分析应用于资本主义的长波发展中，是不适当的，当前的危机并不是周期性危机；由于这一盲点，一些学者也对此次危机的发生机制产生了误解，尽管在当前的危机中甚至危机爆发前极短的时期，利润率有着显著的下降，但是，这并不意味着此前存在着过度积累，利润率的下降只是危机的结果，是危机导致的产能过剩的表现。[1][2] 通过对 1999 年到 2009 年美国的消费增长、利润率和产能利用率走向的比较，可以发现，三者之间存在着紧密的联系，关键是发现三者之间互相作用的关系，而不是像以前一些马克思主义者一样，简单地将过度积累与消费不足对立起来。最后，从其最广义的利润概念出发，于松对杜梅尼尔和列维提出的"积累率由自留利润控制"及"支付利息和红利前的利润率上升随即为金融机构所吞没"的观点提出质疑。他认为，应该作为资本运动的指标的利润率不是指企业的自留利润，而是一般利润率，决定积累的正是一般利润率，而不考虑利润在不同资本家之间的分配。同样，也不能过分强调"金融霸权"的重要性，把金融部门描绘为"掠食性"的，是它们阻止了工业资本主义的自我发展。事实上，刚好相反，剩余价值中比例越来越大的部分未被进行积累，是因为资本主义体系危机的症候就是赢利性投资领域越来越稀少，而未用于积累的剩余价值被投到金融领域以维系食利者的消费，或躲避到投机泡沫中去。

---

① Husson M. , "La hausse tendancielle du taux de profit", document de travail, （janvier, 2010）http：//hussonet. free. fr/tprofbis. pdf.

② Husson M. , "Le débat sur le taux de profit", *Inprecor*, No. 562 – 563（juin-juillet, 2010）.

那么应该如何分析当前的危机呢？于松提出，马克思主义学者中对当前危机存在两种理解，一种是：当前的危机是周期性危机，因此，可以由过度积累导致的利润率下降得到解释。但是，在于松看来，新自由主义资本主义阶段的特点，绝非过度积累趋势，对于当前危机，要清楚地认识到其非同寻常的剧烈程度，并将之作为整个时期的根本特征的危机，而非周期性危机。另一方面，部分学者主张，当前的危机是消费不足的危机，于松认为，这两种解释将过度积累与消费不足割裂开来，都是片面的。当前的危机可以看作是资本主义体系对 1974—1975 年"福特制"危机的解决措施的危机，其根本问题是"实现危机"，由于工人工资在收入中的份额减少，剥削率显著上升，资本家面临剩余价值难以实现的风险，这一矛盾在金融化中得到了缓解——通过以下三种要素：（1）将那些不用于投资的剩余价值转到精英社会阶层的消费中去；（2）使家庭部门过度负债并支撑其消费；（3）对全球性（特别是美国与其余地区之间的）失衡进行调整。

针对本章开头克里曼提出的批评，于松提出了"利润率不是反资本主义的指示器"（l'anti capital is ment'est pas index e sur le taux de proft）的口号，认为对资本主义体系进行批判，不必建立在利润率下降趋势的基础上，资本主义即使在利润率很高的时期也能爆发危机。当然，于松并非认为，利润率在分析资本主义发展趋势时不重要——早在 20 世纪 90 年代发表的《资本的贫困》一书中，他即指出，利润率是一个"核心变量"和"综合指标"，然而，它是"因"也同时是"果"。[①] 不过，于松自己对于此次危机的解释则比较含糊：他认为，这次危机源于当代资本主义的特征之一，即该体系越来越难以弥补以赢利为目的的供给与人类社会需求之间的差距，并在利润率标准的名义下，愈来愈拒绝满足这一基本需求，甚至通过金融化来逃避。利润率与积累之间的差距，应该从这一角度出发来得到解释。

抛开他对其他学者观点的批判不谈，于松自身对危机的解释显然比较含糊，因而也遭到了来自克里曼和吉尔的批评。克里曼认为于松的这种解释是

---

① Husson，Michel，Misère du Capital，（Paris：Syros，1996）.

避重就轻："虽然我并不认为，社会需求和气候变化属于'非经济'问题，我所指的'经济危机'是一个技术性术语，长期以来有着特定的和精确的含义……如果于松使用是'危机'一词的其他含义，那就是转移话题了"。① 吉尔也认为，一方面，满足人类的社会需求本来就不是资本主义生产的最终目的，它历来不重视使用价值或任何社会需要，另一方面，当前的危机显然也与于松所批判的资本主义体系的"非理性"无关。②

四、结语

以上，从经验、理论与现实三个层面，对近期国外马克思主义学者就 80 年代初以来的利润率变化趋势及其与当前危机的关系的学术争论作了简单的介绍。最后需要补充几点对此次争论的特点的看法。首先是争论的继承性。需要指出的是，这场争论并不是伴随着 2007 年爆发的经济和金融危机而突然涌现的。参与争论的相当一部分学者，如克里曼、于松、杜梅尼尔和列维，早在危机爆发多年以前就对利润率下降趋势作过理论思考或经验研究。因而毋宁说，近期的争论是 20 世纪 90 年代甚至更早以来，在理论研究和经验实证方面，国外马克思主义经济学者在利润率下降趋势规律问题上的分歧的延续和扩大；这场危机的规模之大、影响之深远，及其体现出的一些新特征，也使得很多国外马克思主义者将之作为检验自己观点的校场。其次，是争论的复杂性，虽然对利润率趋势及危机性质的种种争论，我们可以大体区分出两个不同的阵营，但是，这种划分全然不意味着被认为同属一个阵营的学者，在一些具体问题上的理论立场是完全一致的，即便是在同样认为利润率上升或下降的学者之间，就某一特点问题也可能持完全相异的观点。如上面提到的，于松与杜梅尼尔和列维之间关于金融部门的特性及作用的分歧，又如弗里曼与布伦纳之间就决定美国利润率下降的因素是利润份额还是资本效率的

---

① Kliman A. , "Master of Words：A reply to Michel Husson on the character of the latest economic crisis", http：//minibiblionet. free. fr/textes. page6K/2010. kliman. pdf.

② Gill Louis, "A l'origine des crises：surproduction ou sous-consommation ?", *Carré Rouge*, No. 40 (avril, 2009).

争论，① 如果要对这些分歧作一一阐述，则远远超出了本文范围。最后一点需要注意的是争论的未完成性。对争论中的一些焦点问题，如资本价值计算，双方目前还是各执一词，互不相让，但也都承认，对利润率计算是"开放中的工地"，② 或"不存在全能的计算方式"；③ 同样，对于马克思平均利润率下降趋势规律的理论探讨仍有待深化，从马克思主义观点出发，对于当前危机的根源与传导机制的研究也还在拓展。因此，这场争论究竟将走向何方，目前也似难下一定论，本文的主要目的，也就是将国外马克思主义学者间这场意义颇为重要的争论的目前面貌勾勒出来，以供国内学者参考和进一步研究。④

（原文发表于《国外理论动态》2010 年第 10 期）

---

①　Freeman A. , "What makes the US Profit Rate Fall?", Mpra Paper, Vol. 12, No. 3 （2009）: 1 - 37.

②　Husson M. , "La hausse tendancielle du taux de profit", document de travail, http: //hussonet. free. fr/tprofbis. pdf. （janvier, 2010）.

③　Kliman A. , The persistent fall in profitability underlying the current crisis: new temporalist evidence, http: //akl iman. squarespace. com （Oct, 2009）.

④　本文在写作过程中得到了中央编译局李其庆研究员的热心帮助，谨致谢意。

利润率趋向下降规律相关争论

杨青梅*

自利润率趋向下降规律提出以来，相关争论层出不穷。20 世纪初以来，围绕利润率趋向下降规律的争论主要有四个主题：一是规律存在性，二是规律所涉及变量以及变量之间关系，三是规律与资本主义阶段之间的关系，四是规律与危机的关系。通过对上述争论的梳理可以发现，对利润率趋向下降规律的诘难是不成立的，利润率趋向下降规律没有被否定；资本有机构成提高是利润率趋向下降的决定性因素；利润率趋向下降规律不是只适用于资本主义初期；该规律构成了近期资本主义经济危机的根本原因。对利润率趋向下降规律进行经验检验还存在诸如价值衡量、统计口径等问题，有待后续研究。

一、引言

马克思批判吸收古典经济学，建立科学合理的劳动价值论和剩余价值论，在此基础上提出了利润率趋向下降规律。[①] 即，在剩余价值率不变时，随着资本有机构成提高，一般利润率会下降。[②]

2012 年 8 月，《马克思恩格斯全集》历史考证版第 2 版第二部分（MEGA2 II）一经出版便引起学术界的兴趣。迈克尔·海因里希（Michael Heinrich）于 2013 年 4 月在美刊《每月评论》发文，指出马克思实际上已经放弃了利润率趋向下降规律。[③] 海因里希的观点引发了新一轮关于利润率趋向下降规律的争论。回溯历史，关于利润率趋向下降规律的争论达到过四次高

---

* 杨青梅：清华大学高校德育研究中心、马克思主义学院。

[①] 陈恕祥：《论一般利润率下降规律》，武汉大学出版社 1995 年版，第 6 – 7 页。

[②] 《资本论》第 3 卷，人民出版社 1975 年版，第 236 页。

[③] Heinrich M. , "Crisis Theory, the Law of the Tendency of the Profit Rate to Fall, and Marx's Studies in the 1870s", *Monthly Review*, Vol. 64, No. 11 (2013).

潮：20 世纪初，罗莎·卢森堡（Rosa Luxemburg）、娜塔莉·莫兹科斯卡（Natalie Moszkowska）、奥拓·鲍尔（Otto Bauer）、亨里克·格罗斯曼（Henryk Grossmann）、莫里斯·道布（Maurice Dobb）、鲁道夫·希法亭（Rudolf Hiferding）对这一规律发表看法，这一时期的争论以理论分析为主；20 世纪四五十年代，相关争论伴随着保罗·斯威齐（Paul Sweezy）的《资本主义发展论》和琼·罗宾逊（也作乔安·罗宾逊，Joan Robinson）的《论马克思主义经济学》的出版而产生，约瑟夫·吉尔曼（Joseph Gillman）的《利润率下降》一书使得争论内容拓展到经验验证层面；20 世纪 70 年代，资本主义经济矛盾加深，美国爆发石油危机，对危机问题的讨论使得围绕利润率趋向下降规律的争论再一次达到高潮，代表学者如置盐信雄（N. Okishio）、爱德华·沃尔夫（Edward N. Wolff）、弗雷德·莫斯里（Fred Moseley）、大卫·耶菲（David Yaffe）、欧内斯特·曼德尔（Ernest Mandel）、本·法因（Ben Fine）和劳伦斯·哈里斯（Laurence Harris）；2007 年，美国次贷危机爆发，蔓延至其他国家，危机再次成为利润率趋向下降规律争论热潮的触发点。

不仅理论界对于利润率趋向下降规律有着诸多争论，现实经济的发展似乎也否定了利润率趋向下降规律。如热拉尔·杜梅尼尔（Gérard Duménil）和多米尼克·列维（Dominique Levy）对美国 1948—2000 年的利润率进行考察发现，自 20 世纪 80 年代，利润率出现新的上升趋势。[1] 他们和米歇尔·于松（Michel Husson）都认为利润率与当前危机关系不大，克里斯·哈曼（Chris Harman）、安德鲁·克里曼（Andrew Kliman）、阿兰·弗里曼（Alan Freeman）、路易斯·吉尔（Louis Gill）等人则持有相反观点。

那么，利润率趋向下降规律是否真的存在？如何解释现实中出现的反例？如何理解利润率趋向下降规律与资本主义发展阶段以及资本主义危机的关系？为了回答这些问题，需要系统地梳理现有的争论。这样才能厘清利润率趋向下降规律的内涵，为我们正确理解资本主义经济发展与资本主义危机提供正

---

① Duménil G., Dominique LÉVY. "The Profit Rate：Where and How Much Did It Fall? Did It Recover?（USA 1948—2000）", *Review of Radical Political Economics*, Vol. 34, No. 4（2002）：437 – 461.

确的视角。下文对围绕利润率趋向下降规律的争论进行梳理，回顾马克思的利润率趋向下降规律，在此基础上得出结论。

二、围绕利润率趋向下降规律的争论

（一）规律存在性

海因里希认为马克思实际上放弃了利润率趋向下降规律，原因在于：（1）利润率趋向下降规律仅适用于未来，它表述的是一个遥不可及的存在性命题，过去有关利润率的事实无法证实或驳倒它，规律因不能被证实而崩溃；（2）利润率公式为 $p = \dfrac{s}{c+v}$，可变形为 $p = \dfrac{s/v}{(c/v)+1}$（p、s、c、v 分别表示利润率，剩余价值，不变资本，可变资本），无法证明分母增长快于分子，马克思也未对长期中利润率趋向下降会超越所有抵消因素的假设做出解释；（3）马克思没有任何关于危机的统一理论，他关于资本主义危机倾向的构想与利润率趋向下降规律无关；（4）马克思怀疑利润率趋向下降规律的正确性，在 1863—1865 年手稿中，他不相信自己的解释，在 19 世纪 70 年代，他的疑虑加深，在 1875 年以《剩余价值率和利润率的数学分析》为题发表的稿子中，他发现尽管资本价值构成增加，但利润率仍有增加的可能性。[①]

克里曼等人声明海因里希误解了利润率趋向下降规律的含义和马克思的意图，规律是解释利润率趋向下降的原因而不是预测利润率必然下降。[②] 他们引用马克思恩格斯的原话，证明马克思坚持利润率趋向下降规律的正确性——剩余价值率这样的反作用因素增长受限，不能因为存在反作用因素就认为规律不存在。[③]

[①]　Heinrich M., "Crisis Theory, the Law of the Tendency of the Profit Rate to Fall, and Marx's Studies in the 1870s", *Monthly Review*, Vol. 64, No. 11 (2013): 15 – 31.

[②]　Andrew Kliman et al., "The Unmaking of Marx's Capital: Heinrich's Attempt to Eliminate Marx's Crisis Theory", SSRN Working Papers Series (2013): 3.

[③]　Andrew Kliman et al., "The Unmaking of Marx's Capital: Heinrich's Attempt to Eliminate Marx's Crisis Theory", SSRN Working Papers Series (2013): 10 – 14.

谢恩·玛治（Shane Mage）认为利润率趋向下降规律能够解释资本特有的周期运动，符合合格的危机理论的特征。① 通过对马克思利润率公式 $p' = \dfrac{s}{c+v} = \dfrac{s'}{(c/v)+1}$ 的变形（其中 p'、s'、c、v 分别表示利润率、剩余价值率、不变资本、可变资本），将 v 略去（长期中 v 越来越小，可不予考虑），以 Q 表示资本有机构成 $\left[在玛治的公式中 Q = \dfrac{c}{v+s} = \dfrac{c}{v(1+s')}\right]$，最终利润率公式变为 $p' = \dfrac{s}{c} = \dfrac{s'}{Q(1+s')}$，$Q$ 的增加在马克思的分析中表明社会劳动生产力的发展，生产力的提高带来资本有机构成 Q 和剩余价值率 s' 的提高，但 s' 在分子分母中均出现，长期中，前者带来的下降效应会超过后者带来的增长效应。② 在每个经济周期中，工资上涨导致资本家寻求节约劳动的技术创新，造成每个经济周期中都有一轮资本有机构成的提高，起反作用的是短期的甚至一次性的因素。③

海因里希对此回应指出，玛治略掉 v 在数学上是冒险的。④ 从玛治的公式出发，剩余价值率 s' 同时出现在分子和分母中只是一种错觉，因为 $Q = \dfrac{c}{v+s}$ 也可以写成 $Q = \dfrac{c}{v(1+s')}$，当把 Q 的这个表达式放入玛治的利润率表达式中时，得到 $\dfrac{s}{c} = \dfrac{s'}{[c/v(1+s')](1+s')}$，因为分母中的两个 $(1+s')$ 可以完全被抵消，所以得到 $\dfrac{s}{c} = \dfrac{s'}{c/v}$，因而 s' 在分母中存在只是一个错觉，海因里希进一步提到，当用玛治定义的方法来理解时，可以把任何分量放在分母中。⑤

玛治对于海因里希的批判并不严密，因为玛治从利润率公式中直接去除可变资本 v（罗宾逊夫人有 v 趋近于零的论述，后文将提及），但这不意味着应该放弃马克思的利润率趋向下降规律。因为（1）规律是对趋势的判断，不

①②③ Shane Mage, "Response to Heinrich—In Defense of Marx's Law", https：//monthlyreview. org/commentary/response-heinrich-defense-marxs-law.

④⑤ Heinrich M. , "Marx's Law of the Tendency of the Profit Rate to Fall（LIPRF）", https：//monthlyreview. org/commentary/heinrich-answers-critics/.

要求利润率永恒下降；（2）马克思对利润率公式中为何分母增长会超过分子有过解释，随着技术发展，劳动生产力的增长（资本有机构成的提高）是无限的，但剩余价值率的增长受到众多束缚；（3）马克思对于危机的构想和利润率趋向下降规律紧密联系；（4）马克思承认规律的正确性。

（二）规律相关变量以及变量之间关系

1. 前提条件的正确性

一般认为马克思利润率趋向下降规律有两个重要假设：剥削率（即剩余价值率）不变和实际工资不变。并认为有一个对规律发挥决定性作用的事实：资本有机构成随资本主义生产发展而提高。

罗宾逊指出上升的资本有机构成（人均资本）、不变的实际工资、不变的剥削率相匹配是错误的，该规律和马克思的其余观点相矛盾。[①] 具体如下：（1）随着技术进步，不变要素低廉化、可能出现的资本货物周转时期减少（如可以节约生产和销售所需资金的运输发展）会抵消资本有机构成提高的倾向，因此资本积累和技术进步不一定会增加每人资本。[②]（2）如果剥削率不变，则实际工资在生产率提高的前提下必定提高，而马克思阐述规律时认为实际工资倾向于不变。[③] 罗宾逊进一步提出，保证劳动时间和劳动强度既定，所创造的价值率不变，则 v + s 不变，生产率提高带来商品价值下降，实际工资不变的条件下，劳动力价值减小，因而，v 渐趋向零，而 s/v 趋向无限大。[④]

同样地，斯威齐对规律的条件提出质疑：（1）同时假定资本有机构成提高和剩余价值率不变可能不适当，因为劳动生产率的提高增加产业后备军，必然会带来剩余价值率的提高，一般情况下应该假定资本有机构成提高和剩余价值率提高同步，利润率变化方向将未定。[⑤]（2）随着劳动生产率的提高，

①② ［英］乔安·罗宾逊：《论马克思主义经济学》，纪明译，商务印书馆 1962 年版，第 33 - 34 页。

③④ ［英］乔安·罗宾逊：《论马克思主义经济学》，纪明译，商务印书馆 1962 年版，第 36 - 37 页。

⑤ ［美］保罗·斯威齐：《资本主义发展论》，陈观烈、秦亚男译，商务印书馆 2013 年版，第 135 - 144 页。

资本有机构成的提高小于资本技术构成的提高，前者并没有人们想的那么大，因为：1) 资本有机构成是一种价值表现；2) 劳动率保持上升，工人个人拥有的机器和原料数量增长，但这不能作为资本有机构成变化的指数。[①] 他得出结论，应该视资本有机构成和剩余价值率两个变量大体同等重要，因而，从资本有机构成提高着手无法得出利润率趋向下降的结论。[②]

曼德尔认为资本价值构成必然提高：竞争带来节约生产成本的压力，推动技术进步，除非活劳动代替机器是有利可图的，或者第 1 部类生产出的机器能够节约劳动且不增加本身的内在价值或工资货物价值下降小于新原料的价值下降（即第 1 部类生产率增长大于整个经济生产率增长），才可能使得节约成本的技术进步不提高资本有机构成，但是，新设备的价值取决于当前劳动生产率且在开始阶段不能大量生产，因此条件不成立，节约成本的技术进步会提高资本有机构成。[③] 哈曼提到"'你不能用明天的砖建今天的房子'。一年或两年后购买新机器的成本更低的事实，并不能减少你已经花费在现有机器上的钱。事实上，技术革新和生产力提高得越快，机器遭受'道德贬值'而过时的速度也就越快。结果利润率的压力有增无减。"[④]

罗宾逊认为剥削率不变和实际工资不变不可能同时存在，因其未理解马克思的抽象思维；斯威齐提出同时假定资本有机构成提高和剩余价值率提高，且假定前者提高的幅度比后者大，这样的假定不合适，因其未考虑到资本有机构成的提高可为无限，并且，技术进步只可能减少未来投资，不可能帮助资本家从现有投资中获益，不能减缓资本有机构成提高，而剩余价值率的提高受到诸多因素的限制。

2. 资本有机构成的提高是否构成利润率趋向下降的主要原因

置盐信雄从技术问题上对利润率趋向下降规律进行讨论，其观点（即置

---

①② ［美］保罗·斯威齐：《资本主义发展论》，陈观烈、秦亚男译，商务印书馆 2013 年版，第 135 – 144 页。

③ 高峰：《资本积累与现代资本主义——理论的和实证的分析》，社会科学文献出版社 2014 年版，第 74 – 75 页。

④ Harman C.，"Not all Marxism is dogmatism：A reply to Michel Husson"，http：//isj. org. uk/not-all-marxism-is-dogmatism-a-reply-to-michel-husson/.

盐定理）成为 20 世纪 70 年代学者讨论的焦点。置盐定理将利润率趋向下降的原因归结为实际工资的提高。

置盐的三个假定是：实际工资不变；资本家是否引入新技术依据"成本准则"而非"利润率准则"；斯拉法价格体系决定利润率。[①] 置盐进行数理分析后得出，资本家引入新技术不一定提高劳动生产率；由于统计研究的缺乏而不讨论资本有机构成是否会随着提高劳动生产率的技术引进而提高；一般利润率不受"非基本品行业"引进新技术的影响，但随"基本品行业"引入新技术而上升；除非实际工资上涨足够高，否则"基本品行业"所引进的每一项技术创新必然提高一般利润率。[②] 置盐的观点引发大量争议，裴宏等人总结：对置盐定理提出批评的观点主要分为四个方面但都未指出置盐定理和利润率趋向下降规律的结论截然相反的本质原因。[③] 裴宏等人将利润率趋向下降规律分为三个基本命题：技术进步将导致社会资本有机构成上升；技术进步将对利润率产生正反两方面的影响；长期中，利润率呈现下降趋势。[④] 他们通过证明得出置盐定理支持第一、二个命题，置盐定理和利润率趋向下降规律的核心差异在于技术选择标准不同，置盐定理证明了成本节约型技术进步最终会导致社会平均利润率上升，这只是利润率趋向下降规律的一个特例。[⑤]

沃尔夫和莫斯里基于美国数据探讨利润率趋向下降规律。

在 1979 年的文章中，沃尔夫构建一个两部门经济体——第一、二部门分别生产工资品和资本品，资本品在两个部门都被使用且不存在其他的行业间流动，资本品折旧率为 δ，将利润率简化为当前成本利润率，将劳动力价值定义为劳动力再生产成本。[⑥] 推演结果显示：如果实际工资提高速度和技术构成速度一致，则有机构成不会上升；资本有机构成和剩余价值率正相关。[⑦] 他将两部门经济体扩展到 n 部门经济体，并使用美国经济分析局 1947 年、1958

---

①② ［日］置盐信雄：《技术变革与利润率》，载于《教学与研究》2010 年第 7 期。

③④⑤ 裴宏、李帮喜：《置盐定理反驳了利润率下降规律吗？——二者的区别与联系》，载于《政治经济学评论》2016 年第 2 期。

⑥⑦ Edward N. W. , "The Rate of Surplus Value, the Organic Composition, and the General Rate of Profit in the U. S. Economy, 1947—1967", *The American Economic Review*, Vol. 69, No. 3（Jun, 1979）: 329 – 341.

年、1963 年和 1967 年 87 个部门的投入产出数据进行经验验证。① 综合两个过程,沃尔夫得出:尽管马克思的利润率趋向下降规律在理论上不健全且在经验上无法获得支持,但是马克思的分析图式对于分析利润率运动中孤立的决定因素是有用的;利润率的变动根本上是劳动生产率变化和真实工资改变综合作用的结果;一般利润率的变动未必与资本有机构成的变动相反,因而利润率未必随着资本主义发展而下降。②

沃尔夫在 1986 年的文章中重新估算并得出利润率下降,但下降原因不是资本有机构成提高而是剩余价值率下降。③ 莫斯里认为沃尔夫的经验检验不可靠,因为沃尔夫没有区分生产性资本和非生产性资本。④ 莫斯里区分生产性资本和非生产性资本,使用美国 1947—1976 年的数据估算,结果是:从 1947 年到 1976 年,资本构成增加 41%,以五年平均水平看,资本构成从 1947—1951 年到 1972—1976 年,提高了 28%;从 1947 年到 1976 年,剩余价值率增加了 19%,以五年平均水平看,剩余价值率从 1947—1951 年到 1972—1976 年,上升 15%;最终,由于资本构成的提高比率大于剩余价值率的上升,因而这段时期内利润率显著下降——估算得出 1947—1976 年利润率下降了 15%,从五年平均水平看,从 1947—1951 年到 1972—1976 年,下降 10%。⑤ 莫斯里指出如果生产性资本和非生产性资本的差异被沃尔夫考虑在内,则可得出美国二战后利润率的下降由资本构成提高而非剩余价值率下降导致。⑥ 在驳斥莱伯曼对自己的质疑时,莫斯里进一步指出马克思关于非生产性劳动的理论和个别公司利润最大化是一致的,个别公司增加非生产性劳动是为了提高个别利润率或者避免利润率更多地下降,但是这些私人决策对于经济整体的结果是降低一般利润率。⑦

①② Edward N. W. , "The Rate of Surplus Value, the Organic Composition, and the General Rate of Profit in the U. S. Economy, 1947—1967", *The American Economic Review*, Vol. 69, No. 3 (Jun, 1979): 329 – 341.

③④⑤⑥ Moseley F. , "The Rate of Surplus Value, the Organic Composition, and the General Rate of Profit in the U. S. Economy, 1947 –67: A Critique and Update of Wolff's Estimates", *The American Economic Review*, Vol. 78, No. 1 (Mar, 1988): 298 – 303.

⑦ Moseley F. , "Unproductive Labor and the Rate of Profit: A Reply", *Science & Society*, Vol. 58, No. 1 (spring, 1994): 84 – 92.

置盐定理只是利润率趋向下降规律的一个特例，并非否定了马克思的利润率趋向下降规律。在一定时期内，区分生产性投资和非生产性投资有必要性，因为只有生产性活动能够创造剩余价值，但长期来看，生产性领域和非生产性领域，其利润都趋向下降。本文对此进行的构想是，沃尔夫和莫斯里所针对的只是美国二战后二三十年的数据，如果从更长期来看，或许会更加准确。

（三）规律与资本主义阶段的关系

1. 规律只适用于资本主义发展初期

吉尔曼认为，利润率趋向下降规律只适用于资本主义发展初期，不适用于垄断资本主义时期，垄断资本主义时期利润率下降是由于剩余价值实现困难。[①] 通过统计 1849—1952 年美国制造业的资本有机构成、剥削率和利润率，他发现，1919 年之前，资本有机构成和剥削率都上升，利润率变化不明显，1919 年之后，资本有机构成、剥削率和利润率几乎没发生什么变化。[②] 对于 1919—1952 年，资本有机构成、剥削率、利润率动态与利润率趋向下降规律不一致，吉尔曼提出两种态度：一是认为一战后利润率趋向下降规律已经失效；二是探讨公式各因素能否充分反映美国 20 世纪以来的经济发展新情况。[③] 吉尔曼持后一种态度并指出垄断资本主义阶段剩余价值生产条件发生变化——科学管理等生产技术革命节约不变资本，缓和资本有机构成提高，劳动生产率发展促使剩余价值率继续提高，利润率由下降变为上升，马克思的公式中，剩余价值＝工人新创造的价值－工资，实际上，余额还包括销售成本和税收等非生产性开支，资本主义初期，这笔费用可忽略不计，随着资本主义发展，垄断盛行，非生产性开支增大，资本家净利润下降，马克思公式不再适用。[④] 他提出，净利润率 $= \dfrac{s - U}{C}$ [s、C、U、s－U 分别表示已实现的总剩余价值、总成本（＝不变资本 c ＋可变资本 v）、非生产性开支、已实现

---

①②③④　程恩富：《马克思主义经济思想史（欧美卷）》，东方出版社 2006 年版，第 127－129 页。

的净剩余价值], 在资本主义初期, U 可忽略不计, 规律存在的前提是 s/v 比 c/v 增长更慢, 在垄断资本主义时期, U 变大, 规律存在的前提变为 s/v 比 U/v 增长更慢。① 吉尔曼已经把垄断时期利润率趋向下降的原因归为剩余价值实现困难。

2. 规律适用于整个资本主义时期, 且推动资本主义进入新阶段

希法亭认为利润率趋向下降规律适用于整个资本主义时期, 伴随着资本主义从工场手工业和早期资本主义工厂进入现代工厂——"劳动生产率的增长, 技术的进步, 表现为等量活劳动所推动的生产资料量的日益增加。在经济上, 这个过程反映为资本有机构成的增加, 反映为总资本中不变资本额比可变资本额的增长。c:v 比例中的这一变化表现了从工场手工业和早期资本主义工厂到现代工厂的情景变化: 前者是处于狭小的劳动空间和拥挤在几台小机器周围的工人; 后者是在庞大的自动化机器后面的少量的、有时几乎看不到的工人, 而且他们似乎越来越少见了。"② 同时, 不变资本组成也发生变化, 固定资本比流动资本增长更快, 生产规模的扩大使得无论是扩大再生产还是建新企业都需要大量资本投入。③ 资本流动因此受限, 利润率平均化受到影响, 在资本主义发展的两极上, 利润率降到平均利润水平之下由完全不同的原因产生。④ 繁荣时期, 原料价格上升比成品价格快, 采掘工业利润率提高; 萧条时期, 供给原料的部门利润率长期低于平均水平, 有利于加工工业利润率恢复到平均水平, 不同部门在不同时期所受影响不同, 通过联合来克服利润率差别。⑤ 联合是走向垄断的中介。⑥ 利润率趋向下降规律及为克服利润率差别所采取的措施促成垄断, 而后伴随垄断出现金融资本。

---

① 高峰:《资本积累与现代资本主义——理论的和实证的分析》, 社会科学文献出版社 2014 年版, 第 261 - 262 页。

②③④ [德] 希法亭:《金融资本: 资本主义最新发展的研究》, 福民译, 商务印书馆 1994 年版, 第 201 - 202 页。

⑤ [德] 希法亭:《金融资本: 资本主义最新发展的研究》, 福民译, 商务印书馆 1994 年版, 第 214 - 216 页。

⑥ 马健行:《利润率趋于下降规律与资本主义发展的三阶段》, 载于《当代经济研究》1991 年, 第 63 - 68 页。

吉尔曼的创新之处在于把剩余价值实现问题引入，但剩余价值实现问题是否能构成资本主义垄断时期利润率趋向下降的主要原因值得深思。此外，规律涉及的是总资本，而非单个资本，吉尔曼所用数据时间段可能有其特殊性。希法亭则较为准确地把握住了马克思利润率趋向下降规律与资本主义发展阶段之间的关系。

（四）规律与危机的关系

1. 理论分析

鲍尔探讨利润率趋向下降规律的初衷是为了反驳卢森堡的观点——只有资本主义生产框架外的第三方为一部分资本主义产出提供市场，积累才会发生。鲍尔的模型假定不变资本比可变资本积累增长更快，资本有机构成倾向于上升，只有活劳动创造剩余价值，给定剩余价值率不变，意味着利润率倾向下降，生产循环四次时，模型顺利运行，鲍尔认为，模型表明，在没有外部市场的情况下资本主义可以存活，资本主义系统不会以卢森堡所论证的方式崩溃。① 他让模型运行到第七次并提出，只要不同部门的产出保持正确比例，资本主义将没有危机并永存。②

格罗斯曼系统地描述了马克思的观点——崩溃是资本主义生产过程的内在趋势，以利润率趋向下降的形式表现出来。③ 他使用鲍尔模型发现，循环到第 35 次，资本家没有可用于私人消费的剩余价值，剩余价值总量甚至不足以购买额外的用于维持模型运行的不变资本和可变资本（因为积累以有形使用价值投资，所以不可能将太小的剩余价值进行投资），利润率趋向下降必然引发危机。④格罗斯曼提出一个计算公式以强调减缓或加速崩溃的因素，结果显示由于更高的资本有机构成以及不变资本更快的积累率，危机加速出现，而可变资本积累率的上升效应模糊，因为更高的剩余价值率减缓了资本主义崩

　　①④　Kuhn R.，"Henryk Grossman and the recovery of Marxism"，*Historical Materialism*，Vol. 13，No. 3（2005）：57 – 100.

　　②③　Kuhn R.，"Capitalism's Collapse：Henryk Grossmann's Marxism"，*Science & Society*，Vol. 59，No. 2（1995）：174 – 192.

溃的趋势，他指明抵消机制意味着资本主义的崩溃将以危机不断发生的形式而非一次性崩溃的形式发生。① 格罗斯曼对危机研究的两大贡献在于，指出：（1）资本主义生产以剥削劳动创造新价值来扩张自身价值，资本主义的动态性和不平衡使得在按比例扩张的再生产中需求的满足很偶然；（2）资本主义本身限制了价值自我扩张的可能性，因为劳动生产率的提高没有限制，生产利润却受限。②

道布、耶菲、法因、哈里斯都将利润率趋向下降规律视为危机爆发的根本原因。道布指出，不同情况下，互相冲突的要素的互相作用可能产生不同后果，各种冲突的力量达到平衡只是偶然出现，平衡的破坏和随之产生的波动以危机的形式表现出来。③ 耶菲以只有当机器的价值低于它所替代的劳动力的价值时，机器才会被使用为前提来说明随着技术构成提高，资本价值构成必然提高。④ 耶菲认为对该规律的分析应限定在资本生产领域，以资本一般和资本概念作为出发点。⑤ 法因和哈里斯视利润率趋向下降规律为舍象非本质因素后对事物本质联系的解释，是抽象规律，利润率下降趋势和反趋势的矛盾表现为：一是矛盾暂时解决时必定爆发危机，二是可以是实际利润率下降。⑥

2. 经验检验

2007 年，美国次贷危机爆发，蔓延至他国，进而全球性金融危机爆发，危机从金融领域发展到实体领域。关于利润率是否呈现下降趋势以及利润率下降是否是此次危机根源的争论达到高潮。于松、杜梅尼尔、列维等人认为利润率与当前危机关系不大，而哈曼、克里曼、弗里曼、吉尔等人则认为利

---

① Kuhn R., "Henryk Grossman and the recovery of Marxism", *Historical Materialism*, Vol. 13, No. 3 (2005): 57 – 100.

② [澳] 里克·库恩：《亨里克·格罗斯曼论经济危机中社会主义者的责任》，载于《马克思主义研究》2010 年第 10 期，第 120 – 128 页。

③ [英] 莫里斯·道布：《政治经济学与资本主义》，松园、高行译，三联书店 1962 年版，第 93 页。

④ 胡代光、宋承先、魏埙、刘诗白：《评当代西方学者对马克思〈资本论〉的研究》，中国经济出版社 1990 年版。

⑤ 高峰：《资本积累与现代资本主义——理论的和实证的分析》，社会科学文献出版社 2014 年版，第 272 – 273 页。

⑥ 陈恕祥：《论一般利润率下降规律》，武汉大学出版社 1995 年版，第 16 页。

润率下降是当前危机的根本原因。①

杜梅尼尔和列维认为自二战特别是 20 世纪 60 年代以来，主要资本主义国家的利润率下降，到 20 世纪 80 年代早期，下降过程被打断，利润率出现上升趋势并已局部恢复；利润率下降是 20 世纪 70 年代结构性危机的决定性因素，最近的恢复可能预示着资本主义历史的一个新阶段出现。②

类似地，于松指出，利润率上升趋势在主要资本主义国家已经很明显，并使用欧盟数据进行证明，但哈曼认为于松的批判存在诸多问题，如数据问题和对理论的错误理解，其中数据问题分为数据本身的问题（如于松未对欧盟数据来源进行说明）以及数据处理技术的问题（如于松未对其使用的方法及来源进行解释，使得分析很难精确）。③ 至于对理论的错误理解方面，于松认为在完美情况下利润率未必下降，理由是：（1）劳动生产率可以得到补偿，如实际工资上升和物质资本增加；（2）生产资料的积累不一定意味着资本有机构成提高，机器成本随生产率提高而降低，可以补偿机器数量的增加，从而有机构成变化方向不确定，剥削率增加会导致利润率上升。④ 哈曼指出增加生产率能够降低未来投资成本但是不能帮助个人资本家从现有投资中获取利润，除非一些资本破产，其他人廉价购买它们的原料和设备，实现用新投资成本的下降抵消利润率下降，危机为一些资本蚕食另一些资本创造了条件。⑤ 但是现实中经常存在"大得不能倒"的现象，各国政府在危机中的大量介入显示了资本的局限性。⑥ 哈曼进一步得出，危机的根源是自 20 世纪 60 年代末期以来的利润率下降压力。⑦

克里曼认为利润率的持续下降是最近经济危机的根本原因，因为利润率下降会导致资本积累的下降，经济增长的下降和不稳定会导致越来越多的债

---

① 周思成：《欧美学者近期关于当前危机与利润率下降趋势问题的争论》，载于《国外理论动态》2010 年第 10 期，第 29 - 38 页。

② Duménil G. ，LÉVY D. ，"The Profit Rate：Where and How Much Did It Fall? Did It Recover? （USA 1948—2000）"，*Review of Radical Political Economics*，Vol. 34，No. 4（2002）：437 - 461.

③④⑤⑥⑦ Harman C. ，"Not all Marxism is dogmatism：A reply to Michel Husson"，http：// isj. org. uk/not-all-marxism-is-dogmatism-a-reply-to-michel-husson/.

务问题。① 克里曼强调问题不是是否资本主义在经历某种危机以及是否有一些反对资本主义的理由，问题应该是：（1）最近的危机是特定形式的危机还是资本主义本身的危机，通过系统形式的改变是否可以阻止相同形式的危机；（2）社会经济系统的特征是否已经被危机改变，资本主义本身是否必须被超越。② 克里曼认为最近的危机是资本主义本身的危机，危机改变了社会经济系统特征，为了防止危机，资本主义本身必须被超越。③

布伦纳主张用"第三种"观点替代利润份额假定和上升的产出资本比率来解释经济的长期低迷。弗里曼对此进行批驳，他假定利润和投资资本存量的比率确实是决定增长的基础的、核心的决定性因素，并强调所侧重的部门不同并不是他和布伦纳结论有差异的原因。④ 以美国为例，弗里曼指出三种可能的情况：利润份额或产出资本率解释了利润率几乎所有的变动，任何误差变动要么不显著要么影响非常小要么没有额外的解释价值，或者应寻求第三种解释，经过数据分析，弗里曼得出产出资本比率为支配性因素，马克思所持有的资本有机构成（产出资本比率与之有着简单直接的联系）的长期提高是导致利润率长期下降的最重要因素的观点为事实所证明。⑤ 只有20世纪30年代那种深刻的危机才可以构建利润率恢复的基础，现实中并没有给布伦纳的"第三种解释"提供额外的空间。⑥

三、利润率趋向下降规律理论

十八、十九世纪，随着资本主义经济的发展，一般利润率和利息率的下降引起人们的关注，以亚当·斯密（Adam Smith）和大卫·李嘉图（David Ricardo）为代表的资产阶级经济学家对此做出理论解释。

斯密认为虽然不可能准确地确定过去或现在的资本平均利润，但可以总结出一个原则，即一国内资本的一般利润随着市场一般利息率的变动而同向

---

① ② ③ Kliman A., "Master of Words: A reply to Michel Husson on the character of the latest economic crisis", http://minibiblionet. free. fr/textes. page6K/2010. kliman. pdf.

④ ⑤ ⑥ Freeman A., "What makes the US Profit Rate Fall?", *Mpra Paper*, Vol. 12, No. 3（2009）: 1–37.

变动。① 以苏格兰、英格兰、法国为例——苏格兰、英格兰法定利息率相同，市场利息率和普通利润率都是前者高于后者；法国虽然法定利息率一般低于英格兰，但市场利息率高于英格兰，而且商业利润据说也高于英格兰。② 此外，斯密将一般利润率下降原因归为竞争加剧和工资上涨，以大都市和乡村为例，"在大都市经营一种行业，往往比乡村需要更多的资本。各种行业上所使用的资本的庞大和富裕的竞争者人数的众多，乃是都市资本利润率一般低于农村资本利润率的原因。"③

李嘉图认为斯密所提到的工资提高只是暂时性的，由人口增加前的基金增加引起，将利润率下降原因归于资本积累和由此引发的竞争不够合理。"除非有某种长期存在的原因使工资提高，否则资本积累就不会持久地降低利润。即使维持劳动的基金比以前增加一倍、两倍或三倍，要找到这些基金所需雇用的人手，是不会长久感到困难的；但由于不断增加一个国家的食物的困难越来越大，所以价值相同的基金也许不能维持等量的劳动。要是工人的必需品能够以同样的便利程度不断增加，那就无论资本积累得多么多，利润率或工资率都不会有任何持久的变动。"④ 李嘉图把利润率下降的原因归为劳动者工资增加，因为劳动的自然价格取决于劳动者维持自身及其家庭所需食物、必需品和享用品的价格，生产困难会带来食物和必需品的价格上涨，劳动的自然价格随之上涨。⑤

斯密和李嘉图都将工资（前者指的是实际工资，后者指的是货币工资）上涨作为利润率下降的原因，虽然工资上涨的原因不同——一个是资本积累和由此导致的竞争加剧，一个是谷物价格上涨，可以将斯密和李嘉图视为"利润挤压论"的先驱。

---

① ［英］亚当·斯密：《国民财富的性质和原因的研究（上卷）》，郭大力、王亚楠译，商务印书馆 1972 年版，第 81 页。

② ［英］亚当·斯密：《国民财富的性质和原因的研究（上卷）》，郭大力、王亚楠译，商务印书馆 1972 年版，第 82－84 页。

③ ［英］亚当·斯密：《国民财富的性质和原因的研究（上卷）》，郭大力、王亚楠译，商务印书馆 1972 年版，第 82 页。

④ ［英］李嘉图：《政治经济学及赋税原理》，商务印书馆 1962 年版，第 246 页。

⑤ ［英］李嘉图：《政治经济学及赋税原理》，商务印书馆 1962 年版，第 77 页。

马克思认为斯密和李嘉图混淆了三个方面：一是利润是剩余价值的转化形式，前者对应总资本，后者对应可变资本，就剩余价值和可变资本的关系看，工资上涨会导致剩余价值量下降，但利润率未必下降；二是虽然利润量＝剩余价值量，但是利润量下降≠利润率下降；三是剩余价值率≠利润率，除剩余价值率外，还有许多其他因素对利润率产生影响。

马克思在《资本论》第三卷第三篇中指出"在劳动的剥削程度不变时，同一个剩余价值率会表现为不断下降的利润率，因为随着不变资本的物质量增加，不变资本从而总资本的价值也会增加，虽然不是按相同的比例增加"[①]，并进一步阐明"我们进一步假定，资本构成的这种逐渐变化，不仅发生在个别生产部门，而且或多或少地发生在一切生产部门，或者至少发生在具有决定意义的生产部门，因而这种变化就包含着某一个社会的总资本的平均有机构成的变化，那末，不变资本同可变资本相比的这种逐渐增加，就必然会有这样的结果：在剩余价值率不变或资本对劳动的剥削程度不变的情况下，一般利润率会逐渐下降"[②]。在剩余价值率不变时，技术进步，资本有机构成提高，一般利润率会下降，这个规律被称为利润率趋向下降规律。此后，马克思放宽假设条件，指出甚至在剩余价值率上升的情况下，资本有机构成的提高也可能会带来一般利润率的下降，"资本主义生产，随着可变资本同不变资本相比的日益相对减少，使总资本的有机构成不断提高，由此产生的直接结果是：劳动剥削程度不变甚至提高的情况下，剩余价值率会表现为一个不断下降的一般利润率。"[③] 假设条件的放宽是马克思的叙述从抽象到具体的体现。

从质上看，陈恕祥从四个方面对利润率趋向下降规律进行说明：第一，资本有机构成是决定利润率的最基本因素——从劳动价值论出发，有机构成决定一定量总资本生产的新价值，剩余价值率只是通过决定新价值在工资和剩余价值之间的分配来影响一般利润率，受到社会制约，缺乏任意性；第二，

---

①② 《资本论》第3卷，人民出版社1975年版，第236页。
③ 《资本论》第3卷，人民出版社2004年版，第237页。

劳动价值论前提下，资本有机构成提高必然制约利润率；第三，剩余价值率对利润率的制约反映着资本主义剥削关系，资本有机构成对利润率的制约反映着资本主义剥削关系和资本之间的竞争关系；第四，单个资本努力提高各自利润率，导致社会一般利润率下降，一般利润率支配个别利润率，资本采取行动抵制一般利润率下降，引起和加剧利润率趋向下降规律所包含的内部矛盾，导致资本主义经济危机爆发。[1] 从量上来看，有两类：一是纯数学上考察的量的关系，二是统计数据中得到的量的关系。[2]

利润率趋向下降规律要从质和量的统一上来把握但更强调规律的质：在有机构成提高的压力下利润率下降，一系列矛盾由此引发和加剧，资本主义经济危机、停滞产生，决定了资本主义必然灭亡。[3] 正如马克思所揭示的利润率趋向下降规律内部矛盾的展开：生产扩大和价值增殖之间的矛盾，人口过剩时的资本过剩，其对于理解资本主义生产方式的历史局限性有重要意义，对于理解资本主义命运具有重要作用。[4]

四、总结

开展对利润率趋向下降规律的研究意义深远：（1）理论层面上，该规律建立在劳动价值论和剩余价值论基础上，涵盖生产、流通过程，展现资本主义生产方式的三个事实——生产资料由少数私人占有，转化为社会生产能力；劳动者组织成为社会劳动；生产社会化和生产资料私人占有之间的矛盾导致危机爆发。（2）现实层面上，利润率趋向下降规律对于理解现实的资本主义危机、资本主义发展趋势以及对危机进行管理格外重要。

通过对利润率趋向下降规律的相关争论进行分类整理——涉及规律存在性、规律相关变量以及变量之间的关系、规律与资本主义阶段的关系、规律与危机的关系，本文总结出，利润率趋向下降规律是马克思理论的重要组成

---

① 陈恕祥：《论一般利润率下降规律》，武汉大学出版社 1995 年版，第 21－25 页。
② 陈恕祥：《论一般利润率下降规律》，武汉大学出版社 1995 年版，第 41－45 页。
③ 陈恕祥：《论一般利润率下降规律》，武汉大学出版社 1995 年版，第 44 页。
④ 《资本论》第 3 卷，人民出版社 2004 年版，第 275－296 页。

部分。在阐述规律时，马克思坚持从抽象到具体的叙述方式，意在抓住本质因素再回归现象层面，资本有机构成提高是利润率趋向下降的决定性因素。利润率趋向下降规律旨在分析利润率趋向下降原因，对其经验检验需要满足逻辑严密性、数据代表性。利润率趋向下降规律适用于整个资本主义时期，并构成了近期危机的根本原因。

在进行利润率趋向下降规律的探讨时，本文发现对该规律进行经验检验还存在较大困难：（1）规律所涉及变量如剩余价值、不变资本、可变资本均为价值概念，如何对这些变量进行衡量？（2）如何统计资本量（如何选取部门、如何选取产业等）？而且，有学者提出，规律本身是对舍象非本质因素后对事物本质联系的解释，是抽象规律，对规律进行检验本身应该慎重，这一点还有待后续深入研究。

（原文发表于《高校马克思主义理论研究》2020 年第 3 期）

第二编　理　论　争　论

马克思放弃利润率趋于下降理论了吗

——MEGA² II 出版后引发的新争论

谢富胜　汪家腾[*]

利润率是马克思主义经济学中最重要的概念之一。利润率决定并且影响了资本主义积累的条件，利润率不仅可以分析资本主义宏观经济的稳定性，也可以阐释资本主义发展的阶段性。[①] 古典经济学学者已经关注到随着资本主义的发展，利润率趋于下降的经验事实。斯密认为，利润率下降是由资本积累引起竞争加剧导致的工资上涨和商品价格下降引起的;[②] 李嘉图认为，人口增长和土地边际收益递减引起了工资增加，进而导致了利润率的下降;[③] 约翰·穆勒认为，商业风潮、生产改良、低廉必需品与工具的输入以及资本输出这几种因素是阻碍利润率下降的主要因素，但他也首次将利润率下降与经济危机（"商业风潮"）联系起来。[④] 马克思指出，竞争是资本主义经济规律发挥作用的结果，而非原因。不同部门之间的竞争是引起利润率平均化从而形成一般利润率的原因，但是竞争不会导致一般利润率的下降。[⑤]

在由恩格斯编辑完成的《资本论》第三卷中，马克思指出，"一般利润率日益下降的趋势，只是劳动的社会生产力的日益发展在资本主义生产方式下所特有的表现"。[⑥] 马克思提出一个著名的理论：竞争使得资本通过提高劳动生产率来获得价值增殖，促使资本有机构成的提高导致利润率趋于下降。在

---

[*] 谢富胜：中国人民大学经济学院。汪家腾：中国人民大学经济学院。

① G. Dumenil and D. Levy, *The Economics of the Profit Rate.* Aldershot：Edward Elgar, 1993：4 – 12.

② ［英］亚当·斯密：《国民财富的性质和原因的研究》，商务印书馆1972年版，第79页。

③ ［英］大卫·李嘉图：《政治经济学及赋税原理》，商务印书馆2009年版，第103页。

④ ［英］约翰·穆勒：《政治经济学原理》，华夏出版社1998年版，第690页。

⑤ 《马克思恩格斯全集》第46卷（下），人民出版社1980年版，第271页。

⑥ 《资本论》第3卷，人民出版社2004年版，第237页。

长期，利润率的降低将破坏资本积累的基础，并且会使得作为一种历史制度的资本主义制度加速灭亡。在《资本论》第三卷出版后，许多对利润率的研究都是从理论与经验的正确性方面来评价马克思的这一理论的。相关争论主要围绕两条线索展开。第一条线索集中在逻辑上，即理论本身是否成立。其一是从有机构成和剩余价值率的关系出发，对该理论持否定态度；其二是基于斯拉法生产价格体系的数理模型上的"置盐定理"，即所有降低成本的技术必然使利润率上升。第二条线索则偏重于探究利润率下降与资本主义经济危机的关系。20 世纪 30 年代大萧条后，一些马克思主义者开始将有机构成上升作为危机理论的出发点；20 世纪 70 年代，曼德尔指出，牵动世界资本主义经济增长速度长期波动的核心问题是资本积累过程中利润率的长期变化趋势，他的研究开辟了随后大量的经验研究。①

2012 年 8 月，经过德国、日本和俄罗斯等国诸多马克思主义学者的多年努力，《马克思恩格斯全集》历史考证版第 2 版即 MEGA² 的第 Ⅱ 部分（《资本论》及其准备著作）已经全部出齐了。MEGA² Ⅱ 发表的材料激起国际学术界的强烈兴趣，一些学者开始发文阐释新的解读，引起了新一轮的争论。迈克尔·海因里希教授在美刊《每月评论》上撰文，宣称对 MEGA² 文本的最新解读得出，马克思不仅"未能证明"利润率下降趋势，而且始终对该论断抱有怀疑。《资本论》第三卷所呈现出来的基于利润率下降的危机理论，只不过是恩格斯裁剪的结果，而马克思本人根本没有完整的危机理论。② 海因里希的文章立刻在学术界引起了激烈的反响，一些国家的马克思主义经济学者很快都参与到了这场讨论当中。例如，迈克尔·罗伯茨发表的批评海因里希的博客，不长时间内便收到来自各国马克思主义学者的 80 余篇长篇评论。③

---

① ［英］M. C. 霍华德：《马克思主义经济学史：1929—1990》，中央编译出版社 2003 年版，第 130－150、317－322 页。

② M. Heinrich, "Crisis Theory, the Law of the Tendency of the Profit Rate to Fall, and Marx's Studies in the 1870s", *Monthly Review*, Vol. 64, No. 11 (2013), 15－31.

③ Michael Roberts, Michael Heinrich, "Marx's law and Crisis Theory", http：//thenextrecession. wordpress. com/2013/05/19/michael-heinrich-marxs-law-and-crisis-theory/.

一、"马克思放弃了利润率下降理论"：海因里希的新论点

海因里希是德国柏林工业与经济学院经济学的教授，其主要研究领域是马克思的经济学理论和政治经济学学说史，以及当代资本主义的发展。他为《资本论》三卷本撰写的导读，2012 年由《每月评论》出版社翻译出版。① 基于 MEGA 文本的阅读，他最基本看法是始终将《资本论》当作一部未完成的著作。那么，海因里希又是如何解读马克思的利润率趋于下降理论的呢？

（一）马克思变化的"分析框架"

海因里希一开始就提出，马克思"没有对危机理论做最终表述"，马克思的危机理论不仅在表述上不够清晰，而且在理论建构上根本没有完成，因为马克思的"分析框架"始终是飘忽不定的。其主要依据是：（1）马克思对危机的态度发生了变化。在 1848 年出版的《共产党宣言》中，经济危机被看作是资本主义社会的直接威胁。1857—1858 年危机爆发。马克思密切关注形势并做了大量研究，形成了《政治经济学批判大纲》。然而，这场危机很快便过去了，资本主义国家并没有出现社会和政治的剧烈震荡。"1857—1858 年之后，马克思不再坚持资本主义经济会有一场最终的总崩溃的理论，也不再把危机与革命直接联系起来。"② （2）马克思使用的概念和范畴发生了变化。例如，在《政治经济学批判大纲》中，马克思还没有对"抽象劳动"和"具体劳动"作出区分，而后又强调劳动的二重性理论是"理解政治经济学的关键"。又如，马克思原本打算将"资本一般"和"竞争中的资本"严格区分开来论述，但 1863 年以后他不再提及"资本一般"这个概念。（3）马克思的写作计划发生了变化。在 1857—1858 年所作的《〈政治经济学批判〉导言》的序言中，马克思宣布了著名的"六册计划"（资本、土地所有制、雇佣劳

① M. Heinrich, *An Introduction to the Three Volumes of Karl Marx's Capital* (New York: Monthly Review Press, 2012).

② M. Heinrich, "Crisis Theory, the Law of the Tendency of the Profit Rate to Fall, and Marx's Studies in the 1870s", *Monthly Review*, Vol. 64, No. 11 (2013): 15 – 31.

动、国家、对外贸易、世界市场）；而 1861—1863 年，他发现六册计划过于
庞杂以至于不可能全部完成，于是宣布将他的研究限制在资本这一册。由此，
海因里希主张，过去公认的将《1857—1858 年经济学手稿》、《1861—1863 年
经济学手稿》和《1863—1865 年经济学手稿》合称为《资本论》的三个原稿
的说法是"有问题的"，因为这种说法"暗示马克思的研究思路具有连续性，
从而掩盖了马克思理论分析框架的转换。"① 应当以 1863 年为界，将马克思的
一系列手稿视为两部独立著作的原稿：1857—1863 年，是 6 册的《政治经济
学批判》；1863—1883 年，是 4 册的《资本论》。

（二）利润率趋向下降规律的"失灵"

对于马克思利润率趋向下降的规律，海因里希的诠释是："在长期中，根
据马克思的理论，利润率一定会下降。"基于这样一种绝对化的认识，海因里
希开始了他的批评。

首先，用经验研究来检验利润率下降趋势是行不通的。他说："马克思从
这个'规律'推出了一系列假说，而这些假说在理论上既不可能被证明，也
不可能被证伪。'规律'宣称，资本主义生产方式下，生产力的发展会导致利
润率下降。即便过去的利润率下降了，也构不成支持该理论的证据——因为
规律旨在描述未来，而从过去的事实得不出任何关于未来的结论；即便过去
的利润率上升了，也构不成反驳——因为规律本身不要求利润率永远下降，
只要求存在一个下降的'趋势'，而将来还是可能发生的。"②

其次，海因里希从利润率公式质疑马克思的利润率趋于下降规律。利润
率可以用公式表示如下：

$$p = \frac{s/v}{1 + c/v}$$

其中，s 表示剩余价值，c 表示不变资本，v 表示可变资本，p 表示利润
率。显然，利润率与剩余价值率 s/v 同向变化，与有机构成 c/v 反向变化。如

---

①②　M. Heinrich, "Crisis Theory, the Law of the Tendency of the Profit Rate to Fall, and Marx's Stud-
ies in the 1870s", *Monthly Review*, Vol. 64, No. 11 (2013)：15–31.

果假设有机构成不断上升，同时剩余价值不变，那么利润率就自会下降。这就是马克思所说的利润率趋向下降的"规律本身"。尽管存在一系列"起反作用的因素"，但马克思认为，从长期来看这些反作用因素不足以逆转利润率下降的趋势。海因里希认为，问题不在于"规律本身"是否一定能够压过所有"起反作用的因素"，而在于"规律本身"在逻辑上就不成立。他认为，资本积累一方面导致有机构成提高，另一方面又导致剩余价值率上升，而这可能抵消利润率的下降。他强调，马克思得出的结论是建立在分子不变假设的基础上的，但剩余价值率不是不变的。马克思曾经阐述过相对剩余价值生产的机制：生产力发展表现为以节约劳动为主要特征的技术进步，工资品变得更便宜；在实际工资和工作日长度不变的情况下，工人的必要劳动时间减少，剩余劳动时间延长。因此，技术进步虽然导致有机构成提高（分母增大），但同时也导致剩余价值率提高（分子增大）。既然"没有证据表明何者变动更快"，我们也就无法确定利润率最终会朝哪个方向变动。海因里希说，马克思始终不能得出最终结论，于是就翻来覆去地断言利润率会下降，而越重复，他自己的怀疑也就越来越"明显"。

再次，马克思曾指出，相对剩余价值生产导致剩余价值率提高，虽然能在一定程度上抵消有机构成上升造成的利润率下降，但这种补偿是有一定限度的。"两个每天劳动 12 小时的工人，即使可以只靠空气生活，根本不必为自己劳动，他们所提供的剩余价值的量也不能和 24 个每天只劳动 2 小时的工人所提供的剩余价值量相等。因此，就这方面来说，靠提高劳动剥削程度来补偿工人人数的减少，有某些不可逾越的界限；所以，这种补偿能够阻碍利润率下降，但是不能制止它下降。"① 海因里希认为这一证明是无效的："只有当现在雇 2 个工人所必需的预付资本（c + v）至少和过去雇 24 个工人所需的预付资本一样多时，马克思的结论才是对的。"② 他认为在公式 p = s/（c + v）中，马克思只说明分子上的剩余价值 s 可能下降，但马克思没有考虑到处于分母

① 《资本论》第 3 卷，人民出版社 2004 年版，第 276 页。
② M. Heinrich, "Crisis Theory, the Law of the Tendency of the Profit Rate to Fall, and Marx's Studies in the 1870s", *Monthly Review*, Vol. 64, No. 11 (2013): 15 – 31.

上的预付资本（c + v）的贬值。随着生产力的发展，可变资本的价值 v 下降，这一下降不一定能为不变资本的价值 c 的上升所弥补，所以分母不一定会增加；而一旦分母和分子都减小，那么整个式子的变化也就不确定了。简言之，海因里希认为，生产力的发展使生产资料和生活资料都变得更加便宜，因此资本家需要投入的预付资本可能缩小，从而利润率可能升高。

（三）危机理论：马克思的还是恩格斯的？

海因里希认为，马克思的危机理论只是散布在作品各处的零星火花，缺乏一个完整的体系。在马克思的手稿中，有关利润率下降趋势的这部分手稿原本并没有划分章节，也没有小标题；所有的章节划分和小标题的添加，都是恩格斯做的。"恩格斯大幅度地修改了马克思留下的材料，拼凑出一个基于该'规律'的第三章来。恩格斯对这些材料加以浓缩、删减、订正，并分为四部分。这就给读者造成一种印象：马克思已经有了一个基本完成的危机理论了。"①

海因里希认为，马克思在许多地方强调过工人有效需求不足的问题，这并不意味着他是个消费不足论者，但至少表明他认为完整的危机理论必须包括对生息资本和信用制度的分析；马克思也并未打算以利润率下降趋势作为基础，构建一个完全不涉及价值实现的危机理论。可是，马克思还没有完成对信用、国家银行等对象的研究就去世了。继承了遗留手稿的恩格斯非但没有沿着马克思的方向走下去，反而按照自己的理解"拼凑"出了一个仅仅基于有机构成提高和利润率下降的危机理论，对人们产生了极大的误导。所以，过去公认的第三卷中比较"系统"的危机理论，实际上是恩格斯意见的产物。

（四）马克思在1870年代的研究：自我"怀疑"和自我"否定"

进一步，海因里希提出了一个更加令人震惊的观点：马克思自己就对利

① M. Heinrich, "Crisis Theory, the Law of the Tendency of the Profit Rate to Fall, and Marx's Studies in the 1870s", *Monthly Review*, Vol. 64, No. 11（2013）：15 – 31.

润率下降趋势有所怀疑，而且实际上已经承认自己无法完成《资本论》。

首先，海因里希声称马克思对利润率下降趋势存有怀疑："对于利润率趋向下降的规律的怀疑，想必使马克思大伤脑筋。"① 他在文中举出了两个证据：（1）1875 年的题为《剩余价值和利润率的数学分析》的手稿中，马克思列举了一些利润率上升的数值例子。他说，马克思本来"试图通过大量的数学计算和多种条件分析，从数学上澄清剩余价值率与利润率之间的关系，证明'利润率变动'的'规律'。然而结果表明，利润率的各种变化都可能出现。"②（2）马克思在他自用的《资本论》第一卷（第二版）上加了一个批注，这个批注后来被恩格斯作为脚注保留在了《资本论》第一卷的第三、四版中："为了以后备考，这里应当指出：如果扩大只是量上的扩大，那么同一生产部门中，较大的和较小的资本利润都同预付资本的量成比例。如果量的扩大引起了质的变化，那么较大资本的利润就会同时提高。"③

其次，海因里希宣称，马克思已经承认无法完成《资本论》的创作——不仅是语言表述，还包括理论构建。他提出的唯一证据是 1879 年马克思致丹尼尔逊的信，说马克思在这封信中"终于写道，自己无法完成第二卷（包括《资本论》第二卷和第三卷）"。④海因里希认为，这再一次表明马克思本人没有完整的危机理论，因为马克思本人希望建立的是一个包括了信用、国家、世界市场的危机理论，并且确信只有包括了这些范畴的危机理论才是正确的。这也是为什么马克思在晚年开始研究信用和美国、俄国的情况，甚至开始自学俄语。马克思之所以在生前没有出版《资本论》第三卷，是因为他自己觉得理论建构尚未完成。海因里希的意思是：如果马克思本人实际上都对这个规律有所怀疑，而且终其一生都不能证明其成立，那么利润率趋于下降以及建立在其上的危机理论的正确性，也就不言自明了。

---

①②④　M. Heinrich, "Crisis Theory, the Law of the Tendency of the Profit Rate to Fall, and Marx's Studies in the 1870s", *Monthly Review*, Vol. 64, No. 11 (2013): 15 – 31.

③　《资本论》第 1 卷，人民出版社 2004 年版，第 725 页。

二、是否要"取消马克思"：对海因里希的反驳

海因里希的文章在英语世界的马克思主义学者之间激起了强烈反响。安德鲁·克里曼和阿兰·弗里曼等五位分别来自英国、美国和俄罗斯的马克思主义经济学家联合撰文，反驳海因里希。他们指出，海因里希的这篇文章是严重错误的，因为它不是传统意义上的对马克思理论的质疑、否定、补充，而是要凭不确切的证据直接"取消"马克思的理论。[①]

（一）"稻草人靶子"：海因里希歪曲了马克思的本意

克里曼等人指出，海因里希全部批判的前提，即他对利润率趋向下降的规律的理解，从一开始便是错误的。海因里希在将马克思的理论解说成利润率"一定"（must）会下降时，并没有给出直接的引文。然而，马克思的表述完全不同："所以，这个规律只是作为一种趋势发挥作用；它的作用，只有在一定情况下，并且经过一个长的时期，才会清楚地显示出来。"[②] 比较接近海因里希说法的文字仅有两处。一处是："我们已经看到，实际上利润率从长远来说会下降。"[③] 可是，这里的"会"（will）和海因里希所说的"一定"（must）明显不同。另一处是："不变资本同可变资本相比的这种逐渐增加，就必然会有这样的结果：在剩余价值率不变或资本对劳动的剥削程度不变的情况下，一般利润率会逐渐下降。"[④] 但这里马克思是在讨论"规律本身"，此处他假定剩余价值率不变，则利润率的下降就是一个数学上的直接结论。

可见，马克思的本意是：利润率在长期中会起决定性作用，不排除特定条件下发生下降的可能性。海因里希则对马克思的理论进行了歪曲，他认为马克思想证明的是：无论发生什么情况，利润率都一定会下降。他先把马克

---

① A. Kilmanet et al. , The Unmaking of Marx's Capital：Heinrich's Attempt to Eliminate Marx's Crisis Theory. MPRA Paper 48535, University Library of Munich, Germany, revised 22, No. 7, 2013.

② 《资本论》第3卷，人民出版社2004年版，第266页。

③ 《资本论》第3卷，人民出版社2004年版，第255页。

④ 《资本论》第3卷，人民出版社2004年版，第236页。

思的"趋势"偷换成一种对未来的绝对的、必然的"预言",然后加以批判。海因里希全部错误的根源,实际上都在于这种绝对的、机械的错误理解。克里曼等人文章中的一个类比非常生动地阐释了这一点。他说:"我们来考虑另一个解释现象的规律——万有引力定律。它解释的是物体为什么以及如何倾向于相互靠近。但如果海因里希是一位物理学家,他会在《每月物理评论》上发文(前面还要附上编辑的溢美之词),说万有引力定律断言,不管发生什么情况,两个物体一定会相互靠近。他会要求证明这一定律,接着把月亮绕地球运行而没有撞上地球的事实,当作证伪万有引力定律的证据。然后他会得意洋洋地宣布:万有引力定律失效了。"① 实际上,这不是海因里希第一次使用这种手法。典型的例子便是系统体现他思想的《马克思〈资本论〉三卷本导读》。虽然从书名看,这只是对马克思理论的一个介绍,但海因里希基本上是在批判或者"改造"马克思的理论。他常常自己构造一个"马克思的理论",指出其"缺陷",然后代之以自己的理论。问题是,他所批判的"理论"实际上往往根本就不是马克思要表达的意思。这就好像树立一个"稻草人靶子"然后进行戳刺,目的只是使自己的理论显得更加有说服力。

究竟该如何正确地理解马克思所说的"趋势"?克里曼等人认为,马克思与斯密、李嘉图等古典政治经济学家一样,只是试图解释当时被公认为事实的利润率下降。马克思说:"尽管这个规律经过上述说明显得如此简单,但是我们在以后的一篇中将会看到,以往的一切经济学都没有能把它揭示出来。经济学看到了这种现象,并且在各种自相矛盾的尝试中绞尽脑汁地去解释它。由于这个规律对资本主义生产极其重要,因此可以说,它是一个秘密,亚当·斯密以来的全部政治经济学一直围绕着揭开这个秘密兜圈子,而且亚当·斯密以来的各种学派之间的区别,也就在于为揭开这个秘密进行不同的尝试……它们从来不能解开这个谜。"② 所以,马克思的意思是:"如果观测到利润率

---

① A. Kilmanet et al., The Unmaking of Marx's Capital: Heinrich's Attempt to Eliminate Marx's Crisis Theory. MPRA Paper 48535, University Library of Munich, Germany, revised 22, No. 7, 2013.

② 《资本论》第 3 卷,人民出版社 2004 年版,第 237 - 238 页。

的长期下降，那么根本的原因是有机构成提高。"①

（二）需从长期趋势来看剩余价值率提高及其补偿作用

怎样证明长期中有机构成上升一定超过其他因素，从而利润率确实存在下降的趋势呢？克里曼等人指出，要证明这一点，我们还是要回到马克思对资本主义生产方式和资本积累的基本假设上来。马克思认为，资本是不断追求增殖的价值，因而资本的不断积累就成为一个自发的、原初的动力；同时，技术的进步最主要的特征，便是节约人类的劳动。假定人口、工作日和劳动强度不变，社会在一个周期内提供的活劳动是一定的，但这些活劳动却被日复一日堆积起来的、越来越庞大的不变资本所摊薄，结果必然是利润率的下降。这是因为，活劳动即使全部转化为剩余价值（这代表了生产力高度发达，工资品极为廉价，以至于工资可以忽略不计），总量也是有限的，而资本积累是无限的。因此，马克思就用极限的思想证明了他的观点：在长期中，利润率最终将不可避免地趋向于下降。

更重要的是，马克思在他本人亲自修订、增补过的《资本论》第一卷中，也表达过类似的思想。"从两个工人身上榨不出从 24 个工人身上同样多的剩余价值。24 个工人每人只要在 12 小时劳动中提供一小时剩余劳动，总共就提供 24 小时剩余劳动，而两个工人的全部劳动只不过是 24 小时。可见，利用机器生产剩余价值包含着一个内在的矛盾：在一定量资本所提供的剩余价值的两个因素中，机器要提高一个因素，要提高剩余价值率，就只有减少另一个因素，减少工人人数。"②

海因里希对公式（1）的批判，其问题在于：（1）假如海因里希这里谈论的是 s 和（c + v）的绝对量，那么（c + v）的减少说明社会的预付资本总量减少。这意味着资本积累出现了"逆转"，而这显然违背了马克思的前提假设。"要证明雇佣劳动的减少永远可以由剩余价值率的提高所弥补，从而利润

---

① A. Kilmanet et al., The Unmaking of Marx's Capital: Heinrich's Attempt to Eliminate Marx's Crisis Theory. MPRA Paper 48535, University Library of Munich, Germany, revised 22, No. 7, 2013.

② 《资本论》第 1 卷，人民出版社 2004 年版，第 702 页。

率永远可以上升，海因里希假定而且必须假定资本没有积累（dis-accumulation）。"① （2）假如海因里希谈论的 s/（c + v）只是一个比值，即使不变资本的价值趋近于 0，从而全部劳动都转化为剩余价值，那么利润率 p = s/c 也会因为技术进步而下降。根据马克思的前提条件，资本主义生产方式下，生产力发展表现为采用了节约劳动的技术，等量劳动使用的资本量不断上升，也就是剩余价值和预付资本的比值 s/c 下降。

（三）马克思已完成了他的危机理论

海因里希说马克思在致丹尼尔逊的信中承认自己无法完成《资本论》。但事实上马克思说了些什么呢？"在英国目前的工业危机还没有达到顶峰之前，我决不出版第二卷。这一次的现象是十分特殊的，在很多方面都和以往的现象不同，完全撇开其他各种正在变化着的情况不谈，这是很容易用下列事实来解释的：在英国的危机发生以前，在美国、南美洲、德国和奥地利等地就出现这样严重的、几乎持续五年之久的危机，还是从来没有过的事。因此，必须注视事件的目前进程，直到它们完全成熟，然后才能把它们'消费'到'生产上'，我的意思是'理论上'"。② 显然，这封信只说明马克思希望等待最新的材料来检验和丰富《资本论》，这恰恰反映了马克思作为一名科学家的严谨态度，而不能用来说明马克思"承认自己无法完成第二卷"。③

克里曼等列举大量事实表明，马克思确信《资本论》在理论建构上已经完成了。早在 1865 年 7 月 31 日，马克思就致信恩格斯说："再写三章就可以结束理论部分（前三册）。然后还得写第四册，即历史文献部分；对我来说这是最容易的一部分，因为所有的问题都在前三册中解决了，最后这一册大半是以历史的形式重述一遍。但是我不能下决心在一个完整的东西还没有摆在我面前时，就送出任何一部分。不论我的著作有什么缺点，它们却有一个长

①③　A. Kilmanet et al.，The Unmaking of Marx's Capital：Heinrich's Attempt to Eliminate Marx's Crisis Theory. MPRA Paper 48535，University Library of Munich，Germany，revised 22，No. 7，2013.

②　《马克思恩格斯全集》第 34 卷，人民出版社 1972 年版，第 345 页。

处，即它们是一个艺术的整体。"① 可见，马克思认为理论问题基本上得到解决。1866 年 2 月 13 日，马克思致信恩格斯说："手稿虽已完成，但它现在的篇幅十分庞大，除我以外，任何人甚至连你在内都不能编纂出版。我正好于 1 月 1 日开始誊写和润色，工作进展得非常迅速，因为经过这么长的产痛以后，我自然乐于舐净这孩子。"② 马克思认为包含理论内容的手稿已经完成，所需要的仅仅是整理和"润色"，使之更加易读。1867 年 4 月 30 日，马克思致信迈耶尔说："我希望全部著作能够在明年这个时候出版。第二卷是理论部分的续篇和结尾，第三卷是十七世纪中叶以来的政治经济学理论史。"③ 也就是说，马克思在此时认为《资本论》的第二卷即将臻于可以付梓的境地。假如马克思对自己的理论有所怀疑，甚至根本没有完成危机理论的构建的话，以马克思一贯的态度，是不可能说出这番话的。1877 年 11 月 3 日，马克思致信肖特说："实际上，我开始写《资本论》的顺序同读者将要看到的顺序恰恰是相反的（即从第三部分——历史部分开始写），只不过是我最后着手写的第一卷当即做好了付印的准备，而其他两卷仍然处于一切研究工作最初阶段所具有的那种初稿形式。"④ 这里，马克思说他是先大体完成了第三卷和第二卷，再回过头去写第一卷的。尽管第三卷的完成只是理论意义上的，而形式上仍停留在"初稿"的阶段。

（四）马克思并未放弃利润率趋于下降规律

海因里希认为，马克思在手稿中列举的一些利润率上升的情况，说明马克思无法证明自己的理论而感到困惑。克里曼等人指出，这种看法还是建立在错误的理解基础上的：如果马克思真的是想证明利润率在任何情况下都必然下降，那么每次马克思举出利润率上升的例子，自然就成了马克思"怀疑"和"不能证明"利润率下降趋势的证据了。⑤ 事实上，如果阅读一下《资本

①②　《马克思恩格斯全集》第 31 卷，人民出版社 1972 年版，第 135 页。

③　《马克思恩格斯全集》第 31 卷，人民出版社 1972 年版，第 543 页。

④　《马克思恩格斯全集》第 34 卷，人民出版社 1972 年版，第 385 页。

⑤　A. Kilmanet et al., The Unmaking of Marx's Capital：Heinrich's Attempt to Eliminate Marx's Crisis Theory. MPRA Paper 48535, University Library of Munich, Germany, revised 22, No. 7, 2013.

论》第三卷第三篇，那么我们马上就会明白，这正是马克思进行研究的思路：首先假定大部分变量不变，再逐个放开。因此，马克思举出的数学例子只是他自然的研究过程而已，并不是什么"大伤脑筋"的表现。

就马克思在自用本旁边批注中的"提高"，应该如何理解，克里曼等人指出，这里的"提高"更可能只是单纯的笔误。因为联系这个脚注的上下文，不难看出，马克思在此处要阐述的是"规律本身"，也就是如果暂不考虑剩余价值率变化，有机构成上升会导致利润率下降这样一个自然结果。而"提高"完全是与上下文意思相反的。如果马克思本来要批注"提高"，那就好比伽利略轻描淡写地在自己的著作上写了一句"待考：地球是静止的"一样，令人匪夷所思——因为这是足以颠覆其整个体系的问题。

三、如何认识这场争论

我们可以看出，海因里希的所谓批判实际上并没有什么特别新颖的见解（他甚至完全避开了关于置盐定理的争论），不过是在重复着杜冈—巴拉诺夫等人早在 19 世纪末就提出过的诘难而已。在大部分研究者不熟悉德语且尚未对 MEGA^2 进行仔细研究的情况下，作为为数不多的熟悉 MEGA^2 原始文稿同时又能以英语写作的专家，海因里希的观点似乎具有某种特殊的可信度。一时间，问题似乎已经不在于趋于利润率下降理论是否正确，而在于马克思到底是否打算坚持这个理论本身。克里曼等人已经针对其每一个论点做了精辟反驳。下面，我们结合 MEGA^2 II 版本编辑和马克思手稿的相关论述，围绕以下三个问题谈谈我们的看法。

（一）恩格斯"背叛"了马克思吗？

自恩格斯编辑出版《资本论》第二卷以来，怀疑他曲解了马克思的意思，使马克思的作品变得平庸了的观点就始终存在。马克思遗留下来多份手稿的不完整性和其思想一直处于发展过程的不连贯性，给恩格斯的编辑工作带来远比我们今天所能想象的困难要大。为了提供一本可读的书，恩格斯给马克思原始手稿安排了相对系统完整的结构，在内容上做了大范围的重新调整，改变了部分概念和观念，增加了一些新的内容。① 例如，基于 MEGA² Ⅱ 文本的比对研究表明，就《资本论》第三卷第三篇来说，恩格斯将马克思原始手稿中的第三章改为他编辑的书中的第三篇，将 200 多页的实例浓缩为 20 多页，划分三章并给所有强调的内容增加了标题，在第十三章增加了补充说明预付资本的利润率和成本价格利润率，第十五章将马克思的"结束"（Klappen）（"这个过程会导致资本主义生产的结束"，"Dieser Proce？ würde bald die capitalistische Production zum Klappen bringen，..."）替换成"崩溃"（Zusammenbruch）"这个过程很快就会使资本主义生产过程崩溃"并将这句话移到该段的结尾。②

　　正如克劳斯·穆勒在比照 MEGA² Ⅱ 的 4.3 分卷后指出的，"恩格斯对马克思拟就的草稿进行谨慎而连贯的编辑……恩格斯采用了马克思原文的结构和所有核心内容，……使整体有一个更加清晰的样式，……所拟的标题精确地符合马克思原文的内容"。③ 如果我们比照马克思的其他手稿，我们会发现，恩格斯的改动是符合马克思的本意的。"表现为利润的剩余价值同预先存在的资本之比的减少。……这些矛盾会导致爆发，灾变，危机，这时，劳动暂时中断，很大一部分资本被消灭，这样就以暴力方式使资本回复到它能够继续发挥职能的水平。当然，这些矛盾会导致爆发，危机，……这些定期发生的灾难会导致灾难以更大的规模重复发生，而最终将导致用暴力推翻资本。"④ 恩格斯上述改动的那句话有一个限定句，"如果没有相反的趋势总是在向心力之旁又起离心作用"，马克思和恩格斯都没有说资本主义的消亡会因为利润率的下降而自动来临。因此，海因里希指责恩格斯强调了资本主义自动走向危机的观点更是站不住脚的。他也并没有任何证据证明，恩格斯严重地改动了或者违背了马克思的思想；而且他自己也承认，19 世纪的编辑享有的自由要高于当代。事实上，对于散乱的马克思手稿，这些"浓缩、删减、订正"的

---

① B. Riccardo, F. Roberto, *Re-reading Marx New Perspectives after the Critical Edition.* Palgrave Macmillman, 2009：43.

②③ Klaus Müller, "Das Gesetz des tendenziellen Falls der allgemeinen Profitrate – Engels versus Marx？", *Zeitschrift für marxistische Erneuerung*, Vol. 87, No. 11（2011）.

④ 《马克思恩格斯全集》第 46 卷（下），人民出版社 1980 年版，第 269 页。

工作恰恰是一名合格的编辑应该做的工作。"在恩格斯的版本中没有任何一句关于危机的陈述是马克思的草稿里没有包含的。"① 恩格斯所能做的只是将马克思已经存在的危机理论加以整理，使之更加清晰易读。过分夸大恩格斯对马克思的修改，渲染两人的分歧，甚至宣称恩格斯背离了马克思，都是不负责任的。

（二）马克思放弃了利润率趋向下降的理论了吗？

马克思在 1857—1858 年手稿中认为利润率的下降是"从每一个方面来说都是现代政治经济学的最重要的规律"。② 他在 1861—1863 年手稿中进一步指出，"利润率在资本主义生产进程中有下降趋势。"③ 克劳斯·穆勒指出，"即使在现在发表和更晚写的文稿中，也没有一点线索表明，马克思在这一问题上还摇摆不定。"④ 实际上马克思所分析的利润率下降是指预付资本的利润率下降，本意是指，随着资本积累的进行，资本主义生产会遇到它自身的限制，这种限制本身只能通过其进一步创新来克服。"引起一般利润率下降的同一些原因，又会产生反作用，阻碍、延缓并且部分地抵消这种下降。这些原因不会取消这个规律，但是会减弱它的作用。……它的作用，只有在一定情况下，并且经过一个长的时期，才会清楚地显示出来。"⑤

从理论上看，即使存在一系列使利润率上升的因素，马克思也丝毫没有怀疑这一规律。在 1861—1863 年手稿中，马克思放弃了剩余价值率不变的假定，指出"利润率下降——虽然剩余价值率这时保持不变或提高——是因为随着劳动生产力的发展，可变资本同不变资本相比减少了。因此，利润率下降不是因为劳动生产率降低了，而是因为劳动生产率提高了。"⑥ 在大纲中，

---

① Klaus Müller, "Das Gesetz des tendenziellen Falls der allgemeinen Profitrate – Engels versus Marx?", *Zeitschrift für marxistische Erneuerung*, Vol. 87, No. 11 (2011).

② 《马克思恩格斯全集》第 46 卷（下），人民出版社 1980 年版，第 267 页。

③ 《马克思恩格斯全集》第 48 卷，人民出版社 1985 年版，第 293 页。

④ 克劳斯·穆勒：《"反恩格斯主义"、利润率下降和马克思的 1867—1868 年经济学手稿》，即将发表。

⑤ 《资本论》第 3 卷，人民出版社 2004 年版，第 266 页。

⑥ 《马克思恩格斯全集》第 26 卷 II，人民出版社 1975 年版，第 498 页。

他给出一个精妙的证明，"如果工作日中原来代表必要劳动的部分是 0.001，生产力提高为 1000 倍，那么资本的价值［剩余价值］就不是增加到 1000 倍，而是还增加不到 0.001 工作日；资本的价值增加了 0.001—0.000001，即 0.000999 工作日。"[①]

从经验研究来看，也证明了马克思利润率下降理论的正确性。按照海因里希的观点，一切自然科学的规律都无法证明——因为即便第一万次重复实验的结果与理论相符，还是不能保证第一万零一次实验的结果不违背理论。马克思说的是在长期中有机构成的上升必将压倒其他因素，从而利润率一定会呈现下降的趋势。如果长期中观察到了利润率的下降，那么马克思的理论就得到了证明。巴苏等研究了美国 1869—1992 年的利润率变动，认为长期内利润率呈现随机游走的"长波"变动，一旦控制了"反作用因素"的影响，则利润率确实存在随时间推移逐渐下降的趋势。[②] 李民骐等研究了整个资本主义世界自从 19 世纪中期开始的利润率及资本积累率的变化，从已经经历过的四个长波来看，利润率有下降的趋势。[③] 考克肖特等人研究了英国不同产业的利润率，发现尽管高有机构成的部门的剩余价值率也明显更高，但利润率和有机构成仍然显著负相关。[④] 这表明剩余价值率的提高不足以抵消有机构成提高引起的利润率下降趋势。

（三）如何看待马克思的危机理论

与克里曼等人的观点不同的是，在马克思的著作中，我们所能见到的，只是马克思从不同角度涉及危机的片段性论述，他确实没有提出一个逻辑一致的危机理论。马克思的对危机的论述，其目的是指向资本主义生产方式本

---

① 《马克思恩格斯全集》第 46 卷（上），人民出版社 1979 年版，第 304 – 305 页。

② Basu D. et al, "Is There a Tendency for the Rate of Profit to Fall? Econometric Evidence for the U. S. Economy, 1948—2007", *Review of Radical Political Economics*, Vol. 45, No. 1 (2013)：76 – 95.

③ 李民骐、朱安东：《世界利润率长波与资本主义的历史局限》，载于《海派经济学》2006 年第 16 期。

④ Paul Cockshott, Allin F. Cottrell, "Does Marx Need to Transform?", In *Marxian Economics*：*A Reappraisal*, ed. *Bellofiore*. New York：Macmillan and St. Martin's, 1998：70 – 85.

身。但是，正如马克思本人所指出的，"现实危机只能从资本主义生产的现实运动、竞争和信用中引出"。① 在论述危机的相关分析中，马克思为什么主要着眼于资本主义生产呢？马克思本人指出了这样做的缘由："这就是危机的两种形式上的可能性。……在没有信用的情况下，在没有货币执行支付手段的职能的情况下，也可能发生危机。但是，在没有第一种可能性的情况下，即在没有买和卖彼此分离的情况下，却不可能出现第二种可能性。"② "因此，如果说危机的发生是由于买和卖的彼此分离，那末，一旦货币执行支付手段的职能，危机就会发展为货币危机，在这种情况下，只要出现了危机的第一种形式，危机的这第二种形式就自然而然地要出现。因此，在研究为什么危机的一般可能性会变为现实性时，在研究危机的条件时，过分注意从货币作为支付手段的发展中产生的危机的形式，是完全多余的。"③

利润率的波动是资本积累的内在限制的松紧程度的表现，而利润率的下降是资本主义所内在的多重社会经济矛盾加剧的集中体现。与利润率下降相联系的矛盾成为了马克思论述的中心。随着利润率趋于下降，伴随着的直接剥削的条件与实现之间的矛盾、在对抗性的分配关系的基础上社会生产力与社会消费力之间的矛盾、价值增殖目标与实现增殖手段之间的矛盾、资本过剩和人口过剩之间的矛盾，生产力发展和与受到限制的资本积累之间的矛盾，共同表现出资本主义生产方式是一种历史的产物。因此，马克思基本上已经完成了危机理论的建构。

（原文发表于《当代经济研究》2014 年第 8 期）

---

①　《马克思恩格斯全集》第 26 卷 Ⅱ，人民出版社 1975 年版，第 585 页。
②　《马克思恩格斯全集》第 26 卷 Ⅱ，人民出版社 1975 年版，第 587 页。
③　《马克思恩格斯全集》第 26 卷 Ⅱ，人民出版社 1975 年版，第 587 - 588 页。

平均利润率趋向下降规律及其争议

余　斌[*]

马克思在《资本论》第三卷中提出了平均利润率趋向下降的规律。尽管这一规律是对资本主义社会现实的理论总结，但其还是遭到后来的一些学者的非议，如日本学者置盐信雄针对性地提出了置盐定理。但是，这些非议在理论上是不能成立的。本文在简评相关争论之后，给出了平均利润率趋向下降规律的一个模型分析，探讨了平均利润率必然下降的一个根本原因，认为现有资本的贬值也要归入平均利润率下降的范畴。

一、平均利润率趋向下降规律

马克思在《资本论》第三卷中指出，"可变资本同不变资本相比，从而同被推动的总资本相比，会相对减少，这是资本主义生产方式的规律。"[①] "由于资本主义生产内部所特有的生产方法的日益发展，一定价值量的可变资本所能支配的同数工人或同量劳动力，会在同一时间内推动、加工、生产地消费掉数量不断增加的劳动资料，机器和各种固定资本，原料和辅助材料，——也就是价值量不断增加的不变资本。可变资本同不变资本从而同总资本相比的这种不断的相对减少，和社会资本的平均有机构成的不断提高是一回事。这也只是劳动的社会生产力不断发展的另一种表现，而这种发展正好表现在：由于更多地使用机器和一般固定资本，同数工人在同一时间内可以把更多的原料和辅助材料转化为产品，也就是说，可以用较少的劳动把它们转化为产品。与不变资本价值量的这种增加——虽然它只是大致地表现出在物质上构成不变资本的各种使用价值的实际数量的增加——相适应的，是产品的日益便宜。每一个产品就

* 余斌：中国社会科学院马克思主义研究院。
① 《资本论》第3卷，人民出版社2004年版，第236页。

其本身来看，同较低的生产阶段相比，都只包含一个更小的劳动量，因为在较低的生产阶段上，投在劳动上的资本比投在生产资料上的资本大得多。"① 于是，"资本主义生产，随着可变资本同不变资本相比的日益相对减少，使总资本的有机构成不断提高，由此产生的直接结果是：在劳动剥削程度不变甚至提高的情况下，剩余价值率会表现为一个不断下降的一般利润率。因此，一般利润率日益下降的趋势，只是劳动的社会生产力的日益发展在资本主义生产方式下所特有的表现。这并不是说利润率不能由于别的原因而暂时下降，而是根据资本主义生产方式的本质证明了一种不言而喻的必然性：在资本主义生产方式的发展中，一般的平均的剩余价值率必然表现为不断下降的一般利润率。因为所使用的活劳动的量，同它所推动的对象化劳动的量相比，同生产中消费掉的生产资料的量相比，不断减少，所以，这种活劳动中对象化为剩余价值的无酬部分同所使用的总资本的价值量相比，也必然不断减少。而剩余价值量和所使用的总资本价值的比率就是利润率，因而利润率必然不断下降。"② 针对这一规律，不少学者尝试着测算利润率尤其是平均利润率的历史变化。然而，这一研究需要获得足够的经验数据，而这是一件不可能完成的任务，因为没有一个资本家会想到对自己的企业进行符合理论研究的结论和适应理论研究需要的计算。国家统计部门也无法并且一般也不会去要求企业提供相关的数据。而且国家相关部门和社会调查所获得的企业数据往往是以企业"自己的未经核实的报告为根据"③，甚至是虚假的数据④。因此，在这样的数据上进行实证研究，就使我们至多只能粗略地进行平均利润率变化的考察。不过，除了勉强用几乎不能用的数据进行计算分析外，还可以从一些资本家和企业管理层的感受这个侧面来了解平均利润率的变化情况。例如，资本家在使用加成定价方法时，如果所加的成数与几十年前不同，就可以说明几十年来一般利润率水平

① 《资本论》第 3 卷，人民出版社 2004 年版，第 236 页。
② 《资本论》第 3 卷，人民出版社 2004 年版，第 236 - 237 页。
③ 《资本论》第 3 卷，人民出版社 2004 年版，第 90 页。
④ 由于税收原因或为了证明低工资的合理性，资本家的公司总是尽其所能地向政府或工人低估利润；同时，为了提升股票交易值和借入能力，却又经常向股东高估利润。（克里斯·哈曼：《利润率和当前世界经济危机》，载于《国外理论动态》2008 年第 10 期）

发生了变化。再如，目前整个世界经济进入了一个利率低微、利润单薄、回报有限的微利时代，[①] 西方国家企业管理层感到盈利压力比以前重得多，不得不拼命工作以完成收入指标。[②] 这些来自生意场上的感受也足以说明一般利润率水平的下降趋势。

二、关于平均利润率趋向下降规律的争论

部分学者对平均利润率趋向下降规律提出质疑。日本学者置盐信雄（Okishio）认为，资本家考虑是否引入一项新技术的准则，不是这项技术是否能够提高劳动生产率，而是它是否能够降低生产成本。因此，除非实际工资率上升到足够高的水平，否则资本家引进的技术创新就不会降低一般利润率。置盐信雄的这个结论被称为置盐定理。有学者认为，资本有机构成的提高与剩余价值率的提高通常是同步的。资本有机构成提高的过程同样是资本积累的过程，因为在这一过程中，既存在着提高利润率的因素，也存在着阻止利润率下降的因素[③]。资本积累与技术进步的结果并不是提高所有人的所用资本量，技术进步也并非只有资本密集型技术进步一类。即使实际工资没有变化，但当劳动生产率提高以后，商品价值的下降会带动可变资本价值的下降，从而提高了实际剥削率，并进一步抑制利润率的下降。这些学者认为，马克思没有意识到现代社会一些有助于抑制平均利润率下降的重要因素，如资本周转速度越来越快、非生产领域的投资比重不断增加等。[④] 这些学者用不变资本和可变资本的增量相对于剩余价值的增量所组成的独立的所谓数学模型，证明在不变资本和可变资本的增加超过剩余价值的相应增加的情况下利润率也会下降，因而认为马克思关于资本有机构成不断提高的前提在利润率下降的

---

① 张俊喜：《微利时代　举步维艰》，载于《新财经》2003 年第 2 期。

② ［美］亚德里安·斯莱沃斯基、理查德·怀斯：《微利时代的需求创新》，载于《英才》2006年第 7 期。

③ 这些因素包括劳动生产率比工资率提高得更快、节约、技术引进以及对外贸易等。

④ 这些学者认为，单从资本有机构成的提高不足以导出利润趋于下降的结论，除非资本有机构成上升没有限度，而剩余价值率上升存在一个限度。由于竞争的压力，劳动生产率加速提高，尽管生产资料的数量可能有所增加，但其价值也会不变甚至会减少。

情形中并不必要。① 资本的技术构成是逐渐提高的，但这并不意味着以价值表示的资本的有机构成也会提高，因为劳动生产率的提高会降低机器的价格，进而抵消其数量的增长。② 而新增投资既可以是资本密集型的，也可以是劳动密集型的，尤其是在经济体系中仍然存在剩余劳动力的情况下，更不能认为资本家的新增投资只会用于机器而不会用于劳动力。③ 还有学者指出，马克思在《资本论》第三卷引用过琼斯的观点，即产业部门的多样化会刺激资本积累，但是马克思并没有对琼斯所提到的这一利润率下降的抵消因素加以采纳，因为马克思可能意识到，如果考虑产品创新而导致的产业部门多样化问题，则其平均利润率趋向下降的结论将为之动摇。④

　　当然，还有很多学者支持平均利润率趋向下降的规律。有学者认为，资本有机构成提高是 20 世纪 50—70 年代平均利润率下降的主要原因。⑤ 20 世纪二三十年代的"大萧条"是该规律发挥作用的有力证据。虽然反作用趋势的存在使利润率并不总是沿着线性的趋势下降，而是在一些时期处于潜伏状态，在另一些时期表现得或强或弱，甚至以危机周期为表现形式，但由于资本主义无法克服现有劳动时间的限制，所以从长期来看，平均利润率必然呈现下降的趋势。⑥⑦另一个支持平均利润率趋向下降规律的思路是：假设剥削率达到最大值，即工人劳动后一无所得，此时平均利润率仍是呈现下降的趋势。

---

①⑥　朱奎：《利润率的决定机制及其变动趋势研究——基于劳动价值论的新解释》，载于《财经研究》2008 年第 7 期。

②　周思成：《欧美学者近期关于当前危机与利润率下降趋势规律问题的争论》，载于《国外理论动态》2010 年第 10 期。

③　［英］克里斯·哈曼：《利润率和当前世界经济危机》，丁为民、崔丽娟译，载于《国外理论动态》2008 年第 10 期。

④　张宇、孟捷、卢荻：《高级政治经济学》，中国人民大学出版社 2006 年版，第 411 页。

⑤　谢富胜、李安：《美国实体经济的利润率动态：1975—2008》，载于《中国人民大学学报》2011 年第 2 期。

⑦　马克思已经认识到生产率的提高会降低用于生产劳动力价值的时间在工作日中的比重，从而对他所表述的规律形成"抵消影响"。资本家可以攫取更多的用于生产利润的工人劳动，形成一个增加的"剥削率"，而不必削减工人的实际工资。但是，这种反向影响的作用是有限的。通过提高生产率，维持工人生存的劳动时间可每天的四小时缩短为三小时，却不能由四小时缩减为负一小时。与此相反，将工人的过去劳动转化为生产资料的更大的积累则没有限制。随着剥削程度的提高，越来越多的利润流向资本，为未来的积累增加了潜能。

虽然通过采用新技术，资本家可以获得超额利润，但当新技术普及以后，超额利润将会消失，所有的资本家仍然只能占有平均利润。生产率的提高可能降低若干时间后购买机器所耗费的成本，但不可能减少现在资本家为购买机器而支出的费用。① 因为过时而导致的贬值同利润率不断下降一样，一直困扰着资本家。② 事实上，为了保持在市场竞争中的领先地位，资本家会不断追求技术创新，而这些技术创新并非都是资本密集型的，某些技术创新的结果必然是要求更多的生产资料。经验表明：对物质资料的投资在事实上要比对劳动力的投资增长得快。③

三、有关争论的简评

第一，置盐定理并不成立。其主要问题是，以所谓的成本准则取代利润准则，完全忽略了资本家对于利润的追逐。由于过于关注成本，置盐信雄忽略了有酬劳动和无酬劳动的区分，忽略了商品中所包含的剩余价值和商品价值本身的变动。实际上，个别资本家引进技术创新主要是为了降低商品的个别价值，获得超额剩余价值，然而竞争会导致其他资本家相继跟进，并最终导致超额剩余价值的消失和平均利润率的下降。第二，资本有机构成的提高会导致平均利润率下降，并不意味着前者就是后者的唯一原因。因此，用列举其他导致利润率下降的原因的方式不能从逻辑上否定平均利润率趋向下降的规律。尤其是价格变动不能作为利润率变动的原因，因为价格是因变量而不是自变量。第三，考察资本有机构成的提高时，不能只看固定的不变资本，而不看流动的不变资本即原材料。如果等量的可变资本不能用来加工更多的流动不变资本，从而生产出更多的商品，则很难让人信服此时劳动生产率有

---

① 如果技术进步使得这些投资的现值只是以前的一半，那么资本家必须支付自己的利润去抵消那笔损失。

② 美国在1991—1999年的投资翻了一番。当泡沫破裂时人们才发现，在实体经济的巨大投资，如已经开展的光纤通信网络，可能从未获利。每个大型公司为了获得投机利润，都在故意夸大自己的利润，而实际上，它们宣布的利润要比真实利润高出50%左右。

③ ［英］克里斯·哈曼：《利润率和当前世界经济危机》，丁为民、崔丽娟译，载于《国外理论动态》2008年第10期。

了较大的提高。第四，资本家追求的是剩余价值的量或利润量，而不是剩余价值率或利润率。剩余价值率高并不意味着利润量大或利润率高。低剩余价值率时可能有高利润率，而高剩余价值率时可能有低利润率。在一个国家从不发达到发达的不同阶段，以及在发达国家与不发达国家的比较中，我们都可以看到这样的现实。同样，如果能增加利润量，则利润率低一些也无妨。对于理性的资本家来说，新积累的少量资本如果不能在达到原有一般利润率水平的方式下使用，那么在较低利润率水平上使用这些资本，也比零利润率地闲置它们强。因此，即便这些新积累的少量资本采用劳动密集型的方式，它们的利润率通常也较低，否则就会有大量的新资本进入并参与利润的分割。正是由于这些新积累的资本因为没有积累到一定的程度而不能像原资本一样有效地使用，因而它们并没有真正参与利润率的平均化。因此，尽管这些新资本的确拉低了利润率，但是这些新资本与资本有机构成的提高导致一般利润率下降的规律无关。第五，如果竞争会迫使生产资料的数量在增加的同时，其价值不变甚至会减少，那么这种竞争也一定能够迫使利润率下降。而且正好相反的是，正是"因为利润率的下降和资本的生产过剩产生于同一些情况，所以现在才会发生竞争斗争。"① 第六，即便存在剩余劳动力，资本家仍会主要投资于机器而不是劳动。否则，当资本主义社会出现失业大军后，也就不会有机器的改进了。而历史证明，机器的不断改进即资本家不断地投资于新机器，从而将大量的工人不断地抛入失业大军，才得以形成大量的相对过剩的剩余劳动力。第七，琼斯的产业部门多样化的观点只是表明，"尽管利润率下降，积累的欲望和能力仍然会增加。"② 琼斯甚至认为，在利润率低时，积累的速度通常会比人口增加的速度快；在利润率高时，积累的速度通常会比人口增加的速度慢。因此，这里根本谈不上产业部门的多样化可以抵消利润率的下降。实际上，产业部门多样化所带来的非生产性劳动使利润率下降得

---

① 《资本论》第 3 卷，人民出版社 2004 年版，第 281 页。
② 《资本论》第 3 卷，人民出版社 2004 年版，第 295 页。

更快了。[①]

四、平均利润率趋向下降规律的一个模型分析

假定在资本有机构成提高前，预付的总资本为 $C_1 + C_2 + V$，其中 C_1、C_2 和 V 分别代表固定不变资本、流动不变资本和可变资本。相应地，单个商品的成本价格为 $c_1 + c_2 + v$，产品数量为 n，剩余价值率为 m'，固定资本的损耗率为 a，（$a<1$）。于是，我们有：$nc_1 = \alpha C_1$，$nc_2 = C_2$，$nv = V$，剩余价值（利润）$= nvm'$，资本有机构成指数为 $C_v = \dfrac{C_1 + C_2}{V} = \dfrac{\dfrac{nc_1}{\alpha} + nc_2}{nv} = \dfrac{\dfrac{c_1}{\alpha} + c_2}{v}$，利润率 $p' = \dfrac{nvm'}{\dfrac{nc_1}{\alpha} + nc_2 + nv} = \dfrac{vm'}{\dfrac{c_1}{\alpha} + c_2 + v}$。

现在由于采用机器，节省了劳动力并提高了生产效率。假定原材料的价值以及原材料与产品之间的技术关系不变，即单个商品中所包括的 c_2 不变。单个商品的成本价格中固定资本转移的价值部分的变化为 $c_1 + \Delta$（$\Delta \geq 0$）。由于使用机器的条件在于机器的价值与其所替代的劳动力价值之间存在差额，[②] 因此，单个商品的成本价格中可变资本部分变为 $v - \Delta - \delta$（$\delta \geq 0$，$v - \Delta - \delta > 0$）。假定新的产品数量为 n'，剩余价值率为 m''。通常情况下新的固定资本损耗率会低于原固定资本损耗率，这里假定两者相等。于是，机器采用后单个商品的成本价格为 $c_1 + \Delta + c_2 + v - \Delta - \delta = c_1 + c_2 + v - \delta$，新的预付总资本为 $\dfrac{n'(c_1 + \Delta)}{\alpha} +$

---

① 赛克和图纳克认为，1948—1989 年间，"马克思所讲的利润率几乎下降了 1/3；公司的利润率下降得最快，甚至高于 57%。利润率的更迅速的下降可以用非生产性劳动与生产性劳动比例的相对提高来解释。"莫斯利的结论是：从二战后到 20 世纪 70 年代末，美国经济中的传统利润率要比马克思所指出的下降得更快，前者是 40%，后者是 15%—20%。莫斯利认为，在 20 世纪 90 年代，非生产性劳动水平的提高是阻止利润率充分恢复的主要原因。（［英］克里斯·哈曼：《利润率和当前世界经济危机》，丁为民、崔丽娟译，载于《国外理论动态》2008 年第 10 期）

② 马克思指出，"对资本说来，只有在机器的价值和它所代替的劳动力的价值之间存在差额的情况下，机器才会被使用。"（《资本论》（第 1 卷），人民出版社 2004 年版，第 468 页）

$n'c_2 + n'(v - \Delta - \delta)$，新的资本有机构成指数为 $C'_v = \dfrac{\dfrac{c_1 + \Delta}{\alpha} + c_2}{v - \Delta - \delta} = C_v +$

$\dfrac{\dfrac{v\Delta}{\alpha} + (\Delta + \delta)\left(\dfrac{c_1}{\alpha} + c_2\right)}{(v - \Delta - \delta)v} > C_v$，新的利润率为 $p'' = \dfrac{n'(v - \Delta - \delta)m''}{\dfrac{n'(c_1 + \Delta)}{\alpha} + n'c_2 + n'(v - \Delta - \delta)} =$

$\dfrac{(v - \Delta - \delta)m''}{\dfrac{(c_1 + \Delta)}{\alpha} + c_2 + v - \Delta - \delta}$。可见，资本有机构成由于采用机器而得到了提高。

不妨假定 $(v - \Delta - \delta)\,m'' = vm' = m$，这时 $m'' = \dfrac{v}{v - \Delta - \delta}m' > m'$，即剩余价值率提高了。在这里，$(v - \Delta - \delta)\,m'' = vm' = m$ 的假定实际上存在高估 $m''(v - \Delta - \delta)$ 从而高估新的利润率的问题，[①] 因此，即便剩余价值率会因为生活消费品变得便宜而有所提高，但与工人人数的相对减少伴随的剩余价值量也会有所下降。由于这里要考察的是资本有机构成的提高会导致利润率的下降，因此，我们不妨高估一下新的利润率，只要这个高估的新利润率相比原利润率也是下降的，那么我们的模型就能说明利润率趋向下降的结论。根据上面的计算结果，我们有

$$p'' - p' = \dfrac{m}{\dfrac{(c_1 + \Delta)}{\alpha} + c_2 + v - \Delta - \delta} - \dfrac{m}{\dfrac{c_1}{\alpha} + c_2 + v}$$

$$= \dfrac{-m\left(\dfrac{1 - \alpha}{\alpha}\Delta - \delta\right)}{\left(\dfrac{c_1 + \Delta}{\alpha} + c_2 + v - \Delta - \delta\right)\left(\dfrac{c_1}{\alpha} + c_2 + v\right)}$$

因此，当 $\delta < \dfrac{1 - \alpha}{\alpha}\Delta$，（公式 1）时，我们有 $p'' - p' < 0$ 即利润率下降。

---

① 这是因为，"不管机器生产怎样靠减少必要劳动来提高劳动生产力，而以此扩大剩余劳动，它只有减少一定资本所使用的工人人数，才能产生这样的结果。机器生产使以前的可变资本的一部分，也就是曾转变为活劳动力的资本的一部分，转化为机器，即转化为不生产剩余价值的不变资本。但是，例如从两个工人身上榨不出从 24 个工人身上同样多的剩余价值。24 个工人每人只要在 12 小时中提供一小时剩余劳动，总共就提供 24 小时剩余劳动，而两个工人的全部劳动只不过是 24 小时。"（《资本论》（第 1 卷），人民出版社 2004 年版，第 451 页）

显然，α 越小，Δ 越大，公式 1 成立的可能性越大。另一方面，当 δ 大到使公式 1 有可能不成立时，关于 $(v-\Delta-\delta)m'' = vm'$ 的假定越难以成立。而当新的剩余价值量（利润量）由此小于原资本有机构成下的剩余价值量时，即便公式 1 不成立，利润率也是可以下降的。而如果 $m'' = m'$ 即资本有机构成提高的生产部门所生产的产品与工人的消费无关，从而不能降低工人的生活消费品的价值和工人的必要劳动时间，因而在工作日长度和劳动强度不变的情况下，剩余价值率不变时，则无论公式 1 是否满足，我们都会有 $p'' - p' < 0$ 即利润率下降的结论。

五、平均利润率必然下降的一个根本原因

上述基于某个资本的分析对于具有平均资本有机构成的部门从而对于社会总资本来说也是适用的，因而可以用于说明平均利润率趋向下降规律。此外，我们可以从另一个角度说明资本主义生产方式下全部资本的利润率从而平均利润率必然会向下趋于零，或者在某些时候降到零以下。不妨假定利润率始终大于某个极小的正数。我们取这个正数的一个固定部分记为 a，作为积累率。积累或规模扩大的生产是剩余价值生产不断扩大从而资本家发财致富的手段，是资本家的个人目的，包含在资本主义生产的一般趋势中，并且由于资本主义生产的发展，它对于任何单个资本家来说都成为一种必要。[①] 当然，对于单个资本家来说，一个极小的积累额不足以用于扩大再生产，但对社会总资本来说，一个极小的积累率也足以用于扩大再生产。即初始社会总资本为 $C_0(C_0 > 0)$，这样经过 n 年积累以后，社会总资本将会达到 $C_n = C_0(1+a)^n$。由于 $a > 0$，因而我们有 $\lim_{n \to +\infty} C_n = +\infty$。例如，即便初始总资本只有 1 吨黄金的规模，只要不肯下降的利润率使得积累率能够达到 1% 的水平，那么在三千年后，它也将增长到这样一个水平，即按 60 亿人口来算，人均将使用超

---

① 《资本论》第 2 卷，人民出版社 2004 年版，第 92 页。

过 1500 吨黄金价值量的资本。但这可能吗？既然不能阻止或延缓时间的流逝即不能阻止或延缓 n 的增长，那么能够阻止或延缓 $C_n \to +\infty$ 的就只能是降低 a 和毁掉部分 C_0，[①] 所以现有资本的贬值当然也要归入平均利润率下降的范畴。

（原文发表于《经济纵横》2012 年第 9 期）

---

①　在资本主义制度下，这就恰恰意味着："降低利润率，使现有资本贬值，靠牺牲已经生产出来的生产力来发展劳动生产力。"（马克思：《资本论》第 3 卷，人民出版社 2004 年版，第 278 页）

利润率变化方向是"不确定"的吗？

——基于经济思想史的批判与反批判

薛宇峰[*]

对利润率趋向下降规律的各种批判与反批判持续至今，我们面临着如何准确认识和理解马克思的相对剩余价值理论和资本主义生产方式下的利润率下降规律的问题，同时也面临着如何正确发展与创新马克思经济学的问题。迈克尔·海因里希认为，利润率趋向下降规律是一个失败的理论，"规律本身"是不确定的，此规律是不能被经验证明的。本文论证了凯恩斯经济学和新古典经济学的责难与批判在理论上和现实中为何都无法成立？究其原因无疑在于其错误理解和故意歪曲了马克思的相关论述，马克思的理论和它们有着本质上的区别与差异。

一、问题所在

西方国家自 20 世纪 70 年代开始的"盈利下降"现象越发加剧，从而再次引发了对利润率趋向于下降规律的争论。西方经济学家围绕"盈利下降"展开争论，试图通过揭示技术进步对利润率变化的影响关系，来达到否定马克思的利润率下降规律的目的。一些西方经济学家认为，马克思的利润率下降规律是错误的。罗默就曾强调："在任何情况下，依靠任何利润率下降理论来论证资本主义灭亡的理论都是一种谬误。我们希望在此所做的论证能够达到纠正许多马克思主义者错误的经济学观点的效果，这一错误观点就是，认为利润率下降必然导致资本主义经济危机，从而必然导致社会主义的出现。"[①]

---

　* 薛宇峰：云南财经大学马克思主义学院。

　① ［美］约翰·E. 罗默：《马克思主义经济理论的分析基础》，汪立鑫译，上海人民出版社 2007 年版，第 117 页。

在美国《每月评论》刊发了迈克尔·海因里希关于马克思的手稿和危机理论的论述之后，引发了又一轮新的争论。① 海因里希强调，利润率趋向下降规律是一个失败的理论，不能被作为危机理论的基础，"规律本身"是不确定的，是不能被经验证明的。克莱曼、梅基、卡尔凯迪和罗伯茨等分别对他的论点提出了批判，海因里希也对批判作了回答。海因里希的论点涉及两个关键问题：（1）"规律本身"在理论上是否成立，即资本主义生产方式下劳动的社会生产力的发展，是否会确定地给一般利润率带来趋向下降的净效应；（2）能否及如何进行实证检验，检验结果是否支撑此规律，这牵涉到如何严格地按照马克思主义概念来衡量变量并分析衡量结果。②

海因里希的文章在英语世界的马克思主义学者中激起了强烈反响。安德鲁·克里曼和阿兰·弗里曼等五位分别来自英国、美国和俄罗斯的马克思主义经济学家指出，海因里希的这篇文章是严重错误的，因为它不是传统意义上的对马克思理论的质疑、否定、补充，而是要凭不确切的证据直接"取消"马克思的利润率下降理论。利润率决定并且影响了资本主义积累的条件，利润率不仅可以分析资本主义宏观经济的稳定性，也可以阐释资本主义发展的阶段性。③

因此，再一次通过对利润率下降的论证和结论成立与否的讨论，不但可以加深理解马克思的利润率下降规律和充分了解规律对现实经济的解读能力和适用范围，而且通过争论和分析还可以发现经济危机及"盈利下降"与马克思的利润率下降规律之间的区别与联系，从而可以确认马克思的利润率下降规律的深远的历史意义和重大的现实意义。

二、对马克思利润率下降规律的批判

马克思在《资本论》第 3 卷第 3 章的开头强调："当利润和剩余价值在数

---

① Michael Heinrich, "Crisis Theory, the Law of the Tendency of the Profit Rate to Fall, and Marx's Studies in the 1870s", *Monthly Review*, Vol. 64, No. 11 (2013): 15 - 31.

② 参见李亚伟：《利润率趋向下降规律和马克思主义国民经济核算》，第八届中国政治经济学年会论文集，2014 年。

③ 转引自谢富胜等：《马克思放弃利润率趋于下降理论了吗?》，载于《当代经济研究》2014 年第 8 期。

量上被看作相等时，利润的大小和利润率的大小，就由在每个场合已定或可定的单纯的数量关系来决定。因此，首先要在纯粹数学的范围内进行研究。"①

所以，当剩余价值率 $m' = m/v$，利润率为 p'，$c + v$ 为总资本 C 时，

$$p' = m/C$$
$$= m/(c + v)$$
$$= m' \cdot v/(c + v) \tag{1}$$

由（1）式，马克思认为"利润率和剩余价值率之比，等于可变资本和总资本之比"②。

可是，（1）式在设定 c/v 为资本有机构成 k 时，被西方经济学家演绎为众所周知的（2）式：

$$p' = m/(c + v)$$
$$= (m/v)/((c + v)/v)$$
$$= m'/(1 + c/v)$$
$$= m'/(1 + k) \tag{2}$$

但是，（2）式的要害问题在于此时由于消除了 v，导致了后来发生的争论不休的问题。资本有机构成提高后，不仅 m' 会发生变化，v 也可能会发生变化。而 v 的变化直接影响 m 的变化，进而影响利润率。由于在（2）式中取消了 v，就把马克思分析 v 的变化过程给彻底排除与取消了，从而也就引发了对马克思的一般利润率下降规律的正确与否的争论。

（一）来自凯恩斯经济学的批判与诘难

琼·罗宾逊对马克思的利润率下降规律的批判与责难的主要论点可以归纳如下③。

（1）"马克思整套价值率的目的就在于排除把生产率归因于资本的这种见解，且使某一要素的边际生产率这种观念无立足之地。以资本的日益下降的

---

① 《马克思恩格斯文集》第 7 卷，人民出版社 2009 年版，第 58 页。
② 《马克思恩格斯文集》第 7 卷，人民出版社 2009 年版，第 59 页。
③ 参见［英］琼·罗宾逊：《论马克思主义经济学》，纪明译，商务印书馆 1962 年版。

边际生产率为基础的利润下降论，同马克思的学说是完全不同的一回事。"①

（2）劳动生产率的提高导致商品价值下降。在实际工资不变的假定前提下，V 可以趋向于零，剩余价值率则可无限大的上升。笔者认为，从理论上来说，罗宾逊的这一论点可以成立。

（3）如果假定剩余价值率不变，则劳动生产率提高导致马克思的实际工资不变的假定无法成立，从而导致马克思的"贫困化理论"不再成立。可是，笔者认为，罗宾逊的这一论点无法成立。因为在马克思的所有论述中，并不存在如此假定，罗宾逊只是断章取义。而且即便实际工资上升，工人消费的商品的数量多一点，这些商品的价值总量也是下降的。

而斯威齐的"利润率下降不确定"说的主要论点则可以归纳总结为以下三点②。

（1）剩余价值率 m′ 与资本有机构成（c/v）= k 一般同步提高，因此，马克思 m′ 固定不变的假设前提不能成立。

（2）随着劳动生产率的提高，出现不变资本要素价格下降的现象，马克思价值层次的资本有机构成的提高，无法同时超越资本技术构成提高的速率。

（3）因此，在无法证明资本有机构成 c/v 提高的速率比剩余价值率 m′ 提高的速率大时，马克思的利润率下降规律就无法得以证明，因而不可能成立。

（二）来自新古典经济学的批判与诘难

置盐信雄以下面 6 点对马克思的论述也展开了猛烈的攻击与批判③。

（1）由于资本家采用的是"成本准则"而不是"生产率准则"，从而资本家所引入的新技术虽然必须降低生产成本，却不会必然提高劳动生产率。

（2）资本家是否引入一项新技术并不取决于其是否能提高劳动生产率，而是取决于其能否降低生产成本。"生产率准则"不同于"成本准则"。

① ［英］琼·罗宾逊：《论马克思主义经济学》，纪明译，商务印书馆 1962 年版，第 35 – 36 页。

② 参见［美］斯威齐：《资本主义发展论》第 6 章，陈观烈、秦亚男译，商务印书馆 1997 年版。

③ 转引自［日］置盐信雄：《技术变革与利润率》，骆桢、李怡乐译，载于《教学与研究》2010 年第 7 期。

（3）马克思用 c_i/v_i 来度量第 i 产业的资本有机构成。但这种度量不能充分展示马克思的视角。为清晰地展示马克思的视角，置盐信雄认为最好采用 $\sum a_{ij}t_j/\tau_i$ 来度量有机构成，而不是 $c_i/v_i = \sum a_{ij}t_j/\tau_i \sum b_j t_j$。

（4）马克思通过总资本以价值形式瓜分总剩余价值来计算一般利润率，即 $m/(c+v)$。但是这个方法并不正确。

（5）马克思之所以不能得出正确的结论，有两个原因，一是他对所谓"转形问题"的研究不够彻底，二是他忽略了在引进新技术方面资本主义行为的重要特征。

（6）利润率趋向下降的规律并不是马克思体系大厦赖以存在的基石。某些人试图从规律中演绎出危机理论，但这样的努力注定将失败。

由此可知，置盐信雄对马克思的批判完全背离了马克思的原意，杜撰了一个所谓的关于利润率趋向下降规律的前提条件和分析方法。我们必须注意和应该明白，资本家的准则并不是成本准则，而是利润准则。资本家是追逐利润的。生产成本的降低可以提高利润，也可以降低利润，尤其是当商品的价值随着成本的降低而降低时。具体会导致何种结果，需要一系列的中介环节来说明。

三、对利润率下降规律之批判的反批判

（一）对凯恩斯经济学的反批判

罗宾逊、斯威齐和斯拉法等学者被认为是西方研究马克思经济理论的专家。和斯拉法等人同属新剑桥学派的琼·罗宾逊是新剑桥学派中最早试图用凯恩斯的经济理论和分析工具来责难与批判马克思的经济理论与研究方法的西方经济学家。罗宾逊认为，凯恩斯的有效需求理论提供了揭示资本主义运动规律的基本线索，从而尝试用凯恩斯理论来分析和批判马克思的经济学理论。因为他们认为自己彻底抛弃了边际效用价值论和均衡价值论，复兴和再现了李嘉图的价值理论，从而强调他们的生产要素价值论同马克思的劳动价值论在本质上是一致的。

（1）关于资本有机构成有没有提高的问题。在罗宾逊和斯威齐之前，早已有人对马克思的利润率下降规律进行过挑战。罗斯多尔斯基对他们的观点进行了批判："他们忽略了这样一个事实：由于劳动剥削强度的提高所导致的利润率的提高不是一种抽象的过程或算术运算；相反，它总是与实际的活动工人及其劳动联系着。换句话说，一个工人能够提供的剩余劳动有其确定的界限。一方面是工作日的长度，另一方面是工作中的再生产工人本身所必需的部分……我们不应忘记，劳动生产率的提高不仅简单地表现为可变资本（工作日中的有酬部分）相对于不变资本而减少，而且也表现为'用于推动生产资料的全部活劳动……相对于这些生产资料价值而减少'，也就是说（V + S）：C 之间的比例也下降。然而，这实质上并不是一个关于构成资本价值变化的问题，而是更关系资本技术构成变化的问题，而这一点规定了技术进步的特点。"① 因此，罗斯多尔斯基依据马克思的原话，批驳了罗宾逊歪曲误解了马克思的原意②。

虽然从劳动力商品的价值下降速率的变化出发，可以论证剩余价值率提高的速率在下降，从而得到利润率下降的结论。但是，如果无法正确论证基于相对剩余价值增加基础上的剩余价值率的增加速率比资本有机构成提高的速率要低，就不能彻底否定罗宾逊或者斯威齐的论断也的确是事实。

毫无疑问，如罗斯多尔基斯或者高峰教授已经指出的，劳动生产力的发展过程中，m' 的无限提高存在有一定的限制，而且随着资本有机构成的提高，m' 的提高的速率不得不降低。因为从剩余价值生产的本质上看，存在着不可超越的界限，从而 m' 可以无限实现数量上的增加的可能性并不存在。换言之，就像马克思已经阐述的，在剩余价值生产的数量界限前面，并不否定 m' 持续的提高，但是，m' 不可能无限制的持续提高。虽然从数学上讲可以无限提高。当必要劳动 v 趋于零时，m' 可以趋于无穷大。但这时 $m'v$ 即 m 仍然是有限的。

---

① ［德］罗曼·罗斯多尔斯基：《马克思〈资本论〉的形成》，魏埙等译，山东人民出版社1992年版，第453页。

② ［德］罗曼·罗斯多尔斯基：《马克思〈资本论〉的形成》，魏埙等译，山东人民出版社1992年版，第454页。

同时，c/v 即 k 也趋于无穷大了。所以，在 m′ 趋于无穷大时，利润率可以下降，甚至趋于零。当然，我们并不能依此确认同利润率下降与否有直接的因果关系。但可以确认，m′ 无限制的持续提高并不能否定利润率下降。因此，在论证利润率下降规律时，我们的确无法回避在劳动生产率提高过程中，相对剩余价值的数量和增加率与资本有机构成提高在这同一提高过程中的相互关系与相互影响的作用是怎样的问题。

但是，无论是实证的经验分析还是基于历史和社会的理论分析，在讨论和分析影响规律变动的各种因素与作用前，必须注意和理解马克思在分析规律变动时所设定的理论前提和分析背景。马克思认为，在生产力发展和改变生产条件的前提下，相对剩余价值生产的扩大和增加会导致劳动生产率的提高和劳动力价值的下降。相对剩余价值生产的扩大和增加是由超额剩余价值的生产所引发和导致的，它是资本主义生产方式中科学技术发展和社会发展的进步与提高的必然产物，揭示了生产力与生产关系之间的辩证关系。马克思是在价值规律的基础上论述和发现超额剩余价值的生产机制的，他发现了技术进步的本质是机器劳动代替手工劳动，同时，他也发现了相对剩余价值的生产来源于剥削而非技术上的进步与提高。

马克思强调："利润率的下降也可以通过建立这样一些新的生产部门来加以阻止，在这些部门中，同资本相比需要更多的直接劳动，或者说，劳动生产力即资本生产力还不发达。（也可以通过垄断。）"[1] 而且，"采用改良的生产方式的资本家，比同行业的其余资本家在一个工作日中占有更大的部分作为剩余劳动。他个别地所做的，就是资本全体在生产相对剩余价值的场合所做的。但是另一方面，当新的生产方式被普遍采用，因而比较便宜地生产出来的商品的个别价值和它的社会价值之间的差额消失的时候，这个超额剩余价值也就消失。价值由劳动时间决定这同一规律，既会使采用新方法的资本家感觉到，他必须低于商品的社会价值来出售自己的商品，又会作为竞争的

---

[1]　《马克思恩格斯全集》第 31 卷，人民出版社 1998 年版，第 151 页。

强制规律，迫使他的竞争者也采用新的生产方式"①。

从而，马克思认为："因为商品的价值是由该生产阶段上生产商品的平均必要劳动时间决定的，所以用超过该生产阶段平均水平的更有生产效率的劳动方法作为例外生产出来的那个商品的个别价值，低于这个商品的一般的或社会的价值。因此，如果它以低于同类商品的社会价值而高于它的个别价值出售，也就是说，按一种不把它的个别价值和它的普遍价值之间的差别拉平的价值出售，那么它便是高于自己的价值出售，或者说，包含在其中的劳动和通常生产它的平均劳动相比成了当时较高级的劳动。但是在生产它时所使用的工人的劳动能力并没有得到较高的报酬。这一差额因而落入资本家的腰包并形成他的剩余价值。这种建立在生产方式的变化所引起的商品的个别价值和社会价值之间的差额上的剩余价值是一个暂时的量，一旦新的生产方式成为普遍的并且本身变成平均的生产方式时，这种剩余价值便等于零。但是，这一暂时的剩余价值是生产方式变化的直接结果。因此它成了资本家的直接动机，因此这一动机在资本所掌握的一切生产领域中同样地占统治地位，而不以它们生产的使用价值为转移，从而不以该种产品是否进入工人的必要生活资料或劳动能力的再生产为转移。"② 并且，马克思着重强调："利润的这种下降，既然意味着直接劳动同由直接劳动再生产出来以及新创造出来的对象化劳动量相比的减少，所以，资本就想尽一切办法，力图通过减少必要劳动的份额，并且同所使用的全部劳动相比进一步增加剩余劳动的量，来弥补活劳动同资本总量之比的减少，从而弥补表现为利润的剩余价值同预先存在的资本之比的减少。因此，生产力获得最高度的发展，同时现存财富得到最大限度地扩大，而与此相应的是，资本贬值，工人退化，工人的生命力被最大限度地消耗。"③

同一生产部门内部由于竞争而导致形成不同的利润率。但是，尽管各个企业生产的商品的个别价值不同，丝毫不妨碍同一生产部门的各个企业以不

---

① 《马克思恩格斯文集》第 5 卷，人民出版社 2009 年版，第 370 - 371 页。
② 《马克思恩格斯文集》第 8 卷，人民出版社 2009 年版，第 388 - 389 页。
③ 《马克思恩格斯全集》第 31 卷，人民出版社 1998 年版，第 150 页。

同的劳动生产率生产出相同的使用价值。从而由于超额剩余价值的存在，推动企业不断进行技术革新，力争将本企业的劳动生产率提高到该生产部门的平均水平之上。资本总是力求进入能够创造最高利润的生产部门。问题在于，是否有人能够回答我们，使用何种生产方式可以达到在资本有机构成没有提高的前提下，充分实现劳动生产率的快速提高？一个本身不生产自己使用的原材料的企业的劳动生产率的提高，会大大增加原材料的使用量，即便其生产的产品可以被其他企业用于生产这些原材料，但对原材料价值的降低作用极其有限，而且由于该企业原材料需求的大量增加，反而会引起和提高原材料的市场销售价格，因此，该企业在原材料方面的不变资本投入肯定需要大幅增加，从而甚至在固定资本的价值量不变的情况下，也会提高资本的有机构成。

当然，不可否认，由于垄断的形成与发展，在产业集聚和资本积累过程中，工人工资的变动，以及劳动生产力的提高导致的劳动力价值的下降现象时有发生，而且，由于技术进步过程中的创新风险与投资风险，或者产品创新的失败导致企业的破产也时有发生，但这种"起反作用的原因"或者技术进步中的"例外"，并不能作为充分的理由来否定马克思的资本有机构成提高的事实。

在资本主义生产过程中，由于逐利和竞争，必然迫使资本家选择和应用最新的技术革新与改良，诸如新产品的研发、生产过程的技术革新、生产工艺的技术改良等。在这样的技术进步过程中，通过研发、购买新的生产技术，对引进技术和工艺的吸收、消化与创新，应用新工艺流程和新产品原料等一系列复杂的持续的创造性活动，才有可能使得企业在新产品的研发、新的生产设备的使用、新的工艺流程的采用和新的原料的应用成为可能，或者使得已有老产品的品质与附加价值快速增加，或者使得企业的生产效率得到快速提高，从而才有可能使得实施了技术进步的企业增强市场竞争力，提高企业的劳动生产率。因此，技术进步的实施与进行，可以使得企业实现新产品的研发与生产，实现原有老产品附加价值的增加提高，实现生产工艺与生产规模的提高与扩大，实现生产效率的增长。

但是，这样的技术进步绝对不仅仅局限于使用新工艺新机器新材料新的生产方法来提高和增强企业的社会劳动生产率，更重要的是在于资本家对劳动过程和对工人的生产活动的控制与操作的提高和强化。它的本质在于所使用的新的机器和新的工艺的出现强烈迫使工人的功能被不断取代和弱化，直到工人的生产活动无法被机器取代为止。因此，马克思的资本有机构成提高是指工人在反对劳动强度的提高，以及在物价持续不断上升前提下工人要求提高工资的过程中，所必然出现的资本家不得不必须引进与使用的机械化、电子化与信息化，就如同在当今的富士康工厂所实施引进机器人替代农民工，而绝对不是所谓资本家可以任意选择的生产方式与技术进步。请问现实中，资本有机构成不变或没有提高的机械化、电子化与信息化的生产方式存在吗？

（2）剩余价值率不变的假定为何是正确的。依上述（2）式所示，利润率 p' 随剩余价值率 m' 和资本有机构成 k 的变动而变动。因此，利润率 p' 的变动主要取决于马克思所论述的劳动价值论和剩余价值理论的二个主要影响因素，取决于劳动力与劳动，以及不变资本与可变资本的相互变动的数量关系。前者决定了利润的数量的形成，后者决定了利润率的比率的数量变化。斯威齐本人也不得不承认："说到决定利润率的要素，要证明它们等同于决定剩余价值率与资本有机构成的要素，这是不难的。"[1] 而罗宾逊也曾认为："我们知道，马克思的学说是建立在剥削率不变的假设上的。他把某些会使剥削率上升的原因看作抵消的趋势。"[2] 因此，利润率下降规律"这一命题显得与马克思的其余论点惊人地矛盾，因为，如果剥削率倾向于不变，实际工资就会随生产率的增加而提高。劳动在一个日益增加的总额中将领受到一个不变的成数。马克思只能借助放弃他的实际工资倾向于不变的论点，来论证利润日益下降的趋势。他似乎没有看到这种极大的矛盾，因为当他讨论利润的下降趋势时，他并没有提到它所必然涉及的实际工资上升的趋势"[3]。

罗斯多尔斯基对此提出过强烈的批判与质疑。他指出，"罗宾逊和斯威齐

---

[1]　［美］斯威齐：《资本主义发展论》，陈观烈、秦亚男译，商务印书馆1997年版，第87页。
[2]　［英］琼·罗宾逊：《论马克思主义经济学》，纪明译，商务印书馆1962年版，第36页。
[3]　［英］琼·罗宾逊：《论马克思主义经济学》，纪明译，商务印书馆1962年版，第34页。

认为，马克思犯了一个根本的在方法论方面前后矛盾的错误。据说马克思是在假定剩余价值率不变的情况下阐述其利润下降规律的；他武断地把降低利润率的因素与提高利润率的因素割裂开来，以便从降低利润的因素中导出他的利润率下降规律，从提高利润率的因素中导出'起抵销作用的影响'。或如这种批判意见的早期支持者冯·鲍特凯维茨所说的那样：'马克思对其利润率下降规律所提供的简要证明中的错误在于，他忽略了劳动生产率和剩余价值率之间的数量关系。马克思认为剩余价值率是个不相关的因素。这种把相关因素割裂为不相关因素的方法通常导致的谬误能够从下面简单的例子中看来。假设正值 a、它与其他正值 b 和 c，通过函数 $a = b/c$ 相关联。问题是当价值 b 和 c 都取决于 d 时，a 是如何变化的。例如，当 $b = d^5$，$c = d^3$ 时，对此题的正确解法显然是这样的，我们从 a 的表达式中消 b 和 c，使 $a = d^2$，从而我们得出结论 a 会随着 d 的变化而发生同向变化。但是，如果我们应用马克思的割裂法于此例，以 b/d^3 表示 a，就会从这个公式中得出结论，当 d 增大时 a 会减少，当 d 减少时 a 会增大。如果有人对此进行补充，认为若 b 不是一个相关的事物，那 b 的变化将会掩盖 a 与 b 之间的联系，从而这一过程与马克思的割裂法之间的基本同一性就会变得更加明晰。'"① 因此，罗斯多尔斯基质疑："这种反驳对吗？马克思果真因为违反了基本的逻辑法则而使自己遭到谴责吗？"②

事实上，罗斯多尔斯基这个分析恰恰可以用来说明西方经济学家在公式（2）中把 v 消除掉后所带来的严重问题。我们认为，当假定例子是，$b = d^3$，$c = d^5$，（$d > 0$），于是 $a = 1/d^2$。反对马克思的人可能会认为，分子中的 b 的增加会导致 a 增加，但实际上恰恰相反，a 是下降的。

毫无疑问，形成利润的数量增减与变化比率的主要影响因素在于单位工作日劳动的时间长短、劳动的强度以及工人的工资，还有工人的人数。劳动

---

① ［德］罗曼·罗斯多尔斯基：《马克思〈资本论〉的形成》，魏埙等译，山东人民出版社 1992 年版，第 441－442 页。

② ［德］罗曼·罗斯多尔斯基：《马克思〈资本论〉的形成》，魏埙等译，山东人民出版社 1992 年版，第 442 页。

时间与劳动强度的变化直接影响并且当即反映在劳动生产率的数量变化上，而工资的变化所导致的劳动生产率的变化，存在明显的滞后期。因此，不容置疑，工资的变化率对劳动生产率的即时变化率并无直接的即时的影响与任何相关关系，从而我们的确无法以此来断定它与利润率下降与否有直接的关联与作用。

事实上，马克思明确强调过："在资本主义制度内部，一切提高社会劳动生产力的方法都是靠牺牲工人个人来实现的；一切发展生产的手段都转变为统治和剥削生产者的手段，都使工人畸形发展，成为局部的人，把工人贬低为机器的附属品，使工人受劳动的折磨，从而使劳动失去内容，并且随着科学作为独立的力量被并入劳动过程而使劳动过程的智力与工人相异化；这些手段使工人的劳动条件变得恶劣，使工人在劳动过程中屈服于最卑鄙的可恶的专制，把工人的生活时间转化为劳动时间，并且把工人的妻子儿女都抛到资本的札格纳特车轮下。但是，一切生产剩余价值的方法同时就是积累的方法，而积累的每一次扩大又反过来成为发展这些方法的手段。由此可见，不管工人的报酬高低如何，工人的状况必然随着资本的积累而恶化。最后，使相对过剩人口或产业后备军同积累的规模和能力始终保持平衡的规律把工人钉在资本上，比赫斐斯塔司的楔子把普罗米修斯钉在岩石上钉得还要牢。这一规律制约着同资本积累相适应的贫困积累。因此，在一极是财富的积累，同时在另一极，即在把自己的产品作为资本来生产的阶级方面，是贫困、劳动折磨、受奴役、无知、粗野和道德堕落的积累。"① 因此，马克思认为："李嘉图正确地说过，机器是经常和劳动竞争的，并且往往是在劳动价格已达到某种高度时才可能被采用；然而采用机器不过是提高劳动生产力的许多方法之一。正是这个发展过程使简单劳动相对过剩，另一方面使熟练劳动简单化，于是也就使它贬值了。"②

虽然马克思的资本有机构成在《资本论》中被明确定义为 c/v，但是，马

---

① 《马克思恩格斯文集》第 5 卷，人民出版社 2009 年版，第 743－744 页。
② 《马克思恩格斯文集》第 3 卷，人民出版社 2009 年版，第 76 页。

克思的批判者们为了将资本有机构成不至于受到剥削的变化的影响，故意制造马克思假定剩余价值率不变的谎言，剥离剩余价值率与资本有机构成之间的相互联系，以便推导出利润率变化的数量间关系，从而与马克思本来力图证明"一个同样的甚至是不断提高的剩余价值率表现为不断下降的利润率"①的愿望相背离，硬性地将 $c/(v+m)$ 即物化劳动与活劳动的比率当作资本有机构成的定义。但是，即使这样，与 c 相比较，$(v+m)$ 的数量依然相对地将缩减，因此，相对于 $(v+m)$，c 的数量的扩大和增加不受任何限制并且可以持续长期地进行。对此，有谁能够提出异议对事实进行反驳吗？

因此，利润率的变化并非罗宾逊、斯威齐之流所言只是二个变量间的简单的数量关系的变化，而是应该与必须深刻注意和充分理解，无论剩余价值率如何无限地扩大，但 m 的增加的程度受到限制，它与受资本有机构成的提高影响而可以无限扩大的 $(c+v)$ 之间的比率的变化，就是马克思所言的利润率下降规律。所以，马克思所讨论的利润率，就是随着资本主义的发展，在保证劳动生产率的持续增长所必需的资本有机构成提高的前提条件下，二者相互作用与影响下所形成的利润率。就如同马克思所说："利润率、资本主义生产的刺激、积累的条件和动力，会受到生产本身发展的威胁。而且在这里，数量关系就是一切。实际上，成为基础的还有某种更为深刻的东西。他（李嘉图）只是模糊地意识到了这一点。在这里，资本主义生产的限制，它的相对性，以纯粹经济学的方式，就是说，从资产阶级立场出发，在资本主义理解力的界限以内，从资本主义生产本身的立场出发而表现出来，也就是说这里表明，资本主义生产不是绝对的生产方式，而只是一种历史的，和物质生产条件的某个有限的发展时期相适应的生产方式。"②

事实上，马克思假定资本主义生产方式下剩余价值率不变，无非是基于以下理解和认识：无论剩余价值率怎样无限制地提高和上升，剩余价值的数量的绝对增加受到一定的限制。如果将剩余价值率的变动一并同时考虑探讨

---

① 《马克思恩格斯文集》第 7 卷，人民出版社 2009 年版，第 240 页。
② 《马克思恩格斯文集》第 7 卷，人民出版社 2009 年版，第 288－289 页。

的话，无非是人为地增加问题讨论的复杂性。但是，假定剩余价值率不变，难道就可以以此指责马克思在该问题上的认识存在错误和缺陷吗？

毫无疑义，之所以对马克思为何假定在剩余价值率不变条件下，劳动的技术过程和社会组织会发生彻底革命的判断产生疑惑和提出异议，是因为没有能够正确理解和完全读懂马克思论述的这种相对剩余价值的生产是以特殊的资本主义的生产方式为前提的内容与含义所致。

（二）对新古典经济学的反批判

毫无疑问，"置盐定理"的理论之所以被大多数试图否定马克思经济理论的西方经济学家所推崇和广泛使用，在于其精美华丽的数学论证。尽管许多西方经济学家对"置盐定理"持有怀疑或持保留态度，纷纷提出质疑和批判，但他们试图放宽假设前提，改进和优化其论证方法，力争完善其论证结论。但是，这些改进和优化只集中于质疑"置盐定理"没有考虑固定资本或联合生产的问题，或没有考虑产品创新问题。或者对其在新的不均衡价格基础上并非成立的平均利润率假设条件下，按原有价格来决定是否采用新技术和无视价格、工资率、固定资产折旧等所导致的资本家对利润率的预期与现实之间相背离的长期动态过程分析的明显的缺陷提出了批判。从根本上来说，这些质疑和批判都是避重就轻，并没有明确回答"置盐定理"和马克思的"利润率趋于下降规律"到底有无相关性？也没有回答到底"置盐定理"的结论是否具有经济学意义和能否达到否定马克思的"利润率趋于下降规律"的目的？

高峰教授强调："从个别资本家的技术选择来看，他们采用一种新技术的直接目的当然不在于节省社会劳动，而在于追逐更大利润。因此，这种新技术和生产方法仅能提高劳动生产率是不够的，还必须能够降低成本和提高利润率。"[1] 曼德尔也认为："当新技术刚被采用时，它给率先使用者带来超额利润（超过平均利润的利润）。这当然是为什么使用它的原因。这一点上，置

---

[1]　高峰：《资本积累理论与现代资本主义》，南开大学出版社1991年版，第282页。

盐是正确的。但是，由于过度积累的影响，商品的价值降低了，超额利润消失了。那些使用新生产技术的人只能获得平均利润。而且，这个平均利润率比过程刚开始时的低。由于不了解过程的这一面，置盐就不能理解，一个客观规律（价值规律）是如何不顾个别资本家的主观意向而在起作用的。"① 置盐信雄教授只看到成本降低，没有直接看到利润的增加是错误的。实际上，厂家完全可以开发生产成本更高的奢侈品，只要售价和利润能够同步提高。只是由于过度积累的影响，商品的个别价值早就降低了，否则就不会形成超额利润。

马克思曾经指出："因为劳动生产力的发展在不同的产业部门极不相等，不仅程度上不相等，而且方向也往往相反，所以得出的结论是，平均利润（＝剩余价值）的量必然会大大低于按最进步的产业部门中的生产力的发展程度来推算的水平。不同产业部门生产力的发展不仅比例极不相同，而且方向也往往相反，这不仅仅是由竞争的无政府状态和资产阶级生产方式的特性产生的。劳动生产率也是和自然条件联系在一起的，这些自然条件的丰饶度往往随着社会条件所决定的生产率的提高而相应地减低。因此，在这些不同的部门中就发生了相反的运动，有的进步了。有的倒退了。例如，我们只要想一想绝大部分原料产量的季节的影响，森林、煤矿、铁矿的枯竭等等，就明白了。"② 同时，马克思又强调："资本的增长，从而资本的积累，只是在资本的各个有机组成部分的比例随着这种增长发生变化的时候，才包含着利润率的下降。但是尽管生产方式不断地每天发生变革，总资本中时而这个时而那个或大或小的部分，在一定时期内，会在那些组成部分保持某个既定的平均比例的基础上继续积累，结果在资本增长的同时，并没有发生任何有机的变化，因而也没有出现利润率下降的原因。旧的生产方法在新方法已经被采用的同时，仍然会安然存在，资本在旧生产方法基础上的这种不断的增大，从而生产在这个基础上的扩大，又是使利润率下降的程度和社会总资本增长

---

① 详见朱钟棣：《西方学者对马克思主义经济理论的研究》，上海人民出版社 1991 年版，第 235 页。

② 《马克思恩格斯文集》第 7 卷，人民出版社 2009 年版，第 289 页。

程度不一致的一个原因。"①

可是，在"置盐定理"的假设前提中，所有的生产部门被当成单一的生产单位似的总体。然而，技术变化的分析则又是对个别资本的状况所做的具体分析。就像高峰教授所指责的，"置盐定理"假定工人的实际工资不变，表明他的方法是相对静态的；但他的论证包含着从个别企业选择新技术到新技术在部门中的普及，从企业和部门的利润过渡到社会新的一般利润率的再形成，却又是一个动态过程。这是他的分析方法中的矛盾②。由于当一个企业引进新技术后，生产率的变化被假设成自动而且即刻转换为价值的变化。于是，马上会引发不变资本和可变资本的价值的降低，这种变化……造成了利润率上升的趋势③。因此，诚如本·法因所批判的："置盐定理"所采用的新古典学派似的相对静态的分析方法并不适合用来讨论马克思的利润率下降规律。"置盐定理"的数学论证之所以没能解释清楚任何东西是由于"均衡分析的局限性"所致。④ 实际上，它可以反映短期的个别价值下降时的情况下，正因为如此，它不是均衡分析，它只分析了均衡前的状态，均衡时，商品的个别价值与市场价值相等，这时利润率恰恰下降了。

在置盐教授设定的假设前提中，引进了能提高劳动生产率 X 倍的新技术后，在相对静态条件下，对企业利润率变动的影响是不变资本的价值即刻下降为 1/X。这等于说，技术进步不改变不变资本的价值。这是极端错误的。技术进步不改变同一劳动时间新创造的价值量，但是企业使用的不变资本在技术进步前后并不能保证始终是由同一劳动时间新创造出来的。也就是说，引进新技术的部门所达到的劳动生产率被置盐教授视作社会上不同企业和不同产业的平均劳动生产率了。

因此，技术进步在时间与空间上对不同企业和不同产业的利润率变动

---

① 《马克思恩格斯文集》第 7 卷，人民出版社 2009 年版，第 292 - 293 页。
② 高峰：《资本积累理论与现代资本主义》，南开大学出版社 1991 年版，第 284 页。
③ B. Fine，*Theories of Capitalist Economy*. London：Edward Arnold（Publishers）Ltd.，1982：119.
④ B. Fine，*Theories of Capitalist Economy*. London：Edward Arnold（Publishers）Ltd.，1982：123.

影响的区别和差异的讨论在"置盐定理"中被完全抛弃了。从个别企业选择新技术在部门中的普及过程和从企业和部门的利润率过渡到不同企业和部门间的社会一般利润率的形成过程来看,"置盐定理"完全忽视了劳动生产率在不同企业和部门间的差异,主观假定某一部门引进新技术后,所有部门和企业随即会形成不变资本价值同时即刻下降的局面。可以说,正是在这样错误的不切实际的假设前提的基础上,"置盐定理"的数理论证才得以展开。

　　哈曼曾批评说,"置盐定理"的假设条件在现实中不可能发生,生产率的提高所带来的未来投资成本的削减不会帮助个别资本家从当前的投资中获利,一两年后购买新机器的成本降低不会导致资本家对现有机器的支付减少。事实上,技术创新越快,生产率增长越快,机器就越容易遭受"自然贬值"而过时,这必然也对利润率产生越来越大的压力,而不是减缓其压力。哈曼还补充说,只有一种方式能够使得新投资成本的下降缓解利润率下降的压力,那就是那些因为新投资成本降低而贬值了的原有投资从账面上被抹去了,也就是说,那些遭受了损失的资本家被排挤出了行业,而另外一些资本家因以廉价购得他们的厂房、设备和原料而得益,危机正是通过创造这样一个掠夺的条件而缓解了利润率长期下降的压力。路易斯·吉尔对马克思这一理论的理解大体与哈曼相同[①]。

　　除了上面所指出和讨论的"置盐定理"没有区别引进不同的新技术的产业之间存在着新技术的差异,以及没有区别不同企业和不同产业之间劳动生产率的差别之外,必须深刻认识到"置盐定理"关键的错误在于,在相对静态条件下,"置盐定理"混淆了将各部门引进新技术后在内部发生的竞争过程,与不同部门引进不同的新技术后所发生的社会的竞争过程。对技术进步的影响与作用的议论被局限在相对静态的前提条件下,忽视了企业的实际利润率与社会的一般利润率的实质性差异。

　　因此,约翰·威克斯(John Weeks)曾经明确指责:"无视各个个别资本

---

① 详见周思成:《利润率与美国金融危机》,载于《政治经济学评论》2011 年第 3 期。

之间存在的技术和利润率的差异，所设定的相对静态的分析方法的理论前提与现实明显不匹配。现实中，经常是不同的相互间具有不同的生产效率的资本，在耗费不同的成本价格基础上销售产品而获得不同的利润率。这种状况与'置盐定理'所设定的均衡的前提条件并不一致。因为许多企业与其他企业相比，相对来说具备扩大（生产规模）的条件。"① 本·法因也批评道："置盐信徒们只不过是在投入和产出间的内在的技术间关系的基础上，依赖平均工资、价格和利润等相互间的关系所推导出来的数学结果而已。从经济学方法论的角度看，这样的结果毫无疑问应该和必须进一步探讨。抛开单纯的数学推理，即使指责置盐信徒们的分析方法具有没有明确区别不同概念的使用状况而沦落为庸俗的东西的特征也毫不为过……存在着工资、价格和利润等多种多样的范畴，这些范畴通过技术关系被运算，并且被暗含于前提之中。在外生的技术关系条件下，工资、价格和利润由数学运算而被确定。从而技术体系的变化引起工资、价格和利润的变化。"②

克里斯·哈曼则强调："置盐信雄和他的追随者提出了与马克思相反的观点：作为使用更多生产资料的结果，生产率的任何提高都将引起产出价格的下降，从而导致整个经济的价格下降和生产资料的支付成本减少。他们认为，这种投资的削价将使利润率上升。乍一看，这一观点是有说服力的：定理的数学表述使用了联立方程，这也说服了很多马克思主义经济学家。但它是错误的。它依靠的是我们在现实世界中不能找到的一系列逻辑步骤。生产过程的投资发生在时间上的某一点；作为改进生产技术的结果，再投资的削价则发生在以后的另一点，两件事并不同步。因此，把联立方程应用于发生过程的整个时间是一个愚蠢的错误。"③

如上所述，毫无疑问，正是在错误的不切实际的假定前提下，马克思的劳动生产率的提高必然带来相对剩余价值增加的科学论断，被"置盐定

---

① Weeks. J. , "Equilibrium Uneven Development and the Tendency of the Rate of Profit to Fall", *Capital & Class*, No. 16 (Spring, 1982): 67.

② B. Fine, Theories of Capitalist Economy. London: Edward Arnold (Publishers) Ltd. , 1982: 112.

③ 克里斯·哈曼：《利润率和当前世界经济危机》，载于《国外理论动态》2008 年第 10 期。

理"错误地理解和假设为引进能提高劳动生产率的新技术后，可以提高不变资本的使用价值量，但不会改变不变资本的价值的假定前提条件，从而展开了所谓的"置盐定理"的数学推导过程。这样的推导所得出的结论必定是错误的。

（原文发表于《马克思主义研究》2015 年第 7 期）

置盐定理与利润率趋向下降规律：
数理结构、争论与反思

李帮喜　王生升　裴　宏[*]

一、引言

日本马克思经济学家置盐信雄提出的置盐定理（Okishio，1961：86 - 99）在"二战"后马克思主义经济学的一般利润率下降规律的讨论中占据了重要的地位。该理论认为：如果某行业发生了一个技术进步，这会导致在新的均衡处一般利润率的上升。由于（在字面含义上）置盐定理预言技术进步将导致利润率的上升而非下降，而我们知道，马克思在《资本论》第 3 卷中提出：由于资本主义的发展包含着不断的技术进步，这些技术进步将造成不变资本量不断上升，那么在相同剥削率的条件下，利润率有不断下降的趋势。因此在很多西方学者看来，置盐定理直接挑战了马克思关于资本主义利润率下降规律的假说。

虽然国外马克思经济学界对置盐定理的研究已经有了非常丰富的成果，但我国对此的研究尚不多见。在中国国内的研究（高峰，1991；孟捷，2001；骆桢，2010；薛宇峰，2012；彭必源，2012）中，大多数对置盐定理的研究主要从对置盐所使用的经济学方法角度进行批判。这些研究从马克思经济学的角度出发，发现了置盐信雄的论文中值得商榷之处，并提出了很多值得进一步研究的问题，具有很大的经济学意义。不过这些成果缺乏对置盐定理本身的研究。虽然站在马克思经济学的角度看置盐定理十分有意义，但如果能

　＊ 李帮喜：清华大学社会科学学院经济学研究所。王生升：清华大学社会科学学院经济学研究所。裴宏：福州大学管理学院。

站在对置盐定理本身进行的研究基础上反过来比较马克思本人的经典理论，无疑能让我们更深刻地理解并发展马克思经济学。要做到这一点，必须对置盐所使用的方法，即他的数学模型有必要的理解。因此，本文研究了置盐定理的数学设定及其数学本质以及在数学上得以成立的边界。在此基础上进一步反思了置盐定理和马克思的利润率下降规律之间的联系。本文主张如下四点：（1）给定置盐的假设，置盐定理在数学上是成立的；（2）置盐的假设有局限性；（3）从数学模型的角度讲，不能用置盐定理来否定马克思所提出的利润率下降规律；（4）置盐的模型既非支持也非否定马克思的利润率下降理论，二者本质上讨论的是不同抽象层次的问题。

二、置盐定理及其数学本质

置盐定理认为：当工人的实物工资品向量不变时，资本家按照成本法则引入新技术，则（1）如果引入新技术的行业是"非基本品行业"，则一般利润率不会受到影响；（2）如果引入新技术的行业是基本品行业，则一般利润率必然上升。从数学结构的角度来讲，置盐定理其实是 Perron – Frobenius 定理引申出来的一个定理（Fujimori，1998）。本节先介绍一下置盐定理的简单证明，然后证明其逻辑本质。

（一）置盐定理的一个简化证明

1. 相同经济下的技术革新

假设某个经济的技术组成为 (a_1, l_1)，(a_2, l_2)，假设经济的运行过程得以顺利进行，以及商品的交易通过使利润率平均化的生产价格来进行。令投入系数为 $A = \begin{pmatrix} a_1 & a_2 \\ 0 & 0 \end{pmatrix}$，劳动系数为 $L = (l_1, l_2)$，实际工资为 ω，平均利润率为 π，那么此时的均衡状态可以表示为：

$$p_1 = (1 + \pi)(p_1 a_1 + \omega l_1) \tag{1}$$

$$p_2 = (1 + \pi)(p_1 a_2 + \omega l_2) \tag{2}$$

比如说在生产资料的生产中存在一个新的生产资料和劳动的组合，令其

为 $(\bar{A}_1, \bar{l}_1)$。如果用现行的均衡价格来衡量，则有 $p_1 a_1 + \omega l_1 > p_1 \bar{A}_1 + \omega \bar{l}_1$。这样生产生产资料的资本应该会导入这个新技术。如果导入新技术后实际工资率仍然不发生变化，那么新的均衡状态将由 $\bar{A} = \begin{pmatrix} \bar{a}_1 & a_2 \\ 0 & 0 \end{pmatrix}$，$\bar{L} = (\bar{l}_1, l_2)$ 来决定。如果用加在变量上的符号" - "来表示导入后的均衡，那么有：

$$\bar{p}_1 = (1 + \bar{\pi})(\bar{p}_1 \bar{a}_1 + \omega \bar{l}_1) \tag{3}$$

$$\bar{p}_2 = (1 + \bar{\pi})(\bar{p}_1 a_2 + \omega l_2) \tag{4}$$

对导入新技术之前和之后的平均利润率水平进行比较后，可知 $\pi < \bar{\pi}$。进而我们用导入后的均衡价格 $\bar{p} = (\bar{p}_1, \bar{p}_2)$ 来比较新旧技术可知 $\bar{p}_1 a_1 + \omega l_1 > \bar{p}_1 \bar{a}_1 + \omega \bar{l}_1$ 成立。

第 1 部类在导入新技术后生产资料的价格尚未改变的期间，可以获得超额利润。令此时的利润率为 π_1，则有 $\pi_1 > \bar{\pi}$。即使对第 1 部类和第 2 部类（所起的作用）进行互换，同样的不等式群依然成立，所以一般来讲：（1）用现行的均衡价格来衡量，若采用可使成本降低的新技术而报废原来的旧技术，那么从结果上讲，由新技术建立的平均利润率比导入新技术以前的平均利润率要大。（2）用导入新技术后的均衡价格来衡量，可知新技术所要的成本要比旧技术所要的成本低。

2. 新生产物的导入

现在考虑新增了一种新商品情况。这个新商品可分为工资品和生产资料这两种情形来予以考虑。由 3 种商品组成的经济的均衡价格，平均利润率我们可以通过在变量上加上一个" - "来表示。

如果新商品是消费品，这种消费品为一般消费者所接受并得以普及。可以把这种新的经济状态和原来的经济状态做一个比较。在此，可以把新的技术结构记为：

$$\bar{A} = \begin{pmatrix} a_1 & a_2 & a_3 \\ 0 & 0 & 0 \\ 0 & 0 & 0 \end{pmatrix}, \bar{L} = (l_1, l_2, l_3).$$

假设在一个一定的价格 p_3 下，可以出售新的工资品。也就是说，用旧的均衡价格来测定的话，可有 $(1+\pi)(p_1a_3+\omega l_3)<p_3$。此时，新消费品普及后的平均利润率要比原来的平均利润率大。

如果新商品是一种新的生产资料，同时经济中确立了它的使用技术。令商品 1 为旧的生产资料，商品 2 为旧的消费品，商品 3 为新的生产资料。假设新的生产资料仅由原来的（旧）生产资料来生产，而在原来的（旧）生产资料和消费品的生产中使用这种新的生产资料。这样，新生产资料普及后的技术结构就变为：

$$\bar{A}=\begin{pmatrix}\bar{a}_{11} & \bar{a}_{12} & \bar{a}_{13}\\ 0 & 0 & 0\\ \bar{a}_{31} & \bar{a}_{32} & 0\end{pmatrix},\ \bar{L}=(\bar{l}_1,\ \bar{l}_2,\ \bar{l}_3).$$

现在假设就商品 3，可以对 p_1，p_2，p_3 进行以下的价格设定：

$$p_1\geqslant(1+\pi)(p_1\bar{a}_1+\omega\bar{l}_1) \tag{5}$$

$$p_2\geqslant(1+\pi)(p_1\bar{a}_2+\omega\bar{l}_2) \tag{6}$$

$$p_3\ >(1+\pi)(p_1a_3+\omega l_3) \tag{7}$$

由此可知，导入新生产资料之后的平均利润率要比导入之前的平均利润率大。

（二）置盐定理与 Perron – Frobenius 定理的关系

从形式上来讲，置盐定理是依据于 Perron – Frobenius 定理得到的一个逻辑命题。

一般地，置盐定理中，判定技术革新的共通点为：取两个表示直接和间接投入的增广投入矩阵 A_1，A_2；令它们为非负不可约，且 A_1 的绝对值最大且非负的 Perron – Frobenius 特征值为 λ_1，与之对应的左 Perron – Frobenius 向量为 p^*；在此，假定 $p^*A_1\geqslant p^*A_2$；可知 A_2 的 Perron – Frobenius 特征值 λ_2 满足 $\lambda_1>\lambda_2$。如果比较一下利润率 $\pi_i=\dfrac{1}{\lambda_i}-1(i=1,\ 2)$ 可知 $\pi_2>\pi_1$，也就是说，从技术 A_1 切换到技术 A_2 后，利润率有所提升。

实际上，因为 A_2 的右 Perron – Frobenius 向量 $x^\dagger$ 为正，将它右乘不等式

$p^* A_1 \geqslant p^* A_2$，可得 $p^* A_1 x^{\dagger} = \lambda_1 p^* x^{\dagger}$，$p^* A_2 x^{\dagger} = \lambda_2 p^* x^{\dagger}$，因为 $p^* x^{\dagger} > 0$，所以有 $\lambda_1 > \lambda_2$ 成立。

若 A_1 表示旧技术，A_2 表示新技术，那么如果它是一种用旧技术的均衡价格来衡量发现有成本下降情况的技术革新，则通过采用这个新技术可提升平均利润率。令 A_2 的左 Perron – Frobenius 向量为 $p^{\dagger}$。若 $p^* A_1 \geqslant p^* A_2$ 成立，则有 $p^{\dagger} A_1 \geqslant p^{\dagger} A_2$ 成立。即用旧技术的均衡价格来衡量发现有成本下降情况的技术革新，即使用新技术的均衡价格来衡量也能判断它的成本会有所下降。

因此，由上述分析我们知道，置盐定理正是通过 Perron – Frobenius 定理阐明一般或者平均利润率的决定关系。这就是置盐定理的数学实质。

三、关于对置盐定理前提假设的争论

置盐定理关于技术进步与一般利润率上升的结论，对一般利润率下降规律构成了直接挑战。对于很多马克思主义经济学者而言，一般利润率趋向下降规律构成了资本主义危机及历史终结的基础，因此批判置盐定理自然成为这些学者的重要理论工作。

如前所述，置盐定理不过是 Perron – Frobenius 定理的一个经济学应用，其数学实质保证了逻辑推理的正确性。因此，马克思主义经济学者对置盐定理的批判，指向的不是该定理的逻辑推导过程，而是该定理的现实适用性，即它能否被应用于解释和预测资本主义经济的历史过程。

置盐定理是否具有现实适用性，是否能够解释和预测资本主义经济的历史过程，首先取决于该定理对前提假设的选取，即这些前提假设是否包纳了资本主义经济的核心特征。换而言之，置盐定理蕴含的前提假设是否过于抽象，是否剔除了资本主义生产的核心规定性，从而导致其不具备现实适用性？正是基于这种疑问，一批马克思主义经济学者从前提假设出发，对置盐定理的现实适用性提出质疑。这主要包括以下四个方面：（1）不考虑固定资本与联合生产问题；（2）技术变革前后，假定实际工资率不发生变动，并能实现一般均衡；（3）不区分生产过程变革与产品变革，将技术进步归结为生产过程的变革，而不考虑新产品对旧产品的替代；（4）以成本准则（等同于利润

率）为技术选择依据。

（一）关于固定资本和联合生产问题

置盐信雄在 1961 年的论文中并未考虑固定资本的问题，但马克思的原文中的构想是：由于资本主义的技术进步意味着用大量的机器替代手工劳动，从而固定资本的不断增大会造成资本有机构成的提高，由此造成利润率的不断下降。可见，在马克思的原意中，固定资本对其推理过程有基础性的作用。因此最初大量的英文文献主要围绕"若存在固定资本，置盐定理是否成立的"这一视角进行讨论。Shaikh（1978），Alberro 和 Persky（1979）等人认为如果引入了固定资本，利润率将会下降。Shaikh 的观点是，置盐定理中未包含固定资本，因此其阐明的是，一个降低资本"流量"成本的技术进步将引致用流量资本核算的利润率（Shaikh 称之为"利润边际"（profit-margin on cost））的上升（高峰，1991）。但是在资本主义经济中，技术进步需要引入大量的固定资本，这些固定资本的引入将提高用"存量"核算的利润率（Shaikh 称之为"profit-rate"），因此技术进步将降低利润率——这和置盐定理并不矛盾。Shaikh 引用了 Schefold（1976）的观点。Schefold（1976）在置盐的框架下证明了，若存在固定资本，则技术进步引进的机械化（mechanization）将导致"最大利润率"（maximal rate of profit）的下降。

不过，Roemer（1979）指出，Schefold（1976）对最大利润率下降的证明并不和真实利润率（actual rate）有绝对的关系。Roemer 认为虽然在长期中最大利润率和真实利润率将不断接近，但如果实际工资品向量保持不变，二者并不会收敛到一个共同的极限上。接着，Roemer 在置盐信雄（Okishio，1961）的框架下给出了一个含有固定资本情形的详细证明，证明了若保持实际工资不变，即便含有固定资本，置盐定理仍然成立。但是，Roemer 的证明并非令人完全信服。因为他对含有固定资本情形下的置盐定理的证明中，假设了经济系统的（投入与产出）技术系数矩阵是不可约的（irreducible）。因此，Roemer 对含有固定资本的置盐定理的推广实际上研究的是最小利润率的变化规律。

Roemer（1979）证明过程中的缺陷引起了其他学者的注意。Salvadori（1981）用一个数例说明了，在联合生产时，若经济系统方程 $pB = (1 + \pi)pM$ 有解（M，B 分别为投入和产出系数矩阵，π 为平均利润率），则技术进步可能导致造成利润率的下降，而非置盐及罗默所主张的技术进步必然造成利润率的上升或不变。事实上，李帮喜和藤森赖明（2012）证明了该式等价于 $p = (1 + \pi)pMB^+$。因此，在含有固定资本，从而含有联合生产情形下的置盐定理问题就转化为对矩阵 MB^+ 的性质的研究。这样置盐定理就可以直接推广到含有固定资本的情形。当然，如果投入和产出两个矩阵的性质不相同，那么在固定资本情形下，置盐定理的有效性就不一定能得到保证：Salvadori 的研究就说明了这一点。不过，Woods（1985）证明了当假设每个部门只生产一种商品，并且最多应用一种固定资本的情形下，置盐定理仍然成立。在该文的最后，Woods 指出他曾经给出了一个数例，证明了当存在一般意义上的联合生产时，技术进步可能导致利润率的下降。因此他猜测：含固定资本的单产品经济可能是置盐定理能保持成立的最一般的场合。

在此基础上，Bidard（1988）的研究进一步探索了 Woods（1985）的猜测。Bidard 给出了一个置盐定理成立的充分条件，它说明了为什么置盐定理的原始版本（Okishio，1961）和之后的推广情景能够成立，但 Salvadori 和 Woods 却又能给出置盐定理不能成立的反例。Bidard 提出了若满足正定资本体系（positive capital system）且存在正标准商品（positive standard commodity）这一充分条件，则置盐定理依然成立。同时，Bidard 论证道：如果资本正定体系有正标准商品，则一般利润率必然上升；否则一般利润率可能下降。

可以看出，上述基于固定资本对置盐定理的扩展，研究的并不是固定资本积累过程通过对技术进步的影响从而影响利润率。相反地，在上述研究中没有任何历史图景，即所谓马克思意义上的有偏的技术进步的路径。

（二）关于不变的实际工资率和一般均衡问题：来自置盐信雄本人的批评

对置盐定理最苛刻的前提假设批评来自于置盐信雄本人。置盐信雄（Okishio，2000）批判性地反思了置盐定理。他一方面认为，长久以来对置盐定理的反对意见并没有说服他本人，因为给定置盐定理的假设条件，置盐定理的结论是正确的；另一方面，他批判了置盐定理的前提假设：他认为置盐定理的假设条件是不真实的。若考虑到这一点，可以说置盐定理的结论是错误的。这是一个典型的前提假设批判：在认可比较静态分析这一方法的基础上，批判地证明了应用这个分析的逻辑前提不成立。

置盐信雄认为置盐定理的关键前提假设有两个：（1）不变的实物工资品向量；（2）新均衡的形成。

在该论文中置盐信雄证明了，在资本主义竞争中，这二者都不能得到保证。置盐信雄（Okishio，2000）的最后结论是：在资本积累过程中，实际工资会发生变化；并且如果没有技术变革，资本家之间的竞争最终不会导致一个新的均衡，因此不能使用比较静态分析方法；相反，资本家的竞争将会摧毁剩余价值本身。

置盐信雄正是从资本积累的角度反思了他的置盐定理。置盐信雄的模型暗含着一个马克思经济学的观点：从资本积累的动态角度看，实际工资的大小本身是资本积累的产物，是由资本积累过程决定的，而不是相反地一个固定的实物工资规定着资本积累的动态过程。同时，置盐信雄的模型说明，资本积累过程将内在地拒绝"实现一般均衡"这一置盐定理的另一个前提假设。[①]

值得注意的是，置盐（Okishio，2000）的论文有力地批评了置盐定理，但其内容更多的是讨论了资本积累影响利润率的一个方面：即由于资本积累过程导致的实际工资率的提高所造成的利润率下降，即所谓的"工资挤压"效应。但马克思对于利润率下降规律的解释是两方面的：一方面是第一卷中明确的资本积累导致的"工资挤压"效应，另一方面是资本积累导致的"有偏技术进步"效应。所以置盐的批评并未完全抓住置盐定理和利润率下降规律之间的关联和差异。

---

① 按照 Fujimoto（1994）的说法，置盐在其 1965 年的日文著作（Okishio，1965）中就提出，置盐定理只适用于短期。在长期中，资本积累过程将导致资本有机构成的无限上升，利润率将越来越小最终趋于零。

四、关于置盐定理模型设定的争论

置盐定理是否具有现实适用性，是否能够解释和预测资本主义经济的历史过程，还取决于该定理所设定的模型是否能表征资本主义经济的内在矛盾运动。换言之，置盐定理所采用的斯拉法投入产出均衡模型，是否排除了生产力和生产关系的矛盾运动，从而导致其无力洞察资本主义的一般历史趋势。基于这种疑问，一些马克思主义经济学者从静态均衡模型的批判出发，否定了置盐定理的现实适用性。

（一）置盐信雄和 Shaikh 的观点

置盐信雄（Okishio，1977）提及了关于利润率趋向下降的另一种思路。[①] 他认为，用马克思经济学的记号，有 $\pi = \dfrac{S}{C+V} < \dfrac{L}{C+V} < \dfrac{L}{C}$。该式说明了劳动—固定资本比$\left(\kappa = \dfrac{L}{C}\right)$是利润率的上限。若平均利润率 π、劳动—固定资本比都是时间的函数，即 $\pi = \pi(t)$ 和 $\kappa = \kappa(t)$，则有 $0 \leqslant \pi(t) < \kappa(t)$。直觉上，随着技术进步，机械化大生产似乎意味着 $\lim\limits_{t \to \infty} \kappa(t) = 0$，那么该式意味着 $\pi(t) \to 0$。对这一观点，Okishio（1961）和 Roemer（1979）分别做了不同的批评。Okishio（1961）认为这个公式中利润率 π 的计算方式有误，而应该等于用全成本定价所确定的利润率。Roemer（1979）则认为，由于不变资本量 C 的价值量本身也受到直接投入劳动量 L 的影响，因此随着时间的变化，除非在特殊情形下，K(t) 并非必然收敛到 0，并且给出了一个关于"资本有机构成"可能上升的数学证明。

不过，我们认为 Roemer 的分析存在以下问题：（1）置盐提出利润率的计算方法不同的问题，只有当其采用马克思—斯拉法方法时才存在，因为在马克思—斯拉法方法中，价值体系导出的剩余价值和生产价格体系中导出的利润率没有必然联系，当我们采用其他的方法（例如 SSI 或者 NI）时，这两个

---

① 这一观点 Okishio（1961）和 Shaikh（1978）亦有提及。

不同的计算方法结果是一样的。因此，置盐的批评可能只是因为他选择了错误的价值——生产价格模型的结果。（2）罗默的证明的潜在问题有两点：一是其证明也建立在马克思—斯拉法方法上，由于经济学和数学方面的问题，这一方法的可靠性尚待商榷；二是在根据马克思的原意，资本有机构成是反映了资本技术构成的资本价值构成。而 Roemer 的证明中事实上证明的只是"价值构成"而非"有机构成"。因此，如果 κ(t) 蕴含着"资本有机构成"的丰富内涵，则 Roemer 的证明并不能视作是对上述观点的一个否定。

（二）分期单一体系解释体系（Temporal Single – System Interpretation，TSSI）的方案

Kliman（1996，1997）提出了一个新的"分期单一体系解释体系"的分析框架来反驳置盐定理。在该框架下，他证明技术进步必然会造成利润率的下降。其思路是：置盐定理的成立的前提是市场实现了均衡价格，此时投入价格等于产出价格。但是在实际中未必会实现均衡价格，产出价格不能保证等于投入价格。此时，利润率的计算必须是时际（或跨期）的。Nakatani（2005）和 Rieu（2009）认为，Kliman 和 TSSI 的模型可以描述为：$p_t = (1 + \pi_t)(p_{t-1}A + w_{t-1}L)$。该式反映了不同期价格之间的数量关系。其中，$\pi_t = \dfrac{p_t x - p_{t-1}Ax - w_{t-1}Lx}{p_{t-1}Ax + w_{t-1}Lx}$。

同时，定义劳动时间的货币表示（MELT）为：$MELT_t = \dfrac{p_t x}{p_{t-1}Ax\left(\dfrac{1}{MELT_{t-1}}\right) + Lx}$。

MELT 反映了单位劳动时间所蕴含的货币量，或者说是劳动时间单位和货币单位之间的折算关系。

TSSI 对置盐定理的反驳是通过重新定义利润率和均衡，并引入置盐模型中不存在的 MELT 这一数学结构完成的。首先，在置盐的模型中，利润率的数学本质是投入系数矩阵的特征值计算而来的，而均衡价格的数学本质是投入系数矩阵的特征向量。这二者原则上都可以从给定的投入系数矩阵推导出来。但 TSSI 并不认同这种方法的定义方式。在 TSSI 的公式中，利润率不仅由

投入系数影响，还必须由上一期的价格、劳动投入向量、产出向量等多个历史变量共同确定。而 TSSI 的均衡价格则是由上述确定的利润率及历史成本共同确定。其次，在置盐的模型中，并不存在 MELT 这一逻辑结构。这是因为，原则上讲，置盐定理所依赖的体系中并不存在"价值和生产价格"的联系，[①]因此并不需要 MELT 这一概念作价格和价值体系的媒介。

虽然 TSSI 在新的框架下反驳了置盐定理，但学界对这一框架本身的有效性仍有争议。例如，Nakatani（2005）仔细检查了 TSSI 关于利润率的定义。他认为这种新的定义有几个缺陷：首先，在 TSSI 中，劳动价值中的"死劳动"部分是按历史成本计算的。Nakatani 认为这违反了马克思的原意，因为当技术发生变化的时候，新的劳动价值应当按照新的技术下"再生产"该商品所必须的劳动时间确定，而不是按照历史成本来确定。其次，TSSI 所计算的利润率只是账面利润率，由于是用历史成本而不是再生产成本来核算利润，这种利润率并没有真实地反映投资收益水平，因此无法通过这个利润率来评估资本家的投资决策。同时，TSSI 计算的利润率并不能保证马克思基本定理的成立。而且，Rieu（2009）在深入研究了 TSSI 对置盐定理的反驳后提出，这些反驳不仅依赖于对均衡价格和利润率的重新定义，而且其有效性还依赖于关于劳动生产率和价格的时间路径的外生假设。若仔细研究 TSSI 对置盐定理的反驳可以发现，TSSI 体系不能拒绝通过 MELT 将通货膨胀等纯粹货币现象引入研究体系。因此 TSSI 对利润率的考察必然包含了来自生产体系的"真实趋势"和"货币影响"二者，对二者的分离过程理论上较为复杂——之所以出现 TSSI 下马克思基本定理不能得到保证的一大原因即是如此。

因此，TSSI 虽然提供了一个研究置盐定理的不同思路，但完整的研究还需要更多关于资本积累和资本主义市场动态性质的研究作支撑。[②]

---

①　在这种方法中，价值体系和价格体系可分别由投入系数矩阵独立地导出，二者并不存在马克思所主张的"实体"和"形式"的逻辑关系。因此，在这种方法中，"劳动价值"这一概念被批评为"多余的"。

②　事实上，关于对 TSSI 争议还包括对其基本方法和概念的批评。TSSI 的详细研究本文在此不再赘述，更具体的分析可参见相关文献。

五、结论：对置盐定理的一个回顾与反思

尽管置盐信雄（Okishio，1961）在开篇是以马克思所提的资本有机构成上升规律和一般利润率下降规律为引子，但其所证明的置盐定理实质上和马克思的理论并没有直接关系。置盐定理的核心观点即是一个成本节约型的技术进步将会提高均衡处的一般利润率。它并不回答在技术进步过程中资本有机构成上升与否这一问题，也不涉及马克思所主张的从大的历史尺度上看，资本主义生产的发展蕴含"有偏技术进步"所造成的利润率下降趋势这一效应。事实上，从一开始就在对待其结论和一般利润率下降规律之间的关系方面显得较为谨慎，而他在 2000 年的论文中更是明确认为其置盐定理并不能看作是对一般利润率下降规律的一个反驳。

比较置盐定理和马克思的一般利润率下降规律，可以发现二者在以下三个方面存在重大差异：

首先，二者对经济变量（特别是利润率）的定义不同。在马克思的框架中，平均利润率等于总剩余价值除以总资本量，因此逻辑上必须在剩余价值确定之后得以确定。但在置盐（Okishio，1961）的证明中，平均利润率直接由技术矩阵确定，即平均利润率是技术矩阵的特征值，同剩余价值率没有逻辑上的直接联系。置盐明确指出了这个问题，但是他并未详细地考究二者之间的取舍，只是简单地选择了这种解释而拒绝了马克思对利润率的解释。

其次，二者的实际研究对象不同。马克思研究的是由于资本主义生产力发展过程中，利润率下降的一个动态历史过程，具有深刻的历史图景。而置盐定理实际上揭示的是：一个在生产上物质耗费较低的技术可以导致产出一个较高的净剩余这一直观结果。我们已经知道，置盐定理本质上就是用 Perron - Frobenius 定理研究特定矩阵的特征值和特征向量问题。即研究增广投入技术矩阵的左特征向量（其经济意义为生产价格向量）及其对应特征值（其经济意义为平均利润因子即利润率 + 1 的倒数）的数学性质。但其实，在数学上，我们可以用几乎相同的方法得到右特征值和右特征向量版本的置盐定理。此

时的置盐定理即是说，一个降低生产物质成本的技术可以导致更高的物质增长率。① 因此，置盐定理本质上可以说是对给定的技术矩阵本身生产性的研究，定理本身并没有涉及马克思的价值理论，反而跟马克思理论有一定的相容性。

第三，二者对"技术进步"的理解不同。置盐定理中的技术进步说的是为了生产相同的产品，资本家以减少成本为标准在不同种技术中进行的"工艺选择"。而在马克思的理论中，资本主义的发展趋势是资本积累、技术进步以及工资变化相结合的结果。其中资本积累是核心，技术进步和工资都受资本积累的制约。所以，对马克思而言，技术进步一方面是资本家进行工艺选择导致的，一方面也是社会总资本进行资本积累导致的。历史经验说明，随着资本主义生产的发展，机器对手工劳动的替代不断加深，用物质反映的资本技术构成在不断增大。这些技术变迁不仅仅来自个别资本家基于利润率考量而主动进行的工艺选择，同时也是资本积累的历史结果。关于后者，如 Nakatani（2005）所言，在资本积累进程中，许多企业被迫选择新的技术，被裹挟进了技术浪潮。这种被迫表现为，随着生产发展的要求，人力和机器设备已经不能视作可互相替代的生产要素，越来越多的产品必须用庞大的机器进行生产。例如产品要求更高的精度，更庞大的产量，更大的体积和强度，甚至生产过程必须在人类不能适应的环境下（例如高温，高压或高辐射等等）完成。这样，随着新产品对旧产品的替代，资本家被迫进行技术革新，完成创造性破坏。这些因素共同造成了所谓的马克思意义上的有偏的技术进步。因此，我们在理解马克思的利润率下降规律时，要明确其所言的"技术变革"并非单纯是一个由成本或利润率（如置盐定理所主张的）为准则的工艺选择的产物，必须将其置于一个具有深刻劳动替代或者劳动节约语境的资本积累理论中进行阐释。当然，值得指出的是，由于马克思本人在《资本论》中明

---

　　① 由于 Perron – Frobenius 定理对增广技术矩阵的右特征值和右特征向量也是成立的。而右特征值及其向量的经济意义即为产出向量（或者活动水平）。因此，当用左特征向量进行解释的时候，反映了价格和利润率的规律，而用右特征向量进行解释的时候，反映了产量和增长率的规律。事实上，在投入产出分析中，若不考虑非生产性消费，生产价格体系和产出体系是对偶的，是对同一个技术矩阵不同角度的解释。

确强调了资本家依据利润率准则进行工艺选择，容易让人误以为利润率下降规律是简单的"工艺选择"导致的技术变迁的结果，进而产生 Duménil 和 Lévy（2002）认为的：马克思笔下资本有机构成上升的机制并不明确这一观点。

因此，置盐定理和马克思的一般利润率下降规律并无直接的冲突，前者在逻辑上既不支持也不反对后者。置盐定理本质上反映了一些特定的投入—产出矩阵本身的"生产性"，这和马克思所主张的由资本积累所导致的利润率下降规律在研究对象上是不一致的。置盐定理是一个能明确生产价格所具有的重要性质和功能的定理。由生产价格的定义式可知，单个资本可以只根据与自己技术相关的信息来判断是否导入新技术。从这个意义上来讲，对资本而言生产价格可以让它更有效地利用资本。因此，它在资本主义经济中发挥了作为一种生产监控者的作用。生产价格的定义式不一定就是以最优化的形式来记述的。但在上述分析中其实暗示了生产价格具有让平均利润率最大化的一个功能。而另一方面，若要探究利润率趋向下降这一命题，应该使用一个蕴含时间概念的，能正确反映技术进步的历史趋势的理论模型，而非应用置盐定理。

不仅如此，置盐定理的现实适用范围也具有明显的局限性。首先，这种局限性源于其前提假设的非现实性。置盐定理依赖于两个假设：a. 实物工资率不变；b. 新均衡能够形成。这两个假设在长期的资本积累过程中无法保证。因此从某种意义上讲，置盐定理更适合论证一个中短期状态（和极短期的区别是，它长到足以形成新的均衡，但又不长到必须考虑大历史尺度的资本积累过程），而非一个大尺度的历史趋势。其次，这种局限性源于其模型设定的非一般性。尽管在置盐信雄（Okishio，1961）的假设下，置盐定理的数学推论是严格的，但是其扩展版本（例如包含固定资本及联合生产等等）的性质极不稳定。当更多的因素被纳入置盐定理的研究框架之后，置盐定理的有效性呈现出了对数学假设较强的依赖性。即，当技术条件（投入—产出矩阵，劳动投入向量等等）发生细微变化之后，置盐定理可能不再成立。换句话说，任何一个较为复杂的经济系统，置盐定理都不能对其利润率的变化趋势做预测：原则上，一个成本下降型的技术革新既可能带来平均利润率的上升，也可能带来平均利润率的下降。

（原文发表于《清华大学学报》（哲学社会科学版）2016 年第 4 期）

方法论批判视域中的"利润率下降规律之谜"

宁殿霞 *

经济学对利润率下降规律的论证得出利润率的变动趋势迥异，已构成"利润率下降规律之谜"。其实，利润率下降规律不是因下降的结果而存在，而是因下降的趋势驱动历史的上升运动而存在，而且这种上升运动是一个"自然历史过程"。对这一规律实证论证的结果无论是利润率上升还是下降，都陷入方法论的窠臼，因为通过计算得出的利润率与"利润率下降规律"中的利润率并不相同，这种计算方法遮蔽了与资本有机构成变动相统一的资本积累、生产力提高和资本内在否定性，这必然导致技术层面可计算的利润率上升亦或下降的不确定结果。构成这一迷局的关键不在于上升还是下降，而在于出发点上方法论的不同。

从马克思《资本论》第三卷出版至今，经济学对其中的重要部分利润率下降规律的争论从未停止过，针对这一规律的研究成果也极其浩繁，总体上有利润率上升、利润率下降、利润率趋势不确定三种结论，相关争论一直延续至今。一系列的争论证明及其结论构成了"利润率下降规律之谜"[1]。在《资本论》第一卷"第二版"跋中，马克思明确指出他的研究方法是"辩证方法"，并且"人们对《资本论》中应用的方法理解得很差，这已经由对这一方法的各种互相矛盾的评论所证明。"[2] 事实上，即使是今天，人们对这一方法的理解仍然不尽如意，从利润率下降规律的各种互相矛盾的论证结论可见一斑。只有从根本上破解这一迷局，才能够真正理解这一根本性经济规律，才能进一步澄清学界对《资本论》的误读，才能更好地用马克思的理论指导

理论与实践。构成这一迷局的根本原因在于忽略了以下三方面的辩证统一。

一、资本有机构成与资本积累的统一

以往的研究在关注利润率下降规律时，往往忽略了资本有机构成与资本积累之间的统一性，从而把随着资本有机构成变动而不断变动的资本积累理解为可计算的利润量的变化。换句话说，以往对利润率下降规律证明的最初着眼点是孤立于资本有机构成变动之外的可计算的利润量与总预付资本量的比率，这一方法正好遮蔽了剩余价值资本化的过程，即资本积累过程。所以，澄清资本积累与可计算的利润率之间的关系是破解迷局的第一步。

（一）被遮蔽的利润率变动前提条件及其内生性矛盾

首先，马克思认为，利润率是"由剩余价值同资本价值的比例决定的"[1]，所以利润率变动的前提条件是不变资本或可变资本或二者同时的变动，而利润率的计算却模糊了不变资本与可变资本之间的区别及其变动趋势。"在每一个场合，一般利润率的变动，都以那些作为形成要素加入不变资本，或加入可变资本，或加入二者的商品的价值变动为前提。"[2] 但是在一般利润率的变动中，不变资本和可变资本的有机差别在利润的概念中被模糊，甚至消失了。就单个资本而言，剩余价值和利润不仅是同量的，而且是同质的，然而，剩余价值率和利润率却是完全不同的概念，由于计算方式的不同，不变资本和可变资本的有机差别消失在以总资本为尺度的计算之中，而这种计算中差别的消失事实上是对不变资本和可变资本变动趋势的忽略。

其次，在利润率计算中，不变资本和可变资本的有机差别之间内在地存在着两个相反方向的作用力消失了，而这两个反向作用力却与资本的竞争同时存在。就单个资本而言，其内部存在着绝对增加和相对减少两个引起利润率变动的趋势性力量，即"可变资本的相对减少和不变资本的相对增加（尽

---

[1] 《马克思恩格斯全集》第46卷（下），人民出版社1980年版，第264页。
[2] 《马克思恩格斯文集》第7卷，人民出版社2009年版，第186页。

管这两个部分都已经绝对增加)"①，这个"相对"与"绝对"之间的张力必然引起竞争。一方面，可变资本与不变资本的比例变动是相对的，因为，活劳动所能推动的不变资本的量在不断增加，也就是"表现为劳动资料的部分越来越大，表现为活劳动的部分越来越小。……所以，无酬劳动和体现无酬劳动的价值部分，同预付总资本的价值相比，也减少了。"② 另一方面，社会总资本推动的劳动量与单个资本支配的剩余劳动量绝对增加，也即"资本所使用的工人人数，即它所推动的劳动的绝对量，从而它所吸收的剩余劳动的绝对量，从而它所生产的剩余价值量，从而它所生产的利润的绝对量，仍然能够增加，并且不断增加。"③ 因为一定的活劳动所能够推动的已经对象化了的死劳动量的增加是绝对的。这种生产的绝对增加和相对减少之间的内在规律在竞争中往往是以颠倒的形式表现出来的，这种情况必然以劳动生产率提高和竞争加剧的特有形式表现出来。现实的经济现象不正是如此吗？

最后，对利润率的计算进一步掩盖了价值规定的基础。利润率下降规律决定了竞争，竞争形成平均利润，在这种情况下，不仅利润率和剩余价值率，而且利润和剩余价值通常都是实际不同的量了，而且，随着价值经由生产价格转化为市场价格，剩余价值的来源进一步被掩盖了。对单个资本的统计数据不仅根本触及不到剩余价值量，而且连它的利润量也难以准确把握。因为人们所统计到的数据是经过流通之后所得到的利润的量，这个量是以竞争之后的整个行业或整个社会的平均利润为基础的。就社会总资本而言，"造成一般利润率趋向下降的同一些原因，又会引起资本的加速积累，从而引起资本所占有的剩余劳动（剩余价值、利润）绝对量或总量的增加。"④ 这正是利润率下降规律驱动竞争，从而驱动资本积累的最终结果。那些陷在竞争斗争中的资本家及与此同在的利润率的统计数据，无论如何也不能透过竞争斗争的现象来看问题，无论如何也不能透过这种可计算的利润率的假象来认识这个

①② 《马克思恩格斯文集》第 7 卷，人民出版社 2009 年版，第 240 页。
③ 《马克思恩格斯文集》第 7 卷，人民出版社 2009 年版，第 242 页。
④ 《马克思恩格斯文集》第 7 卷，人民出版社 2009 年版，第 250 页。

过程的内在本质和内在结构。因为"竞争在表面上把资本的内在规律全部颠倒过来，而把它们作为外在必然性强加给资本。它把这些规律歪曲了。"① 资本家竭力改变着的资本价值规定在经济学那里变成了一连串的数字，而资本家和经济学家都没有真正理解单个资本所承受的这种竞争强制力正是来自利润率下降规律的趋势性力量。

（二）利润率下降规律驱动资本积累而不是相反

对一般利润率变动的前提条件及其内生性矛盾的颠倒认识，必然得出资本积累导致利润率下降的结论。首先，他们没有分清资本积累的两个环节及其内在动力。资本积累通过两个环节，即剩余价值生产与剩余价值转化为追加资本。在论述把剩余价值或剩余产品中尽可能大的部分重新转化为资本时，马克思提到"在古典经济学看来，无产者不过是生产剩余价值的机器，而资本家也不过是把这剩余价值转化为追加资本的机器。"② 就资本积累的两个环节，那种"两个机器"所推动的"为积累而积累，为生产而生产"的经济运动规律现实的动力正是资本的自身属性，也就是表现在现实层面的利润率下降规律。在对利润率的计算中，没有哪个对这两个环节及其内在的动力进行考察。其次，他们把资本主义生产方式决定的资本积累的必然性看作永恒的和自然而然的事情。在现实的经济运行过程中资本并不是自身要积累，而是激烈的竞争强制它不能停下来，即必须不断进行生产规模的扩大与生产率的提高，从而不断推动资本积累，进而资本集中、资本集聚。因为单个资本但凡有所落后，必然被淘汰出局。在资本主义竞争中，单个资本只有不断把剩余价值对象化为资本价值才能推动资本积累，以阻止利润率下降，然而玄妙之处就在于越是这样阻止利润率下降，资本积累的速度就越快，而资本贬值速度也就越快，这是一个正反馈过程。在对利润率的计算中，这种对立统一的关系一旦被量化，正反馈机制就消失了。事实上，在资本主义生产方式下，

① 《马克思恩格斯全集》第46卷（下），人民出版社1980年版，第282页。
② 《马克思恩格斯全集》第5卷，人民出版社2009年版，第687页。

利润率下降规律作为根本性的规律决定着资本积累，而不是资本积累决定利润率下降。

（三）构成"利润率下降规律之谜"的原因之一

以往的研究把马克思剩余价值与资本价值比率的带有下降趋向的利润率理解为利润的量与预付总资本量的比率，并以此来排列得出利润率下降、上升或不确定的结论，从而证明或证伪利润率下降规律。这种方法的根本错误在于：忽略了与资本有机构成变动相统一的趋于相对减少的可变资本、趋于相对增加的不变资本、可变资本和不变资本绝对增加，即相对减少与绝对增加相对立统一的资本积累，进而把作为资本主义生产推动力的利润率当作资本积累导致的结果，这使得可计算的利润率"孤立"于资本积累所赖以存在的资本价值变动以外，从而背离了马克思的利润率下降规律。

二、资本有机构成变动与生产力提高的统一

以往的研究在论证利润率下降规律过程中，往往忽略了与资本有机构成变动相统一的生产力变化，他们虽然获得了详细的统计数据，但是数据化的事实遮蔽了运动变化的经济现实，从而遮蔽了惊心动魄的竞争带动的生产力系统的革命。这是经济学对利润率下降规律证明过程中的重要疏忽，澄清社会生产力提高与可计算的利润率之间的关系是破解迷局的第二步。

（一）被遮蔽的资本竞争以及资本价值变动

首先，利润率下降规律对资本主义竞争具有强制作用。在利润率的计算中，大多只关注利润率下降而没有关注下降"趋势"的强制作用。就资本主义生产方式下的竞争而言，不是资本家想要竞争，而是有一种强制力量推动他必须竭尽全力参与竞争。这种强制力量不是外在世界赋予他的，而是资本主义生产方式内生性的，这种力量并不是直接强制，而是一种间接的威慑力，就如同达摩克利斯之剑，它并不掉下来，但掉下来的可能始终驱动剑下的资本去履行它必须履行的事务，这个达摩克利斯之剑就是利润率下降的趋势，

"它只有趋势的性质"①，但这种趋势却对资本形成一种间接的强制作用。"竞争使资本的内在规律得到贯彻，使这些规律对于个别资本成为强制规律，但是它并没有发明这些规律。竞争实现这些规律。"② 如果离开利润率下降规律来论述资本主义竞争，或用竞争来解释这一规律，无异于马克思所言："单纯用竞争来解释这些规律，那就是承认不懂得这些规律。"③ 所以不是资本自己要竞争，而是背后有一个强制力量要求它必须竞争，这个力量就是利润率下降规律的下降趋势。

其次，资本价值变动是竞争胜负的决定性因素。在利润率的计算中，模糊了"预先存在的资本"和"作为新生产出来的价值"这两个重要概念，从而进一步忽略了竞争的意义。资本一旦进入竞争，利润就一方面表现为资本的结果，另一方面又表现为下一轮资本积累的前提。决定资本竞争胜负的是资本价值，即资本各要素的比例，而不是资本的总量。如果把利润率理解为利润量与预付总资本量的比例关系，就正好遮蔽了这个资本价值，也混淆了"预先存在的资本"和"作为新生产出来的价值"。"剩余价值和总资本的比率如何，——这个比率决定利润率，——完全取决于不变资本的价值，而决不是取决于不变资本的构成要素的使用价值。"④ 也就是竞争的核心在质的规定性，而后才是量的规定性，核心竞争力主要取决于生产条件在生产终点到起点的质的变化，而非起点到终点的量的生产。因为，资本价值的变动必然引起所生产商品的质的变化，而这种商品一旦取得了"对其他一切商品的关系上用头倒立着"身份，"比它自动跳舞还奇怪得多的狂想"就自然而然地从它的"木脑袋"里生出来了，这时候竞争的胜负已经成为由资本价值构成决定的必然结果。

最后，社会生产力因总资本价值的变动而提高。单个资本之间的竞争往往是通过生产价格表现出来，生产价格变动的原因有三：一是劳动生产率不变条件下一般利润率的变动，这种情况下主要是劳动力的价值降低或提高，从而进入工人消费的商品的价值不发生变动；二是总资本的不变部分量的比

---

① 《马克思恩格斯文集》第7卷，人民出版社2009年版，第258页。
②③ 《马克思恩格斯全集》第46卷（下），人民出版社1980年版，第271页。
④ 《马克思恩格斯文集》第7卷，人民出版社2009年版，第98页。

例增加条件下一般利润率发生的变化，这种情况下同量劳动推动较多的不变资本，劳动就有了较高的生产效率；三是一般利润率保持不变的条件下再生产的劳动生产率发生了变动，因为它本身的价值变动会导致这种条件下所生产商品的生产价格发生变动，抑或是生产该商品的劳动生产率发生了变动。或者它本身的价值保持不变，但另一些商品的价值发生了变动。在整个资本主义再生产过程中，以上三方面的原因都在同时起作用，但是起决定作用的是在这种情况下的螺旋上升，即"资本先是把作为新生产出来的价值的利润同作为预先存在的、自行增殖的价值的自身区别开来，并把利润当作它增殖的尺度，随后它又放弃这种划分，使利润同作为资本的它自身成为同一的东西，而这个增大出利润的资本，现在又以增大的规模重新开始同一过程。资本划了一个圆圈，作为圆圈的主体而扩大了，它就是这样划着不断扩大的圆圈，形成螺旋形。"① 这个螺旋形至少有三层含义：一是新生产出来的利润同预先存在的价值之间有着质的差异性；二是利润从放弃划分到作为资本自身的同一东西的过程中存在着质的变化，也存在着资本自身贬值的可能；三是形成螺旋形的资本不只是规模的扩大，更是质的规定性的变化，即生产率的提高，进而生产力的提高。归根结底，在竞争中表现出来的商品的生产价格的一切变动都源自资本价值的变动，进而劳动生产率的变动，进而整个社会的劳动生产力的提高。

（二）利润率下降规律驱动生产力提高而不是相反

利润率的计算遮蔽了利润率下降规律对资本的强制作用及总资本的价值变动引起社会生产力的提高，这必然导致生产力提高成为利润率下降原因的结论。首先，他们没有把注意力放在资本自我保存与扩张的关键之处，即利润的对象化。对于单个资本而言，要么生存，要么毁灭，其他别无选择。所以要想生存，必须着眼于利润对象化中的质的规定性，无论如何，对于单个资本而言，它的利润率是不是下降必须通过生产率有没有提高来实现。换句话说，问题的根本不在利润方面，而是在利润如何对象化为新的不变资本方面。

---

① 《马克思恩格斯全集》第46卷（下），人民出版社1980年版，第265页。

这种单个资本的变动必然推动社会总资本的变动，说到底就是社会生产力的总体提高。这难道不是马克思所说的资本主义生产方式包含着"绝对发展生产力的趋势"吗？那么，这个绝对的趋势背后的动力是什么呢？如果说结论是竞争，那么竞争背后的动力又是什么呢？除了利润率下降规律所起的趋势性作用，还会有别的力量吗？其次，他们只是联系了历史的事实，即统计的感觉碎片的历史数据，而没有联系历史的现实，即处于联系和发展中的相关事实的总和。历史地看，从马克思撰写《资本论》到21世纪，不仅是资本主义国家，而且整个世界的生产力发生了翻天覆地的变化，尤其是三次工业革命的发生，生产力的解放与发展史无前例。这一历史过程是资本主义生产方式以质的规定性存在并起作用的现实过程。如此，就实现了资本主义生产方式发展生产力的目的，即"保存现有资本价值和最大限度地增殖资本价值"①，在这一过程中，"包含着绝对发展生产力的趋势。"② 在资本主义生产过程中，单个资本只有竭尽全力通过提高生产率而阻止利润率下降，然而越是阻止，这种下降就越是加速，生产率提高也越是加速，社会生产力也越是提高，这又是一个正反馈过程。在对利润率的计算中，这种生产力的运动过程一旦被量化，正反馈机制就消失了。事实上，在资本主义生产方式下，绝不是生产力的提高导致可计算的利润率的下降，而是利润率下降规律作为压倒性的动力驱动着生产力的提高。

（三）构成"利润率下降规律之谜"的原因之二

以往的研究把马克思的带有趋向下降动力的利润率理解为可计算的利润量与总预付资本量的比率，并以此来排列得出利润率下降、上升或不确定，从而证明或证伪利润率下降规律。这种方法的根本错误在于：对利润率的计算遮蔽了单个资本之间的竞争以及由此而来的资本价值的变动。进一步说，就是忽略了利润率下降规律对资本竞争的强制作用、资本价值对竞争胜负的决定性作用、总资本的价值变动对社会生产力提高的决定作用，这使得可计算的利润率"静止"于社会生产力提高所赖以存在的不断运动变化的经济过

---

① ②　《马克思恩格斯文集》第7卷，人民出版社2009年版，第278页。

程以外，从而背离了马克思的利润率下降规律。

三、资本有机构成变动与资本内在否定性的统一

以往的研究在思考利润率下降规律时，往往没有反思与资本有机构成变动相统一的资本内在否定性，把扩大再生产过程中原预付资本的贬值当作自然而然的事情，从而以复杂的数学模型及其计算过程掩盖了资本主义生产方式的历史运动规律，而生产关系的相应变化又在他们的视野之外，也就是对历史化维度的失却与遗忘。澄清资本内在否定性与可计算的利润率之间的关系是破解迷局的第三步，也是揭示利润率下降规律更重大、更革命、更具有历史性意义的关键之所在。

（一）被遮蔽的资本内在否定性及其资本主义危机的深层机理

首先，资本既是一个现实层面的概念，更是一个历史向度的概念，它在历史中生成，也必将在历史中消亡。从资本扩张的形式、范围及其趋势来看，资本首先是自由竞争层面国家内部的扩张，其次是垄断阶段的国家之间的扩张，最后是垄断阶段的全球范围扩张，即通过物理的手段实现激进式的全球扩张。进入 21 世纪，资本作为"现代之子，现代的合法的嫡子"①，创造了一个金融化的新世界。这个金融化世界可以统摄所有时间②、所有空间③进行全

---

① 《马克思恩格斯文集》第 1 卷，人民出版社 2009 年版，第 175 页。

② 时间在本文并不是指自然立法时间，而是指历史化的时间，即马克思的抽象劳动时间，是属人的、能动的历史时间，它是一个关系性实体，是劳动产品中"同一的幽灵般的对象性"，是"无差别的人类劳动的单纯凝结，即不管以哪种形式进行的人类劳动力耗费的单纯凝结。"它是人类生命时间历史化的实体性存在，而且它不仅是现有的实体的历史时间，更包括未来可能的时间。

③ 空间在本文不仅包括已有财富的流转空间，更包括未来财富的流转空间，而且这种空间的延伸在不断被激活的未来时间的驱动下具有无限性，这里的无限性不是没有限制，而是它的限制不断地被突破。金融空间延伸的内核在于从观念的存在（观念的时间）到观念的流通：首先，观念的东西流通一定需要实体的空间，或是只需要极其微小的技术空间，这个空间与马克思时代商品流通的空间相比，可谓是"观念的空间"。其次，观念的东西的流通正因为它只需要高技术含量的"观念的空间"（非实体空间），所以，主要依靠现代网络通讯技术，可创意的范围更大。最后，"观念的空间"可以实现时空叠加式的延伸，而且这是一个加速度的过程。观念的流通与实体的流通相比，时间与空间的限制更少，往往是在时空压缩的条件下进行的。

时空扩张。资本在不断扩张中完成着自己的使命，而且这种扩张随着金融化的迅猛推进呈现不断加速的特征。

其次，资本否定自身的力量之源及其资本主义危机的深层机理。黑格尔说上升的道路和下降的道路是同一条道路，在利润率下降规律视域中，资本积累、生产力提高和与之同在的资本贬值形成同一条道路的两个方向，换句话说，就是资本价值加速积累与现有资本的加速贬值是同一件事的两个方面。"利润率下降，同时，资本量增加，与此并进的是现有资本的贬值，这种贬值阻碍利润率的下降，刺激资本价值的加速积累。"① 也就是说，现有资本的贬值换取了资本积累与生产力提高，这是资本内在否定性规律的外化。是什么力量让资本有如此的底气来否定自己呢？答案是不言自明的——自然力是资本否定自身的力量之源，资本通过不断否定自身而吮吸自然力并扩张自身。问题的关键在于对自然力的吮吸是有限度的，因为资本通过吮吸自然力实现积累的同时，也带来贫困积累，在全球化的今天，这种贫困积累不仅随处可见，而且触目惊心，只是全球资本金融权力体系的运作让两个相伴随的积累实现了分离，资本循环总公式中的生产环节，也即各种资源消耗的环节在发展中国家进行，而在发达国家，资本的主要循环形式变成了 $G - G'$。资本正是通过吮吸世界范围内的自然力而实现加速度积累，这就是利润率下降规律这一压力机制带来资本金融化的趋势和全球范围的"极化现象"②。这种极化现象意味着资本主义深层危机在欠发达国家和欠发达地区的总体爆发的可能性和资本总体性的实现。

最后，金融化世界中对资本总体性与全球资本主义深层危机的进一步追问。资本作为一个有机体，它不断完善自身并生成新的器官。"这种有机体制本身作为一个总体有自己的各种前提，而它向总体的发展过程就在于：使社会的一切要素从属于自己，或者把自己还缺乏的器官从社会中创造出来。"③

---

① 《马克思恩格斯文集》第 7 卷，人民出版社 2009 年版，第 277 页。
② 鲁品越：《利润率下降规律与资本的时空极化理论》，载于《上海财经大学学报》2015 年第 3 期。
③ 《马克思恩格斯全集》第 46 卷（上），人民出版社 1979 年版，第 235－236 页。

在 21 世纪的金融化世界中，资本主义之所以没有灭亡，就是因为资本有机体在创造出"金融化"这个新器官，使资本主义深层危机不仅在空间上而且在时间上得到了稀释甚至转嫁。过去资本以死劳动支配活劳动演变为死劳动不仅支配现有活劳动，而且支配未来可能的活劳动。"未来的无限性使资本金融体系的权力得到了无限的强大，甚至'座架'了整个人类生存世界。"① 事实上，不平等在全球范围内扩张之所以愈演愈烈，与危机在全球范围内的转嫁、挪移与重新配置密切相关，这就是皮凯蒂笔下资本等于财富②的真实写照。

（二）利润率下降规律驱动资本内在否定性而不是相反

社会生产力的提高不仅极大地吮吸自然力，而且以已有的生产力作为代价。对资本总体性与绝对发展生产力总趋势的遮蔽，必然导致对与生产力获得最高度的发展同步发生的资本的贬值、生产力牺牲、吮吸自然力带来的贫困积累等一系列资本内在否定性作用机制的忽略，从而导致对资本主义危机的不全面认识。首先，他们没有真正理解"资本构成部分的量的比例和价值比例"的区别与利润率下降规律的革命性。以往对资本积累过程中不变资本"绝对增加"中包含的"对立物"理解得很差。马克思对利润率的研究，一方面，不变资本的"相对增加"（即可变资本的相对减少）以怎样的程度影响利润率，这是研究"商品是怎样变便宜（以及它一旦进入工人消费，劳动能力又是怎样变便宜的），即生产这种商品所必需的劳动（过去劳动和活劳动）总量是怎样减少的"③；另一方面，不变资本的"绝对增加"以怎样的程度降低单个商品的价格或包含在这一商品中的劳动时间，这是研究"资本构成部分的量的比例和价值比例的革命，怎样影响剩余价值与全部预付资本的比率（利润率）。"④ 以上两个方面就内容来说是同一个问题，但作为同一个现象的两个不同层面却有着很大的差别，后者的研究更具有革命意义，因为

---

① 宁殿霞：《评析金融化时代》，载于《海派经济学》2018 年第 3 期。

② ［法］托马斯·皮凯蒂：《21 世纪资本论》，巴曙松、陈剑、涂江等译，中信出版社 2014 年版，第 47 页。

③④ 《马克思恩格斯文集》第 8 卷，人民出版社 2009 年版，第 312 页。

资本构成部分的价值比例中包含着"对立物"，存在着巨大的张力，在价值比例的变动中，"资本在其历史必然性的范围内展现着功能，同时又以自身的历史实践不断生成着必然更替的种子。"① 即资本在不断生产自身、否定自身中完成资本总体性。所以，在资本构成部分的价值比例中不变资本的"绝对增加"中包含的一系列运动才是利润率下降规律的革命性之所在，这种价值比例是难以用量化的方法进行计算的。其次，他们没有真正理解资本真正限制自身的正反馈机制与资本主义危机的必然性。资本有机构成的价值变动（即资本价值比例）是一个正反馈的开放系统，"资本的积累，从价值方面看，由于利润率下降而延缓下来，但这样一来更加速了使用价值的积累，而使用价值的积累又使积累在价值方面加速进行。资本主义生产总是竭力克服它所固有的这些限制，但是它用来克服这些限制的手段，只是使这些限制以更大的规模重新出现在它面前。"② 换句话说，资本主义生产是为资本而生产，是为了生产而生产，"这就是说资本及其自行增殖，表现为生产的起点和终点，表现为生产的动机和目的"③，资本主义生产的目的是"现有资本的增殖"，手段是"社会生产力的无条件的发展"，而社会生产力的发展又要以现有资本的贬值为代价，利润率下降规律的动力机制就在这"增殖"与"贬值"的微妙矛盾关系之中。"如果说资本主义生产方式是发展物质生产力并且创造同这种生产力相适应的世界市场的历史手段，那么，这种生产方式同时也是它的这个历史任务和同它相适应的社会生产关系之间的经常的矛盾。"④ 马克思的利润率下降规律指明了资本主义的历史使命在于发展生产力，同时，它自身包含着对自身的限制，即"资本主义生产的真正限制是资本自身。"⑤ 在资本主义生产过程中，单个资本只有最大限度地保存自身才能阻止利润率下降，然而单个资本越是阻止利润率下降，它所遭遇的与自我保存相对立的资本贬值就越是加速，也就是资本内在否定性越是得到强化，这又是一个正反馈过程。在对利润率的计算中，这种资本总体性的内在否定性一旦被量化，正反馈机

---

① 张雄：《现代性后果：从主体性哲学到主体性资本》，载于《哲学研究》2006 年第 10 期。
②③⑤ 《马克思恩格斯文集》第 7 卷，人民出版社 2009 年版，第 278 页。
④ 《马克思恩格斯文集》第 7 卷，人民出版社 2009 年版，第 279 页。

制也自然被遮蔽了。马克思之所以说资本主义生产方式包含着的"绝对发展生产力的趋势",而且说利润率下降规律是"现代政治经济学的最重要的规律"①,是"以铁的必然性发生作用并且正在实现的趋势"②,原因就在于此,这一规律是既表现资本主义的进步性又表现它的短暂性的根本规律。事实上,在资本主义生产方式下,是利润率下降规律作为根本性的动力驱动资本的内在否定性,绝不是资本的内在否定性导致利润率下降。

(三) 构成"利润率下降规律之谜"的原因之三

以往的研究把马克思的带有趋向下降动力的利润率理解为可计算的利润量与总预付资本量的比率,并以此来排列得出利润率下降、上升或不确定,从而证明或证伪利润率下降规律。这种方法的根本错误在于:以往的计算遮蔽了利润对象化中已有资本的贬值、已有生产力的牺牲、资本总体性生长过程中物化劳动对生产关系的制约及其变革,这使得可计算的利润率成为"片面"的一隅,如同资本总体性之有机体上割下的一块组织,与有机体失去了有机联系,与资本内在的否定性格格不入,这进一步会导致对与资本总体性发展同步进行的资本主义深层危机的不全面认识,进而背离马克思的利润率下降规律。

四、结 语

马克思发现利润率下降规律的历史属性和革命意义在于他通过这一规律揭示了资本主义生产方式的进步性和短暂性。这一利润率是剩余价值与总资本价值的比例,这个比例内部是一个你死我活、惊心动魄的经济现实的运动过程。"利润率是资本主义生产的推动力"③,马克思的利润率下降规律是这一带有趋势性的推动力的作用机制,它的动能消耗于资本积累、生产力提高、资本内在否定性同时起作用的过程之中。这一过程不仅难以量化,而且不可

---

① 《马克思恩格斯全集》第 46 卷 (下),人民出版社 1980 年版,第 267 页。
② 《马克思恩格斯文集》第 7 卷,人民出版社 2009 年版,第 8 页。
③ 《马克思恩格斯文集》第 5 卷,人民出版社 2009 年版,第 288 页。

能量化，因为利润率趋向下降规律不是因下降的结果而存在，而是因下降的趋势驱动历史的上升运动而存在，而且这种上升运动是一个"自然历史过程"。如果一定要进行量化计算，那么结果必然是利润率的提高，因为经济学研究利润率下降规律的重点在于它的经济属性，这个利润率是利润量与预付总资本量的比例，即通过对利润的量化来论证利润率下降规律，而这种方法恰好是对马克思"抽象力"方法的背离。发生这种偏差的原因在于研究出发点上利润率概念内涵的根本差别。目前，哲学领域对马克思"抽象力"的方法有很好的把握，但是从哲学的角度专门研究这一规律还比较少，也比较薄弱，从现有研究成果看，或多或少受到经济学量化计算的影响，往往在画了一条精美的蛇之后，又添一个"利润率趋向于零"的足，虽然从整体上看似乎是很美的，但是一旦添足，就露出了量化的痕迹，等于承认了利润率不仅会不断下降，而且可加以计算。这样，量化的研究方法必然遮蔽利润率下降规律所决定的资本积累，进而社会生产力提高，从而资本内在否定性的"经济运动规律"，以致于把经济现实的运动过程理解为"一些僵死的事实的汇集"，① 从而误把"资本价值增殖复归点上的确定结果等同于出发点上的一种趋势性规律"②。所以，在马克思的利润率下降规律面前，各种论证的结果无论是利润率的上升还是下降，都无异于"用（帕修斯的）隐身帽紧紧遮住眼睛和耳朵"③，触及不到问题的深层本质。

破解"利润率下降规律之谜"对认识中国当前市场经济的复杂局面具有重要意义。中国特色社会主义市场经济活生生的伟大实践正是把发展生产力作为社会主义的根本任务而取得了实实在在的成功。从某种意义上说，正是通过发展生产力的中心任务激活和印证了利润率下降规律，抑或是利润率下降规律在中国经济现实条件下发挥了强烈的作用。反过来看，快速的发展也让我们迅速触碰到发展的边界，现代性的二律背反深刻地呈现在我们面前，当前环境污染、产能过剩、贫富差距等一系列问题及其构成的复杂局面亟须

---

① 《马克思恩格斯文集》第 1 卷，人民出版社 2009 年版，第 526 页。
② 张雄：《现代性后果：从主体性哲学到主体性资本》，载于《哲学研究》2006 年第 10 期。
③ 《马克思恩格斯文集》第 5 卷，人民出版社 2009 年版，第 9 页。

构建中国特色的政治经济学，也亟须政治经济学批判出场。所以，正确解读"利润率下降规律"这一政治经济学批判的轴心原理将为认识我国市场经济改革成功与进一步应对改革开放面临的复杂局面提供理论依据，为构建中国特色政治经济学提供一个学理性突破口。

（原文发表于《西安财经大学学报》2021 年第 5 期）

为利润率下降规律辩护：方法论与三层涵义

鲁保林　孙雪妍*

一、海因里希之疑

2013 年 4 月，迈克尔·海因里希（Michael Heinrich）在《每月评论》发表《危机理论、利润率下降趋势规律与马克思 1870 年代的研究》一文，对马克思的利润率下降规律理论提出质疑。其中有两点值得关注：第一，这一规律在经验上无法验证。海因里希认为，关于这一"规律"，马克思构建了一个非常难以企及的存在主义命题，它既不能用经验来证明，也不能用经验来反驳。"规律"宣称资本主义发展生产力的方式在长期内必然导致利润率下降。但是，即便利润率在过去是下降的，它也并不能证明规律是正确的，因为此规律意在应用于未来，仅是利润率在过去下降这一事实并没有说明未来；即便利润率在过去是上升的，也不构成一个反驳，因为这一规律并不要求利润率持久下降，而仅仅是"趋势性"下降，这在将来还是可能发生的。第二，即使规律存在，对危机理论的系统分析也不能直接由利润率下降趋势规律得出，而只有在生息资本和信用制度范畴形成之后才能进行。海因里希认为，关于资本主义危机趋势的最一般构想完全独立于利润率下降趋势规律。①

海因里希的文章在国际上引发新一轮关于利润率下降规律的争论。安德鲁·克里曼（Andrew Kliman）等五位学者联合撰文对他进行反驳。他们指出，海因里希曲解了利润率下降规律的含义，规律是对长期内利润率为什么趋于下降的解释，而非利润率必然下降的预测，不是说利润率在任何情况下

---

* 鲁保林：贵州财经大学经济学院。孙雪妍：贵州财经大学经济学院。

① Heinrich M. , "Crisis Theory, the Law of the Tendency of the Profit Rate to Fall, and Marx's Studies in the 1870s", *Monthly Review*, Vol. 64, No. 11 (2013): 15 - 31.

都会下降。① 谢富胜和汪家腾亦持类似看法，他们认为，海因里希把马克思的"趋势"偷换成了一种对未来绝对、必然的"预言"②。卡尔凯迪（Carchedi）和罗伯茨（Roberts）认为，海因里希割断了过去与未来的联系。如果能够识别决定利润率在过去下降的因素，并且能说明这些因素还会继续起作用，那么就能预测利润率将来还会下降；规律也确实预测了利润率在未来必然趋向下降，并且可以使用马克思的范畴测算资本主义利润率，验证这一规律；有大量证据表明马克思的规律在资本主义经济中是起作用的。他们还认为，克里曼等人的辩护在逻辑上是有缺陷的。首先，既然长期是指未来，那么关于利润率从长期来看趋于下降原因的解释，就是一个预测，而不仅仅是一种解释。其次，既然利润率不是必然趋向下降，那么利润率就可能趋向下降，也可能趋向上升或者保持不变。如此一来，他们的"预测"就只是一种空洞的说明，即给定三种可能的结果，其中一种必然发生，尽管无法知道是哪一种。③ 海因里希在回应文章中辩称，利润率下降规律的验证面临两大难题：一是目前的统计数据并非基于马克思的概念；二是官方统计数据的基础会随时间推移而发生变化。不过，海因里希也承认，并非不能从统计数据中得到这些信息，但它不像卡尔凯迪和罗伯茨论文中表现出来的那么简单和明确。④

　　已有研究从理论和经验两个层面反驳了海因里希的论点，但是，尚未看到有学者从方法论角度切入为马克思的理论进行辩护。在我们看来，海因里希的前述质疑包含三个相关联的问题：第一，利润率下降趋势规律是一个由经验归纳得到的命题，还是资本主义内在逻辑展开的必然结论？第二，

　　① Kliman, Andrew et al., "The Unmaking of Marx's Capital: Heinrich's Attempt to Eliminate Marx's Crisis Theory", http: //ssrn. com/abstract = 2294134 or https: //dx. doi. org/10. 2139/ssrn. 2294134.

　　② 谢富胜、汪家腾：《马克思放弃利润率趋于下降理论了吗——MEGA2 Ⅱ 出版后引发的新争论》，载于《当代经济研究》2014 年第 8 期。

　　③ Guglielmo Carchedi & Michael Roberts, "A Critique of Heinrich's, 'Crisis Theory, the Law of the Tendency of the Profit Rate to Fall, and Marx's Studies in the 1870s'", https: //monthlyreview. org/commentary/critique-heinrichs-crisis-theory-law-tendency-profit-rate-fall-marxs-studies-1870s/.

　　④ M. Heinrich, "Heinrich Answers Critics", https: //monthlyreview. org/commentary/heinrich-answers-critics/.

利润率下降规律能否被资本主义的发展所证实？第三，利润率下降（规律）与经济危机有无联系？本文接下来的第二部分主要阐释利润率下降规律的方法论，以回应海因里希的第一个质疑。余下部分则在解读马克思文本的基础上概括出利润率趋向下降规律的三层涵义，主要回应海因里希的第二个质疑。

二、理解利润率下降规律的方法论

"方法论"是关于研究经济学的方法、构建经济知识体系的方式以及关于经济理论地位的理论。[①] 马克思的利润率下降规律理论建立在深厚的方法论基础之上。

（一）以实践为基础的典型归纳和逻辑演绎相结合的方法

阐释经济规律一般有历史归纳法和逻辑演绎法。历史归纳法通过观察，从纷繁复杂的历史现象中概括出一般规律或者普遍法则。证伪主义认为，归纳法有其局限性，因为归纳往往是不完整的，它无法穷极所有历史现象，而且过去不能证明未来，未来观察的结果是否可以得出与当前同样的结论，也不具有绝对性。"这正如，不能因为你所见到的都是白天鹅而排除在某个时候你见到黑天鹅的可能性"[②]，或者如恩格斯所说"不能从太阳总是在早晨升起便推断它明天会再升起。"[③] 但是，完全否认历史归纳法的作用，就很容易陷入怀疑论和不可知论，海因里希就是如此。显然，这不符合马克思主义的认识论。逻辑演绎法根据一定的前提推演结论，能够对尚未观察到的现象提出有效的、可以验证的预测。一般来说，"只要演绎逻辑站得住脚，并且认可假设的真实性，那么就可以得出结论的逻辑真实性。"[④] 马克思在推演利润率下降规律时，主要采用了典型归纳和逻辑演绎相结合的方法。典型归纳法的运

---

① ［美］谢拉 C. 道：《经济学方法论》，杨培雷译，上海财经大学出版社 2005 年版，第 63 页。
② ［美］谢拉 C. 道：《经济学方法论》，杨培雷译，上海财经大学出版社 2005 年版，第 90 页。
③ 《马克思恩格斯文集》第 9 卷，人民出版社 2009 年版，第 484 页。
④ ［美］谢拉 C. 道：《经济学方法论》，杨培雷译，上海财经大学出版社 2005 年版，第 92 页。

用具体表现在：他的理论阐述主要是把资本生产方式的典型形态——英国作为例证，这样一来，得出的结论就具有较强普遍性和一般性。即"工业较发达的国家向工业较不发达的国家所显示的，只是后者未来的景象"。① 在运用演绎法时，马克思把"在社会中进行生产的个人，——因而，这些个人的一定社会性质的生产"② 作为出发点，由此，利润率下降就不是从抽象人性引申出来的脱离实际历史的规律，而是资本逻辑展开的必然结果。马克思认为，利润率下降是劳动生产力的发展在资本主义生产关系下的特有表现形式。随着资本积累的发展和劳动节约型技术进步的推进，生产中使用的活劳动的量，同它所推动的对象化劳动的量相比，不断减少。由于活劳动是剩余价值的唯一源泉，活劳动的减少意味着活劳动中对象化为剩余价值的部分，同预付总资本相比，相对减少。自然，剩余价值和预付总资本之比的一般利润率必然会不断下降。

马克思利润率公式可以写作 $p = \dfrac{M}{C+V} = \dfrac{nm}{C+nv}$。此处，M 表示剩余价值总量，m 表示单个工人创造的剩余价值，n 表示雇佣工人数量。随着资本技术构成的不断上升，生产过程中使用的雇佣工人比重相对降低，n 的相对减少必然最终导致 nv 即 V 在预付资本中的比重降低。一方面，V 的降低有助于提高利润率，另一方面，n 的相对减少必定会削弱整个资本主义生产系统创造新价值以及剩余价值的能力，这就意味着 M 和 p 的增量必然随着资本积累而递减。即使由于劳动强度或者劳动复杂程度提高，单个工人创造价值的能力提升，也就是说 m 增大，但是由于 n 的增量减少，超过一定范围，也终究会导致 nm 相对于预付资本下降。因此，利润率下降是基于劳动价值论和剩余价值规律所推导出来的必然趋势，这一规律揭示了资本主义生产力发展的内在因果机制。当然，同其他任何理论一样，利润率下降规律是否成立，也需要经验材料的支撑，需要在实践中加以验证。马克思主义认识论认为，实践活动能够检验一个理论是否为真，即"必然性的证明寓于人的活动中，寓于实验中，

---

① 《资本论》第 1 卷，人民出版社 2004 年版，第 8 页。
② 《马克思恩格斯文集》第 8 卷，人民出版社 2009 年版，第 9 页。

寓于劳动中"①。实践标准是相对性和绝对性的统一，也就是说，尽管具体历史阶段的实践对某一理论的检验是有条件的、相对的，但是无限发展的实践最终一定能够对其真伪对错做出确切的判断，对利润率下降规律的验证也是如此，并非像海因里希所说"既不能用经验来证明，也不能用经验来反驳"。

（二）从抽象上升到具体的方法

《资本论》在演绎利润率下降规律时，采用了由抽象上升到具体，由简单到复杂的叙述方法，形成一系列认识阶段和环节，逐步将规律推广到更加复杂的情况，最后形成一个逻辑严密的理论体系。如果只抓住某一理论片段而不去考虑规律本身的丰富性、整体性，就会只见树木不见森林。在《资本论》第三卷第13章中，马克思首先假定剩余价值率不变，提出并论证"在剩余价值率不变或资本对劳动的剥削程度不变的情况下，一般利润率会逐渐下降。"②接着放松这一假设，证明"在劳动剥削程度不变甚至提高的情况下，剩余价值率会表现为一个不断下降的一般利润率。"③ 在第14章，马克思进一步增加新的规定性，即"起反作用的各种原因"来"说明这种下降为什么不是更大、更快。"④ 马克思指出，正是由于"必然有某些起反作用的影响在发生作用，来阻挠和抵消这一个一般规律的作用，使它只有趋势的性质，"⑤ 所以一般利润率的下降为趋向下降。最后，在第15章马克思阐述了利润率下降趋势和反作用趋势间的冲突，这个规律内在矛盾的展开如何引发经济危机，以及这个规律在资本主义生产方式发展中的意义等内容。至此，规律"已不是关于整体的一个混沌的表象，而是一个具有许多规定和关系的丰富的总体了。"⑥ 可见，利润率下降规律理论体系本身的展开表现为一个由简单到复杂的过程，随着规定性的增加，规律越来越复杂和丰富，越来越逼近现实。

---

① 《马克思恩格斯文集》第9卷，人民出版社2009年版，第484页。
② 《资本论》第3卷，人民出版社2004年版，第232页。
③ 《资本论》第3卷，人民出版社2004年版，第237页。
④⑤ 《资本论》第3卷，人民出版社2004年版，第258页。
⑥ 《马克思恩格斯文集》第8卷，人民出版社2009年版，第24页。

（三）科学抽象法

经济规律是社会经济现象和社会经济活动的本质的、内在的联系和必然的发展趋势。① 政治经济学的任务就是透过纷繁复杂和千变万化的经济现象去揭示其中稳定的因果联系或相互制约机制，完成这一任务需要借助于科学抽象法，正如马克思所说"分析经济形式，既不能用显微镜，也不能用化学试剂。二者都必须用抽象力来代替。"②。在现实中，任何规律的作用总会受到各种各样外在偶然因素的干扰，而不可能在纯粹的形态上表现出来，经济规律更是如此，由于经济规律是在人的经济实践活动中生成的，其作用形式和实现方式必然具有高度的复杂性和具体性，因而认识经济规律，就必须占有充分的现象材料，经过深入的分析研究和判断推理，才能取得去粗取精、去伪存真的成效。马克思指出，"在整个资本主义生产中，一般规律作为一种占统治地位的趋势，始终只是以一种极其错综复杂和近似的方式，作为从不断波动中得出的、但永远不能确定的平均数来发生作用。"③ 但是，"在精确的科学上，人们从来不把可以估计到的干扰看成是对一个规律的否定。"④ 就利润率下降趋势规律而言，一般利润率的实际动态是在各种经济变量的矛盾运动中实现的，是一系列作用方向和作用程度不同的下降趋势和反作用趋势"合力"形成的结果。在把握利润率下降规律时，跳过中介环节，把表面现象直接还原为普遍的规律，是非常错误的。利润率下降规律表现形式的复杂性要求我们必须使用"抽象力"透过历史现象，深入对象的本质，把握其发展的内在规律性。正如陈恕祥所言，只有理解了这一规律反映的各种关系，才有可能对不同时期、不同国家的实际利润率变动作出分析。无论在它下降还是不下降的时候，都有一个内在的规律存在着和起着作用。⑤

---

① 曹健华：《哲学视野中的经济与社会》，湖南人民出版社 2003 年版，第 132 页。
② 《资本论》第 3 卷，人民出版社 2004 年版，第 8 页。
③ 《资本论》第 3 卷，人民出版社 2004 年版，第 181 页。
④ 《资本论》第 3 卷，人民出版社 2004 年版，第 18 页。
⑤ 陈恕祥：《论一般利润率下降规律》，武汉大学出版社 1995 年版，第 129 页。

三、利润率下降趋势规律的深层涵义

（一）利润率的下降表现为一种趋势和压力

为什么利润率下降只是作为一种趋势发生作用呢？主要是因为有某些起反作用的影响在发生作用，阻碍、延缓并且部分抵销规律的作用。在《资本论》第三卷第十四章中，马克思主要阐释了五种"起反作用的各种原因"：剥削程度的提高、工资被压低到劳动力价值以下、不变资本各要素变得便宜、相对过剩人口和对外贸易。除上述明确列出的五种原因外，还有其他因素如生产部门和产品的多样化，以及经济危机等，也会阻止利润率的下降。马克思曾强调，"利润率的下降也可以通过建立这样一些新的生产部门来加以阻止。"① 经济危机也是抵消利润率下降的因素，甚至可以说是最大的抵消因素。在经济危机中，劳动暂时中断，很大一部分资本被消灭，如果遭受损失的资本家退出市场，另外一些资本家从廉价购买他们的厂房、设备和原料中受益，就会极大地缓解利润率下降的压力。马克思指出，"已经发生的生产停滞，为生产在资本主义界限内以后的扩大准备好了条件。这样，周期会重新通过。由于职能停滞而贬值的资本的一部分，会重新获得它原有的价值。"② 从这个方面来看，经济危机"以暴力方式使资本回复到它能够充分利用自己的生产力而不致自杀的水平。"③ 这也表明，经济危机对于资本主义来说也是"危"中有"机"，因为它在很大程度上也是恢复正常利润率，重建资本积累条件的强制手段。

利润率下降规律包含着"互相矛盾的趋势和现象"，其中"互相对抗的因素同时发生互相对抗的作用"，④ 因而马克思在《资本论》第三卷第十五章中反复强调，造成利润率下降趋势的同一些原因，又会产生一种和这种趋势相

① 《马克思恩格斯全集》第 31 卷，人民出版社 1998 年版，第 151 页。
② 《资本论》第 3 卷，人民出版社 2004 年版，第 284 页。
③ 《马克思恩格斯全集》第 46 卷（下），人民出版社 1980 年版，第 269 页。
④ 《资本论》第 3 卷，人民出版社 2004 年版，第 277 页。

反的对抗力量，或多或少地抵消这种趋势的作用。① 不过，马克思始终认为，反作用因素只能减弱规律的作用，不会取消规律。当然，我们也不排除在某些时期，反作用趋势的力量非常大，扭转了利润率下降态势，甚至使之趋于回升。在此种情形下，如何理解利润率下降规律？法因和哈里斯认为，利润率下降规律必须被理解为一种趋势，它不是预见利润率实际下降幅度的规律。这个规律从广义上说应该是"平均利润率趋向下降及其起反作用的各种因素的规律"，利润率趋向下降规律只是一种抽象，而不是一种经验趋势。② 在我们看来，利润率下降就仿佛是悬挂在资本家阶级头上的"达摩克利斯之剑"，使得资产阶级感到惴惴不安。尽管利润率不是时刻都在下降，但是利润率下降压力就如同地球的重力一样，始终存在，即便在有些时候人们没有感觉到它的作用，但它并不意味着利润率下降规律消失了。

孟捷教授曾提出这一观点：利润率下降规律"在马克思那里是一个不受具体历史时间框架约束的抽象趋势"。③ 确实，利润率的实际动态分析还应引进一个时间框架，即利润率下降规律起作用的时间跨度问题。在经验研究中，仅仅比较两个时段或两个时点利润率的高低，并以此来判断利润率下降趋势是否存在，失之简单化。因为利润率趋势究竟在上升还是下降，很可能依赖于你所选择的时间跨度是哪一段，不同研究者因为选择的时段不同，很可能会得出大相径庭的结论。按照曼德尔的假设，利润率下降规律起作用的时间跨度在自由竞争资本主义阶段是十年左右的古典经济周期，在现代资本主义阶段则是一个长波。④ 我们认为，利润率的实际波动置于长波周期内来理解和把握，利润率的下降和停滞主要出现在一轮经济长波的衰退和萧条阶段，利润率的回升和增长主要出现在该轮长波的复苏和繁荣阶段。

---

① 《资本论》第 3 卷，人民出版社 2004 年版，第 263－266 页。

② ［英］本·法因，劳伦斯·哈里斯：《重读〈资本论〉》，山东人民出版社 1993 年版，第 60－64 页。

③ 孟捷：《马克思主义经济学的创造性转化》，经济科学出版社 2001 年版，第 105 页。

④ 宁殿霞：《破解〈21 世纪资本论〉之谜——皮凯蒂对马克思的误解及其辨正》，载于《当代经济研究》2015 年第 8 期。

（二）利润率下降是资本主义基本矛盾的集中反映

有学者提出，利润率下降规律决定了资本积累，进而驱动了生产力提高。马克思不是为了说明下降本身，而是要说明由利润率下降趋势驱动的历史上升运动。① 我们的看法有所不同。首先，在《资本论》及其手稿中，马克思主要论证了资本主义条件下生产力的提高如何导致了利润率下降，而不是相反。其次，马克思阐述这一规律的目的也不是为了说明"由利润率下降趋势驱动的历史上升运动"，而是为了揭示利润率下降与资本主义经济危机的联系，以及这一规律的作用如何暴露了资本主义的历史局限性。

利润率下降规律是在资本主义基本矛盾运行中反映出来的资本积累的历史趋势，是资本积累一般规律的必然展开形式。② 随着利润率下降趋势和反作用因素之间的冲突，这个规律的内在矛盾不断展开、激化和衍生并表现为三对不同的矛盾。③

第一，剩余价值生产和剩余价值实现之间的矛盾。资本的宏观运动过程由生产环节与实现环节组成，从再生产来看，这些环节形成连续交错的生产—实现链条。在生产—实现链条中，剩余价值生产环节要求通过各种办法缩短必要劳动时间，延长剩余劳动时间，相对（甚至绝对）降低工人的实际工资，增加利润；而剩余价值实现环节则要求增加工人的实际工资，提高社会消费力，使投资和利润迅速回流到资本手中。④ 显然，剩余价值生产和剩余价值实现的条件不仅在时间和空间上是分开的，而且在概念上也是分开的，二者是相互矛盾的。

第二，生产扩大和价值增殖之间的冲突。牟取剩余价值是资本主义生产

---

① 宁殿霞：《破解〈21世纪资本论〉之谜——皮凯蒂对马克思的误解及其辨正》，载于《当代经济研究》2015年第8期。

② 张雷声：《马克思的资本积累理论及其现实性》，载于《山东社会科学》2017年第1期。

③ 孙立冰：《论利润率趋向下降的规律及与资本主义经济危机的内在联系》，载于《当代经济研究》2009年第12期。

④ 丁为民：《新自由主义体制下经济增长的矛盾与危机——对当前金融危机的再思考》，载于《经济学动态》2009年第3期。

的动机和目的，资本主义生产方式的独有特征就是把现有的资本价值用作最大可能增殖这个价值的手段，它用来达到这个目的的必要条件就是不断地发展劳动生产力，创造剩余劳动，扩大资本积累。劳动社会生产力的发展一方面表现在已经积累起来的生产资本的绝对量上，另一方面表现在为一定量资本的再生产和增殖，为进行大量生产所必需的活劳动的相对缩小上，这就意味着相对贫困的增长和消费能力的萎缩，因而"资本要尽量减少自己所雇用的工人人数即减少转化为劳动力的可变资本部分的趋势。……是同资本要生产尽可能多的剩余价值量的另一种趋势相矛盾的。"① 资本积累过程孕育着手段——社会生产力无条件的发展与目的——现有资本增殖之间的尖锐冲突。技术构成和有机构成的不断提高表明社会生产力具有无限扩大的趋势和潜力，但是，生产力发展在资本主义制度下却颠倒地表现为资本利润率的下降，导致资本积累"只能在一定的限制以内运动。"这一矛盾说明，社会生产力的发展与资本主义生产关系的狭隘基础是相互对抗的，所以说"资本主义生产的真正限制是资本自身。"②

第三，人口过剩时的资本过剩。利润率是资本主义生产的刺激，积累的条件和动力，只有那些能够提供利润的东西才会被生产出来。当增量资本只生产一样多或者更少利润时，就会发生资本的绝对过剩。资本的绝对过剩不是指生产资料绝对过剩，它只是在下面这个意义上说的过剩——生产资料应当作为资本执行职能，从而应当同随着自己的量的增加而增加的价值成比例地增殖这个价值，生产追加价值。

利润率下降趋势和反作用趋势之间的冲突引起和加剧上述三对矛盾。这些矛盾"时而主要在空间上并行地发生作用，时而主要在时间上相继地发生作用"③，它们相互交织、相互作用，相互破坏，导致产能过剩、商品过剩、资本过剩和人口过剩，造成生产过程的阻滞和经济运行条件的混乱。当各种矛盾的积累达到一定程度时，经济失衡超过极限，内部能量的释放必然会引

---

① 《资本论》第1卷，人民出版社2004年版，第354页。
② 《资本论》第3卷，人民出版社2004年版，第278页。
③ 《资本论》第3卷，人民出版社2004年版，第277页。

发社会再生产过程的中断，并进一步发展成为整个社会的经济动荡，即"各种互相对抗的因素之间的冲突周期性地在危机中表现出来。"①

（三）利润率下降规律揭示了资本主义生产方式的历史局限性

1. 资本主义生产受限于工人的剩余劳动时间

资本主义包含一个"悖论"。资本要占有剩余劳动时间，但在追逐剩余劳动时间的过程中，它总是在对立中运动。一方面，资本"竭力把劳动时间缩减到最低限度，另一方面又使劳动时间成为财富的唯一尺度和源泉。因此，资本缩减必要劳动时间形式的劳动时间，以便增加剩余劳动时间形式的劳动时间。"② 生产力的不断提高是增加剩余时间的物质基础，一个社会所赢得的这种绝对的剩余时间与资本主义生产无关，但是，在资本主义社会，"生产力的发展，只是在它增加工人阶级的剩余劳动时间，而不是减少物质生产的一般劳动时间的时候，对资本主义生产才是重要的"③。由利润率趋向下降规律可以看出，"资本主义生产的限制，是工人的剩余时间……，资本主义生产是在对立中运动的。"④

2. 资本主义通过牺牲现有的生产力重构资本积累的条件

利润率下降导致资本过剩，引发资本间的破坏性竞争，在竞争过程中：（1）虚拟资本价格急剧下跌。股票债券之类的虚拟资本，其定价方式是预期收入的折现，由心理和观念支撑，当预期收入减少时，将会遭受最严重破坏。（2）货币资本出现过剩。一部分货币会闲置下来，不再执行资本的职能。（3）商品出现普遍过剩。市场上一部分过剩商品只有通过价格的猛烈下降才能完成其流通过程。（4）生产资本出现过剩。"一部分生产资料即一部分固定资本和流动资本会不执行资本的职能，不起资本的作用；已经开始生产的一部分企业会停工。……时间会对一切生产资料（土地例外）起侵蚀和毁坏作用，……由于职能停滞，生产资料所受到的实际破坏会大得多。……这些生

---

① 《资本论》第 3 卷，人民出版社 2004 年版，第 277 页。
② 《马克思恩格斯全集》第 46 卷（下），人民出版社 1980 年版，第 269 页。
③④ 《资本论》第 3 卷，人民出版社 2004 年版，第 293 页。

产资料会不再起生产资料的作用；它们作为生产资料的职能在一个或长或短的时期内会遭到破坏。"①（5）债务链条断链。价格普遍下降导致再生产过程陷入停滞和混乱。这种混乱和停滞，会削弱货币支付手段职能，会在许许多多点上破坏一定期限内的支付债务的锁链，而当信用制度由此崩溃时，情况会变得更加严重，并引起强烈的严重危机。尽管缓和利润率压力的手段可以不断变换花样，但是资本主义终究逃不出资本本身的限制，只能周期地通过局部/全面的债务危机、信用危机、金融危机、经济危机等"破坏性创造"的方式来克服这种限制，也就是说，通过破坏现有的生产力来重构生产力继续发展的条件。

3. 资本主义背叛了它的历史使命

资本主义生产力的发展意味着工人相对过剩的可能性增加。在资本积累进程中，如果资本吸纳的工人人数绝对减少，就会断绝很多人的活路，那么一场周期性的危机和社会革命就不可避免，这就表明资本主义决不是发展生产力和生产财富的绝对形式，而是一种异化形式。巴兰指出，由于生产设施的不协调和缺乏有效需求，垄断资本主义损失了一部分社会产值，② 而"在合理的计划经济下，……即使不能做到完全避免，也能够大大减轻。"③ 特别是由于有效需求不足，造成了大量失业，它"既影响到可加以充分利用的人力，也影响到可加以充分利用的生产设备，而且它还闲置了很大部分可能获得的人力和物力资源，"④ 从而"它一直使总产值大大低于一个合理地组织起来的社会所可能达到的水平。"⑤ 也就是说，资本主义条件下的实际总产出绝对低于潜在总产出。由于资本主义"生产的扩大或缩小，不是取决于生产和社会需要即社会地发展了的人的需要之间的关系，"⑥ 而是取决于"一定水平的利润率。因此，当生产扩大到在另一个前提下还显得远为不足的程度时，对资本主义生产的限制已经出现了。资本主义生产不是在需要的满足要求停顿时

---

① 《资本论》第 3 卷，人民出版社 2004 年版，第 282、283 页。
② ［美］保罗·巴兰：《增长的政治经济学》，商务印书馆 2000 年版，第 124 页。
③④ ［美］保罗·巴兰：《增长的政治经济学》，商务印书馆 2000 年版，第 125 页。
⑤ ［美］保罗·巴兰：《增长的政治经济学》，商务印书馆 2000 年版，第 127 页。
⑥ 《资本论》第 3 卷，人民出版社 2004 年版，第 287 页。

停顿，而是在利润的生产和实现要求停顿时停顿。"① 资本主义生产方式"的历史使命是无所顾忌地按照几何级数推动人类劳动的生产率的发展，"② 但是，劳动生产力的发展却导致利润率下降，在某一点上，它要和劳动生产力本身的发展产生最强烈的对抗，阻碍生产力的进一步发展，并且这种对抗往往需要一场经济危机来克服，经济危机俨然成了资本主义克服这种限制的最高形式。"如果它像这里所说的那样，阻碍生产率的发展，它就背叛了这个使命。它由此只是再一次证明，它正在衰老，越来越过时了。"③

四、结语

在资本主义社会，"全部生产的联系是作为盲目的规律强加于生产当事人，"④ 劳动社会生产力的发展会"降低利润率，使现有资本贬值，"⑤ 资本保值增殖的基本手段与资本主义社会的生产目的——追逐剩余价值，既相互依存，又相互矛盾，最终的解决办法只有重塑社会生产目的，使之朝向人的全面自由发展需要。如果不转变生产目的，资本主义就无法解开"手段和目的"相对抗的"死结"，继续遭受利润率下降产生的压力、冲突和周期性经济危机。利润率下降作为一种必然趋势，是理解资本主义经济发生周期性和结构性危机的基础，同时也宣告了资本主义的腐朽性和暂时性。

（原文发表于《当代经济研究》2017 年第 11 期）

---

① 《资本论》第 3 卷，人民出版社 2004 年版，第 288 页。
②③ 《资本论》第 3 卷，人民出版社 2004 年版，第 292 页。
④ 《资本论》第 3 卷，人民出版社 2004 年版，第 286 页。
⑤ 《资本论》第 3 卷，人民出版社 2004 年版，第 278 页。

马克思利润率趋向下降规律是错误的吗？

——质疑检视与理论澄清

周钊宇　宋宪萍[*]

一、引言

《资本论》标志着马克思完成了社会主义从空想到科学的转变，其中利润率趋向下降规律构成了这个转变最后和最关键的一环。资本主义生产的目的是获得剩余价值，利润率成为资本主义生产的动力源，部门间利润率的差别决定着经济资源的配置方向，整体经济利润率的大小反映着国民经济的健康程度。马克思在《资本论》第3卷第3篇完成了对产业资本生产总过程的考察，得出了随着资本主义积累的进行，社会平均资本有机构成不断提高，一般利润率趋向下降的结论。[①] 一般利润率趋向下降阐明了"利润率，资本主义生产的刺激，积累的条件和动力，会受到生产本身发展的威胁"的趋势。[②] 这一趋势加重了资本主义剩余价值生产和实现条件间的矛盾、暴露了生产目的和手段间的矛盾、相对过剩人口和相对过剩资本间的矛盾，即资本主义生产方式技术维度和社会维度间的矛盾，反映了资本主义生产方式的自我否定性与历史性。

正因为利润率趋向下降规律表明资本主义无法以渐进的、无危机的方式向前发展，所以它一直是资本主义制度的捍卫者和设想逐步向社会主义过渡

---

  * 周钊宇：中国人民大学经济学院。宋宪萍：北京理工大学人文与社会科学学院。

  ① 胡钧、沈尤佳：《资本生产的总过程：利润率趋向下降的规律》，载于《改革与战略》2013年第8期。

  ② 《资本论》第3卷，人民出版社2004年版，第288页。

的改良派左翼分子不断批判的目标。① 作为美国发行时间最长的社会主义杂志，《每月评论》2013 年发表了海因里希教授《危机理论、利润率趋向下降规律和马克思在 1870s 的研究》的文章，该文对马克思利润率趋向下降规律的批评引发了自《马克思恩格斯全集》历史考证版第 2 版第 2 部分出版以来围绕该规律的新一轮论战。② 但正如谢恩·玛治的评论，海因里希对规律的部分质疑只不过是琼·罗宾逊等人观点的翻版。③ 事实上，围绕利润率趋向下降规律展开的争论是马克思主义政治经济学最为激烈和广泛的争论。④ 迄今为止，国外关于这一规律的争论大体上经历了五次高潮（见表 1）。鉴于利润率趋向下降规律在马克思主义理论与实践中的重要地位，有必要全面检视以上质疑，批判其错误之处，在理论层面对种种误解予以澄清。

马克思利润率趋向下降规律作为一个有机整体，包括"规律本身"和"起反作用的各种原因"两部分。"规律本身"又包括资本技术构成提高——资本有机构成提高——利润率下降三个环节。因此在理论层面对马克思利润率趋向下降规律的质疑有五种：第一，恩格斯综合征，即马克思并没有对利润率变化趋势做最终的判断，恩格斯篡改、至少是错误地强调了这一规律。第二，资本技术构成不确定性论，即技术创新可以像节约劳动力一样节约资本，资本技术构成不一定随技术进步而提高。第三，资本技术构成提高但资本有机构成不确定性论，即机器对劳动力替代使得资本技术构成提高，但资本有机构成不一定提高。第四，资本有机构成提高但一般利润率不确定性论，即剩余价值率随资本有机构成的提高而提高，在两者共同作用下，一般利润率不一定降低；同时现实中存在一般利润率随资本有机构成提高而提高的微

① Murray E. G. Smith, Jonah Butovsky, "Profitability and the Roots of the Global Crisis: Marx's 'Law of the Tendency of the Rate of Profit to Fall' and the US Economy, 1950—2007", *Historical Materialism*, Vol. 20, No. 4 (2012): 45.

② Michael Heinrich, "Crisis Theory, the Law of the Tendency of the Profit Rate to Fall, and Marx's Studies in the 1870s", *Monthly Review*, Vol. 64, No. 11 (2013): 15 – 31.

③ Shane Mage, "Response to Heinrich—In Defense of Marx's Law", https://monthlyreview.org/commentary/response-heinrich-defense-marxs-law.

④ 参见高峰：《资本积累理论与现代资本主义——理论的和实证的分析》，社会科学文献出版社 2014 年版，第 19 页。

观机制。第五，马克思所论述的起反作用的各种原因足以使利润率趋向下降规律本身无效。

表1　　　　国外围绕利润率趋向下降规律争论的五次高潮

时间	争论主题	质疑者代表	支持者代表	主要刊物
1890—1930 年	利润率趋向下降规律的正确性	卢森堡、庞巴维克	希法亭、格罗斯曼	——
1940—1960 年	利润率趋向下降规律的正确性	琼·罗宾逊	罗斯多尔斯基	《科学与社会》
1970—2000 年	利润率趋向下降规律的正确性与经验验证	置盐信雄、菲利普·范·帕里斯	阿瓦·谢克、谢恩·玛治	《激进政治经济学评论》
2007—2010 年	经济危机与利润率趋向下降规律间的关系	米歇尔·于松、热拉尔·杜梅尼尔	克里斯·哈曼、安德鲁·克里曼	《国际视点》
2013 年—	马克思是否放弃了利润率趋向下降规律、利润率趋向下降规律与危机理论间的关系	迈克·海因里希	安德鲁·克里曼	《每月评论》

二、利润率趋向下降规律是恩格斯的吗？

马克思去世前为《资本论》第 3 卷留下了五部分手稿，即《1857—1858 年经济学手稿》中《资本章》的部分内容、《1861—1863 年经济学手稿》的第 16—18 笔记本、《1863—1865 年经济学手稿》的第 3 册《总过程的各种形态》、1867—1870 年所写的 10 份手稿和 1871—1882 年所写的 6 份手稿。[①] 恩格斯以《总过程的各种形态》为基础，同时参考其他手稿编辑出版了《资本论》第三卷。2012 年《马克思恩格斯全集》历史考证版第 2 版（以下简称 MEGA²）第 2 部分——《资本论》及其手稿和全部准备材料全部出版，与《马克思恩格斯全集》历史考证版第 1 版采用作者写作时所使用的原文编印不

---

① 张钟朴：《马克思晚年留下的〈资本论〉第 3 册手稿和恩格斯编辑〈资本论〉第 3 卷的工作——〈资本论〉创作史研究之八》，载于《马克思主义与现实》2018 年第 3 期；张钟朴：《〈资本论〉第二部手稿（〈1861—1863 年经济学手稿〉）——〈资本论〉创作史研究之三》，载于《马克思主义与现实》2014 年第 1 期。

同，其特点是发表全部文献、用原文发表、按原貌发表和配上详尽的资料。①因此，其一经发表就引起了理论界的巨大争议。海因里希通过对 MEGA² 第 2 部分的解读得出了马克思并没有对利润率变化趋势做最终的判断，认为恩格斯篡改、至少是错误地强调了这一规律的结论，即《资本论》第 3 卷第 3 篇"利润率趋向下降的规律"是恩格斯按照自己主观意愿整理而成的，利润率趋向下降规律是恩格斯而非马克思提出的。②海因里希用三个论点来证明他所得出结论的正确性。

第一，马克思在后期研究中开始质疑利润率趋向下降规律。1871—1882 年马克思为《资本论》第 3 卷写了 6 份手稿，其中关于利润率和剩余价值率数学关系的计算手稿就有 4 份。海因里希认为，马克思对利润率和剩余价值率数学关系的反复考虑，说明"马克思并没有完全相信他已经在 1863—1865 年手稿中做出的解释"。③更为重要的是，在 1875 年题为《用数学方法探讨剩余价值率和利润率》的手稿中，马克思试图使用数学方法来证明利润率变动的规律，结果却表明"随着资本价值构成的提高，利润率仍有可能增加"，原则上"利润率变动的方向是不确定的"。④由此，海因里希认为"想必马克思对利润率规律存在相当大的怀疑"。⑤

第二，恩格斯在对《资本论》第 3 卷第 3 篇的编辑过程中忽略了马克思对利润率趋向下降规律的质疑。海因里希指出，马克思自 1863 年放弃"六册计划"后，才开始《资本论》4 卷的写作，其理论分析框架随之发生了转变，因此将马克思 1857 年至 1865 年的三个经济学手稿视为《资本论》的初稿是不恰当的，正确的做法应该是把 1863 年之后的经济学手稿视为 4 卷《资本论》的手稿。且随着马克思研究的深入，后期的手稿能更真实地反映马克思研究的最终成果。恩格斯所编辑的《资本论》第 3 卷，以马克思《1863—

---

① 付哲:《MEGA¹ 和 MEGA² 是同一版本的两个版次吗?》，载于《光明日报》2014 年 7 月 14 日。

② Michael Heinrich, "Crisis Theory, the Law of the Tendency of the Profit Rate to Fall, and Marx's Studies in the 1870s", *Monthly Review*, Vol. 64, No. 11 (2013): 15 – 31.

③④⑤ Michael Heinrich, "Crisis Theory, the Law of the Tendency of the Profit Rate to Fall, and Marx's Studies in the 1870s", *Monthly Review*, Vol. 64, No. 11 (2013): 28.

1865 年经济学手稿》为基础，对 1867 年之后的手稿重视不够，忽略了马克思对利润率趋向下降规律的质疑。马克思多次指出，随着资本有机构成的提高，利润率仍有可能提高，"如果扩大只是量上的扩大，那么同一生产部门中，较大和较小资本的利润都同预付资本的量成比例。如果量的扩大引起了质的变化，那么，较大资本的利润率就会同时提高"。① 海因里希认为，"所有这些因素都应该在'利润率趋向下降的规律'一篇的编辑中找到它们的位置。对它们的一贯关注本应导致放弃规律"，然而恩格斯却选择了忽略。②

第三，恩格斯的编辑造成了危机是由利润率趋向下降规律所导致的假象。"马克思手稿中关于利润率趋向下降的第三篇不分小节，恩格斯将其分为三章。前两章'规律本身'和'起反作用的各种原因'的论述与马克思的论证密切相关，但后面的手稿加入了大量的笔记和不时被打断的思想。恩格斯对这些材料进行了大量的修改、删减和重排以建构第三章，并将其分为四节。这就给人留下了一个印象：危机理论已经基本完成。同时恩格斯自行给第三章加上了'规律的内部矛盾的展开'的标题，对那些不知道标题并非源自马克思的读者，这就创造了一种期望：危机理论是利润率趋向下降规律的结果。"③ 基于此，海因里希认为，之所以"许多马克思主义者认为利润率趋向下降规律是马克思危机理论的基础"，主要是由于"恩格斯编辑了《资本论》第三卷"。④ 海因里希进一步指出，"如果没有这样先入为主的观念，直接阅读马克思的手稿，我们很快就会明白，马克思并没有形成统一的危机理论，他的著作中包含了许多相当不同的危机观点。"⑤

通过对海因里希质疑的检视可知，他的整个"理论大厦"是建立在错误地理解马克思后期反复计算利润率和剩余价值率数学关系的基础之上的。事

---

① 《资本论》第 1 卷，人民出版社 2004 年版，第 725 页。

② Michael Heinrich, "Crisis Theory, the Law of the Tendency of the Profit Rate to Fall, and Marx's Studies in the 1870s", *Monthly Review*, Vol. 64, No. 11 (2013): 28.

③④ Michael Heinrich, "Crisis Theory, the Law of the Tendency of the Profit Rate to Fall, and Marx's Studies in the 1870s", *Monthly Review*, Vol. 64, No. 11 (2013): 25.

⑤ Michael Heinrich, "Crisis Theory, the Law of the Tendency of the Profit Rate to Fall, and Marx's Studies in the 1870s", *Monthly Review*, Vol. 64, No. 11 (2013): 25 – 26.

实上，1871—1882 年马克思关于利润率和剩余价值率数学计算的研究是"在纯粹数学的范围内进行研究"，而不是为了研究利润率趋向下降规律。① 因为在 1871—1882 年的手稿中，"'利润率趋向下降'这一表述一次也没有出现过"。② 因此在纯数学形式上利润率随着剩余价值率的提高而提高并非意味着马克思质疑并放弃了利润率趋向下降规律。恩格斯在编辑过程中准确理解了马克思的意图，在赛·穆尔的帮助下将《用数学方法探讨剩余价值率和利润率》简化为 6 页，编入了《资本论》第 3 卷第 3 章"利润率和剩余价值率的关系"。③ 既然马克思并没有质疑利润率趋向下降规律，那么关于恩格斯在对《资本论》第 3 卷第 3 篇的编辑中忽略了马克思对利润率趋向下降规律质疑的论点也就无法立足。

马克思不仅没有质疑利润率趋向下降规律，而且自始至终予以重视。在《1857—1858 年经济学手稿》中马克思强调，"这从每一方面来说都是现代政治经济学的最重要的规律，是理解最困难的关系的最本质的规律。从历史的观点来看，这是最重要的规律"。④ 在《1861—1863 年经济学手稿》中，马克思继续指出"这个规律也是政治经济学的最重要的规律。"⑤ 在《1863—1865 年经济学手稿》中，马克思写道："由于这个规律对资本主义生产极其重要……而且亚当·斯密以来的各种学派之间的区别，也就在于为揭开这个秘密进行不同的尝试"。⑥ 对于如此重要的规律，马克思早在 1865 年已经思考得非常成熟了。恩格斯在《资本论》第 3 卷序言中写道，"本册的编辑工作根本不同于第二册。第三册只有一个初稿，而且极不完全。每一篇的开端通常都相当细心地撰写过，甚至文字多半也经过推敲。但是越往下，文稿就越是带

① 《资本论》第 3 卷，人民出版社 2004 年版，第 58 页。
② ［德］K. 穆勒：《"反恩格斯主义"、利润率下降规律和马克思的 1867—1868 年经济学手稿》，付哲译，载于《马克思主义与现实》2016 年第 5 期。
③ 张钟朴：《马克思晚年留下的〈资本论〉第 3 册手稿和恩格斯编辑〈资本论〉第 3 卷的工作——〈资本论〉创作史研究之八》，载于《马克思主义与现实》2018 年第 3 期。
④ 《马克思恩格斯全集》第 46 卷（下），人民出版社 1980 年版，第 267 页。
⑤ 《马克思恩格斯全集》第 48 卷，人民出版社 1985 年版，第 293 页。
⑥ 《资本论》第 3 卷，人民出版社 2004 年版，第 237－238 页。

有草稿性质"。① 但是，"以下三篇（第二、三、四篇——引者注），除了文字上的修订，我几乎可以完全按照原来的手稿进行编辑"。② 马克思如此重视利润率趋向下降规律，如果他后期真的开始质疑或准备放弃这一规律，一定会在手稿中有所体现，然而"即使在现在发表的、更晚一些写成的文稿中，也没有一点线索表明，马克思在这一问题上可能还摇摆不定"③，海因里希的质疑只不过是凭空推断的臆想。

利润率趋向下降规律是马克思危机理论的基础。马克思在《资本论》中构建了一个系统的资本主义经济危机理论——周期爆发的生产过剩经济危机理论。④ 资本主义爆发的历次经济危机都没有超越这一危机理论，2008 年美国金融危机也不例外。⑤ 马克思的生产过剩经济危机理论是一个系统的整体，散落在《资本论》各卷中的危机观点随着马克思对资本主义生产过程、流通过程和生产总过程的逐步分析而展开，最终形成了系统的生产过剩经济危机理论。《资本论》第 1 卷首先通过对商品流通形式、货币支付职能的分析说明了危机的可能性。然后指出资本主义积累规律为生产与消费的对抗性矛盾导致生产过剩危机埋下了伏笔，论证了生产过剩危机植根于资本主义生产方式本身。《资本论》第 2 卷通过对两大部类再生产需要保持恰当的比例关系的分析，论证了生产过剩危机的可能性在流通过程中得到进一步发展。最终，马克思在《资本论》第 3 卷指出了生产过剩危机的直接根据——利润率趋向下降规律。利润率趋向下降规律迫使资本积累的进程加快，使剩余价值生产与剩余价值实现间的矛盾日益激化，导致资本主义生产过剩危机，"同这个惊人巨大的生产力为之服务的、与财富的增长相比变得越来越狭小的基础相矛盾，

---

① 《资本论》第 3 卷，人民出版社 2004 年版，第 4 页。

② 《资本论》第 3 卷，人民出版社 2004 年版，第 8 页。

③ ［德］K. 穆勒：《"反恩格斯主义"、利润率下降规律和马克思的 1867—1868 年经济学手稿》，付哲译，载于《马克思主义与现实》2016 年第 5 期，第 36 页。

④ 胡钧、沈尤佳：《马克思经济危机理论——与凯恩斯危机理论的区别》，载于《当代经济研究》2008 年第 11 期。

⑤ 2008 年爆发的国际金融危机本质上仍然是资本主义生产过剩危机，参见：卫兴华、孙咏梅：《用马克思主义的理论逻辑分析国际金融危机》，载于《社会科学辑刊》2011 年第 1 期。

同这个不断膨胀的资本的价值增殖的条件相矛盾。危机就是这样发生的。"①

本文认为海因里希的质疑本质上是"恩格斯综合征",即认为恩格斯在对《资本论》的编辑中曲解了马克思的意图,《资本论》第 3 卷中的观点是恩格斯而非马克思的。② 持这种观点的人试图在这一策略下构建一个"没有马克思的马克思主义"。③ 但必须明白,没有任何人能够像恩格斯那样理解马克思。马克思首次提出了利润率趋向下降规律,且视其为生产过剩经济危机理论的基础,恩格斯准确理解并在《资本论》第 3 卷的编辑中很好体现了马克思的意图。同海因里希类似,国内部分学者也认为马克思没有提出系统的、逻辑一致的危机理论,他们的依据是马克思只是从不同角度分析了经济危机,并没有把这些片段性的危机论述整合在一起。事实上,随着对资本主义生产过程、流通过程和生产总过程的分析而逐步展开与之相适应的危机观点正是马克思主义危机理论的特点,试图抛开资本主义生产过程、流通过程和生产总过程来"独立地和纯粹地"构建危机理论是错误的。

三、资本技术构成不会随着技术进步而提高吗?

在经济学发展史上,马克思是最早对技术变革予以极大重视并进行深入研究的经济学家之一。④ 在《资本论》中马克思就机器本身,资本主义条件下技术进步的动机与周期,技术进步对剩余价值生产、资本流通过程和一般利润率的影响等问题进行了深刻剖析。马克思认为,社会劳动生产率的水平"表现为一个工人在一定时间内,以同样的劳动力强度使之转化为产品的生产资料的相对量",而"一旦资本主义制度的一般基础奠定下来……社会劳动生产率的发展成为积累的最强有力的杠杆",因此随着资本积累的进行,劳动生

---

① 《资本论》第 3 卷,人民出版社 2004 年版,第 296 页。

② [德] K. 穆勒:《"反恩格斯主义"、利润率下降规律和马克思的 1867—1868 年经济学手稿》,付哲译,载于《马克思主义与现实》2016 年第 5 期。

③ Andrew Kliman et al., "The Unmaking of Marx's Capital: Heinrich's Attempt to Eliminate Marx's Crisis Theory", *SSRN Working Papers Series* (2013): 1.

④ 高峰:《资本积累理论与现代资本主义——理论的和实证的分析》,社会科学文献出版社 2014 年版,第 54 页。

产率不断提高，使得"劳动的量比它所推动的生产资料的量相对减少"，即资本技术构成提高。① 这意味着在资本积累的过程中，技术进步具有耗费生产资料和节约活劳动的内在倾向。

琼·罗宾逊认为，技术进步既可能节约劳动，也可能节约资本，长期来看资本技术构成不一定提高，"情况并不是所有的技术进步都增加单位劳动的资本。从历史上看，经济发展的关键是运输与省时间、节约资本的发明……哪一种类型的发明在将来占优势，也是难说的"。② 基于资本技术构成的不确定性，琼·罗宾逊对利润率趋向下降规律进行了彻底否定，"至少可以这样设想，即是今后节约资本的发明将同耗费资本的发明相抵，于是有机构成停止上涨，（每单位雇佣劳动的资本趋于不变），而技术进步同过去一样迅速地继续提高着生产率。一个有机构成不变（或有机构成下降）的世界是完全想象得到的。对于这样一个世界，马克思的分析将没有用武之地，他那部分依存于利润率下降趋势的危机理论全部都要破产。"③

总结起来，非马克思主义者反对资本主义条件下技术进步必然具有耗费生产资料和节约活劳动内在倾向观点的理论依据大体上有三点：第一，节约资本成本论，即资本家为了获得更多的利润，在减少成本层面节约劳动力和节约资本的偏好是一样的；第二，资源禀赋决定论，即在劳动人口富裕的国家，基于比较优势应该选择劳动密集型产业，反之亦然；第三，市场机制调节论，即资本家根据市场上的劳动力价格和资本价格的相对高低决定技术变迁路径，当技术变迁路径引起某生产要素价格相对提高后，在下一个回合就会采取节约该生产要素的方式。通过以上检视我们可以发现，从微观层面看，非马克思主义者是纯粹从物质生产角度出发来思考技术进步的，他们把生产资料和劳动力视为两种可以完全替代的生产要素，完全忽略了资本家与雇佣工人的阶级对立。从宏观层面看，技术进步在非马克思主义者的分析框架中是外生的，他们忽略了技术进步发生的内在机制。

---

① 《资本论》第 1 卷，人民出版社 2004 年版，第 717-718 页。
②③ ［英］J. 罗宾逊：《马克思、马歇尔和凯恩斯》，北京大学经济资料室译，商务印书馆1964 年版，第 12 页。

本文认为，资本主义条件下技术进步的节约劳动倾向根植于资本主义生产关系，在资本积累中实现。因此，对技术进步的节约劳动倾向分析，在微观上要充分考虑资本家与雇佣工人的阶级对立，在宏观上必须基于资本积累的视域。

从微观上看，节约劳动力的技术进步源于资本家与雇佣工人的阶级对立。首先，这种阶级对立要求资本通过节约劳动力的技术进步加强对劳动过程的控制。节约劳动力的技术进步使得劳动过程简单化，资本对技术工人的依赖性降低；同时节约劳动力的技术进步使得劳动过程标准化，资本对所有工人的依赖性降低。其次，这种阶级对立要求资本通过节约劳动力的技术进步加强对雇佣工人的规训。在资本主义条件下，资本家通过剥削工人的剩余劳动获得剩余价值，工人为减轻资本家剥削而进行的反抗对资本家构成了巨大的威胁，通过节约劳动力的资本主义创新，伴随着工人对资本家依赖性的增大，工人不得不服从资本家的命令，"机器成了镇压工人反抗资本专制的周期性暴动和罢工等等的最强有力的武器……可以写出整整一部历史，说明 1830 年以来的许多发明，都只是作为资本对付工人暴动的武器而出现的。"[1] 正是基于对资本主义生产关系的洞见，马克思指出："资本只有通过占有必要劳动，即通过同工人进行交换，才能造成剩余劳动。由此就产生了资本要造成尽可能多的劳动的趋势，也产生了它要把必要劳动缩小到最低限度的趋势。"[2]

从宏观上看，节约劳动力的技术进步源于资本积累的内在要求。资本积累的内在要求包括两个方面：尽可能压低工人工资以提高利润率和尽可能减少对劳动力的需求以摆脱雇佣工人的制约。若国家处于工业化初期，节约劳动力的技术进步可以在提高劳动生产率的同时，扩大相对过剩人口的数量，便于加重对在职工人的剥削，提高利润率。若国家处于工业化后期，节约劳动力的技术进步可以使资本积累摆脱有限劳动人口的障碍，夯实资本积累的基础。正是基于对资本积累内在要求的洞见，马克思指出："特殊的资本主义

---

① 《资本论》第 1 卷，人民出版社 2004 年版，第 501 页。

② 《马克思恩格斯全集》第 47 卷，人民出版社 1979 年版，第 551 页。

的生产方式随着资本积累而发展，资本积累又随着特殊的资本主义的生产方式而发展。这两种经济因素由于这种互相推动的复合关系，引起资本技术构成的变化，从而使资本的可变组成部分同不变组成部分相比越来越小"。①

从经验研究的角度看，资本技术构成随着技术进步而提高的结论得到了验证。资本技术构成是"所使用的生产资料量和为使用这些生产资料而必需的劳动量之间的比率"②，可以用每位工人每小时的劳动所推动的以不变价格计算的资本存量来衡量。如图 1 所示，长期来看资本技术构成显著提高，技术进步表现出明显的节约劳动力倾向。

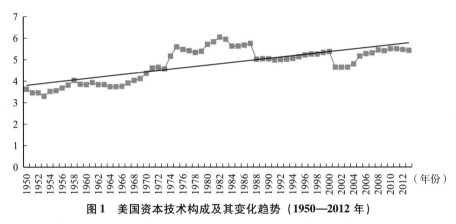

图 1 美国资本技术构成及其变化趋势（1950—2012 年）

数据来源：根据美国经济分析局（https：//www.bea.gov/）。提供的相关数据整理计算而得。

四、资本有机构成不会随着资本技术构成的提高而提高吗？

马克思认为，随着资本主义生产方式的发展，资本有机构成提高是"劳动的社会生产力不断发展的另一种表现"和"资本主义生产方式的规律"。③马克思的论证逻辑如下：在资本积累过程中资本技术构成提高，"资本技术构成的这一变化……又反映在资本的价值构成上，即资本价值的不变组成部分

---

① 《资本论》第 1 卷，人民出版社 2004 年版，第 721 页。
② 《资本论》第 1 卷，人民出版社 2004 年版，第 707 页。
③ 《资本论》第 3 卷，人民出版社 2004 年版，第 236 页。

靠减少它的可变组成部分而增加",即资本有机构成提高。① 但劳动生产率随着资本技术构成的提高而增长,商品价值随着劳动生产率的增长而减少,所以"随着劳动生产率的增长,不仅劳动所消费的生产资料的量增大了,而且生产资料的价值比生产资料的量相对地减小了。这样一来,生产资料的价值绝对地增长了,但不是同它的量按比例增长。因此,不变资本和可变资本之间的差额的增大,同不变资本转变成的生产资料的量和可变资本转变成的劳动力的量之间的差额的增大相比,要慢得多",即资本有机构成必然伴随技术构成的增长而提高,但是提高的程度相对较小。②

马克思所处的年代大致为第一次工业革命末期和第二次工业革命初期。第二次工业革命的特点,在劳动过程中表现为机器代替劳动力,在产业发展上表现为重工业的崛起。马克思在《剩余价值理论》中通过从经验上证明"不变资本的量的增长比它的价值的减少快"完成了资本有机构成提高的论证。③ 他将不变资本分为机器和原料。对机器部分的分析表明:第一,随着生产力的发展,所用机器的量增加了,"代替工具出现的不仅是单个机器,而且是整个体系";第二,尽管用机器制造机器和原料使得"各单个要素便宜了",但考虑到所用机器量的增加,因此"机器的总体在价格上却大大提高了"。④ 对原料部分的分析表明:第一,"原料量必须同劳动量成比例";第二,尽管原料价值会随着生产力的提高而下降,但由于一部分原料是"通过动物性有机过程生产出来的",有一部分是通过"植物性有机过程生产出来的",而"资本主义生产至今不能,并且永远不能象掌握纯机械方法或无机化学过程那样来掌握这些过程",同时"在矿源枯竭时,金属的开采也会成为比较困难的事情",所以原材料价值减低幅度有限,无法抵销量的增长。⑤ 对于第三次工业革命对资本有机构成的影响,曼德尔在《晚期资本主义》中也从经验上进行了考察。他认为,"提供一种资本有机组成长期增长的经验方面的证据,并

---

① 《资本论》第 1 卷,人民出版社 2004 年版,第 718 页。
② 《资本论》第 1 卷,人民出版社 2004 年版,第 719 页。
③ 《马克思恩格斯全集》第 26 卷第 2 册,人民出版社 1973 年版,第 473 页。
④ 《马克思恩格斯全集》第 26 卷第 3 册,人民出版社 1975 年版,第 403 页。
⑤ 《马克思恩格斯全集》第 26 卷第 3 册,人民出版社 1975 年版,第 404、406 页。

不是很困难"，"严格地说来，找不出任何一种商品是活劳动力费用代表着生产费用总额的一种增长份额"。①

理论论证的缺失给了质疑者可乘之机。如公式（1）所示，菲利普·范·帕里斯将资本有机构成分解为三项因子的乘积，他认为，当且仅当"第Ⅰ部类比第Ⅱ部类劳动生产率的相对提高和实际工资的增长对价值构成的影响小于资本技术构成的提高"时，即，生产资料价值与劳动力价值（实际工资 * 单位消费资料价值）之比的下降程度小于资本技术构成的提高程度时，资本有机构成才能提高；然而"没有理由可以保证这一点一定能够实现"。② 许多马克思主义者尝试沿着菲利普·范·帕里斯公式论证资本有机构成必然提高，但收效甚微且争议较大。

$$资本有机构成 = \frac{不变资本价值}{可变资本价值} = \frac{单位生产资料价值}{单位消费资料价值} \times \frac{1}{实际工资} \times 资本技术构成$$

$$(1)$$

通过以上检视我们可以发现，菲利普·范·帕里斯公式存在两处错误。首先，单位生产资料价值、单位消费资料价值的降低和实际工资的增长是资本技术构成提高进而劳动生产率提高的结果，即公式（1）等式右边第1和第2项与第3项存在函数关系，但是菲利普·范·帕里斯公式却将此忽略了。其次，资本技术构成提高与单位生产资料价值、单位消费资料价值的降低和实际工资的增长对资本有机构成的影响层次是不同的，菲利普·范·帕里斯公式却将两者等量齐观。

资本有机构成受到资本技术构成和由资本技术构成提高导致的单位生产资料价值、单位消费资料价值和实际工资变动的双重影响。但这两个因素对资本有机构成的影响并非处于同一层次，其中资本技术构成对资本有机构成的影响是主导。首先，"我们把由资本技术构成决定并且反映这种技术构成的

---

① ［比利时］厄尔奈斯特·曼德尔：《晚期资本主义》，马清文译，黑龙江人民出版社1983年版，第227－228页。

② Philippe Van Parijs, "The Falling – Rate – of Profit Theory of Crisis：A Rational Reconstruction by Way of Obituary", *Review of Radical Political Economics*, Vol. 12, No. 1（1980）：3.

资本价值构成，叫作资本的有机构成"①，这就要求资本有机构成由资本技术构成决定，并且其变化趋势要能够反映资本技术构成的变化趋势。对此，马克思多次强调："这个比率形成资本的技术构成，并且是资本有机构成的真正基础。"② 其次，资本技术构成提高引起资本有机构成提高是"规律本身"的第二个环节，而由资本技术构成提高导致的单位生产资料价值、单位消费资料价值和实际工资变动，马克思将其作为"起反作用的各种因素"来考察。因为单位生产资料价值、单位消费资料价值和实际工资的变动是资本技术构成提高的结果，它们对资本有机构成提高的阻碍只能在"规律本身"的制约下进行，而无法取消资本有机构成随生产力发展而提高的规律。

本文认为现阶段并非所有的规律都能够用数理模型证明，数理模型无法证明的规律未必就是错的。在某种程度上，数理模型定量上的精确是以牺牲定性上的准确为代价，它把影响因变量的各个自变量等量齐观，有时候甚至忽略了自变量间决定与被决定的关系。资本有机构成提高规律既需要从量上来把握，更需要从质上来理解，"可变资本同不变资本从而同总资本相比的这种不断的相对减少，和社会资本的平均有机构成的不断提高是一回事。这也只是劳动的社会生产力不断发展的另一种表现。"③

五、利润率不会随着资本有机构成的提高而降低吗？

随着资本有机构成的提高，"由此产生的直接结果是：在劳动剥削程度不变甚至提高的情况下，剩余价值率会表现为一个不断下降的一般利润率"。④对这一环节的质疑有两种：第一，"规律本身"无法在理论层面得到证明；第二，现实中存在一般利润率随资本有机构成提高而提高的微观机制。在回应第一个质疑之前，我们需要先明确"规律本身"到底是什么。

罗斯多尔斯基、高峰、海因里希等学者认为"规律本身"的内容是：随

---

① 《资本论》第 3 卷，人民出版社 2004 年版，第 163 页。
② 《资本论》第 3 卷，人民出版社 2004 年版，第 162 页。
③ 《资本论》第 3 卷，人民出版社 2004 年版，第 236 页。
④ 《资本论》第 3 卷，人民出版社 2004 年版，第 237 页。

着资本有机构成和相对剩余价值率的提高，一般利润率趋向下降。[①] 胡钧、陈征、克里曼等学者则认为"规律本身"的内容是：随着资本有机构成的提高，一般利润率一定下降；剩余价值率的提高是被马克思作为起反作用的因素考虑的。[②] 本文持后一种观点。需要说明的是，马克思十分清楚在资本主义条件下资本有机构成的提高，进而生产率的提高会引起剩余价值率的提高，他之所以在"规律本身"中假定"剩余价值率不变"有两点原因。第一，这是由资本有机构成和剩余价值率在利润率趋向下降规律中不同的地位所决定的。利润的本质是剩余价值，活劳动是利润的唯一源泉。随着资本有机构成提高，可变资本占比减少，由活劳动创造的新价值（v + m）占比减少。在新价值（v + m）的基础上，剩余价值率才决定剩余价值（m）在其中分得的比例。"规律本身"意在强调资本有机构成提高作为占主导地位的因素导致一般利润率下降，而"剩余价值率提高"对一般利润率的影响只能在"规律本身"的前提下发挥有限的作用。首先，靠提高剩余价值率来补偿剩余价值量的减少，有某些不可逾越的界限，"两个每天劳动 12 小时的工人，即使可以只靠空气生活，根本不必为自己劳动，他们所提供的剩余价值量也不能和 24 个每天只劳动 2 小时的工人所提供的剩余价值量相等。"[③] 其次，资本主义现有的剩余价值率越高，通过提高劳动生产率来进一步提高剩余价值率会变得越来越困难，"因为资本的界限始终是一日中体现必要劳动的部分和整个工作日之间的比例……资本已有的价值增殖程度越高，资本的自行增殖就越困难。"[④] 第二，因为资本有机构成对一般利润率的影响起主导作用，而剩余价值率起次要作

---

① ［联邦德国］罗曼·罗斯多尔斯基：《马克思〈资本论〉的形成》，魏埙等译，山东人民出版社 1992 年版，第 442 – 449 页；高峰：《资本积累理论与现代资本主义——理论的和实证的分析》，社会科学文献出版社 2014 年版，第 246 – 247 页；Michael Heinrich，"Crisis Theory，the Law of the Tendency of the Profit Rate to Fall，and Marx's Studies in the 1870s"，*Monthly Review*，Vol. 64，No. 11（2013）：15 – 31；Michael Heinrich，"Heinrich Answers Critics"，https：//monthlyreview. org/commentary/heinrich-answers-critics/.

② 胡钧：《〈资本论〉导读》，中国人民大学出版社 2018 年版，第 216 页；陈征：《〈资本论〉解说》（第三卷），福建人民出版社 2017 年版，第 163 页；Andrew Kliman et al.，"The Unmaking of Marx's Capital：Heinrich's Attempt to Eliminate Marx's Crisis Theory"，*SSRN Working Papers Series*（2013）：7.

③ 《资本论》第 3 卷，人民出版社 2004 年版，第 276 页。

④ 《马克思恩格斯全集》第 46 卷（上），人民出版社 1979 年版，第 305 页。

用，所以马克思应用了从抽象到具体的分析方法，先假定"剩余价值率不变"研究规律本身，然后再在后面的讨论中（"起反作用的各种原因"）放松这一限制。

海因里希基于对"规律本身"错误的理解，指出马克思的利润率公式（2）可以化简为公式（3）的形式；随着生产率的提高，剩余价值率（分子）与资本有机构成（分母的一部分）同时提高，"当马克思声称利润率下降时，他必须证明从长远看分母增大的速度快于分子，然而目前还没有任何证据表明可以进行这样的比较"，"'利润率趋向下降规律'在'起反作用的各种因素'之前已经瓦解了，因为'规律本身'无法被证明"。[①] 如果懂得了资本有机构成提高和剩余价值率提高在利润率趋向下降规律中的不同地位，那么也就不难理解"规律本身"的内容和马克思的论证方法。假设剩余价值率（分子）不变，随着生产率的提高，资本有机构成（分母的一部分）提高，"规律本身"得到了论证。且无论资本有机构成和剩余价值率提高速度孰大孰小，剩余价值率的提高对一般利润率的补偿都会遇到"不可逾越的"界限 $[m/(c+v) \leqslant (m+v)/c]$，即因资本有机构成提高而逐步下降的"最大限度利润率" $[(m+v)/c]$。[②] 尽管在经济周期的上升阶段会出现一般利润率提高的情况，但从长远来看，一般利润率受"最大限度利润率"的制约呈下降趋势，即利润率趋向下降的规律。如图2所示，对美国的经验研究表明，其利润率变动趋势完全符合这一规律。

$$p' = \frac{m}{c+v} \tag{2}$$

$$p' = \frac{m/v}{1+c/v} \tag{3}$$

---

① Michael Heinrich, "Crisis Theory, the Law of the Tendency of the Profit Rate to Fall, and Marx's Studies in the 1870s", *Monthly Review*, Vol. 64, No. 11（2013）：22；斯威齐也持有类似观点，"我要试图表明的不过是，从资本有机构成的提高着手进行分析，是不可能证实利润率的下降趋势的。"参见［美］保罗·斯威齐：《资本主义发展论》，陈观烈、秦亚男译，商务印书馆2009年版，第140页。

② Anwar Shaikh, "An Introduction to the History of Crisis Theories", in *US Capitalism in Crisis*, ed. Union of Radical Political Economists Staff. New York：URPE Monthly Review Press, 1978：233.

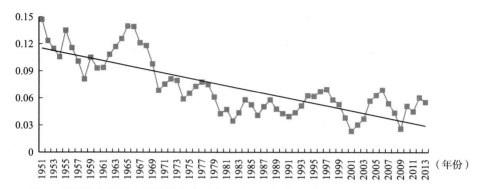

图 2　美国按当前成本计算的非金融企业税后利润率及其变化趋势（1951—2013 年）

数据来源：根据美国经济分析局（https：//www. bea. gov/）提供的相关数据整理计算而得。

　　"置盐定理"常被用来试图证明资本主义企业通过选择降低单位生产成本的技术路径可以使得社会资本有机构成提高与利润率的提高相兼容。[①] 对此，部分学者认为"置盐定理"只是马克思利润率趋向下降规律的一个特例，两者并不矛盾、不能相互否定。[②] 更多的学者则从前提假设、论证方法等不同角度对"置盐定理"展开了批评。从前提假设上看，"置盐定理"认为资本家对新技术的选择是主动的且条件是产品的单位成本下降；这显然没有把技术进步作为资本主义企业在对剩余价值的追逐下资本积累的结果来考察，事实上在资本主义条件下技术变迁的路径是劳动生产率提高、一般利润率降低且利润量增加。[③] 其次，"置盐定理"并未考虑固定资本，因此其考察的是利润边际（与所费资本有关，是两个流量之比）而非利润率（与预付资本有关，是流量与存量之比）；而马克思恰恰认为产品成本降低通常是通过增加固定资

　　① Murray E. G. Smith，Jonah Butovsky，"Profitability and the Roots of the Global Crisis：Marx's 'Law of the Tendency of the Rate of Profit to Fall' and the US Economy，1950—2007"，*Historical Materialism*，Vol. 20，No. 4（2012）：50；裴宏、李帮喜：《置盐定理反驳了利润率趋向下降规律吗?》，载于《政治经济学评论》2016 年第 2 期。

　　② Geert Reuten and Michael Williams，*Value form and the State：the Tendencies of Accumulation and the Determination of Economic Policy in Capitalist Society*. London：Routledge，1989：117；李帮喜、王生升、裴宏：《置盐定理与利润率趋向下降规律：数理结构、争论与反思》，载于《清华大学学报》（哲学社会科学版）2016 年第 4 期。

　　③ 裴宏、李帮喜：《置盐定理反驳了利润率趋向下降规律吗?》，载于《政治经济学评论》2016 年第 2 期。

本投资实现的，因此若考虑到固定资本投资，则实际利润率会下降。① 最后，"置盐定理"并未区分必要劳动和剩余劳动，无法考虑在技术进步条件下商品价值和剩余价值的变动；实际上引进技术的个别资本家虽然能够在一定时期获得超额剩余价值，但随着竞争的展开，商品价值会下降，一般利润率会降低。②

从论证方法上看，首先，"置盐定理"将所有的生产部门视为单一生产单位的总体，这就不可避免地忽视了现实中各个个别资本间原来的技术和利润率的差异，混淆了各部门引进新技术后在内部发生的竞争过程与不同部门引进不同的新技术后所发生的社会的竞争过程。③ 其次，"置盐定理"采用的是均衡分析法，假设产品的投入价格等于产出价格，而事实上投入与产出并不同步，因此利润率的计算需要考虑跨期问题。④ 基于此，本文认为置盐定理的正确性仅仅体现在数理模型的自圆其说上，由于其假设条件偏离资本主义事实和采取的数学方法无法反映技术进步在部门内和部门间的扩散，所以不仅无法证明马克思的规律是错误的，而且也无法证明现实中确实存在社会资本有机构成提高与利润率提高相兼容的特例。

六、"起反作用的各种原因"能够使"规律本身"无效吗？

马克思在对"规律本身"的研究完成后，针对现实中"社会劳动生产力有了巨大的发展……这种（利润率——引者注）下降为什么不是更大、更快"的问题，指出"必然有某些起反作用的影响在发生作用，来阻挠和抵消这个一般规律的作用，使它只有趋势的性质。"⑤ 接着，他对这些原因中最普遍的原因进行了分析。海因里希对此质疑道："马克思认为，从长远来看作为一种

① Anwar Shaikh, "Political Economy and Capitalism: Notes on Dobb's Theory of Crisis", *Cambridge Journal of Economics*, Vol. 2, No. 2 (1978): 242 - 245.

② 余斌:《平均利润率趋向下降规律及其争议》, 载于《经济纵横》2012 年第 9 期。

③ 薛宇峰:《利润率变化方向是"不确定"的吗？——基于经济思想史的批判与反批判》, 载于《马克思主义研究》2015 年第 7 期。

④ ［英］克里斯·哈曼:《利润率和当前世界经济危机》, 丁为民、崔丽娟译, 载于《国外理论动态》2008 年第 10 期。

⑤ 《资本论》第 3 卷, 人民出版社 2004 年版, 第 258 页。

规律而产生的利润率下降超过了所有的反作用因素。然而，马克思并没有为此提供任何理由。"①。事实并非如此。本文沿着马克思《资本论》中考虑的六种最普遍的起反作用的因素，论证起反作用的各种原因只能阻碍却无法阻止利润率下降。

"劳动剥削程度的提高"有两种方式，一种是在不进行技术创新以至于不提高资本有机构成的前提下提高劳动生产率，另一种是通过技术创新提高劳动生产率。对后一种方式而言，在技术被普遍应用之前它确实可以给个别资本家带来超额利润，但当技术被普遍采用使得超额利润消失和整个经济资本有机构成提高后，规律本身就开始发挥作用，平均利润率下降。因此只有第一种方式能够抵抗利润率的下降，这种方法通常与"绝对剩余价值"的产生有关，包括增加劳动强度和延长工作时间。然而这些方法会遇到生理极限、工人抵抗和增加工资的压力的限制，从长期来看无法阻碍利润率的下降。

"工资被压低到劳动力的价值以下"被马克思认为是"阻碍利润率下降趋势的最显著的原因之一"。②工资被压低到劳动力价值以下，相对于正常情况，在对工人新创造的价值的分割中，资本家获得的份额就会更大，利润率就会更高。但是"工资被压低到劳动力价值以下"不能够阻碍规律本身发挥作用。首先，随着资本有机构成的提高，利润率就会在这个相对较高利润率的水平开始下降。其次，工资永久性下降意味着劳动力价值的降低，这会损害工人在劳动过程中的表现，并最终激起强烈的工人抵抗。在当前整个西方发达资本主义国家削减福利支出的背景下，这使得利润率趋向下降规律具有突出的政治意义。

"相对过剩人口"一方面可以使资本家通过压低工资来提高剥削率；另一方面可以被引导进入新的劳动密集型部门，如奢侈品生产部门，为资本家生产出高于平均利润率的利润率。但在第一个场合，正如"工资被压低到劳动力价值以下"一样，利用"相对过剩人口"压低工资提高剥削率，会遇到工

---

① Michael Heinrich, "Crisis Theory, the Law of the Tendency of the Profit Rate to Fall, and Marx's Studies in the 1870s", *Monthly Review*, Vol. 64, No. 11（2013）：22.

② 《资本论》第 3 卷，人民出版社 2004 年版，第 262 页。

人阶级的抵抗。更为重要的是，"相对过剩人口"是资本主义生产力发展的结果，然而随着资本主义生产力水平的提高，资本主义国家出生率下降，劳动人口规模减少，"相对过剩人口"发挥作用的现实途径遇到了障碍。在第二个场合，正如马克思所言，该劳动密集型部门会"逐渐地走上其他生产部门所走过的路"，随着资本有机构成的提高，利润率趋向下降。①

"不变资本各要素变得便宜"使得资本有机构成并不随着资本技术构成的提高而同步提高。马克思指出："使不变资本量同可变资本相比相对增加的同一发展，由于劳动生产力的提高，会使不变资本各要素的价值减少，从而使不变资本的价值不和它的物质量，就是说，不和同量劳动力所推动的生产资料的物质量，按同一比例增加，虽然不变资本的价值会不断增加。"② 虽然资本有机构成慢于资本技术构成的增长速度，但这并不意味着资本有机构成的提高会被劳动生产率的提高所阻止。正如前文所述，资本有机构成提高是"劳动的社会生产力不断发展的另一种表现"和"资本主义生产方式的规律"。③

"对外贸易"一方面可以通过获取国外便宜的不变资本要素和生活资料而提高利润率，另一方面一般利润率会由于投在对外贸易上的资本具有较高的利润率而提高。但资本主义国家间的贸易往来绝不能够取消资本主义制度的长期运行趋势。④ 事实上，如果将这些资本主义国家视为一个整体，那利润率趋向下降规律将在这个整体层面继续展开并发挥作用。

"股份资本的增加"是指部分资本从产业资本中游离出来变为生息资本，这些生息资本"不参加一般利润率的平均化"，只获得低于平均利润率的利息率，因此阻碍了一般利润率的下降。⑤ 但是这里的阻碍只是相对于所有资本家都使用自有资本从事经营的经济体而言的。当支付利息成为普遍现象，对于所有资本家都使用或相当于使用股份资本从事经营的经济体，利润率趋向下

---

① 《资本论》第3卷，人民出版社2004年版，第263页。
② 《资本论》第3卷，人民出版社2004年版，第262页。
③ 《资本论》第3卷，人民出版社2004年版，第236页。
④ Shane Mage, "Response to Heinrich—In Defense of Marx's Law", https://monthlyreview.org/commentary/response-heinrich-defense-marxs-law/.
⑤ 《资本论》第3卷，人民出版社2004年版，第268页。

降规律照样发挥作用。平均利润的分割不但不能取消利润率趋向下降规律，而且只能在利润率趋向下降规律的制约下进行，"这个规律，就其一般性来说，同这种分割无关，同这种分割所产生的各种利润范畴的相互关系无关"。①正是因为这个原因，"在说明利润分割为互相独立的不同范畴以前，我们有意识地先说明这个规律"。②

　　本文认为"规律本身"和"起反作用的各种原因"在"利润率趋向下降的规律"中处于不同的地位。活劳动是价值和剩余价值的唯一源泉，只要资本有机构成不断提高，利润率就存在下降的必然趋势，因此"规律本身"是本质。"起反作用的各种原因"是资本家对抗利润率下降的策略或劳动生产率提高本身对利润率产生的正向影响，它们只能在"规律本身"的制约下发挥作用，而且这种阻碍作用存在不可逾越的限制，是"规律本身"到实际利润率波动现象的中介。只有准确把握这种区别，才能深刻地理解利润率趋向下降规律的必然性。

七、余论

　　习近平总书记在纪念马克思诞辰 200 周年大会上的讲话中指出："学习马克思，就要学习和实践马克思主义关于人类社会发展规律的思想。马克思科学揭示了人类社会最终走向共产主义的必然趋势。"③ 马克思在《资本论》中，通过剩余价值理论，阐明了资本家与雇佣工人的阶级对立以及与之相适应的资本主义生产方式；通过利润率趋向下降规律，阐明了资本主义生产方式的暂时性，完成了资本主义生产方式必然灭亡的最深刻论证，奠定了共产党人共产主义理想的理论基础。可以说，否定利润率趋向下降规律及其在经济危机理论中的基础地位，就会动摇"两个必然"的正确性，就会危及科学社会主义的合理性。

　　本文全面检视了围绕马克思利润率趋向下降规律的五种质疑，剖析了其

---

①②　《资本论》第 3 卷，人民出版社 2004 年版，第 238 页。
③　习近平：《在纪念马克思诞辰 200 周年大会的讲话》，载于《人民日报》2018 年 5 月 5 日。

错误的根源。由此可知，理解利润率趋向下降规律，必须准确把握这一理论的创作历史和规律与危机理论的关系；必须在微观上充分考虑资本家与雇佣工人的阶级对立，在宏观上基于资本积累的视域；必须准确把握影响利润率的各个因素在规律中的作用与地位；必须准确把握马克思论证规律的前提假设和分析方法。

（原文发表于《马克思主义研究》2020 年第 10 期）

第三编　理　论　模　型

非均衡与平均利润率的变化：一个马克思主义分析框架

孟　捷　冯金华[*]

　　马克思的利润率下降理论是在假设再生产均衡的前提下提出来的。这一点在马克思主义经济学家中虽然也被提及，但一直没有得到足够充分的讨论。具体而言，在《资本论》第三卷的现行版本中，马克思是撇开了资本积累的基本矛盾，即剩余价值生产和剩余价值实现的矛盾，来讨论利润率下降规律的。在现代马克思主义经济学中一直被争论的置盐定理认为，在假定实际工资不变时，基本品部门的技术进步将提高平均利润率[①]，这一结论表面看来虽与马克思不同，但其赖以成立的关键前提和马克思是一样的，两者都假设对利润率变化的研究应该在假定再生产均衡的前提下进行。本文探讨了这一假设，并从资本积累的基本矛盾以及由此产生的再生产失衡的立场出发，对马克思的理论和置盐定理进行了再考察。我们重新设计了平均利润率和生产价格决定的方程，最终构建了一个解释平均利润率变动的一般模型，根据我们的模型，平均利润率是技术进步、实际工资和产品实现率的函数。所谓置盐定理只是在假设产品实现率等于 1 且实际工资不变时的特例。

　　本文第一部分讨论了马克思的一般利润率下降规律与资本积累基本矛盾的关系，指出应该在剩余价值生产和剩余价值实现的矛盾架构下考察利润率动态。第二部分对置盐模型做了介绍，并对其中的一些技术性问题做了探讨。第三部分通过引入资本积累的基本矛盾，在非均衡的前提下改造了置盐提出的生产价格和利润率的决定方程。第四部分在前文讨论的基础上，提出了一

　　* 孟捷：全国马克思列宁主义经济学说史学会。冯金华：上海财经大学马克思主义学院。

　　① Okishio N. , "Technical Changes and the Rate of Profit", *Kobe University Economic Review* , Vol. 7 (1961) : 85 – 99.

个解释平均利润率变动的一般模型，根据这个模型，平均利润率是技术进步、实际工资和产品实现率的函数。最后是全文的结论，总结了本文提出的模型对于今后的理论和经验研究的意义。

一、一般利润率下降与资本积累的基本矛盾

在《资本论》第三卷，马克思提出了一般利润率下降的规律。这一规律是以《资本论》第一卷讨论的生产资本有机构成提高的趋势为前提的，换言之，马克思此时撇开了资本积累的基本矛盾（即剩余价值生产和剩余价值实现的矛盾），没有从这一矛盾架构出发，来讨论利润率下降。从《资本论》第三卷（恩格斯编辑的现行版本）来看，马克思是在第 13 章和第 14 章论述了利润率下降及其抵消因素之后，于第 15 章引入资本积累的基本矛盾。而且，参照恩格斯拟定的第 15 章标题 "规律内部矛盾的展开"，我们或可猜度，剩余价值生产与剩余价值实现的矛盾在逻辑上是从属于一般利润率下降规律的。也即，因资本有机构成提高而造成的一般利润率下降，反倒是促使剩余价值生产与剩余价值实现的矛盾激化的根源。

关于利润率下降规律和资本积累基本矛盾的关系，在相关文献中较少有讨论。然而，这是一个在理论上具有重要意义的问题。只有在厘清该问题的基础上，才能达成对利润率下降规律的正确理解。从思想史的角度看，美国马克思主义经济学家吉尔曼最早触及该问题。1957 年，吉尔曼出版了《利润率下降》一书[1]，他在书中反对以马克思的方式解释垄断资本主义时代美国的利润率下降，主张以剩余价值实现困难作为利润率下降的原因。具体而言，他提出了如下公式来解释利润率下降的根源：$r = \dfrac{S - U}{C}$。其中，S 代表全部已实现的剩余价值，C 代表不变资本，U 代表所有与产品实现相关的非生产性支出，其中包括非生产性工人的工资以及所有用于销售、广告和管理的成本。在此意义上，S - U 代表已实现的净剩余价值。

---

[1] Gillman J., The Falling Rate of Profit. London：Dobson，1957.

吉尔曼认为，在自由竞争资本主义时期，U 在剩余价值实现中是一个可以相对忽略的因素，利润率下降的原因在于马克思分析的资本有机构成提高趋势；而在垄断资本主义时期，由于新技术的迅速采用，不变资本的构成要素变得越来越便宜，资本有机构成也因此而相对稳定。此时利润率下降的根源更主要是与非生产性开支的日益增长相关，这意味着净剩余价值即 S－U 日趋萎缩，由此造成了一般利润率下降。

吉尔曼的观点遭到了一些学者质疑。[①] 不过，单纯从方法论的角度来看，吉尔曼最先把利润率下降置于剩余价值生产和剩余价值实现的矛盾架构下来分析，而不像马克思那样仅从剩余价值生产条件的变化（即资本有机构成增长）解释利润率下降。而且，在他的解释中还默认在垄断资本主义条件下，利润率下降是和再生产失衡（或非充分就业的均衡）联系在一起的。这一点在巴兰对他的评价中得到了明确。

从方法论上最明确地将资本积累的基本矛盾和利润率下降联系在一起的是加拿大学者莱博维奇。在一篇发表于上个世纪 70 年代的文章里，莱博维奇明确地探讨了以有机构成提高解释利润率下降的理论，提出利润率动态应该在资本积累基本矛盾的分析框架内来研究。他写道："利润率下降是资本的生产和流通之间的矛盾表现自身的方式，……不可能从马克思的观点中取消利润率下降的趋势，就像不可能取消资本的流通领域一样"[②]。此外，由巴兰、斯威齐开创的"垄断资本学派"（Monopoly Capital School），在对美国资本积累的研究中，也使用了剩余价值生产和剩余价值实现的矛盾分析框架。[③] 从吉尔曼到莱博维奇和垄断资本学派，核心观点是主张资本积累的基本矛盾才是利润率下降

---

① 保罗·巴兰曾指出，当有效需求不足时，非生产性开支的增长可能有助于实现生产出全部剩余价值，从而提高利润率，而不是像吉尔曼主张的那样，造成净剩余价值的下降。参见 Howard M. , King J. , A History of Marxian Economics. Vol. 2, London：Macmillan, 1992.

② Lebowitz, M. A. , "Marx's Falling Rate of Profit：a Dialectical View", *Canadian Journal of Economics*, Vol. 9, No. 2 (1976)：232 – 254. 对莱博维奇（又译利伯维茨）观点的一个评述，可参见高峰：《资本积累理论与现代资本主义（第二版）》，社会科学文献出版社 2014 年版。

③ 参见 Foster 等（1984）的研究。该书收录的斯威齐的文章，从消费不足论的立场对剩余价值生产和剩余价值实现的矛盾进行了解释。见 Sweezy P. , "Some Problems in the Theory of Capital Accumulation", *The Faltering Economy*, ed. Foster J. Monthly Review Press, 1984.

的根源。这个观点和《资本论》第三卷现行版本里蕴含的观点正好相反，后者对利润率下降规律的讨论是在抽象了资本积累基本矛盾的前提下进行的①。

然而，以吉尔曼、莱博维奇和垄断资本学派为代表的观点，在马克思主义经济学中并未占据主导地位。个中原因或许在于，对于如何理解资本积累的基本矛盾以及这一矛盾产生的根源，马克思主义经济学家并未达成共识。以垄断资本学派的斯威齐为例，他坚持从消费不足论出发来解释资本积累的基本矛盾，而消费不足论一直是大多数马克思主义者诟病的对象。以卡莱茨基为代表的传统研究则始终强调投资在这一矛盾发展中的决定作用。自 20 世纪 80 年代以来，置盐信雄、科茨等人从马克思的再生产图式出发各自独立地发展出一个新的表达再生产均衡条件的方程，② 这个方程支持了卡莱茨基的观点，也构成了本文对再生产非均衡进行分析的基础。

在马克思的两部类模型中，社会总资本再生产在积累条件下的总量均衡条件为：

$$C_1 + V_1 + S_1 = C_1 + C_2 + S_{1c} + S_{2c} \tag{1}$$

$$C_2 + V_2 + S_2 = V_1 + V_2 + S_{1k} + S_{2k} + S_{1y} + S_{2y} \tag{2}$$

其中，$C_i(i = 1，2)$ 为不变资本，V_i 为可变资本，S_i 为剩余价值，S_{ic} 为追加不变资本，S_{iv} 为追加可变资本，S_{ik} 为资本家的个人消费。将式（1）与式（2）相加整理可得出下式③：

$$\alpha S_1^t + \alpha S_2^t = S_{1c}^{t+1} + S_{1v}^{t+1} + S_{2c}^{t+1} + S_{2v}^{t+1} \tag{3}$$

该式左端是生产出来的剩余价值中未被资本家消费的部分，也可看作两部类资本家的意愿积累，α 为意愿积累率。右端则代表了决定剩余价值实现程度的有效需求，这些需求项目恰好是两部类资本家的实际积累。（3）式的

---

① 可参见孟捷：《马克思主义经济学的创造性转化》，经济科学出版社 2001 年版；孟捷：《产品创新与马克思主义资本积累理论》，引自张宇、孟捷、卢荻主编：《高级政治经济学》，中国人民大学出版社 2002 年版。

② Okishio N., "On Marx's Reproduction Scheme", *Kobe University Economic Review*, Vol. 34 (1988): 1–24; Kotz D., "Accumulation, Money, and Credit in the Circuit of Capital", *Rethinking Marxism*, Vol. 4, No. 2 (1991): 119–133.

③ 孟捷：《马克思主义经济学的创造性转化》，经济科学出版社 2001 年版。

好处是直观地表现了剩余价值生产与剩余价值实现的差异及其潜在的矛盾①。

（3）式里的上标 t 和 t＋1 用于表示马克思所说的剩余价值生产和剩余价值实现在时空上的差异。这种差异是否转化为对立取决于资本积累的实际规模。为此，剩余价值实现的难易归根结底就取决于积累或新投资的水平。换言之，剩余价值生产和剩余价值实现的矛盾就进一步转化为实现和积累的矛盾。一方面，在再生产 t 时期生产出来的剩余价值要靠 t＋1 时期资本家的积累来实现；另一方面，资本家在 t＋1 时期进行积累的欲望显然也受制于在 t 时期生产出来的剩余价值的实现程度。剩余价值实现和资本积累就这样陷入了恶性循环，并最终转化为危机或衰退。

正如前文提到的，马克思对资本积累基本矛盾的论述是在结束了对利润率下降规律的讨论之后进行的。在引入资本积累的基本矛盾之后，马克思本来可以在这一矛盾架构内对利润率下降规律重新讨论一次。但马克思没有这样做（或未来得及这样做，因为《资本论》第三卷是未完稿），因而，一般利润率下降规律是在撇开资本积累基本矛盾的前提下，纯粹从生产资本有机构成的提高这一点来论证的。也就是说，利润率下降的前提仅仅是生产领域的技术变革。在一些维护马克思主义的学者看来，这一叙述方式是完全合理的，因为马克思的意图是要分析生产力发展的长期趋势对于利润率的影响；剩余价值生产和剩余价值实现的矛盾在此可作为相对短期的因素被抽象掉②。

---

① 关于这种矛盾马克思这样写道："直接剥削的条件和实现这种剥削的条件，不是一回事。二者不仅在时间和空间上是分开的，而且在概念上也是分开的。前者只受社会生产力的限制，后者受不同生产部门的比例和社会消费力的限制。但是社会消费力既不是取决于绝对的生产力，也不是取决于绝对的消费力，而是取决于以对抗性的分配关系为基础的消费力；这种分配关系，使社会上大多数人的消费缩小到只能在相当狭小的界限内变动的最低限度。这个消费力还受到追求积累的欲望的限制，受到扩大资本和扩大剩余价值生产规模的欲望的限制。"参见《马克思恩格斯全集》第 25 卷，人民出版社 1974 年版，第 272－273 页。

② 美国学者谢克是这类观点的代表，他在一项研究里曾把利润率区分为基本利润率和考虑生产能力变化的经验利润率，即有 $r = r^* u$，其中 r 是经验利润率，r^* 是基本利润率，u 是产能利用率。他认为基本利润率的变化反映了马克思的利润率下降规律，但由于需求的变动，这一规律被考虑产能利用率的经验利润率掩盖了。参见 Shaikh A. , "The Falling Rate of Profit as the Cause of Long Waves：Theory and Empirical Evidence", *New Findings in Long - Wave Research*, ed. Kleinknecht A. New York：St Martin, 1992.

这类观点乍看起来不无道理。但在置盐定理提出以后，这类观点陷入了两难境地。在发表于1961年的经典论文里，置盐在方法论上采纳了和马克思类似的立场，即撇开资本积累的基本矛盾和由此产生的非均衡，在一个比较静态框架内分析了生产领域的技术进步对利润率的影响。然而，置盐所得出的结论和马克思的观点恰好相反：若保持实际工资不变，在技术进步的前提下，平均利润率会上升而不是下降。半个世纪以来，一直有马克思主义者想要反驳置盐定理，但问题是这些研究大都忽略了马克思和置盐存在共同的假定①。对置盐的反驳与对马克思的评价，其实是一枚硬币的两面。或言之，对置盐定理的合理探讨，同时也是对马克思利润率下降理论的某种修正。

二、对置盐定理的重新表述

置盐把一个经济中的所有部门分为三个大类，即生产生产资料的部门、生产工资品的部门和生产奢侈品或非基本品（即既不用于生产资料生产也不用于劳动力再生产的产品）的部门。其中，每一个部门的生产都需要投入和消耗生产资料和活劳动。为简单起见，我们假定在三大类部门中每一大类只包括一个部门。例如，部门1只生产生产资料，部门2只生产工资品，部门3只生产奢侈品。若设第$i(i=1, 2, 3)$个部门每生产1单位产品需要消耗a_i单位的生产资料和τ_i单位的活劳动（称a_i和τ_i为生产第i种产品的"物质消耗系数"和"活劳动消耗系数"，统称二者为"消耗系数"），并用q_i表示该产品的以货币工资衡量的"实际价格"（第i种产品的实际价格可以理解为用该产品的价格所能够购买到的劳动量），即$q_i = p_i/w$（w为单位时间劳动所得到的货币工资，p_i是第i种产品的生产价格），则部门i生产1单位产品的实际成本就等于$a_i q_i + \tau_i$，从而有：

$$q_1 = (1+r)(a_1 q_1 + \tau_1)$$

---

① 置盐定理和马克思的利润率下降理论表面看来结论相反，但两者其实具有互补性，并不像通常理解的那样是彼此冲突的。在第二部分的最后，我们对此还有进一步的评论。

$$q_2 = (1 + r)(a_2 q_1 + \tau_2)$$

$$q_3 = (1 + r)(a_3 q_1 + \tau_3) \tag{4}$$

其中，r 为整个经济的平均利润率。每个方程均表示：生产 1 个单位产品的实际成本加上平均利润恰好等于该产品的实际价格。

由于在方程组（4）中，总共有四个未知数，即三种产品的实际价格 q_1，q_2，q_3 和平均利润率 r，但却只有三个方程，故为了能够求解，置盐补充了一个假定，即假定货币工资 w 与工资品价格 p_2 总是保持同比例的变化，从而货币工资与工资品价格的比率即实际工资 w/p_2 总是保持固定不变①。置盐的实际工资不变假定可以用公式表示为：$\dfrac{w}{p_2} = \left(\dfrac{w}{p_2}\right)_0$。然而，实际工资不变的假定对于求解平均利润率来说并不是必要的。在下文中，我们将放弃该假定，建立一个更为一般的关于平均利润率的模型。由于工资品的实际价格恰好等于实际工资的倒数，即：$q_2 = \dfrac{p_2}{w} = \dfrac{1}{w/p_2}$。

故假定实际工资不变就等于假定工资品的实际价格不变，即有：

$$q_2 = \frac{1}{(w/p_2)_0}。$$

将上式代入方程组（4）则得到：

$$q_1 = (1 + r)(a_1 q_1 + \tau_1)$$

$$\frac{1}{(w/p_2)_0} = (1 + r)(a_2 q_1 + \tau_2) \tag{5}$$

$$q_3 = (1 + r)(a_3 q_1 + \tau_3)$$

在（5）式中有三个方程，同时也只有三个未知数，即生产资料的实际价格 q_1、奢侈品的实际价格 q_3，以及平均利润率 r，故可以求得确定的解。

从观察和求解方程组（5）中可以得到两个重要的结论：第一，平均利润率的决定与奢侈品部门无关，或言之，奢侈品部门的技术进步不会影响整个

---

① 实际工资是用货币工资所能够购买到的工资品的数量。因此，假定实际工资不变也就是假定用货币工资所能够购买到的工资品的数量不变。

经济的平均利润率。这是因为，由方程组（5）的前两个方程（即关于生产资料和工资品生产部门的方程）就可以解得平均利润率 r 以及生产资料的实际价格 q_1，而无需用到第三个方程（即关于奢侈品生产部门的方程）。一旦根据前两个方程求得 r 和 q_1，则奢侈品的实际价格 q_3 就可由第三个方程求得。

第二，在基本品（生产资料和工资品）部门发生的降低单位成本的技术进步必然会导致平均利润率上升。这也是"置盐定理"最为关键的结论。该结论不像前一个结论那样一目了然，可以通过一个数值例子来说明。[1]

例如，设一开始时，$(a_1, \tau_1) = (1/2, 10)$，$(a_2, \tau_2) = (1/4, 15)$，$(a_3, \tau_3) = (1/5, 16)$ 以及 $(w/p_2)_0 = 1/45$。将这些数值代入（5）可求得[2]：$r = 50\%$，$q_1 = 60$，$q_3 = 42$。置盐假定工资品部门出现技术进步，使得技术系数变为 $(a_2, \tau_2) = (1/3, 35/24)$[3]。就工资品的单位成本而言，在原来的技术条件 $(a_2, \tau_2) = (1/4, 15)$ 下，工资品的单位成本为：$\frac{1}{4}q_1 + 15 = \frac{1}{4} \times 60 + 15 = 30$。而在技术进步后的技术条件 $(a_2, \tau_2) = (1/3, 35/24)$ 下，工资品的单位成本为[4]：$\frac{1}{3}q_1 + \frac{35}{24} = \frac{1}{3} \times 60 + \frac{35}{24} \approx 21.458$。如果假定其他部门的情况一如其旧，则有 $(a_1, \tau_1) = (1/2, 10)$，$(a_2, \tau_2) = (1/3, 35/24)$，$(a_3, \tau_3) = (1/5, 16)$ 以及 $(w/p_2)_0 = 1/45$。再将这些数值代入（5）后可解得[5]：$r = 60\%$，$q_1 = 80$，$q_3 = 51.2$。由此可见，当工资品部门发生降低单位成本的技术进步之后，平均利润率从原来的 0.5 上升到了 0.6。

置盐定理是运用比较静态的方法来论证的。2000 年，置盐在《剑桥经

---

[1]　严格的证明可参看 Okishio N., "Technical Changes and the Rate of Profit", *Kobe University Economic Review*, Vol. 7 (1961): 85–99。

[2]　还有另一组解为 $r = 5$，$q_1 = -30$，$q_2 = 60$，因其中生产资料的实际价格为负数，故略去。

[3]　值得一提的是，置盐在讨论技术进步时尽管区分了劳动生产率标准和成本标准，并认为只有后者才是资本主义企业真正关心的，但在他的模型所假设的技术进步，实际上仍然同时符合以下三个特征：降低单位产品价值（这被看成提高劳动生产率的表现）、降低以生产价格度量的单位成本、提高资本的构成。

[4]　置盐在计算新技术条件下工资品单位成本时犯了一个错误，即他使用的生产资料的实际价格仍然是旧技术条件下的 $q_1 = 60$ 而不是新技术条件下的 $q_1 = 80$。

[5]　这里同样略去了另一组包括负数的解。

济学报》发表了其生前最后一篇英文论文，反思了这种比较静态方法，认为这一方法的运用依赖于两个不适当的假设前提，其一是实际工资保持不变，其二是新的生产价格始终能够确立①。但在进一步的讨论中，置盐并未从这种认识出发，对其定理本身进行探讨，而是构想了一个不存在技术进步的实验，在此前提下，伴随资本的竞争，实际工资将因劳动市场接近于充分就业而不断增长，从而挤压剩余价值，使其最终趋向为零②。这一趋势意味着，竞争的结果将消灭可供平均化的剩余价值，从而导致新的均衡价格（生产价格）无法确立。这个思想实验其实是从另一角度为置盐定理所做的辩护。因为根据这个模型，若要改变利润趋于零的结局，资本家的唯一出路是推动技术进步，降低生产的成本，以抵消实际工资上升的影响，实现利润率的增长。换言之，置盐在这篇论文里从反思置盐定理的假设前提出发，最终得出的却仍然是维护置盐定理的结论。

比较置盐在 1961 年和 2000 年发表的两篇论文，可以发现置盐分别叙述了两个截然不同的故事。在 1961 年的论文里，置盐假设实际工资不变，在技术进步的前提下，论证了一般利润率将出现增长。而在 2000 年的论文里，置盐反过来假设没有技术进步，在实际工资不断上升的前提下，利润遭到挤压，最终消失殆尽。在这两个互为极端的故事之间，还存在第三种情况，即实际工资伴随技术进步而增长。在此条件下，利润率上升的前提是实际工资增速小于劳动生产率进步；反之，则有利润率下降；当实际工资增速和生产率进步持平时，利润率不变。下面通过一个数值例子说明这一点。

① Okishio N. , "Competition and Production Prices", *Cambridge Journal of Economics*, Vol. 25, No. 4 (2000): 493 – 501.

② 置盐提出："在没有技术变革时，资本家之间的竞争不会建立带有正的利润率的生产价格，反而会摧毁剩余价值本身。竞争之所以会造成这个结果的主要原因在于劳动供给维持不变，实际工资增长，并挤压了剩余价值。"见 Okishio N. , "Competition and Production Prices", *Cambridge Journal of Economics*, Vol. 25, No. 4 (2000): 493 – 501. 置盐在此表达的正是所谓"利润挤压论"（the Profit Squeeze Theory）的观点。利润挤压论是解释1974—1975发达资本主义经济衰退的最有影响的政治经济学理论，它主张工人阶级谈判能力的提高导致工资过快的增长，从而挤压了利润份额，造成利润率下降。置盐定理实际上是利润挤压论在学理上的基础。这也难怪利润挤压论的代表人物——已故的牛津大学马克思主义经济学家格林在理论上支持置盐定理。见 Glyn A. , "Marxist Economics", *The New Palgrave: Marxian Economics*, ed. Eatwell J. London: Macmillan, 1990.

在发生技术进步的条件下，实际工资要增长到什么程度才能恰好抵消技术进步对平均利润率的影响呢？在前述数值例子中，令技术进步后的平均利润率等于技术进步前的水平，即令 $r = 0.5$，我们可以得到：$q_1 = (1 + 0.5)$ $\left(\frac{1}{2}q_1 + 10\right)$，$q_2 = (1 + 0.5)\left(\frac{1}{3}q_1 + \frac{35}{24}\right)$。它的解为：$q_2 = \frac{515}{16}$，其倒数为：$\frac{1}{q_2} = \frac{w}{p_2} = \frac{16}{515}$，也即所需结果。换言之，在发生技术进步后，如果实际工资从原来的 $1/45 \approx 0.022$ 上升到 $16/515 \approx 0.031$，则平均利润率就将保持在原来的 0.5 水平不变。如果实际工资的上升低于这个水平，利润率仍然会上升。但若超过了这个水平，利润率就会下降。

以上讨论表明，在置盐的理论框架里，分别存在以下几种可能的情况。第一，当实际工资不变时，技术进步会提高利润率；第二，当不存在技术进步时，实际工资的增长会侵蚀利润，最终使利润荡然无存；第三，当实际工资上升和技术进步并存时，视两者增速的差异，分别有利润率上升、不变和下降三种情况。然而，所有这些情况事实上都依赖于以下前提，即利润率变化与资本积累的基本矛盾和由此产生的非均衡无涉。换言之，这些讨论和马克思的理论有一个共同点，即抽象了资本积累基本矛盾以及再生产失衡的可能性，只限于考虑生产领域的技术和成本变化对利润率的影响。

还可指出的是，从表面看来置盐定理和马克思的观点相反，但这一定理实际上是对马克思理论的补充。置盐与马克思的区别体现在，两者采纳的量纲不同，置盐是在价格和实物量纲上考虑问题，马克思则是在价值量纲上考虑问题，这种差异使人容易忽略两者之间的内在联系。这两个量纲虽有差别，但又是相互对应、相互转化的，在一个量纲上使用的概念，完全可以转换或对应于另一个量纲的概念。置盐假定在实际工资不变时，技术进步会提高一般利润率，如果从马克思的价值量纲来看，这相当于假定剩余价值率的提高可以达到技术进步所能允许的最大值，并足以抵消有机构成的增长。从这个角度看，置盐的贡献在于，第一，他将抵消利润率下降的一种特殊情形在理论上明确化了；第二，更重要的是，通过改变各变量的量纲，他使利润率的研究有可能从纯理论研究转化为利用数据的经验研究。

三、再生产失衡、产品实现率与平均利润率的变化

半个世纪以来，围绕置盐定理的争论从未停歇。韩国学者柳东民曾将相关研究划分为两类[1]：一类是内部探讨，其特点是将置盐的模型扩展到涵盖固定资本和联合生产的情况；另一类是外部探讨，其特点是对置盐模型的假设前提提出不同程度的质疑。柳东民的这一界分是根据置盐的观点做出的。正如前文提到的，置盐认为，其定理建立在两个假设前提的基础上，即实际工资保持不变以及存在以利润率平均化为标志的均衡[2]。对置盐定理的内部探讨，无须触动这两个前提；而外部探讨则涉及对这两个前提的反思。近年来，在国际范围内影响最大的外部探讨，来自所谓 TSSI（或译"分期单一体系解释"）[3]。TSSI 以下述观点为基础的，即主张区分投入的价值（或价格）与产出的价值（或价格），以历史成本而非当前成本定义利润率。这一方法的本质是反对将利润率定义与共时均衡（simultaneous equilibrium）相联系，转而引入分期乃至非均衡的视角。TSSI 的这种观点在方法论上无疑是正确的[4]，但 TSSI 所发展的具体模型却引起了广泛的质疑。正如柳东民所指出的，TSSI 对置盐的评价依赖于对劳动生产率和价格变化的时间路径的任意假定，因而是不成功的[5]。

置盐在 2000 年发表的论文中，也曾比较了两种不同的利润率定义，一种

---

①⑤　Rieu D., "Has the Okishio Therorem Been Refuted", *Metroeconomica*, Vol. 60, No. 1 (2009)：162 – 178.

②　Okishio N., "Competition and Production Prices", *Cambridge Journal of Economics*, Vol. 25, No. 4 (2000)：493 – 501.

③　Kliman A, McGlone T., "A Temporal Single – System Interpretation of Marx's Value Theory", *Review of Political Economy*, Vol. 11, No. 1 (1999)：33 – 59.

④　可以指出的一点是，这一观点并不是 TSSI 的独创。主张在价值决定中区分投入的价值和产出的价值，至少可以追溯到曼德尔。上个世纪 70 年代，在为《资本论》新英译本撰写的导言里，曼德尔（又译孟德尔）提出："投入层次上的价值并不自动地决定产出层次上的价值。只在一定的时间间隔以后，才能表明'投入'的一个部分是否已被浪费"（孟德尔，1991）。20 世纪 80 年代以来，类似观点在马克思主义者对新李嘉图主义的评价中进一步发展起来。见欧内斯特·孟德尔：《〈资本论〉新英译本导言》，仇启华、杜章智译，中央党校出版社 1991 年版。

是采纳重置成本、依赖共时均衡的定义，另一种是采纳历史成本、可以接纳非均衡的定义。考虑一个两部门经济，分别生产投资品和工资品，两种利润率便可分别定义为：

$$r_i^t = p_i^t / (\alpha_i p_1^t + n_i m^t) - 1$$
$$r_i^t = p_i^t / (\alpha_i p_1^{t-1} + n_i m^{t-1}) - 1 \qquad i = 1,\ 2$$

其中，p_1 是投资品的生产价格。m 是货币工资率。a 和 n 代表投资品和活劳动的数量。与第一个定义不同的是，第二个定义区分了两个不同时期（t 和 t−1），这意味着投入的价格（包括货币工资率）和产出的价格有可能互不相同。从定义来看，第二个利润率是以预付资本或历史成本为基础的利润率。与此不同的是，第一个定义假设不同时期的价格和货币工资率是相同的，利润率是以当前成本为基础的利润率。

饶有意味的是，置盐在 2000 年的论文里也不否认采纳第二种定义的利润率（或分期利润率）有其积极意义[①]。但他最终还是选择了第一种利润率（即假设了比较静态均衡的利润率）。置盐明确提出，他之所以在其模型中选择第一个定义，是因为资本家可以凭借这个定义预测其产出的价格，从而预期投资的赢利性[②]。换言之，置盐仍然倾向于在排除了不确定性和非均衡的条件下，考察技术进步对利润率变化的影响。

置盐对两种利润率的比较，在一定程度上开启了对置盐定理的外部探讨。但是对他的讨论远非彻底。这种不彻底性，除了上文所谈的以外，还体现在他对均衡的片面理解上。他认为均衡只是在整个经济中利润率的平均化。也就是说，能否建立统一的利润率或形成生产价格，被看作均衡是否存在的唯一标准。然而，这样来理解均衡，没有摆脱单纯以资本主义生产当事人的经验意识为依据来理解经济概念的弊端。这与马克思的观点是迥然不同的。马克思认为即便存在着利润率平均化，也会出现再生产的非均衡。在笔者看来，《资本论》第三卷所采用的叙

---

① 用他的话来说，如果我们假设生产期间是统一的，分期利润率就是有意义的。见 Okishio N., "Competition and Production Prices", *Cambridge Journal of Economics*, Vol. 25（2000）：493 – 501.

② Okishio N., "Competition and Production Prices", *Cambridge Journal of Economics*, Vol. 25, No. 4（2000）：493 – 501.

述方法足够清晰地表达了这一点。在第13章（题为"规律本身"）讨论了平均利润率下降规律以后，马克思随即在第15章（题为"规律内部矛盾的展开"）里引入了资本积累的基本矛盾，即剩余价值生产和剩余价值实现的矛盾。这一叙述方法意味着在马克思看来，平均利润率的存在或生产价格的形成，是完全可能和再生产非均衡相伴随的。确认这一点是我们对置盐定理展开探讨的前提之一。

在相关部门出现技术进步的情况下，依照马克思的观点，单位产品价值会下降，单位时间内的产出也会增长。在《资本论》第一卷开篇不久，这两个并行不悖的趋势就被分别概括为劳动生产率进步与单位产品价值成反比变化的规律，以及劳动生产率进步与使用价值量成正比变化的规律。劳动生产率与使用价值量成正比的规律，潜在地意味着资本的价值增殖将变得日益依赖于使用价值量的实现①。由于市场上针对特定使用价值的需求总会达到饱和，使用价值就从价值的承担者变成价值增殖的障碍。在此意义上，马克思所揭示的商品两因素即使用价值和价值的矛盾，事实上是推动《资本论》第三卷所分析的剩余价值生产和剩余价值实现的矛盾逐步激化的内在力量。

在经济思想史上，古典经济学家魁奈通过下述悖论第一次把握到使用价值和价值之间的这种矛盾，以及这种矛盾之于资本积累的影响。作为"重农学派"的代表，魁奈相信价值源出于土地而非劳动。为了驳倒劳动价值论，魁奈（1991）② 别出心裁地采用了归谬法。他假定劳动价值论是正确的，然后依照劳动价值论原理来推论，在劳动生产率进步的前提下，商品单位价值会不断下降。在魁奈看来，这一结论与资本主义生产在概念上是相互冲突的，

---

① 为了说明这一点，不妨假设生产某商品时不需要任何不变资本，即 $c=0$。该商品的单位价值量可以表达为：$\lambda = v + s = v(1+e)$，并有 $v = \lambda \cdot \dfrac{1}{1+e}$。这里的 λ 是单位价值，v 是单位商品所含的可变资本，s 是单位商品的利润，e 是剩余价值率。由 $s = ve$，我们有 $s = \lambda \cdot \dfrac{e}{1+e}$。生产这种商品的总利润为：$\pi = xs = x\lambda \cdot \dfrac{e}{1+e}$。$x$ 是在单位时间内生产出来并得到实现的全部商品量，x 的增长是 λ 下降的抵消因素。至于剩余价值率，在数学上取极限时 $\dfrac{e}{1+e}$ 等于1，这意味着在长期内，剩余价值率的提高对于 λ 及商品单位利润下降所起的抵消作用是有限的，总利润量能否增长越来越取决于使用价值的实现规模。

② 弗朗斯瓦·魁奈：《关于手工业劳动》，载于吴斐丹、张草纫译：《魁奈经济著作选集》，商务印书馆1991年版。

因为单位产品价值的下降将不可避免地带来单位利润的减少，后者势必会危及以利润为目的的资本主义生产。反过来说，如果资本主义生产能够在现实中成立，劳动价值论就必然是错误的。

魁奈所发现的这种矛盾可以称作"魁奈悖论"。这一悖论在经济思想史上首次发现资本主义生产不可能建立在单位产品价值永恒下降的基础上。换言之，魁奈在某种意义上意识到"通货紧缩"是对资本主义生产方式的致命威胁。但魁奈不是利用这一发现揭示资本主义发展的内在矛盾，而是据此宣布劳动价值论是错误的。在《资本论》里，马克思非常重视魁奈的思想，在不止一个地方和魁奈进行了有时是不点名的对话①。在马克思看来，魁奈所发现的矛盾并不是导致资本主义生产不能成立的理由，反而是资本主义生产得到发展的依据。在《资本论》第三卷讨论利润率下降规律时，马克思针对魁奈悖论指出了一个解决办法：单位商品价值（价格）下降及其所伴随的单位商品利润的下降，可以同商品总额利润量的增长相并存。马克思把这一点作为利润率下降规律的表现形式之一②。

值得指出的是，马克思尽管正确地提出了单位利润下降与总利润增长并存的可能性，却没有论证这一并存的前提条件。从微观即个别企业来看，这种并存以下述假定为前提，即针对某种特定产品或特定使用价值的有效需求，会和劳动生产率进步一起成比例地增长。从宏观来看，这种并存则是以包括第（3）式在内的社会总资本再生产均衡的成立为条件的。在讨论利润率下降规律及其在竞争中的表现形式时，马克思并没有提出过这个问题。这一不寻常的缄默意味着马克思其实在暗中假定这些条件是能得到保证的。

置盐在研究利润率变化时，和马克思相似，也没有考虑再生产失衡的问题。而且，由于他对劳动生产率进步有不适当的理解，更预先排斥了考察这个问题的可能性。这体现在：第一，他提出资本家所引入的新技术只需降低生产成本，不必一定提高劳动生产率。第二，即便在考虑技术进步对劳动生

---

① 除了在讨论利润率下降的第三卷以外，马克思还在《资本论》第一卷里谈到了魁奈悖论。《马克思恩格斯全集》第 23 卷，人民出版社 1972 年版，第 356 页。

② 《马克思恩格斯全集》第 25 卷，人民出版社 1974 年版，第 251 – 257 页。

产率的影响时，他也仅仅把劳动生产率进步理解为单位产品价值的下降，而忽略了单位时间产出可以和劳动生产率成比例地增长。早在 20 世纪 60 年代，即在置盐的文章发表后不久，就有日本学者探讨了置盐的这个观点[①]。在马克思的相对剩余价值生产理论中，技术进步是以提高劳动生产率为偏向的。之所以如此，原因就在于和单纯提高资本生产率相比，劳动生产率进步有助于通过提高单位时间产出，增加剩余价值或利润总量。置盐完全无视这一点，片面地主张以所谓成本标准代替劳动生产率标准来理解技术进步的动因。置盐在这个问题上的片面性，并不是一个小小的失误。劳动生产率进步所引起的单位时间产出的增长会在总量层面带来再生产失衡的可能性。正是因为置盐忽略了产出总量与技术变革的关系，仅限于从单位产品价值（或价格）来分析问题，才导致他最终忽略了单位时间产出（包括马克思的社会年产品）的实现困难及其对一般利润率变化所带来的影响。

下面通过一个模型来考察单位时间产出的实现价值和利润率的关系。假定生产第 i 种（$i=1$，2）产品所需要的劳动（包括物化劳动和活劳动）为 l_i，所形成的单位产品价值量为 λ_i。该产品在单位时间内的产出为 x_i。再假定第 i 种产品在市场上可实现的单位价值量为 λ_i^*。在再生产均衡的假定下，这两个部门在单位时间内生产的产出所实现的价值总量，应该等于由标准技术条件所决定的在生产中形成的价值总量，为此可以写出：

$$\sum_{i=1}^{2} \lambda_i^* x_i = \sum_{i=1}^{2} \lambda_i x_i = \sum_{i=1}^{2} l_i \qquad (6)$$

接下来需要讨论的是，单位产品的实现价值 λ^* 是如何被决定的。为此，我们要引入一个由冯金华（2013）发展的第二种社会必要劳动时间决定的模型，我们曾将其称为"冯金华方程"。从定义来看，单位产品的实现价值（λ_i^*）应当等于用该单位产品交换到的全部货币的价值（以劳动价值衡量），即等于产品的交易价格与单位货币价值（后者用 λ_g^* 表示）的乘积。若用 p_i 表示第 i 种产品的价格，可写出如下交易方程：

---

① Tomizuka R., *Chikuseikiron Kenkyu* (Studies in Theory of Accumulation). Tokyo：Miraisha, 1965.

$$\lambda_i^* = p_i \lambda_g^* \tag{7}$$

需要指出的是，在这个交易方程里，价格 p_i 可以是任何一种价格形态。也就是说，该式中的 p_i 既可以是"直接价格"（即与价值成比例的价格），也可以是生产价格等其他价格形式。在这里我们假定它就是生产价格。

将公式（7）代入（6），可以解出产品的单位实现价值 λ_i^*，即所谓冯金华方程为：$\lambda_i^* = \dfrac{p_i}{\sum\limits_{i=1}^{2} p_i x_i} \sum\limits_{i=1}^{2} l_i$。若在该方程两边乘以单位时间产出 x，则有：

$$\lambda_i^* x_i = \frac{p_i x_i}{\sum\limits_{i=1}^{2} p_i x_i} \sum\limits_{i=1}^{2} l_i \tag{8}$$

冯金华方程在提出时并没有考虑再生产出现非均衡的情况。我们可以结合前文对资本积累基本矛盾的讨论，将再生产失衡引入冯金华方程。我们将讨论分为两个步骤，首先假定技术进步发生在工资品部门，然后再考虑工资品部门和生产资料（或投资品）部门同时发生技术进步的情况。

首先来看工资品部门。假定工资品部门在技术变革后，单位时间产出能够全部实现，即存在再生产均衡。此时有：

$$\lambda_i'^* x_2' = \frac{p_2' x_2'}{p_1 x_1 + p_2' x_2'} (\lambda_1 x_1 + \lambda_2' x_2') \tag{9}$$

同时，参照第（3）式，还可写出：

$$\lambda_1 x_1 + \lambda_2' x_2' = \sum_{i=1}^{2} (C_i + V_i + S_{ic} + S_{iv}) = \lambda_1 x_1 + \lambda_2'^* x_2' \tag{10}$$

其中，λ_2' 代表工资品部门在引入技术进步后的单位产品形成价值，并有 $\lambda_2' < \lambda_2$。x_2' 则是技术进步后的单位时间产出，且 $x_2' > x_2$。相应地，$\lambda_2'^*$ 则代表在技术变革后与再生产均衡相对应的单位工资品的实现价值。（10）式第一个等式右边的第二项因子，即 $S_{ic} + S_{iv}$，表示的是两个部门的实际积累。对工资品部门的需求增量是由其中的 S_{iv} 决定的。需要指出的是，由于置盐模型里假设资本家仅消费奢侈品，因此，在第（10）式中的 $\sum\limits_{i=1}^{2} (C_i + V_i + S_{ic} + S_{iv})$ 中并不包含资本家的消费即 S_{ik}。

在再生产均衡的条件下，（9）式右边的第二项因子，即（$\lambda_1 x_1 + \lambda_2' x_2'$），作为在两个部门之间待分配的价值总量，取决于在生产中投入的、由生产的技术条件决定的劳动量。然而，在再生产存在非均衡时，这个待分配的价值总量就不再由生产中投入的劳动量（包括物化劳动和活劳动）来决定，而是由剩余价值生产和剩余价值实现的矛盾所主宰的最终实现价值总量来决定。在非均衡的情况下，有不等式 $\Delta S_{iv} < \Delta \lambda_2 x_2$，其中 $\Delta \lambda_2 x_2 = \lambda_2' x_2' - \lambda_2 x_2$，它代表了工资品部门在技术变革前后单位时间产出价值的变化。该不等式的存在意味着（10）式的第一个等号转化为不等式，即有：$\lambda_1 x_1 + \lambda_2' x_2' > \sum\limits_{i=1}^{2} (C_i + V_i + S_{ic} + S_{iv})$，不等式右边的各项代表了两个部门的有效需求。该不等式意味着工资品部门出现了由实现困难造成的再生产失衡，为此将出现相应的价格调整或产量调整。我们把经过价格和产量调整后的工资品部门的单位实现价值和单位时间产出分别写作 λ_2^{**} 和 x_2^{**}，并写出新的方程：$\lambda_1 x_1 + \lambda_2^{**} x_2^{**} = \sum\limits_{i=1}^{2} (C_i + V_i + S_{ic} + S_{iv})$ 以及方程：$\lambda_2^{**} x_2^{**} = \sum\limits_{i=1}^{2} (V_i + S_{iv})$，该方程表示工资品部门年产品的可实现价值等于工资品部门的有效需求。参照前述冯金华方程，我们还可写出：

$$\lambda_2^{**} x_2^{**} = \frac{p_2^{**} x_2^{**}}{p_1 x_1 + p_2^{**} x_2^{**}} \sum\limits_{i=1}^{2} (C_i + V_i + S_{ic} + S_{iv}) = \sum\limits_{i=1}^{2} (V_i + S_{iv}) \quad (11)$$

这里的 p_2^{**} 是与非均衡对应的市场生产价格。在再生产失衡的条件下，会有 $p_2^{**} x_2^{**} < p_2' x_2'$，或 $p_2^{**} x_2^{**} = \phi_2 p_2' x_2'$，$0 < \phi \leqslant 1$。其中，系数 ϕ_2 代表产量和价格调整所带来的变化，它可定义为工资品部门的产品实现率。将此式代入（11）式，可得出 ϕ_2 的一个补充定义式：

$$\phi_2 = \frac{\dfrac{p_1 x_1 + p_2^{**} x_2^{**}}{\sum\limits_{i=1}^{2} (C_i + V_i + S_{ic} + S_{iv})}}{\dfrac{p_2' x_2'}{\sum\limits_{i=1}^{2} (V_i + S_{iv})}}$$

参照上述讨论和第（11）式，可知该式的分子和分母遵从以下关系：

$$\frac{p_2' x_2'}{\sum_{i=1}^{2} (V_i + S_{iv})} > \frac{p_2^{**} x_2^{**}}{\sum_{i=1}^{2} (V_i + S_{iv})} = \frac{p_1 x_1 + p_2^{**} x_2^{**}}{\sum_{i=1}^{2} (C_i + V_i + S_{ic} + S_{iv})}$$

该关系式也意味着 $\phi_2 < 1$。从 ϕ_2 的补充定义式可看到，产品实现率归根结底取决于资本家阶级的积累活动，即 S_{ic} 和 S_{iv} 的实际规模。

在上述分析的基础上，可写出工资品部门在进行产量和价格调整后的新的生产价格方程为：$\phi_2 p_2' x_2' = (1 + r)(a_2 p_1 + \tau_2 w) x_2'$，或者为：

$$\phi_2 q_2 = (1 + r)(a_2 q_1 + \tau_2) \tag{12}$$

与置盐的方程不同，这个新方程有如下特点：第一，它区别了投入和产出的价格；第二，它考虑了因实现困难而带来的再生产失衡。为了简化分析，我们假设工资品部门只进行产量调整，ϕ_2 代表在特定时间内产量调整的幅度。参照置盐给出的表示工资品部门技术进步的数例，可写出如下新的方程组，其中：

$$q_2 = \frac{p_2'}{w}$$

$$q_1 = (1 + r)\left(\frac{1}{2} q_1 + 10\right)$$

$$\phi_2 q_2 = (1 + r)\left(\frac{1}{3} q_1 + \frac{35}{24}\right)$$

$$1 = \frac{q_2}{45}$$

若将该方程组里的第四个方程代入第三个方程，便得到：

$$q_1 = (1 + r)\left(\frac{1}{2} q_1 + 10\right)$$

$$45\phi_2 = (1 + r)\left(\frac{1}{3} q_1 + \frac{35}{24}\right) \tag{13}$$

由（13）式可以解得：$r = \dfrac{24\sqrt{\dfrac{2025\phi_2^2}{4} + \dfrac{4275\phi_2}{8} + \dfrac{1225}{576}}}{125} - \dfrac{108\phi_2}{25} - \dfrac{32}{25}$。从解中可以看到：第一，在 $0 < \phi_2 \leqslant 1$ 的范围内，平均利润率 r 与工资品的实现率 ϕ_2 同方向变化。特别是当工资品的实现率下降时，平均利润率也趋于下

降；第二，工资品的实现率 ϕ_2 有一个"下限"——当 ϕ_2 低于该下限时，平均利润率 r 将为负数。在本例子中，这个下限为 $\phi_2 \approx 0.1805$；第三，当工资品的实现率 ϕ_2 趋于 1，即当非均衡趋于均衡时，平均利润率 r 趋于 0.6。这正好是我们在置盐所给的技术进步的均衡例子中所看到的结果；第四，当工资品的实现率 ϕ_2 下降到大约 0.7153 时，平均利润率 r 下降到 0.5。这正好是工资品部门发生技术进步前的均衡情况。这意味着在我们的例子中，工资品的实现率下降到大约 0.7153 时，将恰好抵消掉技术进步对平均利润率的影响。

下面再来分析所有基本品部门在技术进步条件下同时出现再生产失衡的情况。由于投资品或生产资料部门也出现再生产失衡，可以针对该部门写出：$\lambda'_1 x'_1 - \lambda_1 x_1 > \sum_{i=1}^{2} S_{ic}$，并有：$\lambda'_1 x'_1 + \lambda'_2 x'_2 > \sum_{i=1}^{2} (C_i + V_i + S_{ic} + S_{iv})$。参照（12）式可写出：$\phi_1 q_1 = (1 + r)(\alpha_1 q_1 + \tau_1)$，其中 ϕ_1 代表生产资料生产部门的产品实现率。假定生产资料生产部门的物质消耗系数和活劳动消耗系数分别从原来的 $a_1 = 1/2$ 和 $\tau_1 = 10$ 下降到 $a_1 = 2/5$ 和 $\tau_1 = 5$。这样，方程组（13）就可改写为：

$$\phi_1 q_1 = (1 + r)\left(\frac{2}{5}q_1 + 5\right)$$
$$45\phi_2 = (1 + r)\left(\frac{1}{3}q_1 + \frac{35}{24}\right) \tag{14}$$

这里的 ϕ_1 和 ϕ_2 分别代表生产资料和工资品的实现率。由上述方程组中的第一个方程可以得到：$1 + r = \dfrac{\phi_1 q_1}{0.4q_1 + 5}$，代入第二个方程则有：$45\phi_2 = \dfrac{\phi_1 q_1}{0.4q_1 + 5}\left(\dfrac{1}{3}q_1 + \dfrac{35}{24}\right)$，由此即能解得：

$$q_1 = \frac{24\sqrt{\left(-\dfrac{35}{24}\phi_1 + 18\phi_2\right)^2 + 300\phi_1\phi_2} - 35\phi_1 + 432\phi_2}{16\phi_1}$$

再将上式代入（14）式的第二个方程，即可最后解得平均利润率为：

$$r = \frac{\phi_1\phi_2}{\dfrac{\sqrt{\left(-\dfrac{35\phi_1}{24} + 18\phi_2\right)^2 + 300\phi_1\phi_2}}{90} + \dfrac{\phi_2}{5} + \dfrac{7\phi_1}{432}} - 1$$

从上式可以看到，平均利润率 r 随 ϕ_1 和 ϕ_2 的下降而下降，反之亦然，而且，随 ϕ_1 而下降的速度要大于随 ϕ_2 而下降的速度。这意味着就对平均利润率的影响而言，生产资料的实现率要比工资品的实现率更加重要。这一点是可以预期到的，因为工资品是由工人购买的，资本家的利润在使用价值形态上主要体现为投资品。

四、一个解释平均利润率变动的一般模型

我们在以上讨论的基础上，提出一个解释平均利润率变化的一般模型。考虑一个两部门经济，其中的两个部门分别生产生产资料和工资品。设生产资料和工资品的"实际价格"为 q_1 和 q_2。这里 q_1 是（名义）价格（用 p_i 表示）与货币工资（用 w 表示）的比率，即 $q_i = p_i/w$。于是，该经济的实际价格体系可表示为：

$$q_1 = (1+r)(a_1 q_1 + \tau_1)$$
$$q_2 = (1+r)(a_2 q_1 + \tau_2) \tag{15}$$

其中，a_i 和 τ_i 是第 i 个部门生产一单位第 i 种产品所消耗的生产资料和活劳动的数量[①]。容易看到，方程组（15）实际上假定了所有生产出来的生产资料和工资品都能够得到完全的实现。换句话说，（15）式描述的是所有生产资料和工资品市场的供给和需求都完全相等的均衡情况。

现在考虑非均衡条件下的产品实现问题。为简单起见，我们假定生产资料的实现率 ϕ_1 和工资品的实现率 ϕ_2 相同，即有：$\phi_1 = \phi_2 = \phi$[②]。其中，$0 < \phi \leqslant 1$。于是，在这种包括非均衡的条件下，方程组（15）应当修正为：

$$\phi q_1 = (1+r)(a_1 q_1 + \tau_1)$$
$$\phi q_2 = (1+r)(a_2 q_1 + \tau_2) \tag{16}$$

需要说明的是，（16）式既可以用来确定非均衡条件下（即当 $0 < \phi < 1$

---

① 方程组（15）就是置盐（Okishio, 1961）的基本品价格方程组，即置盐的价格方程组（4）中的前两个方程。见 Okishio N. , "Technical Changes and the Rate of Profit", *Kobe University Economic Review*, Vol. 7（1961）：85 – 99。

② 本文的讨论也可以放宽到假定两个部门的实现率保持同比例变化的更加一般的情况。

时）的平均利润率，也可以用来确定均衡条件下（即当 $\phi = 1$ 时）的平均利润率。因此，（16）式可以看成（15）式的一般化，而（15）式则为（16）式的一个特例。

由于工资品的实际价格 q_2 与实际工资（可表示为 $\omega = w/p_2$）正好互为倒数，故方程组（16）亦可以表示为：

$$\phi q_1 = (1 + r)(a_1 q_1 + \tau_1)$$

$$\frac{\phi}{\omega} = (1 + r)(a_2 q_1 + \tau_2) \tag{17}$$

若将实现率 ϕ 和实际工资 ω 看成参数（或"外生变量"），则（17）式就是一个只包括两个未知数（即生产资料的实际价格 q_1 和平均利润率 r）的线性方程组。

（一）平均利润率

现在来求解（17）式中的平均利润率。由（17）式的第一个方程可得：$\dfrac{\phi q_1}{a_1 q_1 + \tau_1} = 1 + r$。将上式代入（17）式的第二个方程则得到：$q_1 = \dfrac{-(\omega \tau_2 - a_1) \pm \sqrt{(\omega \tau_2 - a_1)^2 + 4 a_2 \omega \tau_1}}{2 a_2 \omega}$。由于生产资料的实际价格必须大于零，即必须有 $q_1 > 0$，故上式根号前应当取"＋"号。于是有：$q_1 = \dfrac{-(\omega \tau_2 - a_1) + \sqrt{(\omega \tau_2 - a_1)^2 + 4 a_2 \omega \tau_1}}{2 a_2 \omega}$。将上式再代入（17）式的第二个方程即得到：

$$r = \frac{2\phi}{a_1 + \omega \tau_2 + \sqrt{(\omega \tau_2 - a_1)^2 + 4 a_2 \omega \tau_1}} - 1 \tag{18}$$

在（18）式中，平均利润率 r 取决于三项因素，即反映技术状况的消耗系数（a_1，a_2，τ_1，τ_2）、实际工资 ω 和实现率 ϕ。因此，（18）式可以看成是关于平均利润率的一般公式。

如果假定实现率 ϕ 不变，则平均利润率就只取决于消耗系数和实际工资。特别

是如果假定实现率 $\phi=1$，公式（18）就退化为：$r = \dfrac{2}{a_1 + \omega\tau_2 + \sqrt{(\omega\tau_2 - a_1)^2 + 4a_2\omega\tau_1}} - 1$。

这是"均衡"（即所有产品都能够得到完全实现）条件下的平均利润率决定公式。

如果再进一步假定实际工资不变，如 $\omega = \omega_0$，则上式就退化为：$r = \dfrac{2}{a_1 + \omega_0\tau_2 + \sqrt{(\omega_0\tau_2 - a_1)^2 + 4a_2\omega_0\tau_1}} - 1$。这相当于置盐（1961）的平均利润率决定公式。在该公式中，平均利润率只取决于反映技术进步的消耗系数。

（二）平均利润率的变动

第一，在平均利润率的一般公式（18）中，如果假定每次都只有一个变量在变化，所有其他的变量都暂时被固定，则可以很容易地得到此种情况下平均利润率的变化规律。例如，由一般公式（18）首先容易看到，平均利润率 r 将随实现率 ϕ 的上升而上升，随实现率 ϕ 的下降而下降。

第二，由一般公式（18）也容易知道，平均利润率 r 将随消耗系数的下降（亦即技术的进步）而上升，反之亦然。

第三，由一般公式（18）对实际工资的一阶导数的符号还可以知道，一般利润率 r 将随实际工资 ω 的上升而下降，反之亦然。

（三）等利润率方程

以上讨论的是单独一个变量的变化对平均利润率的影响。为了说明两个或两个以上的变量同时变化对平均利润率的影响，我们可由平均利润率的一般公式（18）引申出所谓"等利润率方程"，即能够导致同一个平均利润率水平的不同变量的各种可能的组合。

方法如下：先任意给定一组生产资料和工资品生产部门的各个消耗系数以及实现率和实际工资的值，并将它们代入平均利润率的一般公式（18），求得相应的某个平均利润率的值，如 $r = r_0$；然后再将这个 $r = r_0$ 代回（18）

式，得到在维持平均利润率不变（即 $r = r_0$）的条件下各种变量之间的关系式，即：

$$r_0 = \frac{2\phi}{a_1 + \omega\tau_2 + \sqrt{(\omega\tau_2 - a_1)^2 + 4a_2\omega\tau_1}} - 1 \qquad (19)$$

例如，假定一开始时各个消耗系数以及实际工资和实现率的值分别为[1]：

$$a_1 = \frac{1}{2}、\tau_1 = 10、a_2 = \frac{1}{3}、\tau_2 = \frac{35}{24}、\omega = \frac{1}{45}、\phi = 0.7 \qquad (20)$$

将它们代入等利润率方程式（19）可解得 $r_0 = 3/25$。再将 $r_0 = 3/25$ 代回等利润率方程（19），即得到一个具体的（即初始消耗系数以及实现率和实际工资由（20）式给定或者平均利润率等于 3/25 的）等利润率方程：

$$\frac{3}{25} = \frac{2\phi}{a_1 + \omega\tau_2 + \sqrt{(\omega\tau_2 - a_1)^2 + 4a_2\omega\tau_1}} - 1 \qquad (21)$$

（19）式和（21）式都是符合我们需要的等利润率方程。前者是等利润率方程的一般形式，后者则是在给定初始状态式（20）的条件下得到的更加具体的等利润方程。

（四）等利润率曲线

在等利润率方程式（19）或（21）中，如果同时有且仅有两个变量在变化，例如，消耗系数下降和实际工资上升同时发生，或者，实际工资上升和实现率上升同时发生，又或者，实现率上升和消耗系数下降同时发生，如此等等，则就可以得到各种特殊的等利润率方程以及相应的等利润率曲线（亦可讨论三个变量如实现率、实际工资和生产资料生产部门的活劳动消耗系数同时可变的更加复杂的情况）。这里分三种情况具体讨论如下（其中，反映技术进步的消耗系数的变化用生产资料生产部门的活劳动消耗系数的下降来代表）。

---

[1] 这些值中的前五个就是置盐（Okishio, 1961）给出的在发生技术进步后的消耗系数和实际工资。见 Okishio N., "Technical Changes and the Rate of Profit", *Kobe University Economic Review*, Vol. 7 (1961): 85–99。

（1）φ和ω可变，其他不变。在等利润率方程的一般形式（19）中，如果只考虑实现率φ和实际工资ω的变化，而假定所有其他因素均不变化，则得到的等利润率方程以及相应的等利润率曲线就描述了在维持平均利润率不变条件下实现率φ与实际工资ω的所有可能的各种组合。若以横轴表示实际工资ω，纵轴表示实现率φ，则容易看到，这条等利润率曲线具有如下特点：

首先，它的纵截距等于（1 + r_0）a_1 > 0。其次，等利润曲线一定向右上方倾斜。这是因为，在（19）式中，实现率φ对实际工资ω的一阶导数为：

$$\frac{\partial \phi}{\partial \omega} = \frac{1 + r_0}{2} \left(\frac{\tau_2 \left(\sqrt{(\omega\tau_2 - a_1)^2 + 4a_2\omega\tau_1} + (\omega\tau_2 - a_1) \right) + 2a_2\tau_1}{\sqrt{(\omega\tau_2 - a_1)^2 + 4a_2\omega\tau_1}} \right) > 0$$

最后，等利润率曲线的弯曲方向完全取决于消耗系数的相对大小。这是因为在第（19）式中，实现率φ对实际工资ω的二阶导数为：

$$\frac{\partial^2 \phi}{\partial \omega^2} = 2(1 + r_0) \frac{a_2\tau_1(a_1\tau_2 - a_2\tau_1)}{((\omega\tau_2 + a_1)^2 + 4a_2\omega\tau_1) \sqrt{(\omega\tau_2 - a_1)^2 + 4a_2\omega\tau_1}}$$

由此可见，如果 $a_1\tau_2 > a_2\tau_1$，则 $\partial^2\phi/\partial\omega^2 > 0$，等利润率曲线向上弯曲；如果 $a_1\tau_2 < a_2\tau_1$，则 $\partial^2\phi/\partial\omega^2 < 0$，等利润率曲线向下弯曲；如果 $a_1\tau_2 = a_2\tau_1$，则 $\partial^2\phi/\partial\omega^2 = 0$，等利润率曲线为一条直线。

若在更加具体的等利润率方程（21）中，让实现率φ和实际工资ω可变，而所有其他因素仍为初始值，即令：$a_1 = \frac{1}{2}$、$\tau_1 = 10$、$a_2 = \frac{1}{3}$、$\tau_2 = \frac{35}{24}$。再将它们代入（21）式后，等利润率方程就简化为：

$$\frac{3}{25} = \frac{2\phi}{\frac{1}{2} + \frac{35}{24}\omega + \sqrt{\left(\frac{35}{24}\omega - \frac{1}{2}\right)^2 + \frac{40}{3}\omega}} - 1 \tag{22}$$

或者：

$$\phi = \frac{7}{25} + \frac{49}{60}\omega + \frac{14}{25}\sqrt{\left(\frac{35}{24}\omega - \frac{1}{2}\right)^2 \frac{40}{3}\omega} \tag{23}$$

其几何表示如图1。在图1中，e_0 点给出的是初始的实现率—实际工资组合，即（φ，ω）=（0.7，1/45），该点所代表的平均利润率为 r = 3/25。过 e_0

点的曲线是等利润率方程（22）或（23）的几何表示①。从 e_0 点出发，如果沿着曲线向右上方或左下方移动，则可以保证平均利润率不变，而如果离开曲线，向曲线的右下方区域移动，则平均利润率将会下降；反之，向曲线的左上方区域移动，则平均利润率将会上升。

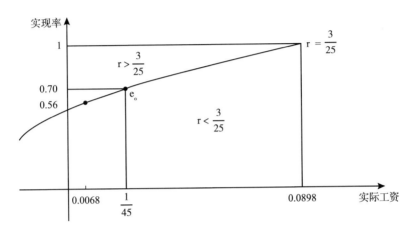

图 1　实际工资与实现率的关系

值得注意的是，实际工资通常有一个"下限"。正如马克思所说②："劳动力价值的最低限度或最小限度，是劳动力的承担者即人每天得不到就不能更新他的生命过程的那个商品量的价值，也就是维持身体所必不可少的生活资料的价值。假如劳动力的价格降到这个最低限度，那就降到劳动力的价值以下，因为这样一来，劳动力就只能在萎缩的状态下维持和发挥。"

在我们的上面的例子中，若设实际工资的下限为 0.0068，则这意味着当实际工资下降到 0.0068 之后一般就不能再下降，此时平均利润率就只随实现率的上升而上升，随实现率的下降而下降。

此外，实现率则既有一个下限，也有一个上限。在我们的例子中，这个

---

① 由于在本例中有：$\alpha_1\tau_2 = (1/2) \times (35/24) = 35/48$，$\alpha_2\tau_1 = (1/3) \times 10 = 10/3$，从而有：$\alpha_1\tau_2 = 35/48 < 10/3 = \alpha_2\tau_1$，故等利润率曲线向下弯曲。

② 《马克思恩格斯全集》第 23 卷，人民出版社 1972 年版，第 196 页。

下限为 0.56。在等利润率曲线上，当实现率下降到 0.56 时，相应的实际工资将下降到零。在这种情况下，如果实现率进一步下降，实际工资也不可能再下降，从而平均利润率实际上不再可能保持不变。换句话说，图中纵轴左边的等利润率曲线实际上是不现实的。实现率的上限显然就是 100% 即 1。实现率上升到 1 之后即不可能再上升，因而此时平均利润率就只随实际工资的上升而下降，随实际工资的下降而上升。这正好是我们在置盐模型中看到的情况。

（2）ω 和 τ_1 可变，其他不变。在等利润率方程的一般形式（19）式中，如果只考虑实际工资和生产资料生产部门的活劳动消耗系数 τ_1 的变化，而假定所有其他因素均不变化，则可以得到另外一个特殊的等利润率方程以及相应的等利润率曲线——它描述了在平均利润率不变的条件下，实际工资 ω 和活劳动消耗系数 τ_1 所有可能的组合。

若以横轴表示实际工资 ω，纵轴表示活劳动消耗系数 τ_1，且假定 $a_2\tau_1 \geqslant a_1\tau_2$，则容易看到这条等利润率曲线具有如下特点：第一，它的横截距等于（或小于）$\phi/(1+r_0)\tau_2 > 0$。第二，它向右下方倾斜。这是因为由（19）式可以解得：$\tau_1 = \dfrac{1}{\omega} \cdot \dfrac{\phi}{a_2(1+r_0)}\left(\dfrac{\phi}{1+r_0} - a_1\right) + \dfrac{1}{a_2}\left(a_1\tau_2 - \dfrac{\tau_2\phi}{1+r_0}\right)$，从而有：$\dfrac{\partial \tau_1}{\partial \omega} = -\dfrac{\phi}{a_2(1+r_0)} \cdot \dfrac{\phi - a_1(1+r_0)}{1+r_0} \cdot \dfrac{1}{\omega^2}$。其中，$\phi - a_1(1+r_0) > 0$。于是有：$\dfrac{\partial \tau_1}{\partial \omega} < 0$。第三，它向下凸出。这是因为：$\dfrac{\partial^2 \tau_1}{\partial \omega^2} = \dfrac{\phi}{a_2(1+r_0)} \cdot \dfrac{\phi - a_1(1+r_0)}{1+r_0} \cdot \dfrac{2}{\omega^3} > 0$。

若在更加具体的等利润率方程式（21）中，让实际工资 ω 和部门 1 的活劳动消耗系数 τ_1 可变，而保持所有其他因素为初始值，即令：$a_1 = \dfrac{1}{2}$、$a_2 = \dfrac{1}{3}$、$\tau_2 = \dfrac{35}{24}$、$\varphi = 0.7$，则将它们代入（21）式后，等利润率方程就可简化为：

$$\frac{3}{25} = \frac{1.4}{\dfrac{1}{2} + \dfrac{35}{24}\omega + \sqrt{\left(\dfrac{35}{24}\omega - \dfrac{1}{2}\right)^2 + \dfrac{4}{3}\omega\tau_1}} - 1 \tag{24}$$

或者有：

$$\tau_1 = \frac{3}{4\omega}\left(\frac{5}{16} - \frac{35}{48}\omega\right) \tag{25}$$

其几何表示如图 2。在图 2 中，e_0 点给出的是初始的实际工资与生产资料生产部门的活劳动消耗系数的组合，即（ω，τ_1）=（1/45，10），该点所代表的平均利润率为 r = 3/25。过 e_0 点的曲线是等利润率方程式（24）或（25）的几何表示。从 e_0 点出发，如果沿着曲线向右下方或左上方移动，则可以保证平均利润率不变，而如果离开曲线，向曲线的右上方区域移动，则平均利润率将会下降；反之，向曲线的左下方区域移动，则平均利润率将会上升。

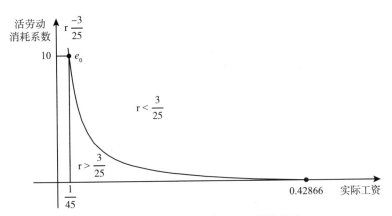

图 2　实际工资与活劳动消耗系数的关系

（3）τ_1 和 ϕ 可变，其他不变。在等利润率方程的一般形式（19）式中，如果只考虑生产资料生产部门的活劳动消耗系数 τ_1 和实现率 ϕ 的变化，而假定所有其他因素均不变化，则可以得到第三个特殊的等利润率方程以及相应的等利润率曲线——它描述了在平均利润率不变的条件下，活劳动消耗系数 τ_1 和实现率 ϕ 所有可能的组合。

若以横轴表示活劳动消耗系数 τ_1，纵轴表示实现率 ϕ，则容易看到这条等利润率曲线具有如下特点：第一，它的纵截距等于（$1 + r_0$）$\omega\tau_2 > 0$（若 $\omega\tau_2 \geqslant a_1$），或（$1 + r_0$）$a_1 > 0$（若 $\omega\tau_2 < a_1$）。第二，它向右上方倾斜。这是因为：$\dfrac{\partial\phi}{\partial\tau_1} = \dfrac{(1 + r_0)\,a_2\omega}{\sqrt{(\omega\tau_2 - a_1)^2 + 4a_2\omega\tau_1}} > 0$。第三，它向下凹。这是因为：

$$\frac{\partial^2 \phi}{\partial \tau_1^2} = -\frac{2\ (1+r_0)\ a_2^2 \omega^2}{\left[\ (\omega\tau_2 - a_1)^2 + 4 a_2 \omega\tau_1\ \right]^{\frac{3}{2}}} < 0。$$

若在特殊的等利润率方程（21）中，让活劳动消耗系数 τ_1 和实现率 ϕ 可变，而保持所有其他因素为初始值，即 $a_1 = \frac{1}{2}$、$a_2 = \frac{1}{3}$、$\tau_2 = \frac{35}{24}$、$\omega = \frac{1}{45}$。则将它们代入（21）式后，等利润率方程就可简化为：

$$\frac{3}{25} = \frac{2\phi}{\frac{1}{2} + \frac{1}{45}\times\frac{35}{24} + \sqrt{\left(\frac{1}{45}\times\frac{35}{24} - \frac{1}{2}\right)^2 + 4\times\frac{1}{3}\times\frac{1}{45}\tau_1}} - 1 \tag{26}$$

或者有：

$$\phi = \frac{14}{25}\left(\frac{115}{216} + \sqrt{\frac{10201}{46656} + \frac{4}{135}\tau_1}\right) \tag{27}$$

其几何表示如图 3。图 3 中，e_0 点给出的是初始的生产资料生产部门的活劳动消耗系数与实现率的组合，即 $(\tau_1, \phi) = (10, 0.7)$，该点所代表的平均利润率为 $r = 3/25$。过 e_0 点的曲线是等利润率方程式（26）或（27）的几何表示。从 e_0 点出发，如果沿着曲线向右上方或左下方移动，则可以保证平均利润率不变，而如果离开曲线，向曲线的右下方区域移动，则平均利润率将会下降；反之，向曲线的左上方区域移动，则平均利润率将会上升。

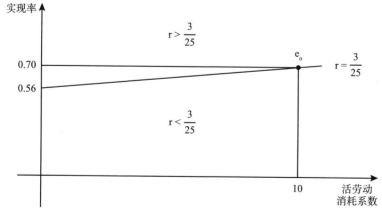

图3　实现率与活劳动消耗系数的关系

五、结语

本文对马克思的一般利润率下降理论和置盐定理进行了比较，提出马克思和置盐的结论虽然表面上看截然相反，但双方的观点实际上具有互补性，并遵循着某些共同的假定。马克思主义者迄今为止对置盐定理的评价，尽管在方法论上有一定的贡献，但基本上都未取得成功。其主要原因在于，这些研究大都强调了马克思和置盐的差别，而没有体验到马克思和置盐在观点上的互补以及在研究假设上的共通之处。我们的分析表明，在利润率动态的研究中，以再生产均衡为预设前提的做法是片面的。利润率的变化只有置于一个以剩余价值生产和剩余价值实现的矛盾为基础的非均衡框架中，才能得到全面合理的分析。为此，本文重新设计了平均利润率和生产价格决定的方程，引入了代表再生产失衡的产品实现率，最终构建了一个可以解释平均利润率变动的一般模型。在我们的模型里，平均利润率的变动受到技术进步、产品实现率和实际工资这三重因素的影响。这三重因素的并存意味着平均利润率的变化与生产率进步的联系不是直接的，而是以社会年产品的实现程度和成本的变化为中介。所谓置盐定理只是在假设产品实现率为 1 和实际工资不变的前提下的特例。

由于利润率的高低既衡量了资本积累的能力，也可解释积累的动机，对利润率动态的解释在马克思资本积累理论中居于特别重要的地位。在马克思那里，利润率是在价值量纲上度量的，对于理论分析而言，这样做是必要的，但对于进一步的经验研究而言，就需要把价值量纲进一步转换为价格和实物量纲，以方便经验度量。在笔者看来，置盐最为关键的贡献或许是在这一方面，而不仅在于考察了一种对利润率下降起抵消作用的重要要素。通过重新改造置盐的方程，本文提出了一个更为一般的模型解释利润率的变动，并将利润率的变化还原为三个最为基本的因素。如果在计量分析中能有效地解决这些因素（尤其是产品实现率）的经验度量问题，则该模型也可为解释经济周期和危机的经验研究奠定理论基础。

（原文发表于《世界经济》2016 年第 6 期）

马克思主义平均利润率变动规律的动态模型

马　艳　李　真*

一、引言

平均利润率下降规律是马克思经济学中的一个经典理论，同时也是现代经济学界争议较多的一个问题。按照经典马克思主义经济学逻辑，资本有机构成越高，等量资本所拥有的活劳动就越少，所创造的剩余价值或利润、平均利润也就越少，最终由平均利润与总预付资本之比决定的平均利润率也越低。为此，马克思得出了资本主义平均利润率具有下降趋势这一规律性的认识。

马克思所描述的平均利润率下降规律，在资本主义进入垄断阶段后一直受到种种质疑，中外经济学者也对平均利润率趋于下降的规律是否仍然有效和起作用的问题展开了较激烈的争论，一方面是来自质疑性的讨论，一方面是来自辩护性讨论。

对经典马克思主义平均利润率下降规律提出质疑或批评更多是来自国外经济学者。

美国垄断资本学派斯威齐（Paul M. Sweezy）、巴兰（Baran）对垄断资本主义条件下利润率下降规律一直有不同认识，并主张用剩余增长的规律代替马克思提出的利润率下降规律。斯威齐认为，马克思在资本有机构成提高时剩余价值率保持不变的前提假设下提出的平均利润下降规律的系统表述方式是缺乏说服力的。一般情况下，提高资本有机构成是和提高剩余价值率是同步进行的。但是，斯威齐并没有否定利润率下降的趋势，他认为，实际上，利润率下降趋势是资本主义的一个基本特点，资本有机构成提高不过是其中

---

*　马艳：上海财经大学经济学院。李真：上海财经大学经济学院。

一个因素。在资本有机构成的提高背后，隐藏着资本的积累过程，应该在这里寻找各种有助于压低利润率的因素，除了通常所说的一些对利润率造成影响的因素，资本主义社会中还存在一些压低或抬高利润率的力量。[①]

布劳格（M. Blaug）也认为，马克思利润率下降规律不符合辩证法方法论原则。因为马克思指出，利润率是趋于下降的，但又指出同时存在几个因素阻止这一趋势，如劳动生产率比工资率增加更快、节约、资本主义的技术引进以及外贸扩展等。既然如此，这些因素的共同作用，利润率到底是下降还是上升，就不一定了。[②]

H. D. 迪金森（H. D. Dickinson）则使用了新古典经济学的分析工具来揭示资本有机构成和剥削率之间的关系。他认为，在实际工资保持不变的条件下，只有在极特殊的情况下，利润率才会下降（如当资本积累超过某一临界点），否则，一开始它将随着资本有机构成的提高而提高。[③]

米克（R. Meek）在 1960 年完全依靠大量的似乎合理的统计数字来说明问题，他的结论与迪金森的很相似，即利润率的变动"趋势"是先上升，经过一段时间以后开始下降。最初的上升越大，并且向下的转折越迟。[④]

萨缪尔森（Samuelson P A.）假设在没有连带生产或稀缺的自然资源，而且实际工资保持不变的条件下，如果一项技术革新确实被资本家所采用，利润率一定会上升。如果已知资本家的行为是理性的，那么不可能同时存在技术进步、实际工资不变和利润率下降三种情况。因此，如果技术进步没有增加实际工资，那么它一定提高了利润率。日本的经济学家置盐信雄对此提供了精确的证明，这个观点也被命名为置盐定理。[⑤]

---

① Sweezy P. M. , *The theory of capitalist development*：*principles of Marxian political economy*. New York：Oxford University Press, 1942；Baran P A. , *The Political Economy of Growth*. Harmondsworth：Penguin, 1973.

② 马克·布劳格《经济学方法论》，石士均译，商务印书馆 1992 年版。陈学明、张志孚：《当代国外马克思主义名著提要》中卷，重庆出版社 1997 年版。

③ Dickinson H. D. , "The Falling Rate of Profit In Marxian Economics", *The Review of Economic Studies*, Vol. 24, No. 2（1957）：120 – 130.

④ Meek R. , "The Falling Rate of Profit", *Science and Society*, Winter, 1960.

⑤ Samuelson P. A. , "Wages and Interest：A Modern Dissection of Marxian Economic Models", *American Economic Review*, Vol. 47（1957）：884 – 912.

罗宾逊夫人（Robinson J.）认为，资本积累和技术进步不一定意味着每人所用资本的增加。技术发明可以如同减少每个产品的劳动成本那样减少每个产品的资本成本，而且技术革新不一定都是资本密集型的，也可以是资本节约型的或资本劳动都节约的所谓中性的，因此有机构成不一定如马克思所说的那样在提高，现在和将来还可能在下降，而且在劳动生产力提高的情况下，虽然实际工资不变，但商品价值的下降降低了可变资本的价值，剥削率随之提高，这有助于抵制利润率的下降。[1]

美国学者约瑟夫·吉尔曼（Joseph Gillman）是惟一的用系统的统计资料来对马克思的利润率下降规律进行验证的人。他根据官方资料对美国 1849—1952 年间制造业的资本有机构成、剥削率和利润率作了统计验证后发现：在 1919 年前后利润率变动趋势发生明显的断裂，1919 年之前，资本有机构成和剥削率明显上升，但利润率变化不明显；1919 年后，这三个比率几乎都没有发生变化。[2]

英国学者鲍勃·罗松（Bob Rowthorn）则认为：现在常用的统计资料并不适于去测试马克思的假定，因为它们建立在不同的概念之上。罗松主张用资本产出率来代替马克思所说的技术构成这个概念，他用统计资料说明英、美、法等 11 个国家资本产出率在不断提高，但是他认为，与这种提高同时发生的劳动生产力提高，并未使得资本品的总价值也在增加，相反，因单位产品价值的下降，虽然每个工人所使用的物质设备在增加，但资本有机构成却并不在提高。[3]

国外经济学者和我国经济学者也对马克思主义的平均利润率下降规律进行了辩护。

克莱因（Lawrence R. Klein）把马克思的利润率公式 $s/(c+v)$ 改写为：$s/(c+v) = s[1-c/(c+v)]/v$ 之后，用第一次世界大战后资本主义经济繁荣阶段资本积累受益下降造成了 20 世纪 20 年代末 30 年代初的大危机这个事实

---

[1] Robinson J., *An Essay on Marxian Economics*. London：Macmillan，1962.

[2] Desai M., *Marxian Economics*. Basil Blackwell Press，1979.

[3] Rowthorn B., *Capitalism*，*Conflict & Inflation*：*Essays in Political Economy*. London：Lawrence and Wishart，1980.

来说明马克思有机构成提高造成利润率下降的正确性。[①]

曼德尔（Mandel）是用社会必要劳动时间随着新技术一次又一次地普遍使用而一次又一次地降低，来说明最先使用新技术的个别资本家所获得的超额利润的暂时性，以及整个社会资本家平均利润率的降低过程，并把这种过程看成为价值规律的客观作用。在曼德尔看来，积累是利润率的函数。在长期中，经济景气是由那些能够降低有机构成和提高剥削率的"触发因素"引起的。他认为利润率的波动主要是由于剥削率的改变，而剥削率的变化取决于阶级斗争，而不是技术变化。不仅如此，曼德尔还从流通领域对利润率下降进行了考察。曼德尔强调，资本主义的内在矛盾（作为经济增长放慢和崩溃的根源），不仅要在生产领域去找，而且要在流通领域去找。[②]

戴维·耶夫（Davis S. Yaffe）认为，由于存在反作用趋势，利润率下降不是线性的，某些时期只是以潜伏的形式出现，而在其他时期则表现得或强或弱，并以一个危机周期的形式表现出来。耶夫把资本主义危机看作是与利润率下降的长期趋势相对立的最强有力的反作用趋势，由于受相反趋势的影响，"崩溃"停滞的趋势因此采取了循环的形式，而现实中的危机不过是这一相反趋势的极端情况。[③]

龚维敬认为，在自由竞争资本主义条件下，平均利润率具有下降规律；在现代垄断资本主义条件下，垄断统治的加强并没有改变利润率下降规律。第二次世界大战结束以来，在资本高度集中、垄断统治不断加强的情况下，垄断资本主义利润率仍有着明显下降的趋势。20世纪70年代，资本主义进入滞胀阶段，垄断资本利润率下降趋势更为明显。这是因为现代科学技术的进步，社会劳动生产率很大程度的提高，使同等数量的劳动力可以推动不断增长的扩大再生产的固定资产和原材料生产更多的产品，各个部门的资本有机

---

① Klein L. R., "Theories of Effective Demand and Employment", *Journal of Political Economy*, Vol. 55 (1947).

② Mandel E., *Long Waves*. London: Verso, 1995.

③ Yaffe D. S., "The Marxian Theory of Crisis. Capital and the State", *Economy and Society*, Vol. 2 (1973).

构成都在迅速提高，利润率下降规律也必然会进一步发挥作用。①

王勇认为，马克思提出的资本主义平均利润率趋于下降规律揭示了资本主义工业经济的现实，然而随着知识经济的到来，由于知识资本在生产中相对独立和决定性地位的取得以及劳动力内涵及其价值决定的变化，使得可变资本的增长相对不再慢于而是快于不变资本的增长，资本有机构成趋于下降，资本主义平均利润率呈现上升趋势，但这一趋势不会改变资本主义积累的一般规律及趋势。②

以上研究成果可见，中外马克思主义经济学者无论是对经典马克思主义经济学者的质疑或辩护，其实质都是力图在新的时代背景下发展与创新马克思主义经济学。

但是，综观这些理论分析，我们可以发现这些研究成果存在两个方面的局限：一是他们关于平均利润率下降规律的质疑或辩护的基本出发点都是在不改变经典马克思主义平均利润率规律前提条件下的理论分析，如他们普遍都是在承认马克思关于资本有机构成提高，可变资本减少，剩余价值也减少这一逻辑框架下来证明或否定平均利润率下降规律的，这一研究结果往往或辩护性多于科学创新，或批判否定后而远离了马克思主义精髓思想，这两种情况都难以很好地发展马克思主义平均利润率规律理论。二是他们中间有些经济学者也注意到了经典马克思主义平均利润率规律的前提条件存在问题，如罗松就试图用资本产出率来代替马克思所说的技术构成概念，显然他的这一研究思路是对的，但是，他用资本产出率来代替的方法却值得商榷，如曼德尔就曾对用资本产出比率来代替马克思的资本有机构成的这一看法提出反对意见。此外，其他马克思主义经济学者并没有在这方面作出更好的发展与创新。

为此，本文试图在以上研究成果的基础上，着重对经典马克思主义平均利润率下降的重要前提条件，即资本有机构成进行解析与探讨，通过将劳动

---

① 龚维敬：《当代垄断资本主义经济》，上海三联书店1991年版，第253页。
② 王勇：《知识经济与资本主义平均利润率变动趋势》，载于《教学与研究》2001年第10期。

的主观条件变化引入资本有机构成体系的方法，将马克思的资本有机构成区分为绝对资本有机构成和相对资本有机构成，并采用时间序列的动态研究方法来重新构建马克思主义平均利润率规律的动态模型，以期用此来解释当代资本主义现实经济问题。

二、经典马克思主义平均利润率规律的理论框架

经典马克思主义经济学关于平均利润率下降规律理论的假定条件的抽象是基于 100 多年前 19 世纪初期资本主义经济发展的现实，这一时期经济的主要特征表现为：（1）科学技术进步对于劳动的客观条件（包括生产条件和自然条件）影响较大，而对劳动的主观条件要求并不高。（2）社会必要劳动时间动态变化并不十分明显，一单位自然社会必要劳动时间与另一单位自然社会必要劳动时间内在差异并不大。基于以上现实情况，马克思在考察平均利润率的变动规律时，仅注意到了科学技术进步对劳动客观条件的作用，而没有考虑到对劳动的主观条件的影响。因此，马克思在界定资本有机构成 $\left(\sigma = \dfrac{c}{v}\right)$ 这一经济范畴时，也仅考虑到了技术进步对不变资本的影响，而排除了技术进步对可变资本的影响，这样，资本有机构成提高就表现为不变资本量的提高和可变资本量的减少。可变资本价值减少直接导致生产的剩余价值量下降，进而利润量下降，这样，由利润量与预付资本总量决定的平均利润率必然呈下降趋势。

以上过程用一个传导机制可表示为：

$$F\uparrow \Rightarrow \sigma = \frac{c}{v}\uparrow \Rightarrow c\uparrow v\downarrow \Rightarrow M\downarrow \Rightarrow P\downarrow \Rightarrow \overline{P'_t}\downarrow$$

其中，F—技术进步，c—生产资料价值，v—可变资本价值，M—剩余价值，P—利润，$\overline{P'_t}$—平均利润率。

经典马克思主义平均利润率下降规律可以用数学模型做如下表述：

1. 经典马克思主义平均利润率下降规律的前提条件

（1）C 为预付资本，包括 c + v。

（2）技术进步仅影响劳动的客观条件，不影响劳动的主观条件。

（3）资本有机构成为 $\sigma = \dfrac{c}{v} = \left(\dfrac{\sigma}{\sigma+1}gC\right)\Big/\left(\dfrac{1}{\sigma+1}gC\right) = \theta gC/\bar{\omega}gC$，其中

$\theta = \dfrac{\sigma}{\sigma+1}$，$\bar{\omega} = \dfrac{1}{\sigma+1}$。

（4）剩余价值率 m′ 保持不变。

2. 经典马克思主义平均利润率下降规律的数学模型

平均利润率为：$\overline{P'_t} = \dfrac{\sum\limits_{n=1}^{N}M}{\sum\limits_{n=1}^{N}C} = \dfrac{\sum\limits_{n=1}^{N}m'gv}{\sum\limits_{n=1}^{N}C}$，N：代表 N 倍的单个资本。

如果假定社会预付资本总量（$\sum\limits_{n=1}^{N}C$）不变，在 m′ 不变的前提下，可变资本的总量直接由资本有机构成所决定，则：

$$\overline{P'_t} = \frac{\sum\limits_{n=1}^{N}M}{\sum\limits_{n=1}^{N}C} = \frac{\sum\limits_{n=1}^{N}m'gv}{\sum\limits_{n=1}^{N}C} = \frac{m'g\bar{\omega}\sum\limits_{n=1}^{N}C}{\sum\limits_{n=1}^{N}C} = m'g\bar{\omega}$$

所以，随着技术进步，资本有机构成逐渐提高，可变资本在整个预付资本中所占的比例减少，即 $\bar{\omega}$ 减少，继而平均利润率 $\overline{P'_t}$ 会呈下降趋势（如图 1 所示）。

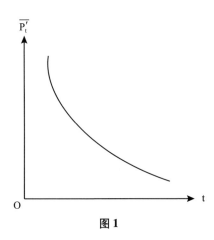

图 1

三、对经典马克思主义资本有机构成范畴的发展

现代西方资本主义经济社会，自马克思时代以后已经走过了 100 多年的历程，在这 100 多年里，科学技术水平已经有了极大的提高，尤其第三次技术革命是以电子计算机的发明和使用为标志的，同时开发了信息技术、新材料技术、能源技术、生物技术、空间技术，这不仅带来了劳动工具、劳动资料等这些劳动客观条件的巨大变革，而且也对劳动者本身以及劳动时间等这些劳动主观条件以及相关条件具有极大影响，表现为：劳动力的受教育程度有了较大提高，比重大大增加，复杂劳动与简单劳动的差距扩大，社会必要劳动时间的变化速度很快，而社会必要劳动时间的变化往往不是体现在外延的变化上，而更多是内涵的变化。

因此，在现代西方社会经济背景下，马克思主义经济学创新仅局限于经典理论框架之内是无法解释已经变化了经济实际，而必须根据当代资本主义经济发展的新实际情况，重新抽象出新的假定条件，并在新的假定条件下对马克思主义平均利润率规律理论进行创新与发展。

首先，根据现代资本主义经济发展实际，要将劳动的主观条件变化引入马克思资本有机构成的范畴之内。

劳动的主观条件是指劳动的熟练程度，劳动复杂程度以及科学技术在劳动力中运用程度和管理水平等。劳动的客观条件是生产资料的数量、质量、自然条件等。劳动生产率"是随着科学和技术的不断进步而不断发展的"，而科技进步对劳动生产率的影响主要是通过渗透到劳动的主观和客观条件之中对劳动生产率起作用，这其中劳动的主观因素——劳动者是决定因素，没有劳动者就没有人类劳动，也就不能创造出任何使用价值和价值，这是经典马克思主义经济学基本理论。只不过马克思在界定劳动生产率与价值之间关系时，由于历史条件的局限，没能将劳动主观条件变化这一背景条件抽象出来，而是将劳动的主观和客观条件的变化割裂开来了，以致经典理论体系对当代经济活动的解释力具有一定局限性。

为此，本文将在现代经济条件下，根据现实经济活动的实际将劳动主观

条件的变化作为一个重要假定条件从现实经济活动中抽象出来，并假定劳动客观条件变化必然会引起劳动主观条件的变化（两者变化的方向和幅度可能是不同的）。

其次，将可变资本支配的社会必要活劳动量区分为社会必要劳动意义上的劳动自然时间（外延尺度）和劳动密度时间（内涵尺度），从而可变资本也相应地区分为外延和内涵的可变资本。

劳动自然时间是用年、月、日、时、分、秒为单位进行计量的时间，其特点：（1）是有长度限度的时间，如1天就是24小时，不能无限延长；（2）同一劳动的6小时中每1小时质量都是无差别、均等的；（3）劳动时间的延长是外延性的，主要体现自然劳动时间的增加。

劳动密度时间是倍加的劳动自然时间，表现为相对一定的自然劳动时间，其劳动复杂程度、熟练程度、强度都发生了变化，其特点：（1）时间程度是无限的，它可以成千上万倍于自然劳动时间，即：$t' = \alpha t$［t'：密度（社会必要）劳动时间，t：自然（社会必要）劳动时间，α：倍数关系］。（2）同一劳动的不同单位自然劳动时间的劳动密度是不同，即1小时自然劳动时间与另一小时自然劳动时间相比，其密度时间可以是不同的。（3）劳动时间延长是内涵性的，即自然劳动时间不变，主要体现为劳动密度的提高。

经典马克思主义经济学由于受到劳动主观条件变化的限制，只注重横向的自然社会必要劳动（外延）与密度社会必要劳动（内涵）的差异，而没有注意到纵向自然社会必要劳动与密度社会必要劳动的差异，因此，其资本有机构成概念只能是绝对的资本有机构成$\left(\sigma = \dfrac{c}{v} \right)$。

本文将在上述假定条件下，将资本有机构成区分为绝对资本有机构成和相对资本有机构成。

绝对资本有机构成是指在劳动客观条件发生变化，而劳动主观条件没有变化条件下的资本有机构成的变化。即：$\sigma = \dfrac{c}{v}$。

因此，资本绝对有机构成提高，表现为随着社会科技进步和劳动生产率的提高，可变资本减少和不变资本增加的资本结构状态。

相对资本有机构成的变化是指劳动主观条件与劳动客观条件一起发生变化后的情况。这时虽然外延的可变资本与上一时期相比没有发生变化，但是由于可变资本所支配的活劳动量发生了变化（也就是劳动复杂程度、熟练程度、强度在提高），其可变资本的内涵与上一时期相比就发生了变化。如果，在其他条件不变的前提下，随着科技水平提高，资本有机构成相对上一个时期就可能是提高了。这样资本有机构成的范畴就不仅仅是不变资本与可变资本的比率，而是体现为本期与上期的比率，即：

$$\gamma = \frac{ct : \hat{v}_t}{ct-1 : \hat{v}_{t-1}}$$

（$\hat{v}_t$ 为内涵的可变资本）。

如果，我们仅考虑可变资本变动对资本有机构成的影响，上式可以写为：

$$\beta = \frac{\hat{v}_t}{\hat{v}_{t-1}}$$

四、马克思主义平均利润率规律的动态模型

在对经典马克思主义资本有机构成假定条件进行上述重新界定之后，我们可以在这一新的背景条件下构建一个创新型马克思主义平均利润率规律理论框架。

1. 动态模型假定条件

（1）技术进步不仅影响劳动的客观条件，同时也影响劳动的主观条件。

（2）社会必要劳动分为自然社会必要劳动和密度社会必要劳动，可变资本相应区分为外延可变资本（v_t）与内涵可变资本（$\hat{v}_t$）。

（3）资本区分为绝对资本有机构成$\left(\sigma = \dfrac{c}{v}\right)$和相对资本有机构成$\left(\beta = \dfrac{\hat{v}_t}{\hat{v}_{t-1}}\right)$。

（4）剩余价值率 m' 保持不变。

2. 预付资本总量不变条件下的平均利润率动态模型

用 v_t 表示 t 期外延式可变资本价值，$\hat{v}_t$ 表示 t 期内涵式可变资本价值，$\overline{P'_t}$ 表示 t 期的平均利润率，m' 不变，在 $\sum\limits_{n=1}^{N} C_t = \sum\limits_{n=1}^{N} C_{t-1}$ 的前提下，则：

$$\overline{P'_{t-1}} = \frac{\sum\limits_{n=1}^{N} M_{t-1}}{\sum\limits_{n=1}^{N} C_{t-1}} = \frac{\sum\limits_{n=1}^{N} m'g\hat{v}_{t-1}}{\sum\limits_{n=1}^{N} C_{t-1}} \qquad ①$$

$$\overline{P'_t} = \frac{\sum\limits_{n=1}^{N} M_t}{\sum\limits_{n=1}^{N} C_t} = \frac{\sum\limits_{n=1}^{N} m'g\hat{v}_t}{\sum\limits_{n=1}^{N} C_t} \qquad ②$$

$$\frac{\overline{P'_t}}{\overline{P'_{t-1}}} = \frac{\sum\limits_{n=1}^{N} \hat{v}_t}{\sum\limits_{n=1}^{N} \hat{v}_{t-1}} = \frac{\hat{v}_t}{\hat{v}_{t-1}} \Rightarrow \overline{P'_t} = \overline{P'_{t-1}}\, g\, \frac{\hat{v}_t}{\hat{v}_{t-1}} \qquad ③$$

即
$$\overline{P'_t} = \beta g \overline{P'_{t-1}} \qquad ④$$

那么根据可变资本的内涵价值与可变资本的外延价值变化幅度不同，平均利润率可表述为三种变动情况：（如图 2、3 所示）

（1）当 β > 1 时，即 $\frac{\hat{v}_t}{\hat{v}_{t-1}} > \frac{v_t}{v_{t-1}}$，$\overline{P'_t} > \overline{P'_{t-1}}$，技术进步导致相对资本有机构成增加，生产资料价值 c_t 增加，外延式可变资本价值 v_t 减少，然而由于可变资本的内涵价值 $\hat{v}_t$ 增加，然而 $\hat{v}_t$ 增加的幅度大于 v_t 减少的幅度，所以最终所生产的剩余价值是增加的，利润也增加，在预付总资本不变的情况下，平均利润率呈上升趋势。

（2）当 β < 1 时，即 $\frac{\hat{v}_t}{\hat{v}_{t-1}} < \frac{v_t}{v_{t-1}}$，$\overline{P'_t} < \overline{P'_{t-1}}$，$\hat{v}_t$ 增加的幅度小于 v_t 减少的幅度，所以最终所生产的剩余价值是减少的，利润也减少，在预付总资本不变的情况下，平均利润率呈下降趋势，这与马克思的论断是一致的。

（3）当 β = 1 时，即 $\frac{\hat{v}_t}{\hat{v}_{t-1}} \equiv \frac{v_t}{v_{t-1}}$，$\overline{P'_t} = \overline{P'_{t-1}}$，$\hat{v}_t$ 增加的幅度等于 v_t 减少的幅度，所以最终所生产的剩余价值是不变的，利润也不变，在预付总资本不变的情况下，平均利润率不变，长期看来是一条平行于横轴的直线。

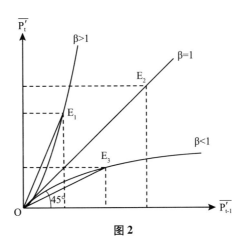

图2

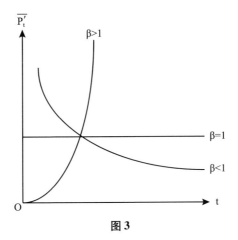

图3

3. 预付资本总量变化条件下的动态模型

当技术进步使得资本有机构成和预付资本价值同时增加时，平均利润率的动态变动规律也会出现不同的变化。具体而言：

$$\overline{P_t'} = \frac{\sum_{n=1}^{N} M_t}{\sum_{n=1}^{N} C_t} = \frac{\sum_{n=1}^{N} \hat{v}_t gm'}{\sum_{n=1}^{N} C_t} = \frac{m'g \sum_{n=1}^{N} \hat{v}_t}{\sum_{n=1}^{N} C_t} \qquad ⑤$$

$$\overline{P'_{t-1}} = \frac{\sum\limits_{n=1}^{N} M_{t-1}}{\sum\limits_{n=1}^{N} C_{t-1}} = \frac{\sum\limits_{n=1}^{N} \hat{v}_{t-1}gm'}{\sum\limits_{n=1}^{N} C_{t-1}} = \frac{m'g \sum\limits_{n=1}^{N} \hat{v}_{t-1}}{\sum\limits_{n=1}^{N} C_{t-1}} \qquad ⑥$$

$$\Rightarrow \frac{\overline{P'_t}}{\overline{P'_{t-1}}} = \frac{\sum\limits_{n=1}^{N} \hat{v}_t}{\sum\limits_{n=1}^{N} \hat{v}_{t-1}} g \frac{\sum\limits_{n=1}^{N} C_{t-1}}{\sum\limits_{n=1}^{N} C_t} = \frac{\hat{v}_t}{\hat{v}_{t-1}} g \frac{C_{t-1}}{C_t} = \phi,\ \text{即} \overline{P'_t} = \phi g \overline{P'_{t-1}} \qquad ⑦$$

因此，根据 ϕ 的取值，可以推断在预付资本可变的情况下，平均利润率的变动规律为以下三种情况：（如图 4、5 所示）

（1）当 $\phi > 1$ 时，即 $\dfrac{\hat{v}_t}{\hat{v}_{t-1}} > \dfrac{C_t}{C_{t-1}}$，$\overline{P'_t} > \overline{P'_{t-1}}$，科技进步使得内涵式可变资本价值的增加幅度大于全部预付资本的增加幅度，平均利润率上升。

（2）当 $\phi < 1$ 时，即 $\dfrac{\hat{v}_t}{\hat{v}_{t-1}} < \dfrac{C_t}{C_{t-1}}$，$\overline{P'_t} < \overline{P'_{t-1}}$，科技进步使得内涵式可变资本价值的增加幅度小于全部预付资本的增加幅度，平均利润率下降。

（3）当 $\phi = 1$ 时，即 $\dfrac{\hat{v}_t}{\hat{v}_{t-1}} = \dfrac{C_t}{C_{t-1}}$，$\overline{P'_t} = \overline{P'_{t-1}}$，科技进步使得内涵式可变资本价值的增加幅度等于全部预付资本的增加幅度，平均利润率不变。

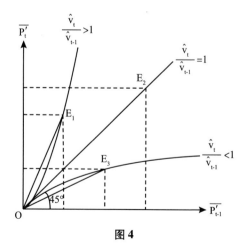

图 4

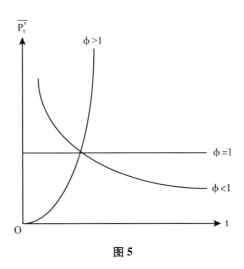

图 5

注：图 2 与图 4 大体是相似的，因为在考察平均利润率的时候，内涵式可变资本 $\hat{v}_t$ 和 $\hat{v}_{t-1}$ 直接影响剩余价值、利润和平均利润率，但由于图 4 中的平均利润率除了受到内涵式可变资本的影响之外，还受到不同时期的预付总资本的影响，因此两者的曲度应有所差异。而图 3 和图 5 种的 $\overline{P_t'}$ 走向虽然相似，但是其曲度也不一定相同，这完全取决 β 与 φ 的大小以及 $\overline{P_t'}$ 对时间 t 的反映程度。

五、结论与说明

以上可见，当我们将劳动的主观条件变化引入资本有机构成范畴之内，将马克思的资本构成区分为绝对资本有机构成和相对资本有机构成后，并采用时间序列的动态研究方法来重新构建马克思主义平均利润率规律的动态模型，就可以得出技术进步虽然导致不变资本 c 增加，外延式可变资本价值相对 v 减少，但由于内涵可变资本价值 $\hat{v}$ 的增加，剩余价值量和利润量也会增加的结论。这样资本有机构成的提高的结果并不一定导致平均利润率下降，而可能出现提高、下降、不变三种变化趋向，从而在新的时代条件下进一步发展了马克思主义平均利润率变动规律。

这一结论对现时代马克思主义经济学发展不仅具有重要的理论价值，而且还具有重要的实践意义。

按照经典马克思主义经济学逻辑，资本有机构成越高，等量资本所拥有的活劳动就越少，所创造的新价值就越少，剩余价值也越少，剩余价值与资本相比得出的利润率和平均利润率也越低，所以，资本主义平均利润率不断下降是一个规律，它也是资本主义经济走向灭亡的重要原因。在现代社会条件下，这一理论仍然可以解释西方资本主义经济衰退的原因，但无法解释资本主义经济持续增长的实际情况。如美国采矿及原油业 1961—1970 年的利润率为 12.3%，1970—1980 年利润率却提高了 17%。这是现时代经典马克思主义经济学所面临的重要挑战之一。

本文所构建的马克思主义平均利润率下降规律的模型，可以解释为，在劳动主观条件变化的假定条件下，劳动生产率提高后，由于劳动密度的增强（内涵式可变资本增加），在单位自然劳动时间里，价值和使用价值是同方向增长的，那么，在劳动力价值不变的条件下，剩余价值量、利润量以及平均利润率不仅会增加，而且将增加得更快。

同时，还可以解释现代资本主义社会随着技术进步就业率提高的事实，这是因为，相对资本有机构成的提高不仅意味着不变资本增加，也意味可变资本增加，这时如果不变资本与可变资本提高幅度基本一致，就业率不会发生变化，如果可变资本提高的幅度高于不变资本提高的幅度还会提高就业率。

还证明了生产资料优先增长规律的局限性，即技术进步对经济增长的影响作用，可以同时体现在生产资料生产的增长与生活资料生产增长上面。

由此可见，在新的假定条件背景下，马克思平均利润率变动规律的动态模型以及相关理论体系可以解释西方社会在新的现实经济活动中出现的一些新的情况和新的问题。当然，这也仅是马克思主义经济学的另一状态，经典马克思主义经济学平均利润率变动规律仍然可以解释满足其假定条件的一切问题和情况。不过，由于马克思主义经济学是一个开放的、与时俱进的科学理论体系，因此，马克思主义经济学在未来新的时代背景下，随着社会经济现实的变化，其经典理论还会被不断创新与发展，这也是马克思主义经济学具有强大生命力的原因。

（原文发表于《海派经济学》2006 年第 16 辑）

引入金融资本的一般利润率及其衡量：一个再考察

周　永[*]

一、引言

马克思以产业资本为主体来阐述他的利润率平均化理论，同时论述了商业资本也参与利润率平均化从而获得平均利润，但在一般利润率的衡量公式中，他却并没有将商业资本纳入进来。后来的马克思主义学者将商业资本和金融资本依次纳入利润率的平均化过程，从而形成包括商业资本和金融资本在内的一般利润率衡量公式，如法因（Fine）[①]、诺菲尔德（Norfield）[②]、弗里曼（Freeman）[③] 等。但对金融资本是否应当参与利润率平均化，并纳入一般利润率的衡量公式，金融资本的利息是否计入总利润，金融投资形成的资产是否计入预付资本，以及利润率衡量公式的分子与分母构成范围应当如何界定，学者们产生了较大的分歧。

关于金融资本的利润率平均化问题的分歧，归纳起来大致有三种意见。一是认为金融资本（或银行资本）不参与利润率平均化，主要代表如张晨[④]、莫斯里（Moseley）[⑤]、谢富胜等[⑥]。二是认为银行部门以自有资本参与利润率

* 周永：上海财经大学马克思主义学院。

① B. Fine. Banking capital and the theory of interest. *Science and Society*，1985，49（4）.

② Norfield T.，"Value theory and finance"，*Research in Political Economy*，ed. Zerembka P. Emerald Group Publishing，Vol. 28（2013）.

③ 阿兰·弗里曼：《出现金融市场以后的利润率：一个必要的修正》，李亚伟译，载于《清华政治经济学报》2013 年第 1 卷。

④ 张晨：《银行资本也参与平均利润的形成吗：与蒋学模同志商榷》，载于《理论探讨》1987 年第 3 期。

⑤ Moseley F.，The Falling Rate of Profit in the Postwar United States Economy. New York：St. Martin's Press，1991.

⑥ 谢富胜、郑琛：《如何从经验上估算利润率》，载于《当代经济研究》2016 年第 4 期。

平均化，持这种观点的学者占大多数，如刘海民[①]、希法亭[②]、肖斌[③]、冯登艳[④]等。三是认为银行部门以总资本参与利润率平均化，如诺菲尔德（Norfield）[⑤]、弗里曼[⑥]、孟捷等[⑦]等。在认同金融资本参与利润率平均化的同时，部分国内外学者对金融资本与一般利润率的关系进行了相关研究。一部分学者认为金融资本的增加将降低整个经济的一般利润率：谢富胜等人认为金融化导致"非金融企业越来越依赖负债和发行股票等外部融资渠道来获得资本再生产所需要的现金流来维持积累和一定水平的利润率"，同时"必须将越来越多的实体经济利润用于支付利息和股息"，这最终将导致"非金融企业部门参与金融活动后的利润率的周期波动和长期下降"[⑧]。"金融本身并不产生新价值，其利润最终来源于产业资本的积累，因而金融业的持续发展依赖于新价值的不断流入。当产业资本越来越多地参与金融投机时，新价值的创造将被削弱"，这将使整体利润率下降[⑨]。弗里曼认为"（包含了金融工具的）新的利润率衡量方法揭示了自 20 世纪 60 年代后期以来，这些国家的利润率一般的、系统的和不间断的下降"，"一旦其他形式的资本——商业、银行和土地——进入平均化过程，它们就成为了这些资本'逐渐'投入的替代性选择，并降低全体社会资本的平均收益率"[⑩]。孟捷等认同弗里曼对一般利润率的修正及金融资本会降低一般利润率的论断：可交易金融资产越庞大，利润率的

① 刘海民：《银行自有资本参与利润平均化：对张晨同志质疑的补充》，载于《理论探讨》1988年第 2 期。

② ［德］鲁道夫·希法亭：《金融资本》，福民译，商务印书馆 1994 年版。

③ 肖斌：《金融化进程中的资本主义经济运行透视》，西南财经大学 2013 年博士学位论文。

④ 冯登艳、余金轩：《马克思平均利润与银行利润理论的现实意义》，载于《征信》2015 年第 8 期。

⑤ Norfield T. ，"Value theory and finance"，*Research in Political Economy*，ed. Zerembka P. Emerald Group Publishing，Vol. 28（2013）.

⑥ 阿兰·弗里曼：《出现金融市场以后的利润率：一个必要的修正》，李亚伟译，载于《清华政治经济学报》2013 年第 1 卷。

⑦ 孟捷、李亚伟、唐毅南：《金融化与利润率的政治经济学研究》，载于《经济学动态》2014 年第 6 期。

⑧⑨ 谢富胜、李安、朱安东：《马克思主义危机理论和 1975—2008 年美国经济的利润率》，载于《中国社会科学》2010 年第 5 期。

⑩ 阿兰·弗里曼：《出现金融市场以后的利润率：一个必要的修正》，李亚伟译，载于《清华政治经济学报》2013 年第 1 卷。

分母相对于分子也就越大，利润率也就越趋于下降。① 雷新途等分析了中国企业的金融化现状，探讨了金融化对企业收益的影响，认为公司金融化程度加深有损实体资产利润率，最终伤害总体资产收益水平。②

另一部分学者认为金融资本的增加不一定会降低一般利润率。朱东波，任力认为金融资本的增加（实体经济中产业资本转化为金融资本）在短期内会提高平均利润率，一旦超过必要的限度，则会降低平均利润率③。鲁保林认为 20 世纪 70 年代以来，金融资本与新自由主义及全球化结合，使"劳动份额受到挤压，利润份额得以扩张并能阻止利润率下降，甚至在一定时期里推动利润率上升"④。

还有少数学者在研究金融资本与利润率的关系时，没有明确探讨金融资本是否会导致利润率变化。肖斌认为 20 世纪 80 年代之前（也就是金融化之前），金融利润也受平均利润的调节，"金融部门的利润率与平均利润率大致趋同"，"在金融化进程中，金融部门参与利润分配的份额明显提高，在总体上，金融部门的利润率已经超过了平均利润率"⑤。更进一步地，肖斌将金融部门的资本按职能分为四个部分，并分别分析其与平均利润的关系：认为金融部门的货币经营资本唯一参与平均利润的形成；包含借贷资本在内的生息资本要获得平均利息，不参与平均利润的形成；金融创业资本和金融投机资本分别获得创业利润和投机利润，都属于金融部门超额利润的一种形式，因此二者都不参与平均利润的形成⑥。赵峰、马慎萧认为金融资本"以利息率的形式分割经济部门平均利润率"，"社会平均利润率始终介于利息率和企

① 孟捷、李亚伟、唐毅南：《金融化与利润率的政治经济学研究》，载于《经济学动态》2014 年第 6 期。

② 雷新途、朱容成、黄盈莹：《企业金融化程度、诱发因素与经济后果研究》，载于《华东经济管理》2020 年第 1 期。

③ 朱东波、任力：《"金融化"的马克思主义经济学研究》，载于《经济学家》2017 年第 12 期。

④ 鲁保林：《劳动挤压与利润率复苏——兼论全球化金融化的新自由主义积累体制》，载于《教学与研究》2018 年第 2 期。

⑤⑥ 肖斌：《金融化进程中的资本主义经济运行透视》，西南财经大学 2013 年博士学位论文。

业利润率 ①之间"②。

　　关于利润率衡量公式分子的构成，学者的分歧可以概述为两个问题：分子应该包含所有部门的企业利润，还是只包含非金融部门的企业利润？分子是否应该包含利息？针对第一个问题，大多数学者认为分子应该包含所有部门的企业利润，而莫斯里和莫亨（Mohun）等学者认为分子应只包含非金融部门的企业利润。针对第二个问题，学者在经验研究中基于不同的研究目的，会采用不同口径的利润定义，在宽口径利润中，是包含利息的，也是最接近马克思的剩余价值定义③。而孟捷等认为在对利润率进行理论衡量时应从分子中扣除利息，同时在分母中扣除利息对应的生息资本。他的理由是只有这样来定义利润率才能反映金融资本纯粹因从事金融资产的积累而实现的价值增殖，并与通过存贷中介活动而产生的收益区分开来④。

　　关于利润率衡量公式分母的构成问题，学者的分歧可以概括为三个问题：金融资本是以总资产还是以净资产进入预付资本？预付资本是否应该包括金融投资和交易所占用（或形成）的资产？预付资本是否应该只包含生产性资本？关于第一个问题，孟捷等、弗里曼认为应以金融总资产作为金融部门的预付资本⑤，而刘海民、希法亭、肖斌、冯登艳等、迪梅尼尔和列维（Dumenil and Levy）、巴基尔和坎贝尔（Bakir and Campbell）等学者认为应以金融净资产（或自有资本）作为金融部门的预付资本。⑥ 关于第二个问题，大多数学

---

　　① 赵峰、马慎萧（2015）定义的企业利润率等于扣除利息后的企业利润除以企业净资本。

　　② 赵峰、马慎萧：《金融资本、职能资本与资本主义的金融化——马克思主义的理论和美国的现实》，载于《马克思主义研究》2015 年第 2 期。

　　③ 谢富胜、郑琛：《如何从经验上估算利润率》，载于《当代经济研究》2016 年第 4 期。

　　④ 孟捷、李亚伟、唐毅南：《金融化与利润率的政治经济学研究》，载于《经济学动态》2014 年第 6 期。

　　⑤ 孟捷、李亚伟、唐毅南：《金融化与利润率的政治经济学研究》，载于《经济学动态》2014 年第 6 期；阿兰·弗里曼：《出现金融市场以后的利润率：一个必要的修正》，李亚伟译，载于《清华政治经济学报》2013 年第 1 卷。

　　⑥ 刘海民：《银行自有资本参与利润平均化：对张晨同志质疑的补充》，载于《理论探讨》1988 年第 2 期；［德］鲁道夫·希法亭：《金融资本》，福民译，商务印书馆1994年版；肖斌：《金融化进程中的资本主义经济运行透视》，西南财经大学2013 年博士学位论文；冯登艳、佘金轩：《马克思平均利润与银行利润理论的现实意义》，载于《征信》2015 年第 8 期；Bakir E.，Campbell A.，"The Financial Rate of Profit：What Is It，and How Has It Behaved in the United States"，*Review of Radical Political Economics*，Vol. 45，No. 3（2013）．

者在预付资本中没有考虑金融投资和交易所形成的资产，但弗里曼认为当这些资产作为货币资本发挥作用时，它们进入利润率的平均化过程。它们构成了资产阶级的一部分预付资本，因而应当被包括在利润率的分母中①。孟捷等也认同弗里曼的这个观点。② 关于第三个问题，大多数学者认为预付资本包含生产性资本与非生产性资本，而莫斯里和谢富胜等则认为预付资本应该只包含生产性资本。③

关于利润率衡量的分歧还包括：预付资本是否包括可变资本以及如何计算可变资本，预付资本中的固定资本是以历史成本还是重置成本来估算，总利润是否应该包含非生产性工人的工资，利润与预付资本在具体的经验研究中应该采用哪种口径等问题。这类问题是具体研究中纯粹的经验衡量问题，本文只讨论利润率的理论衡量问题，因而这类问题不在本文的讨论范围。

以上关于利润率的理论衡量问题，通过梳理可以归纳为三类问题：解决了"金融资本是否参与利润率平均化？"这个问题，则"分子应该包含所有部门的企业利润，还是只包含非金融部门的企业利润？"以及"预付资本是否应该只包含生产性资本？"这两个问题就相应得到解决，因而可以归为第一类问题，即金融资本是否参与问题；解决了"金融资本（或银行资本）怎样参与利润率平均化？"问题，则"金融资本是以总资产还是以净资产进入预付资本？"这一问题也将迎刃而解，因而这两个问题也可以归为第二类问题，即金融资本参与方式问题；"分子是否应该包含利息？"与"预付资本是否应该包括金融投资和交易所占用或形成的资产？"则涉及各部门的利润与预付资本界定问题，因而可以归为第三类问题，即利润与预付资本界定问题。

马克思的利润率衡量公式仅仅只是一个简单的定义式，缺乏对分子和分母构成范围的理论界定，因而无法直接应用于具体的经验研究，这是学者们

① 阿兰·弗里曼：《出现金融市场以后的利润率：一个必要的修正》，李亚伟译，载于《清华政治经济学报》2013 年第 1 卷。

② 孟捷、李亚伟、唐毅南：《金融化与利润率的政治经济学研究》，载于《经济学动态》2014 年第 6 期。

③ Moseley F. , The Falling Rate of Profit in the Postwar United States Economy. New York：St. Martin's Press，1991；谢富胜、郑琛：《如何从经验上估算利润率》，载于《当代经济研究》2016 年第 4 期。

在一般利润率衡量的相关研究中产生分歧的主要原因。此外，马克思没有涉及金融资本是否参与以及如何参与利润平均化的相关论述，因而在利润平均化完成形态的一般利润率的衡量研究中，是否应该纳入金融资本，由于缺乏马克思理论的文本依据，所以也存在较大的争议。

因此，本文首先对金融资本是否参与利润率平均化，以及怎样参与利润率平均化的问题进行重新审视，然后对利润率衡量公式的分子与分母的构成项目和范围进行考察与理论界定，在此基础上，通过构建一般利润率衡量的数理模型，试图对一般利润率的衡量公式作进一步阐释和发展，并在衡量利润率的两种资本尺度下对利润率平均化进行两种表述。

二、针对金融资本的利润率平均化问题考察

（一）金融资本是否参与利润率平均化

马克思在《资本论》第 3 卷中阐述了他的利润率平均化理论，认为"不同生产部门中占统治地位的利润率，本来是极不相同的。这些不同的利润率，通过竞争而平均化为一般利润率，而一般利润率就是所有这些不同利润率的平均数"①。"一般利润率不仅由每个部门的平均利润率决定，而且还由总资本在不同特殊部门之间的分配决定"②。"而这（利润率平均化为一般利润率）是通过资本从一个部门不断地转移到利润暂时高于平均利润的另一个部门来实现的"③。马克思认为不仅生产部门参与利润率平均化，而且商业部门也参与利润率平均化："不管资本是作为产业资本投在生产领域内，还是作为商业资本投在流通领域内，它都会按照它的数量比例，提供相同的年平均利润"④。"在这里，基本观念是平均利润本身，是等量资本必须在相同时间内提供等量

---

① 《资本论》第 3 卷，人民出版社 2004 年版，第 177 页。
② 《资本论》第 3 卷，人民出版社 2004 年版，第 189 页。
③ 《资本论》第 3 卷，人民出版社 2004 年版，第 230 页。
④ 《资本论》第 3 卷，人民出版社 2004 年版，第 377 页。

利润。"① 马克思的利润率平均化理论可以表述为：在产业资本和商业资本参与的领域中，等量资本获得等量利润。

关于金融资本，马克思只论述了银行资本通过贷出货币资本而获得的利息是剩余价值从而是平均利润的一部分，却没有涉及银行资本是否参与利润率平均化，因而后人对金融资本是否参与，以及怎样参与利润率平均化，产生了不同的看法，这影响了他们都对一般利润率的衡量方法。认为金融资本不参与利润率平均化的学者的主要代表是张晨、莫斯里和谢富胜。张晨认为银行吸收的存款形成银行的借贷资本，并通过借贷关系转化为职能资本家的职能资本，并在职能资本家那里发挥作用并参与利润率平均化，而在银行家那里借贷资本只是作为货币索取权证书存在，因而不参与利润率平均化。银行资本的自有部分参与同工商业资本的竞争，这种竞争不形成利润率，而是创造利息率。并通过数字例子来说明一定的利息率除以自有资本得到的银行利润率相当于社会平均利润率。因此，"无论是银行的自有资本，还是吸收的存款都不参与平均利润的形成，银行信用对利润率平均化仅起中介作用"②。

张晨的理由，前一部分是正确的，借贷资本通过借贷关系取得双重存在，但只能在职能资本家那里作为职能资本参与利润率平均化。但他的后一部分论述，银行自有资本也不参与利润率平均化是错误的。银行自有资本（一部分用于银行经营费用的开支，另一部分用于对外贷款）虽然不能直接获得利润，但是却可以通过杠杆率（即自有资本与全部银行资本的比率）获得由存贷业务的利息差所带来的平均利润③。此外，银行也可以通过金融服务业务来直接获得平均利润，正如孟捷所说，银行有能力取得平均利润的前提不在于

---

① 《资本论》第 3 卷，人民出版社 2004 年版，第 232 页。

② 张晨：《银行资本也参与平均利润的形成吗：与蒋学模同志商榷》，载于《理论探讨》1987 年第 3 期。

③ 刘海民：《银行自有资本参与利润平均化：对张晨同志质疑的补充》，载于《理论探讨》1988 年第 2 期。

提供贷款，而在于它们开展的其他类型的价值增殖业务（即金融服务业务）①。因而银行资本应该参与利润率平均化，并获得平均利润。只是并非所有的银行资本都可以获得平均利润，至少借贷资本不能获得平均利润。

莫斯里和谢富胜也不支持金融资本参与利润率平均化。莫斯里从生产与非生产性劳动出发，来界定生产性资本和非生产性资本，认为非生产性资本（包含金融资本）不创造价值，不能从产品价值中得到补偿，只是参与了剩余价值的分配。所以一般利润率衡量公式的分母即预付总资本应只包含生产性资本②。谢富胜等表达了与莫斯里相同的看法，认为估算利润率时界定的生产性部门应为非金融企业部门，金融部门的收入来自剩余价值的分割，故金融资本不应纳入利润率衡量公式的分母中③。

莫斯里和谢富胜等人的观点坚持了传统政治经济学保守一派的看法，但却与当前金融化条件下资本积累的新方式不相适应。这里我们引用孟捷关于金融化条件下支持金融资本参与利润率平均化的三个理由："第一，在金融化条件下，资本积累采取了两种形式，即一方面投资于实体经济，另一方面投资于金融资产。第二，银行等金融机构的业务已逾出了存贷中介的范围，转而从事各种以收费为主的业务以及证券发行和转销。第三，非金融类公司也日益通过金融投资来获取利润，从而淡化了非金融类公司和金融类公司的区别"④。正因为如此，在金融化背景下，资本无论投资于工商业部门还是投资于金融部门，都有权获得平均利润。

此外，曼德尔（Ernest Mandel）考虑了垄断因素会影响利润率的平均化，认为垄断资本主义经济中存在两种平均利润率，一种是在垄断部门内通行的

①　孟捷、李亚伟、唐毅南：《金融化与利润率的政治经济学研究》，载于《经济学动态》2014 年第 6 期。

②　Moseley F. , "The falling rate of profit in the postwar United States economy", New York：St. Martin's Press, 1991.

③　谢富胜、郑琛：《如何从经验上估算利润率》，载于《当代经济研究》2016 年第 4 期。

④　孟捷、李亚伟、唐毅南：《金融化与利润率的政治经济学研究》，载于《经济学动态》2014 年第 6 期。

平均利润率，另一种是在非垄断部门内通行的平均利润率。[1] 基于曼德尔等人的观点，部分学者认为在考察平均利润率时，应该将金融部门与非金融部门分开，并分别计算平均利润率。[2] 另一部分学者，暂时忽略垄断因素对利润率平均化的影响，将金融部门与非金融部门合并起来考察，通过对传统的利润率公式进行修正得到包含了金融变量的一般利润率。[3] 虽然现实中垄断因素确实存在并且会影响平均利润率，但考虑到金融化条件下非金融部门也参与金融投资与交易活动，金融部门与非金融部门之间并不存在清晰的界限，况且垄断因素同时存在于金融部门与非金融部门，无法单独区分垄断因素的影响。因此，本文不考虑垄断因素对利润率平均化的影响，假定整个经济中仅存在一个通行的一般利润率。

基于上述分析，本文认为金融资本也应当参与利润率平均化，从而解决了利润率衡量的第一类分歧——金融资本是否参与的问题。在确定了金融化背景下金融资本参与利润率平均化之后，接下来讨论金融资本以怎样的方式参与利润率平均化。

（二）金融资本怎样参与利润率平均化

金融资本同商业资本一样都不创造价值，因而它们获得的利润来自对产业部门生产的剩余价值的占有和转移。在探讨金融资本怎样参与利润率平均化之前，首先介绍商业资本如何参与利润率平均化，并如何纳入一般利润率的衡量公式。

虽然马克思阐明了商业资本也参与利润率平均化，但在其一般利润率的衡量公式中，却并没有将商业资本纳入进来。马克思定义的利润率是剩余价

① 孟捷、李亚伟、唐毅南：《金融化与利润率的政治经济学研究》，载于《经济学动态》2014 年第 6 期。

② 谢富胜、李安、朱安东：《马克思主义危机理论和 1975—2008 年美国经济的利润率》，载于《中国社会科学》2010 年第 5 期；Bakir E，Campbell A.，"The financial Rate of Profit：What Is It，and How Has It Behaved in the United States"，*Review of Radical Political Economics*，Vol. 45，No. 3（2013）.

③ Norfield T.，"Value theory and finance"，*Research in Political Economy*，ed. Zerembka P. Emerald Group Publishing，Vol. 28（2013）；阿兰·弗里曼：《出现金融市场以后的利润率：一个必要的修正》，李亚伟译，载于《清华政治经济学报》，2013 年第 1 卷。

值与产业全部预付资本（即产业总预付资本）的比率，其利润率公式表示为①：

$$r = \frac{m}{C} = \frac{m}{c + v}$$

其中，m 表示剩余价值，C 表示产业总预付资本的价值，c 和 v 分别表示生产中消耗的不变资本和可变资本的价值。马克思的利润率明显是以产业全部预付资本即产业总（预付）资本为尺度的，"在利润率中，剩余价值是按总资本计算的，是以总资本为尺度的"。②

马克思在《资本论》第 3 卷第 14 章中用一个数字例子阐述了商业资本如何参与利润率平均化③。法因基于马克思的这个例子，建立起产业资本和商业资本共同参与的利润率平均化模型：

$$(C + V)(1 + r) + Br + K(1 + r) = C + V + S = W$$

通过求解，从而得到包含产业资本和商业资本的一般利润率衡量公式（Fine）④：

$$r = \frac{S - K}{C + V + B + K}$$

其中 S 表示剩余价值，B 表示直接投在商品买卖上的资本即用来购买商品的商业货币资本的价值，K 是用于楼宇、商业工人等项开支的商业资本价值，包含商业活动消耗的不变资本和可变资本的价值。由于该利润率衡量公式是在马克思的相关论述基础上提出的，因而得到了绝大多数学者的认可。

一旦涉及金融资本如何参与利润率平均化，以及包含金融资本在内的一般利润率的衡量问题，学者就难以达成一致意见。这是因为马克思虽然论述了银行资本通过贷出货币资本而获得的利息是剩余价值从而平均利润的一部分，但是却没有论述银行资本是否参与以及怎样参与利润率平均化，因而其一般利润率衡量公式也没有将银行资本包含在内。后来马克思主义学者相继

---

① 《资本论》第 3 卷，人民出版社 2004 年版，第 51 页。
② 《资本论》第 3 卷，人民出版社 2004 年版，第 187 页。
③ 《资本论》第 3 卷，人民出版社 2004 年版，第 317 – 319 页。
④ Fine B., "Banking Capital and the Theory of Interest", *Science and Society*, Vol. 49, No. 4 (1985).

探讨了金融化条件下金融资本如何参与利润率平均化，并提出了包含金融资本在内的一般利润率的衡量公式。典型的代表如诺菲尔德和弗里曼等人[①]。诺菲尔德将法因的利润率公式进一步引入金融资本，建立起有金融资本参与的利润率平均化模型：

$$(C + V)(1 + r) + Br + K(1 + r) + E(1 + r) = C + V + S = W$$

或 $(C_1 + C_2 + V_1 + V_2)(1 + r) + (B_1 + B_2)r + (K_1 + K_2)(1 + r) + E(1 + r) = C + V + S = W$

求解方程，可以得到包含产业资本、商业资本和金融资本在内的一般利润率衡量公式[②]：

$$r = \frac{S - K - E}{C + V + B + K + E}$$

或

$$r = \frac{S - K - E}{C_1 + V_1 + B_1 + K_1 + D + E}$$

其中 S、C、V、B、K 与法因的符号一样，E 表示银行的股本或自有资本，且等于银行部门耗费的不变资本与可变资本，D 表示银行存款和非银行部门的借款净额，并且等于产业部门和商业部门向银行借入的资金，即贷款。$C = C_1 + C_2$，$V = V_1 + V_2$，$B = B_1 + B_2$，$K = K_1 + K_2$，且 $D = C_2 + V_2 + B_2 + K_2$，下标 1 表示资本家自有资本预付的产业不变资本、产业可变资本、商业货币资本、商业经营资本，下标 2 表示资本家通过向银行部门借入资金而支付的相应资本。

诺菲尔德的利润率平均化模型假定了金融部门只从事存贷款业务，而不开展其他业务，并且不考虑金融部门与家庭之间的业务。从他的利润率平均化模型中，可以看到金融资本中的借贷资本（或生息资本）通过借贷给工商部门转化为工商部门的职能资本发挥作用，并作为工商部门的预付资本的一

———————

① Norfield T.，"Value theory and finance"，*Research in Political Economy*，ed. Zerembka P. Emerald Group Publishing，Vol. 28（2013）；阿兰·弗里曼：《出现金融市场以后的利润率：一个必要的修正》，李亚伟译，载于《清华政治经济学报》2013 年第 1 卷。

② Norfield T.，"Value theory and finance"，*Research in Political Economy*，ed. Zerembka P. Emerald Group Publishing，Vol. 28（2013）；孟捷、李亚伟、唐毅南：《金融化与利润率的政治经济学研究》，载于《经济学动态》2014 年第 6 期。

部分参与利润率平均化。因而，金融资本是在扣除借贷资本后表现为金融自有资本，它作为金融部门的预付资本从而参与利润率的平均化过程。因此，金融资本并不是以总资产来参与利润率平均化的，因为在参与之前，要先扣除借贷资本，否则就会重复计算：既作为工商部门的预付资本获得一次平均利润，又作为金融部门的预付资本获得一次平均利润，这一点张晨①也分析过。这是反驳金融资本以总资产参与利润率平均化的一个重要理由。这并不意味着我们赞同金融资本以净资产（或自有资本）参与利润率平均化。因为诺菲尔德这里没有考虑金融部门开展的金融服务业务和证券投资交易业务，所以他那里金融总资产扣除借贷资本后就只剩下自有资本（或净资产）了。我们不赞同金融资本以净资产（或自有资本）参与利润率平均化的主要原因是，金融部门的资产只有少部分是自有资本形成的，大部分是由负债形成的，这些资产（扣除借贷资本之后）是金融部门获得平均利润的前提②，当然本文认为还要扣除证券投资交易形成的资产，这会在下一节具体分析。

弗里曼认为金融化背景下金融活动已成为资本积累的一种替代途径，"利润率的'完成形态'（即一般利润率）并不排除商业、金融和土地资本"③，并将证券投资和交易所占用的资本纳入预付资本中，从而提出了包含金融资产在内的利润率衡量公式：

$$利润率 = \frac{利润}{固定资本存量 + 金融资产}$$

其中固定资本存量是预付资本的代理指标，包含金融企业与非金融企业的固定资本存量。金融资产包含了金融企业与非金融企业持有的金融资产。这里的金融资产是指证券投资和交易形成的资产，不同于传统意义上金融部门的资本，即金融资本。

① 张晨：《银行资本也参与平均利润的形成吗：与蒋学模同志商榷》，载于《理论探讨》1987 年第 3 期。

② 孟捷文章中也有类似的观点，但他是支持金融资本以总资产计入预付资本并获得平均利润的，参见：孟捷、李亚伟、唐毅南：《金融化与利润率的政治经济学研究》，载于《经济学动态》2014 年第 6 期。

③ 阿兰·弗里曼：《出现金融市场以后的利润率：一个必要的修正》，李亚伟译，载于《清华政治经济学报》，2013 年第 1 卷。

弗里曼的一般利润率衡量公式与诺菲尔德公式的不同之处在于，预付总资本中加入了金融资产。大多数马克思主义学者的利润率衡量公式是不包含金融资产（这里指证券投资和交易形成的资产）。弗里曼之所以将金融资产加入预付资本，其理由是："资本家预付的资本束缚在资本循环的各个阶段，不只是机器、厂房、原材料和存货，还包括货币余额、货币贮藏和金融投资。即使在相关的资本被闲置时也是如此；货币在这一方面与存货或者未售商品存量没有区别"。① 银行的资本除了在物理意义上的"资本"，比如建筑物、电脑、运钞车和软件等之外，最重要的资产是"大量的货币，或者可以兑换成货币的可交易工具，它们在银行开展业务的过程中不断积累。……银行利用它们来增加可支配的价值，它们是银行的资本。因此，它们应当被包括在利润率的分母当中"。②

弗里曼的金融资产包含金融企业与非金融企业持有的金融资产，他认为"假设一种货币资产在银行的手中构成资本，而在一个石油公司的手中则不构成资本，是不合逻辑和不一致的。因此，我们转向整个企业部门对金融资产的购置和持有。""这些金融资产在非银行机构手中和在银行手中一样构成资产。……为保持一致，应当把所有的货币金融资产都看作资本，只要它们在资本家的手中"。③ 本文也认同这一点，非金融企业总资产里也包含证券投资和交易形成的金融资产，并且与金融企业总资产中包含的金融资产属于同一性质的资本。与弗里曼不同的是，本文不认为金融资产同企业的其他资本一样，都可以获得平均利润。可以简单概括为两个方面的理由：一是金融资产中的长期证券投资形成的资产（包括长期股票投资和长期债券投资），虽然可以获得平均利润，但是同金融部门的借贷资本情况类似，已计入被投资企业的预付资本，并在被投资企业那里参与利润率平均化，从而获得平均利润，因而不可能再重复计入投资企业的预付资本。二是金融资产中的短期证券交易形成的资产（包括二级市场上的股票和债券交易，以及衍生金融工具的交

---

①②③　阿兰·弗里曼：《出现金融市场以后的利润率：一个必要的修正》，李亚伟译，载于《清华政治经济学报》，2013 年第 1 卷。

易形成的资产）不能获得平均利润。因为短期证券交易，同长期证券投资（依靠被投资企业的发展获得相当于利润的投资收益）不同，不能获得稳定的收益，其获得的收益是另一方交易的损失。因此，金融资本无论是总资产还是净资产都不能直接等于预付资本，从而不能获得平均利润。金融部门的总资产要扣除借贷资本和证券投资与交易形成的金融资产后才能计入本部门的预付资本，并参与利润率平均化，从而获得平均利润。这对于非金融部门同样适用。

诺菲尔德的一般利润率衡量公式实际上还隐含了工商业不参与证券投资交易活动的假设，因为在马克思那个时代资本金融化的现象还不普遍。而弗里曼则看到了在金融化条件下，金融部门与非金融部门通过证券投资和交易形成大量金融资产这种普遍现象，因而认定这些金融资产也应当与其他资本一样，参与利润率的平均化过程，并构成一部分预付资本。他的错误之处在于没有看到这些金融资产中的一部分（长期证券投资形成的资产）作为双重存在，只能在被投资部门充当预付资本并参与利润率平均化，另一部分资产（短期证券交易形成的资产）获得的收益是市场交易另一方的损失并且收益不稳定，是一种投机资产，因而不能作为预付资本参与利润率平均化。这便解决了利润率衡量的第二类分歧——金融资本参与方式的问题。

20世纪80年代以来，金融化已逐步成为发达资本主义经济中最重要的现象，表现为资本金融化和金融资本化两种趋势。在金融化条件下，工商业资本参与金融投资和证券交易，金融资本参与工商业投资两种现象长期并存。因而产业部门、商业部门以及金融部门的总资产中不仅包含本部门为社会提供商品和服务而预付的总资本，还包括证券投资和交易所形成的资产。学者们之所以对金融资本参与利润率平均化的方式产生分歧，其中一个重要的原因是把总资产简单地与预付资本画等号，从而忽略了金融化所带来的证券投资交易所形成的资产。

三、对一般利润率衡量公式中分子与分母的考察

本节通过对一般利润率衡量公式中分子与分母的考察，来界定预付资本

和总利润的范围，从而为一般利润率衡量公式的进一步阐释和发展奠定基础并澄清分歧。

（一）分母的考察：预付资本的界定

预付资本在马克思那里主要指产业预付资本，包括产业部门为生产剩余价值而预付的不变资本与可变资本。同时，马克思在《资本论》第3卷第17章的数字例子中直接提到了商业预付资本（原文指商人预付的资本），包括投在商品买卖上的资本（用来购买商品，原文中用B表示），以及商业活动消耗的不变资本（用K表示）和可变资本（用b表示）。实际上商业预付资本就是马克思所指的商品经营资本（也指商业资本，或商人资本）[①]，即在流通领域内将商品转化为货币，或者将货币转化为商品，实现商品价值的资本。商品经营资本的职能是在流通领域中实现商品价值。

虽然马克思没有直接提到过金融（或银行）预付资本，但马克思的货币经营资本实际上就是银行预付资本，即预付在货币的收付、差额的平衡、往来账户的登记、货币的保管等等这些职能上的资本。[②] 货币经营资本的职能就是专门替整个产业资本家和商业资本家阶级完成这些活动（货币收付等各种纯粹技术性的活动）。[③] 在马克思那里货币经营资本又发展为借贷资本和银行资本，这两者都可以归入银行资本。

从马克思关于产业预付资本、商业预付资本和银行预付资本的相关直接或间接的论述中，我们可以发现预付资本的基本特征：预付资本必须是执行职能的资本即职能资本，要么直接生产价值，要么直接实现价值，要么是为生产价值和实现价值提供帮助。因此我们可以对预付资本进行界定：预付资本指为社会生产价值和实现价值，以及为生产价值和实现价值提供帮助而需要预先投入（或付出）的资本。从这个定义可以看出，预付资本必然为社会

① 马克思多次提到这几种资本，并表达同一个意思，参见《资本论》第3卷，人民出版社2004年版，第297－298页。

② 《资本论》第3卷，人民出版社2004年版，第353页。

③ 《资本论》第3卷，人民出版社2004年版，第351页。

提供一定的商品或服务，或为商品和服务提供融资，比如产业部门为社会提供商品，商业部门为社会提供商业服务，金融部门为社会提供融资和金融服务。

各部门的总资本（或总资产）并不等于各部门的职能资本，因为在金融化条件下，各部门均有部分资本不再执行相应的职能，而是转向投资于各类证券并形成金融资产。由预付资本的前述定义可知，各部门的职能资本就是各部门的预付资本，而各部门的非职能资本，即证券投资交易资本（资产），由于既不提供商品或服务，也不提供融资，因而不属于本部门的预付资本。证券投资和交易形成的资本其作用不是为社会执行职能，而是为企业自己执行钱生钱的活动。具体来说，证券投资交易活动包括长期股权投资、长期债券投资，以及短期证券交易。长期股权投资和长期债券投资属于一级市场的投资和借贷，由此形成的资产虽然不计入本部门的预付资本，但由于该资产已进入被投资部门作为职能资本并发挥作用，因而应当计入被投资部门的预付资本。短期证券交易属于二级市场上的证券交易，其获得的收益属于交易另一方的损失，并且收益不稳定，由此形成的资产并不发挥职能资本作用，属于投机性资本，故不计入任何部门的预付资本。

根据前面的分析，我们可以得出产业预付资本等于产业总资产减去本部门对其他部门的长期证券投资形成的资产，再减去本部门的短期证券交易资产。同样地，商业预付资本等于商业总资产减去本部门对其他部门的长期证券投资形成的资产，再减去本部门的短期证券交易资产。金融部门预付资本等于金融部门总资产减去本部门的借贷资本①和本部门对其他部门的长期证券投资形成的资产，再减去本部门的短期证券交易资产。这就解决了利润率衡量的第三类分歧中的预付资本界定问题。

从而，社会总预付资本就等于各部门的预付资本加总，具体可以写成如下等式：

---

① 金融部门的借贷资本虽然属于通常意义上的职能资本，但却通过借贷关系转化为工商部门的职能资本并发挥作用，从而成为工商部门预付资本的一部分，因此不能再计入金融部门的预付资本。这在前面第二小节也论述过。

社会总预付资本＝产业预付资本＋商业预付资本＋金融业预付资本＝产业总资产－对其他部门的长期证券投资形成的资产－产业部门的短期证券交易资产＋商业总资产－对其他部门的长期证券投资形成的资产－商业部门的短期证券交易资产＋金融业总资产－借贷资本－对其他部门的长期证券投资形成的资产－金融部门的短期证券交易资产＝社会总资产－短期证券交易总资产

其中，各部门的总资产总和减去各部门对其他部门的长期证券投资形成的资产总和等于社会总资产。这是因为各部门相互之间的长期证券投资既形成被投资部门的总资产的一部分，也是本部门对外投资形成的资产，从而也作为本部门的总资产的一部分。这样同一笔资产，就会被本部门和被投资部门各计入总资产中，从而形成重复计算，因而在计算社会总资产时要去掉这部分。

可以看出，社会总预付资本并不等于社会总资本（或总资产），而是要扣除短期证券交易资产。因为短期证券交易资产并不是职能资本，也不会转化为职能资本，故不能形成预付资本。同时，各部门的预付资本也并不等于各部门的总资本（或总资产），而是要扣除证券投资和交易资产。因为本部门对其他部门的长期证券投资资产只是转化为其他部门的职能资本并在其他部门充当预付资本，短期证券交易资产不充当任何部门的预付资本。

各部门总资产构成及各部门之间的长期证券投资如图 1 所示。金融部门和工商部门对其他部门的股权投资属于各部门的总资产，同时计入被投资部门的自有资本，但不计入各部门的预付资本。也就是说，金融部门对工商部门的股权投资的资本计入被投资的工商部门，相应地这部分股权投资代表的资本虽属于金融部门的总资产，但却不计入金融部门的预付资本。同样地，工商部门对金融部门的股权投资的资本计入被投资的金融部门，相应地这部分股权投资代表的资本虽属于工商部门的总资产，但却不计入工商部门的预付资本。

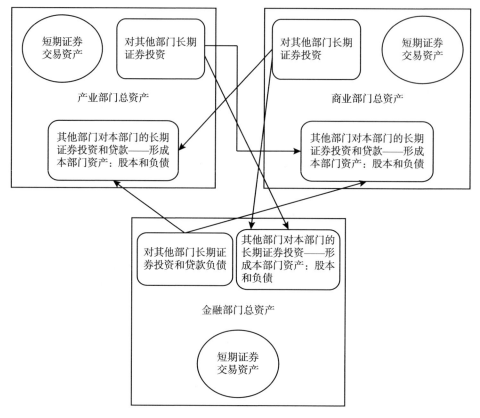

图1   各部门总资产构成及各部门之间的长期证券投资

（二）分子的考察：总利润的界定和分解

考察一般利润率衡量公式的分母并且界定了预付资本之后，还需要对分子进行考察，以便界定总利润的构成项目，从而解决利润率衡量的第三类分歧中的总利润界定问题。

马克思定义的一般利润率公式是产业资本的一般利润率公式，因此分子便是全部剩余价值。当商业资本参与利润率平均化过程后，一般利润率衡量公式的分子，即总利润将不再是全部剩余价值，而是扣除商业活动消耗的不变资本和可变资本后的剩余价值。当金融资本参与利润率平均化过程后，一般利润率衡量公式的分子即总利润包含哪些项目呢？与商业资本类似，需要从剩余价值中再扣除金融活动消耗的不变资本和可变资本，即总利润等于扣除商业活动和金融活动所消耗的不变资本和可变资本后的剩余价值。这里的商业活动并非指商业部门的全部活动，而是指商业部门执行职能的活动，不包括商业部门的证券投资交易活动。同样，金融活动也并非指金融部门的全部活动，而是指金融部门执行职能的活动，不包括金融部门的证券投资交易活动，也不包括金融部门的贷款业务。[①] 实际上，金融活动在这里指除去贷款和金融投资交易之外的活动，即为客户提供理财、支付、代理等中间业务的金融服务活动。

虽然知道总利润等于扣除商业活动和金融活动所消耗的不变资本和可变资本后的剩余价值，但我们还无法知道总利润具体包含哪些项目，这就需要对总利润进行分解。

由于总利润等于社会总预付资本乘以一般利润率，因此可以将总利润分解为各部门的利润，即总利润等于产业部门预付资本获得的利润、商业部门预付资本获得的利润以及金融部门预付资本获得的利润的总和。因为产业和商业部门的按预付资本获得的利润已经包含了因为贷款需要支付给金融部门的利息，所以利息实际上也包含在总利润中。因此孟捷等人所主张的"从利润率的分子中将利息扣除，并在分母中同时扣除利息相应的生息资本"[②] 并不正确。

实际上，不管金融部门还是产业和商业部门，都无法获得以各自预付资本为尺度的全部平均利润，因为预付资本中的非自有资本部分，即负债形成的预付资本部分，虽然也可以获得平均利润，但却要向债权人支付平均利润的一部分——利息，因而只能获得平均利润的一部分。更进一步地，只有预付资本中的自有资本部分，这里可以称为自有预付资本，才能获得

[①] 由于贷款业务对应的借贷资本转移到工商部门，并在那里作为职能资本执行相应职能活动，因此不在金融部门执行职能，贷款业务相应的费用支出也通常在利息中得到补偿。这可以从任何一本银行经营管理方面的教科书中找到关于贷款利息定价的内容，都会将贷款业务相应的费用支出计入贷款利息中，并由此得到补偿。

[②] 孟捷、李亚伟、唐毅南：《金融化与利润率的政治经济学研究》，载于《经济学动态》2014 年第 6 期。

对应的平均利润。因而考虑到作为投资投入的资本（形成部门中企业的自有资本）与作为借贷投入的资本（形成部门中企业的负债或非自有资本）虽然都构成本部门的预付资本，但二者逐利的性质是不同的，一个以获得利润为目的（可以称为生利资本），一个以获得利息为目的（因而称为生息资本）。因而，我们要在预付资本中区分这两种不同性质的资本。一是作为投资的资本，无论是投在产业、商业部门，还是投在金融部门，作为生利资本的性质都是一样的，都应该获得相同的利润，即获得以自有资本为尺度的平均利润。二是作为借贷的资本，无论是贷给产业、商业部门，还是贷给金融部门，作为生息资本的性质都是一样的，都应该获得相同的利息。[①]

作为部门的预付资本，可以获得的平均利润与作为投资的资本（自有预付资本）获得的平均利润大小不一样。作为投资的资本的利润，即部门自有预付资本的利润，是已扣除利息的部门利润。作为部门全部预付资本的利润，是包含未支付的利息在内的部门利润。因此，这里存在两种一般利润率，一种是传统意义上的一般利润率，即预付资本尺度上的一般利润率，等于总利润与预付总资本的比率。另一种是自有预付资本尺度上的一般利润率，等于总利润与自有预付总资本的比率。

所有预付资本通过参与一般意义上的利润率平均化过程，获得以预付资本为尺度的平均利润，这种平均利润并不是实际获得的利润，因为还没有支付利息。而所有自有预付资本通过参与投资意义上的利润率平均化过程，获得以自有预付资本为尺度的平均利润，这种平均利润是实际获得的利润，因为已经扣除了利息。

由于参与利润率平均化的预付资本有两种尺度——预付资本与自有预付资本，所以利润率平均化过程实际上对应两种一般利润率。

在考察了一般利润率衡量公式的分子与分母，并且界定了预付资本和总利润之后，我们就可以建立完整的一般利润率衡量模型，并求解两种一般利润率。

[①] 我们这里不对利息做过多讨论，主要考虑平均利润。

四、一般利润率的衡量：理论及数理分析

（一）前提假设

我们需要以劳动价值论为核心，在一些前提假定下建立一般利润率衡量的理论及其数理模型。

1. 基本假定

本文的全部讨论都是基于马克思的价值规律和利润率平均化规律：商品的价值量由商品中包含的社会必要劳动时间决定；不同商品之间的交换按照价值量相等的原则进行；假定资本可以自由流动，那么等量资本倾向于获得等量利润，不同部门的利润率总是具有平均化的趋势。因而本文的利润率都是价值利润率，而不是价格利润率。

2. 其他假定

模型除了必须满足基本假定之外，还要符合如下具体的假定：

第一，不考虑家庭客户，因而不考虑金融利润对劳动力价值的扣除。金融业无论贷款业务还是金融服务业务都只针对企业客户，忽略家庭客户。金融业的存款全部来自家庭，贷款对象仅为产业部门和商业部门，即家庭只存款不贷款，产业部门和商业部门只贷款不存款。

第二，不考虑国家的经济行为，比如税收、国库券的发行等。个人只负责消费，不进行证券投资交易，只存在企业之间的证券投资交易。

第三，一般利润率的衡量只需考察到部门层面，因为部门内部不同企业之间的投资和借贷行为对整个部门的预付资本和利润不构成影响，只有部门之间的投资和借贷行为才会对部门的预付资本和利润产生影响。

第四，假定利润率平均化以市场均衡为前提，暂不考虑非均衡时的利润率平均化。

（二）一般利润率衡量的理论及数理模型

本文在法因和诺菲尔德方法的基础上，通过在模型中考虑金融部门开展

金融服务业务，并且三大部门都有证券投资形成的资产这种更符合实际的情形，以便构建金融化条件下的一般利润率衡量模型。

金融化条件下，金融部门的职能业务除了贷款业务外，还要从事以服务收费为主的金融服务业务，三大部门除了开展职能业务之外，还进行证券投资和交易活动，包括长期证券投资和短期证券交易两类活动。各部门的自有资本都含有其他两个部门的股权投资，各部门的负债来源于其他两个部门的债券借款或银行贷款。

假设各部门自有资本全部用于本部门的职能活动或业务，负债一部分用于本部门的职能活动或业务，另一部分用于证券投资和交易活动。各部门的总资产分别为 TC、TB、TA，三部门自有资本分别为 $C_o + V_o$、$B_o + K_o$、E，各部门负债分别为 $C_u + V_u + C'_u$、$B_u + K_u + B'_u$、$D + D'$。其中，下标 o 和 u 分别表示资本中的自有部分和借贷部分；$E = E^1 + E^2$，表示金融部门的自有资本分为两个部分，第一部分 E^1 用于支持贷款业务，并等于贷款业务所消耗的不变资本与可变资本，第二部分 E^2 用于支持金融服务业务，并等于金融服务业务所消耗的不变资本与可变资本。各部门负债形成的资产中 C'_u、B'_u、D' 为各部门证券投资和交易活动形成的资产，且 $C'_u = C'_{u1} + C'_{u2}$，$B'_u = B'_{u1} + B'_{u2}$，$D' = D'_1 + D'_2$，下标 1 和 2 分别表示证券投资和交易资产中的长期证券投资和短期证券交易形成的部分。由于产业部门的职能活动是生产商品，商业部门的职能活动是运输并销售商品，金融部门的职能活动是提供融资和金融服务，根据职能资本就是执行职能活动的资本，因此，各部门的职能资本分别为 $C_o + V_o + C_u + V_u$、$B_o + K_o + B_u + K_u$、$E + D$，且 $C_o + V_o + C_u + V_u = C + V$，$B_o + K_o + B_u + K_u = B + K$，这里为了便于理解和比较，具体符号的含义与诺菲尔德（Norfield）[①] 的符号一样，只是下标表示不同。可以看到，职能资本由全部自有资本与部分负债两部分组成。预付资本等于各部门的职能资本，但要扣除不在本部门发挥实际作用的职能资本，各部门的预付资本与总资产构成如表 1 所示。

---

① Norfield T., "Value theory and finance", *Research in Political Economy*, ed. Zerembka P. Emerald Group Publishing, Vol. 28（2013）.

表 1   三部门预付资本与总资产构成

部门	自有资本	负债	长期证券投资	短期证券交易	职能资本	预付资本	总资产
产业部门	$C_o + V_o$	$C_u + V_u + C_u'$	C_{u1}'	C_{u2}'	$C_o + V_o + C_u + V_u = C + V$	$C + V$	$TC = C + V + C_u'$
商业部门	$B_o + K_o$	$B_u + K_u + B_u'$	B_{u1}'	B_{u2}'	$B_o + K_o + B_u + K_u = B + K$	$B + K$	$TB = B + K + B_u'$
金融部门	$E = E^1 + E^2$	$D + D'$	D_1'	D_2'	$E + D$	E^2	$TA = E + D + D'$
全社会	$C_o + V_o + B_o + K_o + E$	$C_u + V_u + C_u' + B_u + K_u + B_u' + D + D'$	$C_{u1}' + B_{u1}' + D_1'$	$C_{u2}' + B_{u2}' + D_2'$	$C + V + B + K + E + D$	$C + V + B + K + E^2$	$TC + TB + TA - D = C_o + V_o + B_o + K_o + E + D + D'$

注：$D = C_u + V_u + B_u + K_u$。

根据前面对预付资本的界定，我们知道各部门总资产中证券投资和交易形成的资产不计入各部门的预付资本，且金融部门的贷款 D 及贷款业务耗费的不变资本与可变资本 E^1 也不计入金融部门的预付资本，因而各部门的预付资本分别为 $C + V$、$B + K$、E^2。这与诺菲尔德公式中预付资本不同的地方在于：我们用 E^2 代替了诺菲尔德的 E 作为金融部门的预付资本。理由是 E 中 E^1 部分是从贷款业务的利息收入中补偿，而利息收入已经包含在贷款 D 形成的工商部门的预付资本的利润中，因而不能再作为金融部门的预付资本得以补偿。这再次说明了金融资本直接获取平均利润的前提是开展的金融服务业务，而不是贷款业务，因而其预付资本仅包含用于金融服务业务的资本 E^2。

假设金融部门通过对工商部门提供的金融服务业务的收入分别为 F_1、F_2，且 $F_1 + F_2 = E^2 (1 + r)$，[①] 即该收入在补偿了金融服务业务支出费用后，取得

---

① r 表示预付资本的一般利润率。

平均利润。金融部门对工商部门提供贷款业务的利息收入分别为 I_1、I_2，且 $I_1 + I_2 = Di = E^1(1+r)$，[①] 即贷款业务耗费的不变资本和可变资本 E^1 及其利润也需要在利息收入中得到补偿。这隐含了金融部门的传统业务——贷款业务虽然不能直接获取平均利润，只能获取利息，但是在以 D 获得利息的基础上间接获得了 E^1 尺度上的平均利润。

现在，我们可以写出三大部门预付资本基础上的利润分别为：$(C+V)r$、$(B+K)r$、E^2r，将它们加总起来等于全社会预付资本的总利润，即剩余价值扣除商业预付资本和金融预付资本对应活动所消耗的不变资本与可变资本的余额 $(S-K-E^2)$。可得：

$$(C+V+B+K+E^2)r = S-K-E^2 \tag{1}$$

将式（1）右边两个扣除项移到左边，并在两边同时加上 $C+V$，可以得到工商业和金融业共同参与利润率平均化的基本模型：

$$(C+V)(1+r) + Br + K(1+r) + E^2(1+r) = C+V+S = W \tag{2}$$

由式（1）或式（2）都可以求得一般利润率，即：

$$r = \frac{S-K-E^2}{C_o+V_o+B_o+K_o+D+E^2} = \frac{S-K-E^2}{C+V+B+K+E^2} \tag{3}$$

其中，$D = C_u + V_u + B_u + K_u$ 该式即为传统意义上的一般利润率，即对应预付资本尺度的一般利润率的衡量公式。

从式（2）可以看出：商业部门预付的 K（等于消耗的不变资本与可变资本）、K 的利润以及 B 的利润都由产业部门生产的剩余价值补偿；金融部门预付的 E^2（等于金融服务业务消耗的不变资本与可变资本）与 E^2 的利润由工商部门支付并最终从产业部门生产的剩余价值中补偿。

本模型不考虑投资形成的股本的分红[②]，因此假设长期证券投资均为长期债券投资。短期证券交易的收益由于不稳定，属于或有收益，在此不计入投资收益中。当各部门按预付资本计算利润时，不考虑长期证券投资的收益，因为长期证券投资转化为被投资部门的预付资本，其获得的平均利润中已经

---

① i 表示利息率。
② 考虑分红将使模型构建变得更复杂，所以本文暂不讨论，有待进一步研究。

包含了长期证券投资的收益，如果再考虑投资部门的长期证券投资的收益，就存在重复计算。因此，预付资本的利润等于预付资本与一般利润率的乘积。当各部门按自有资本计算利润时，就需要将非自有资本的利息扣除，并加上长期证券投资的收益。此时，自有资本的利润为净利润，等于预付资本与一般利润率的乘积，减去负债利息支出，加上长期证券投资收益（这里表现为长期债券的利息收入）。三大部门的预付资本利润、长期证券投资收益、利息支出，以及净利润如表2所示。

表2　　　　　　　　　　三大部门的预付资本利润与净利润

部门	预付资本利润	长期证券投资收益（利息收入）	利息支出	净利润（或自有资本利润）
产业部门	$(C+V)r$	$C'_{u1}i$	$(C_u + V_u + C'_u)i$	$(C_o + V_o)r' =$ $(C+V)r + C'_{u1}i - (C_u + V_u + C'_u)i$
商业部门	$(B+K)r$	$B'_{u1}i$	$(B_u + K_u + B'_u)i$	$(B_o + K_o)r' =$ $(B+K)r + B'_{u1}i - (B_u + K_u + B'_u)i$
金融部门	E^2r	$(Di - E^1) + D'_1 i$	$D'i$	$(E^1 + E^2)r' =$ $E^2r + (Di - E^1) + D'_1 i - (D + D')i$
全社会	$(C+V+B+K+E^2)r = S - K - E^2$	$I - E^1$	I	$(C_o + V_o + B_o + K_o + E)r' =$ $S - K - E$

注：净利润 = 预付资本利润 + 长期证券投资收益① − 利息支出。由于不考虑个人的存贷款和证券投资，所以这里所有部门的利息收入总和等于所有部门的利息支出总和。又由于金融部门的贷款利息收入已包含金融部门开展贷款业务而消耗的不变资本与可变资本 E^1，故全社会所有部门的总净利润等于全社会预付资本的总利润减去 E^1。

接下来，我们通过将全社会预付资本的总利润进行分解的方式，将预付资本尺度上的一般利润率转化为自有资本尺度上的一般利润率。在分解之前，我们先定义自有资本的一般利润率为 r'，全社会预付资本的总利润为 $R = S - K - E^2$。

———————————

① 这里将非预付资本带来的净收益归入投资净收益中，包含各部门长期证券投资的净收益，以及金融部门的贷款收益。由于贷款转化为工商部门的预付资本并发挥作用，所以在金融部门贷款收益被归入投资净收益中。

首先，通过扣除利息中包含的需要补偿的贷款业务消耗的不变资本与可变资本 E^1，将全社会预付资本的总利润转化为总净利润，即 $R - E^1 = S - K - E$。

其次，将总净利润分解为各部门的净利润之和。根据前面分析，各部门的净利润等于本部门的预付资本利润，加上长期证券投资收益，再减去负债利息支出，分解结果如表 2 所示。

从表 2 可以看到，全社会的总净利润等于各部门的净利润之和，即：

$$R - E^1 = S - K - E^1 - E^2 = (C_o + V_o + B_o + K_o + E) r' \qquad (4)$$

由式（4）求得一般利润率为：

$$r' = \frac{S - K - E^1 - E^2}{C_o + V_o + B_o + K_o + E} = \frac{S - K - E}{C_o + V_o + B_o + K_o + E} \qquad (5)$$

即对应自有资本尺度上的一般利润率衡量公式。式（3）和式（5）是分别对应不同资本尺度上的两种一般利润率，这两种一般利润率之间有什么联系，二者是否对应不同的利润率平均化过程，这将在下一节继续探讨。

（三）两种一般利润率的关系及其对应的利润率平均化过程

将自有资本一般利润率公式通过分解变形，可以得到自有资本一般利润率与预付资本一般利润率的关系式，具体过程如下：

$$r' = \frac{S - K - E^1 - E^2}{C_o + V_o + B_o + K_o + E}$$

$$= \frac{S - K - E^2}{C_o + V_o + B_o + K_o + E} - \frac{E^1}{C_o + V_o + B_o + K_o + E}$$

$$= \frac{S - K - E^2}{C_o + V_o + B_o + K_o + D + E^2} \times \frac{C_o + V_o + B_o + K_o + D + E^2}{C_o + V_o + B_o + K_o + E} - \frac{E^1}{C_o + V_o + B_o + K_o + E}$$

$$= r \times \frac{C_o + V_o + B_o + K_o + D + E^2}{C_o + V_o + B_o + K_o + E} - \frac{E^1}{C_o + V_o + B_o + K_o + E}$$

$$= r \times \frac{C + V + B + K + E^2}{C_o + V_o + B_o + K_o + E} - \frac{E^1}{C_o + V_o + B_o + K_o + E} \qquad (6)$$

令

$$\frac{C + V + B + K + E^2}{C_o + V_o + B_o + K_o + E} = k_1$$

$$\frac{E^1}{C_o + V_o + B_o + K_o + E} = k_2$$

则式（6）表示自有资本一般利润率等于预付资本一般利润率与 k_1 的乘积，再减去 k_2。k_1 等于全社会预付资本与全社会自有资本的比值，k_2 等于金融部门预付资本与全社会自有资本的比值。可以看出，$k_1 > 1$，$0 < k_2 < 1$。将式（6）变形后，可以证明自有资本一般利润率大于预付资本一般利润率。证明过程如下：

$$r' = r \times \frac{C + V + B + K + E^2}{C_o + V_o + B_o + K_o + E} - \frac{E^1}{C_o + V_o + B_o + K_o + E}$$

$$= r \times \frac{C_o + V_o + B_o + K_o + D + E - E^1}{C_o + V_o + B_o + K_o + E} - \frac{E^1}{C_o + V_o + B_o + K_o + E}$$

$$= r \times \left(1 + \frac{D - E^1}{C_o + V_o + B_o + K_o + E}\right) - \frac{E^1}{C_o + V_o + B_o + K_o + E}$$

$$= r + \frac{Dr - E^1 r}{C_o + V_o + B_o + K_o + E} - \frac{E^1}{C_o + V_o + B_o + K_o + E}$$

$$= r + \frac{Dr - E^1(1 + r)}{C_o + V_o + B_o + K_o + E}$$

$$= r + \frac{Di + D(r - i) - E^1(1 + r)}{C_o + V_o + B_o + K_o + E}$$

$$= r + \frac{Di + D(r - i) - E^1(1 + r)}{C_0 + V_0 + B_0 + K_0 + E} ①$$

$$= r + \frac{D(r - i)}{C_0 + V_0 + B_0 + K_0 + E} \qquad (7)$$

由于一般利润率是利息率的上限，即 $r > i$，所以式（7）右边第二项恒大于 0，从而证明了自有资本一般利润率大于预付资本一般利润率。

同样地，将预付资本一般利润率公式通过分解变形，可以得到预付资本一般利润率与自有资本一般利润率的关系式：

$$r = \frac{S - K - E^2}{C + V + B + K + E^2} = \frac{S - K - E}{C + V + B + K + E^2} + \frac{E^1}{C + V + B + K + E^2}$$

---

① 根据前面假设：$Di = E^1(1 + r)$。

$$= \frac{S - K - E}{C_o + V_o + B_o + K_o + E} \times \frac{C_o + V_o + B_o + K_o + E}{C + V + B + K + E^2} + \frac{E^1}{C + V + B + K + E^2}$$

$$= r' \times \frac{C_0 + V_0 + B_0 + K_0 + E}{C + V + B + K + E^2} + \frac{E^1}{C + V + B + K + E^2} \tag{8}$$

式（8）表示预付资本一般利润率等于自有资本一般利润率与 k_1 倒数的乘积，再减去 k_2 的倒数。

为了探讨两种一般利润率所对应的利润率平均化过程之间的关系，我们将从预付资本的利润等式即式（1）出发直接推导出自有资本尺度上的一般利润率衡量公式——式（5），推导过程如下：

$$(C + V + B + K + E^2) r = S - K - E^2$$

$$\equiv (C_o + V_o + B_o + K_o + E^2) r + Dr = S - K - E^2$$

$$\equiv (C_o + V_o + B_o + K_o + E^2) r + Di + D(r - i) = S - K - E^2$$

$$\equiv (C_o + V_o + B_o + K_o + E^2) r + E^1(1 + r) + D(r - i) = S - K - E^{2①}$$

$$\equiv (C_o + V_o + B_o + K_o + E^2 + E^1) r + D(r - i) = S - K - E^2 - E^1$$

$$\equiv (C_o + V_o + B_o + K_o + E) r + D(r - i) = S - K - E$$

$$\equiv R' = S - K - E^②$$

$$\equiv (C_o + V_o + B_o + K_o + E) r' = S - K - E^③$$

$$\equiv r' = \frac{S - K - E}{C_o + V_o + B_o + K_o + E}$$

从以上推导过程可以看出，两种不同的一般利润率却对应同一个利润率平均化过程，这并不矛盾：传统的利润率平均化理论是以职能资本作为预付资本并参与利润率平均化，但由于金融资本两重性存在，即金融职能资本中的借贷资本和投资资本既作为金融部门的职能资本要求获得利润，又转化为工商部门的职能资本参与利润率平均化并要求获得利润，因而传统的利润率平均化理论无法解决金融资本的参与问题，由此产生了分歧。式（3）解释了

---

① 同样地，根据前面假设：$Di = E^1(1 + r)$。

② R' 表示社会净利润总和，包括工商部门的扣除利息后的净利润 $(C_o + V_o + B_o + K_o) r + D(r - i)$ 和金融部门的净利润 Er。

③ 该等式从自有资本视角出发，视社会净利润总和为全社会自有资本尺度上的平均净利润。

为什么金融部门只有 E^2（用于支持金融服务业务的资本）作为预付资本参与利润率平均化。因为金融部门职能资本中的借贷资本 D 转化为工商部门的预付资本并在那里参与利润率平均化，而职能资本中的 E^1 本身作为贷款业务预付和消耗的资本，是由贷款业务的利息来补偿。由于 D 的利息中包含了贷款业务耗费的不变资本和可变资本 E^1 及其利润，因而 E^1 作为职能资本的一部分，在以 D 获得利息的基础上获得了 E^1 尺度上的平均利润。因此，式（3）隐含了金融资本实际上在整个自有资本尺度上获得了平均利润。式（5）则直接反映了所有部门在自有资本尺度上参与净利润的平均化，这也揭示了作为投资的资本（形成部门的自有资本）应该获得等量净利润，即等量投资获得等量利润。

更进一步地分析推导过程，可以发现这两种一般利润率又对应同一个利润率平均化过程的不同阶段。首先在利润率平均化过程的第一阶段，各部门在预付资本尺度上获得平均利润，然后在此基础上按资本所有权分配平均利润，自有资本（股本和金融部门的股权投资）获得净利润，非自有资本（借贷资本和债券投资）获得利息；然而各部门的资本家不满足于获得预付资本尺度上的平均利润，因为这不是资本家最终获得的利润，资本家要求以自有资本为尺度获得的最终利润进行平均化，否则自有资本将会发生转移，这种转移将会持续到各部门自有资本获得平均净利润为止，此为利润率平均化过程的第二阶段，各部门在自有资本尺度上获得平均净利润。利润率平均化过程的第一个阶段是第二个阶段的基础和前提，如果利润率平均化的第一个阶段没有完成，预付资本就无法获得平均利润，那么就无法进入第二个阶段，自有资本就谈不上获得平均净利润。因此没有预付资本尺度上的利润平均化，就不可能有自有资本尺度上的利润平均化。

由此可以看出：式（3）和式（5）是一般利润率的两种形式，对应于同一个利润率平均化过程的不同阶段，因而可以对利润率平均化理论基于资本的两种尺度做出两种表述：资本作为职能资本，不管是投资投入的资本，还是借贷投入的资本，通过参与利润率平均化，总可以获得以预付资本为尺度的平均利润。此时，产业部门与商业部门及金融部门的总预付资本利润率相等，此为利润率平均化的第一种表述。自有资本，即投资投入的资本，通过参与利润率平均化，总可以获得以自有资本为尺度的平均净利润。此时，产业部门与商业部门及金融部门的自有资本利润率相等，此为利润率平均化的第二种表述。

五、结语

关于利润率平均化完成形态的一般利润率的衡量之所以产生分歧，主要是因为马克思文本中没有对金融资本是否参与以及怎样参与利润率平均化进行论述。此外，传统政治经济学缺少对金融化条件下的预付资本和总利润的界定，也是产生分歧的另一个重要原因。

本文通过对金融化条件下金融资本与利润率平均化的关系重新审视后，确定金融资本参与利润率平均化，并且以扣除借贷资本和证券投资与交易形成的资产后的总资产作为预付资本，参与利润率平均化过程并获得平均利润。这回答并解决了关于利润率衡量的第一类和第二类分歧问题。本文在对一般利润率衡量公式的分子和分母进行考察后，界定了预付资本和总利润的构成项目，回答并解决了关于利润率衡量的第三类分歧问题。

本文在法因和诺菲尔德方法的基础上，考虑金融部门开展金融服务业务，并且三大部门都有证券投资形成的资产这种更符合实际的情形后，构建金融化条件下的一般利润率衡量模型。与诺菲尔德模型的不同之处，一是金融部门获取平均利润的基础不是贷款业务，而是金融服务业务；二是考虑在金融化条件下，各部门都有证券投资和交易形成的金融资产，因此预付资本不再等于各部门的所有资本，而是要扣除证券投资和交易形成的金融资产。

本文构建的一般利润率衡量模型不但解释了传统意义上资本以预付资本为尺度参与利润率平均化从而获得平均利润，还解释了资本以自有资本为尺度参与同样的利润率平均化从而获得平均净利润。以预付资本为尺度获得的平均利润包含以自有资本为尺度获得的平均净利润，这是因为参与利润率平均化的预付资本并不都是自己的资本，因而其获得的平均利润包含了尚未支付给非自有资本的利息。自有资本获得支付利息后的利润即净利润，因为每个部门自有资本的逐利性质都是一样的，因而必然也要求等量投资获得等量利润，所以同一个利润率平均化过程的不同阶段由于参与的资本的尺度不同，对应两种不同的一般利润率。

由于篇幅的限制，本文的研究存在以下局限，也是进一步研究需要改进的方向：一是本文的重点是探讨金融化条件下一般利润率的理论衡量问题，并试图解决一般利润率衡量的分歧，限于时间和篇幅，没有探讨一般利润率的经验衡量和验证问题。二是在模型构建中，没有考虑家庭客户，因为如果考虑家庭贷款和家庭的证券投资行为后，利润的来源就不仅仅是对剩余价值的扣除，还来自对劳动力价值的扣除，这样模型变得非常复杂，将难以处理。

（原文发表于《政治经济学报》2021 年第 1 期）

第四编　实　证　研　究

中国非金融企业利润率动态的长期和短期
影响因素分析：1992—2014

赵　峰　季　雷　赵翌辰[*]

在区分生产性劳动与非生产性劳动的基础上，对 1992—2014 年间的中国非金融企业部门的利润率动态分长期和短期两个时间期界进行了考察，侧重研究了技术、收入分配和有效需求等因素在不同期限对利润率动态影响的差异性。经验研究结果表明，从长期来看，中国非金融企业部门利润率存在向下运动的趋势，其主要原因是资本有机构成的提高；而从短期来看，在经济周期的不同阶段，各因素对利润率变动的影响有明显差异，在某些时间段有效需求和收入分配具有决定性的影响，而在另一些时间段技术因素起主要作用。

一、引言

利润率动态既是一个重要的理论问题，也是事关宏观经济运行的现实问题。按照经典理论，利润率不过是剩余价值在观念上作为全部资本的产物时的一种比例关系，其大小及其变动趋势受到资本主义的生产力和生产关系的制约。从经验角度研究利润率动态既有助于把握宏观经济运行的趋势，也有助于搞清一些理论上的问题。20 世纪 70 年代以后，以韦斯科普夫的开创性贡献为先导，政治经济学对利润率动态及其影响因素的研究逐渐从理论为主转向理论和经验研究并重。韦斯科普夫通过将利润率分解为利润份额、产能利用率和产出—资本比，研究了收入分配、有效需求和技术对利润率动态的影

---

　* 赵峰：中国人民大学经济学院。季雷：中国人民大学经济学院。赵翌辰：中国人民大学经济学院。

响。并在此基础上，对美国非金融企业部门（NFCB）进行了研究，考察了它们在 1949—1975 年的五个经济周期之间的利润率变化，发现其下降速度同利润占总产出的份额变动速率大致相当，约为 -1.20%，由此得出利润份额下降是造成利润率下降的最主要原因。进一步地，韦斯科普夫分解了实际工资的变化和工资品价格相对于产品价格的变化，并确认了后者是利润份额下降的主要原因。① 杜梅内尔和列维在此基础上将金融关系纳入对利润率的计算中，严格定义了非金融企业部门的内涵，并分别考察了非金融企业部门和金融部门的长期利润率动态。② 国内学者的经验研究主要以美国等发达资本主义经济体作为研究对象。如高峰计算了 1880—1979 年美国制造业部门的资本技术构成、资本价值构成以及 1929—1984 年的利润率，证明了利润率呈现出"下降 - 上升 - 再下降"的趋势。③ 谢富胜、李安、朱安东依照杜梅内尔和韦斯科普夫等人思路，考察了 1975—2008 年美国实体经济部门和金融部门参与金融活动前后的两种利润率，利用经验数据解释了美国金融危机的必然性；④ 随后，谢富胜、李安又对利润份额的变化做了更深入分析，认为产能利用率的变动对利润份额有显著影响，其背后原因是生产性工人与非生产性工人的劳动时间和报酬的比例变动。⑤

一些学者也运用这种方法分析我国实际经济的情况。张宇和赵峰利用剩余价值率和有机构成的公式计算了 1978—2005 年间中国制造业的利润率变化。⑥ 赵峰、姬旭辉等建立了马克思主义经济学中变量与投入产出表中各项的映射关系，并利用我国已有投入产出数据，计算出 1987—2007 年某些年份的

① Weisskopf, Thomas E. , "Marxian crisis theory and the rate of profit in the postwar US economy", *Cambridge Journal of Economics*, Vol. 3, No. 4 (1979): 341 –378.

② Duménil, Gérard, and Dominique L. , "The real and financial components of profitability United States, 1952—2000", *Review of Radical Political Economics*, Vol. 36, No. 1 (2004): 82 –110.

③ 高峰：《资本积累理论与现代资本主义》，社会科学文献出版社 2016 年版，第 92 –118 页。

④ 谢富胜、李安、朱安东：《马克思主义危机理论和 1975—2008 美国经济的利润率》，载于《中国社会科学》2010 年第 5 期。

⑤ 谢富胜、李安：《美国实体经济的利润率动态：1975—2008》，载于《中国人民大学学报》2011 年第 1 期。

⑥ Zhang Yu, Zhao Feng, "The rate of surplus value, the composition of capital, and the rate of profit in the Chinese Manufacturing Industry: 1978—2005", *Bulletin of Political Economy*, (2007).

马克思经济学中的主要变量的实际数值，其中，包括不变资本、可变资本、剩余价值率、利润率等，并验证了马克思一般利润率下降的规律。① 鲁保林计算了我国 1981—2009 年间扣除非生产性费用的实体部门利润率，发现中国实体经济的利润率在 1981—2009 年间呈现出波动下降的趋势，并认为主要原因在于资本有机构成的提高、剩余价值的下降以及名义和实际工资的提升所导致的利润挤出。② 但他所定义的实体经济部门仅仅包含了农林牧渔业、工业等四大产业部门，并没有完全覆盖中国制造业的全部。

本文利用中国 1992 年以来的非金融企业部门统计数据，重新计算了马克思政治经济学意义上的非金融企业部门的利润率，并重点考察了影响利润率的因素。本文的一个创新是，在区分生产性劳动和非生产性劳动的前提下，将 1992—2014 年分为长期（约 10 年）和短期（3 ~ 6 年）两个不同的时间期限，通过不同的利润率分解方法，更科学地考察了不同时间期限技术、收入分配以及有效需求对利润率动态的影响。

二、变量的界定和测度

（一）变量的界定

在采用经验数据测量利润率变化前，需要就几个问题进行说明。

首先，是如何计算利润率的问题。马克思在其理论分析中以价值范畴作为利润率理论上的定义，而在分析现实问题时直接以价格变量来定义利润率及其影响的因素。但在已有文献中，学者们在选择用劳动价值还是市场价格来测度利润率存在着较大分歧。一些学者使用复杂的计算方法估算相关变量的劳动价值，并以此计算利润率；而以韦斯科普夫为代表的多数学者则认为，虽然理论上马克思在利润率公式中采用的是劳动价值来衡量，但是在现实世界中存在诸多困难，只能用相对容易取得的价格数据来代替。法杰恩和马可

---

① 赵峰、姬旭辉、冯志轩：《国民收入核算的政治经济学方法及其在中国的应用》，载于《马克思主义研究》2012 年第 8 期。

② 鲁保林：《一般利润率下降规律：理论与现实》，西南财经大学博士学位论文，2012 年。

福证明，如果考虑到很多种商品的交互影响，那么用价格衡量的利润率和用劳动价值衡量的利润率之间偏差将会很小。[①] 因此，本文将以市场价格来直接定义利润率。

其次，是否区分生产性劳动和非生产性劳动的问题。莫斯利认为，投入管理、流通和监管领域的劳动属于非生产性劳动，它参与资本主义生产，但并不创造剩余价值，因此，应将此类费用从剩余价值中扣除；同时诸如金融、保险以及房地产等行业中的劳动都是非生产性的，在计算可变资本时这些行业的雇佣工人工资也应排除在外。[②] 因此，对于生产性劳动和非生产性劳动的区分涉及两个层面：（1）在部门之间对生产性部门和非生产性部门进行划分，谢克和托纳克将美国投入产出表中部门划分成为初级部门、次级部门，并提出一国生产的总价值是在初级部门实现的，而诸如金融、保险和政府等部门的收入应当被看作为其他初级部门支付的使用费，属于非生产性部门；（2）在生产部门之中定义生产性劳动与非生产性劳动，从而界定生产性工人收入与非生产性工人收入。[③]

由于现行的统计资料没有详细区分生产性劳动和非生产性劳动，因此大多数学者在进行经验研究时并没有严格区分这两类劳动。但是，高峰认为通过生产性劳动计算出来的利润率才接近马克思所阐述的利润率，在测量之中应当区分出生产部门中生产性工人与非生产工人的占比和工资份额。[④]

最后，是利润率计算中资本存量的选择问题。与绝大多数经验研究相一致，本文用固定资本存量来近似地代表资本总额。忽略预付的可变资本的原因在于：（1）现实中不变资本通常以存量形式存在，而可变资本则以一年内周转的流量存在，因而难以估计，并且其数量级相比于固定资本可以忽略；

① Farjoun E., Machover M., *Law of chaos: A probabilistic approach to political economy*. The Thetford Press, 1983: 235 – 245.

② Moseley, Fred, *The falling rate of profit in the postwar United States economy*. New York: St. Martin's Press, 1991: 72.

③ Shaikn A. M., Tonak E. A., *Measuring the wealth of nations: The political economy of national accounts*. New York: Cambridge University Press, 1994: 29.

④ 高峰：《资本积累理论与现代资本主义》，社会科学文献出版社2016年版，第92－118页。

（2）在现代生产过程中，可变资本往往是在生产过程结束之后支付，因此可以在分母中忽略可变资本的部分。根据国民核算对于增加值的定义，增加值由劳动者报酬、生产税净额和固定资本折旧构成，其中生产税净额为生产税与政府补贴之差，被视为剩余价值的一部分，因此剩余价值可由增加值减去固定资本折旧和生产性工人的劳动报酬得到。因此本文设定的利润率计算公式如下：

$$利润率（R）= \frac{增加值 - 折旧 - 生产性工人劳动报酬}{固定资本}$$

（二）数据的来源和处理

首先，根据国民经济核算司对非金融企业的定义，非金融企业部门指排除金融业以外的其他所有企业部门。

其次，本文所使用的流量数据均来自《资金流量表（实物交易）》中的非金融企业部门数据，包括增加值、劳动者报酬、净利息等。

再次，将对固定资本存量以及可变资本的口径做详细说明：（1）由于我国没有正式公布的官方固定资产存量数据，本文采用了国际通行的永续盘存法（PIM）[1][2] 来估算。[3]（2）在对可变资本的计量上，本文对非金融企业部门中的生产性劳动和非生产性劳动进行了区分。但是在中国的资金流量表中，劳动报酬包含了生产性劳动者的工资收入和管理者的工资所得，因此借鉴鲁保林的处理方法，利用《第三次工业普查数据》中的工业部门管理者所占比重，假定生产性工人与非生产性工人（管理者）保持固定 9∶1 的比例。[4]

最后，在相对价格指数数据的选取上，本文选取以 1992 年为基期的总产

---

[1] 薛俊波、王铮：《中国 17 个部门资本存量的核算研究》，载于《统计研究》2007 第 7 期。

[2] 黎贵才、卢荻、刘爱文：《中国金融体制在经济增长中的作用——生产性效率对资源配置效率的替代》，载于《经济学动态》2016 年第 3 期。

[3] 其原理是利用基期的固定资本存量和每年投资与折旧数据来确定固定资本存量，公式形式为：

$$K_t = \frac{I_t}{P_t} + K_{t-1} * (1 - \delta_t)$$

其中，K_t 是 t 期的资本存量，I_t 是 t 期的投资额，P_t 是 t 期的投资价格指数，δ_t 是 t 期的折旧率。

[4] 鲁保林：《一般利润率下降规律：理论与现实》，西南财经大学博士学位论文，2012 年。

值平减指数为产出品的价格指数；用工业品价格指数表示资本品的价格，用以 1992 年为基年的生产性工人的平均工资作为工资品价格。

三、中国非金融企业的利润率

（一）非金融企业利润率的趋势

采用上述的变量界定与数据整理方法，经过计算，得到中国非金融企业部门 1992—2014 年的利润率变化情况，如图 1 所示。

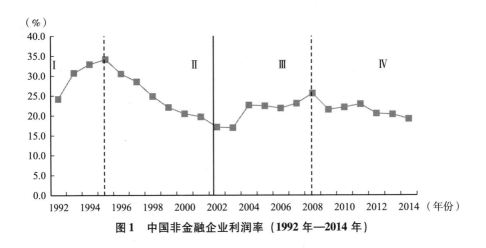

图 1　中国非金融企业利润率（1992 年—2014 年）

从图 1 可以看出，从 1992 年起，非金融部门的利润率存在明显的伴有波动向下运动的趋势，这一趋势在上世纪末和 2008 年后表现得尤为明显；而在上世纪 90 年代初期，则存在一段利润率恢复的时期。利润率的最高值是 1995 年的 34.1%，最低值则是出现在 2002 年的 17.1%。

（二）影响利润率的因素分解：两种不同的时间期界视角

为了更好地理解利润率动态的影响因素，我们将按照时间期界将其分为两个维度来进行分析：一是长期视角，我们借鉴莫恩、米希尔、巴苏等二因素利润率的分解式，仅考虑分配和技术，即利润份额与产出资本比（资本生产率），不再对资本生产率进行细分；[1][2][3] 二是从短期视角，我们利用韦斯科普夫等的多因素分析框架，将产出资本比进行更深入的分解，同时考虑产能利用率和产能资本比对利润率动态的影响。[4]

1. 基于长期视角的利润率分解

在长期分析中，我们把利润率分为利润份额和产出资本比两个部分，可得到下式：

$$R \equiv \frac{\Pi}{K} = \left(\frac{\Pi}{Y}\right) \times \left(\frac{Y}{K}\right) \tag{1}$$

其中，R 是利润率，Π 利润额，Π/Y 作为利润份额；Y 是实际总产出，K 是名义资本存量，Y/K 为产出资本比。

利润率公式的分解表明，利润份额和产出资本比是决定利润率变化的第一层因素。利润份额表示剩余部分所占劳动者创造的新价值的比重大小，其高低受劳动力供需、分配制度以及经济周期的影响，反映的是收入分配的变化情况；产出资本比则是反映长期内的技术水平变化。因此利润率的波动是受收入分配和技术水平变化共同作用的结果。利润增长率便可写成：

$$\hat{R} = \left(\frac{\hat{\pi}}{Y}\right) + \left(\frac{\hat{Y}}{K}\right) \tag{2}$$

进一步地，我们将实际总产出划分成为劳动报酬和利润两个部分。同时在将价格因素纳入考量范围，对利润份额和产出资本比分别进行分解，以考虑影响利润率的第二层因素。利润表示的是资本获得的净剩余价值，我们可以把其分为产出和劳动报酬两部分，同时纳入价格因素，因此利润份额便可再一次分解为下式：

① Basu D. , Vasudevan R. , "Technology, distribution and the rate of profit: understanding the current Crisis", *Cambridge Journal of Economics*, Vol. 7, No. 1 (2013): 57 – 89.

② Michl T. R. , "The two – stage decline in US nonfinancial corporate profitability, 1948—1986", *Review of Radical Political Economics*, Vol. 20, No. 4 (1988): 1 – 22.

③ Mohun S. , "The Australian rate of profit 1965—2001", *Jornal of Australian Political Economy*, (2004): 83 – 112.

④ Weisskopf, Thomas E. , "Marxian crisis theory and the rate of profit in the postwar US economy", *Cambridge Journal of Economics*, Vol. 3, No. 4 (1979): 341 – 378.

$$\frac{\Pi}{Y} = \frac{Y-W}{Y} = 1 - \frac{W}{Y} = 1 - \frac{w_r}{y_r} \times \frac{P_w}{P_y} = 1 - \frac{w_r \lambda_{wy}}{y_r} \qquad (3)$$

其中，W 是名义劳动报酬总额；w_r 是实际工资率，由公式 $w_r = \frac{W}{L * P_w}$ 可

得；$y_r = \frac{Y}{L * P_y}$ 代表实际平均劳动生产率；工资品 – 产出品相对价格指数，用

$\lambda_{wy} = \frac{P_w}{P_y}$ 来表示，P_w 是工资品价格，P_y 则表示产出品价格。

值得注意的是，在其他已有假设和条件不变时，如果实际平均劳动生产率相对于实际工资率上涨得更快，或者产出品价格相对于工资品价格上涨得更快，利润份额将提高，从而导致利润率提高。

将其对数化处理后可得：

$$\left(\frac{\hat{\pi}}{\Pi}\right) = \frac{W}{\Pi} \times (\hat{y}_r - \hat{\lambda}_{wy} - \hat{w}_r) \qquad (4)$$

同样地，我们将进一步考察影响技术变化的因素和价格水平，产出资本比再次细分如下式：

$$\frac{Y}{K} = \frac{Y_r P_y}{K_r P_k} = \frac{y_r}{k_r \lambda_{ky}} \qquad (5)$$

其中，$y_r = \frac{Y_r}{L}$ 表示实际劳动生产率，$k_r = \frac{K_r}{L}$ 表示资本技术构成，$\lambda_{ky} = \frac{P_k}{P_y}$ 则为资本品 – 产出品价格指数。

对上式对数化处理求导后可得：

$$\left(\frac{\hat{Y}}{K}\right) = \hat{y}_r - \hat{k}_r - \hat{\lambda}_{ky} \qquad (6)$$

通过式（2）、式（4）、式（6），我们可以考量每一个因子增量变化在长期的视角下对利润率的贡献程度，因此经过处理，最终我们可得到下式：

$$\hat{R} = \frac{W}{\Pi} \times (\hat{y}_r - \hat{\lambda}_{wy} - \hat{w}_r) + (\hat{y}_r - \hat{k}_r - \hat{\lambda}_{ky}) \qquad (7)$$

2. 基于短期视角的利润率分解

在短期中，我们将市场需求因素纳入分析框架，可得利润率分解式为：

$$R \equiv \frac{\Pi}{K} = \left(\frac{\Pi}{Y}\right) \times \left(\frac{Y}{Z}\right) \times \left(\frac{Z}{K}\right) \tag{8}$$

其中，$\frac{Y}{Z}$ 为产能利用率，Y 是实际总产出；$\frac{Z}{K}$ 为产能资本比，Z 为潜在产出（或产能）；K 是名义资本存量。

同样地，我们将上式求导可得利润增长率为：

$$\hat{R} = \left(\frac{\hat{\Pi}}{Y}\right) + \left(\frac{\hat{Y}}{Z}\right) + \left(\frac{\hat{Z}}{K}\right) \tag{9}$$

这三个变量分别代表了三种不同的对于利润率下降的解释：利润份额的变化与利润挤压派的观点相适应；产能利用率的变化与比例失调派的观点相适应；产能资本比的变化则反映了有机构成的反向变化。在此基础上，我们搭建了短期利润率波动原因的分析框架，这与上文长期视角下的利润率处理方法有所不同，具体为：一是将影响市场需求变化纳入考虑范式，即增加产能利用率这个影响因子；二是考虑实际变量和价格因素，因此产能资本比 Z/K 分解为下式：

$$\frac{z}{K} = \frac{z_r P_y}{K_r P_k} = \frac{z_r}{k_r \lambda_{ky}} \tag{10}$$

其中，z_r 为潜在实际劳动生产率，k_r 表示实际人均资本量，λ_{ky} 为资本品 - 产出品价格指数。

同样利用对数化的方法，可将式（9）变为：

$$\frac{\hat{Z}}{K} = \hat{Z}_r - \hat{k}_r - \hat{\lambda}_{ky} \tag{11}$$

通过式（9）和式（11），我们可以清楚地看到每个因子对于利润率的影响程度，因此综合上式便可得到短期视角下的拆解等式，如下：

$$\hat{R} = \frac{W}{\Pi} \times (\hat{y}_r - \hat{\lambda}_{wy} - \hat{w}_r) + \frac{\hat{Y}}{Z} + (\hat{z}_r - \hat{k}_r - \hat{\lambda}_{ky}) \tag{12}$$

（三）影响利润率的因素分析

1. 长期影响因素

首先，依据上文的阶段分解方法，我们将 1992—2014 年的数据分为两个不同时间段,即 1992—2002 年和 2003—2014 年进行考察,且对各个不同时间段中利润率的运动状况和原因进行分析(参见图 1)。根据我们在前文中提到过的公式(2):我们可以建立利润率的变化率和利润份额与产出资本比之间的长期关系,考察二者的变化对于利润率变化所分别产生的作用。结果见表 1 和图 2。

表 1　　　　　　　利润份额和产出资本比对利润率动态的影响(长期)

	全部时期	第一阶段	第二阶段
利润份额$\left(\dfrac{\hat{\Pi}}{Y}\right)$	0.03%	0.35%	−0.27%
产出资本比$\left(\dfrac{\hat{Y}}{K}\right)$	−1.50%	−0.87%	−0.47%
利润率($\hat{R}$)	−0.24%	−0.70%	−0.05%

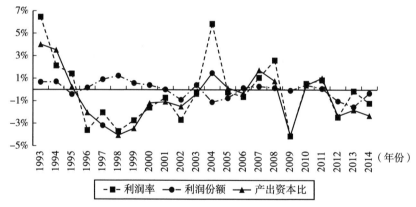

图 2　利润份额和产出资本比对利润率动态的影响

表 1 中所展示的数据均是对数化方法处理取得的各个变量的年平均变化率,在整个 22 年间,我们所考察的利润率平均每年变化为 −0.24%,导致这一变化的主要因素在于产出资本比的下降,即技术水平的提高带来利润率的下降。利润份额在此期间虽然有所变化,但是变化速度大大慢于有机构成的提升速度,因而无力扭转由于有机构成提高而导致的利润率下降。这种趋势

完全符合马克思对于利润率变化规律的分析。

为了进一步揭示利润率变化的作用机制和深层次影响因素，我们将利润份额根据上文的分解公式，再次剖析不同因子的影响程度和方式。我们发现，影响利润份额变化的因素不仅包括工资利润比、实际平均劳动生产率、实际工资率，还有工资品－产出品的相对价格指数。经过数据的计算和整理，可得表2和图3。

表2　　　　　利润份额细项对利润率动态的影响（长期）

	全部时期	第一阶段	第二阶段
工资利润比（W/Π）	26.09%	25.97%	26.76%
实际劳动生产率（$\hat{y}_r$）	5.86%	8.10%	4.00%
工资品－产出品相对价格指数（λ_{wy}）	0.29%	0.86%	－0.24%
实际工资率（$\hat{w}_r$）	5.56%	6.00%	5.20%
利润份额（$\hat{\Pi}/Y$）	0.03%	0.35%	－0.27%

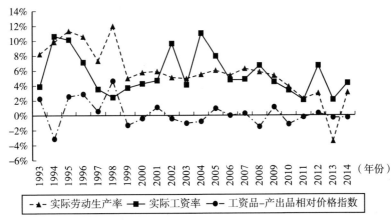

图3　利润份额细项对利润率动态的影响（长期）

从整体看，1992—2014年实际劳动生产率$\hat{y}_r$和实际工资率$\hat{w}_r$对利润份额变化的影响都非常明显，主导因素依然是实际劳动生产率的提高。我们需要将两者相结合，考虑其缺口的大小问题，原因在于：实际劳动生产率代表每小时的实际产出，实际工资则表示剔除了价格因素之外的真实工资水平，反映的是生产性工人真实购买能力。因此，劳动生产率和实际工资率变动的缺口决定着利润份额的变化方向，如果劳动生产率相对于实际工资率更快上升，将会提高利润份额，反之，将减小利润份额。由表 2 不难发现，在不同的阶段，二者的缺口变化对利润份额的贡献程度有所差异。

具体地，在第一阶段（1992—2002 年），劳动生产率变化大于实际工资率的变化，即二者的缺口为正，利润份额的增长率也为正。社会主义市场经济体制改革目标的确立释放了市场主体的活力，企业通过引进新技术、新设备，加强科学的生产管理，极大地提高了生产效率，导致劳动生产率的大幅提高。同时，实际工资率的提升幅度也高于平均水平，但却低于劳动生产率的提升幅度。而随着非公有制经济形式的发展，越来越多的劳动力进入私营企业部门。但由于多种原因，工资长期保持在较低水平在一定程度上拉低了整个非金融企业部门的工资水平及其增速。[①]

此外，工资品－产出品相对价格指数高于两个阶段的平均值，抑制了实际工资率的进一步提高。也就是说，如果结合日常生活开销和各种开支项目的快速增长来看，相对缓慢增加工资增长率对于一般工薪阶层来看是有较大支付压力的。经济体制的改革从另外一方面来说强化了企业的谈判地位，大量实物工资和补贴的取消实质上也导致普通职工收入出现萎缩。[②]

我们发现 2002 年以后劳动生产率与实际工资率的缺口出现了反转，虽然二者都有一定程度的提升，但是实际工资率的上涨却是更为迅速。这是因为，随着我国市场经济运行机制的逐渐成熟和相关法律的完善，劳动者的地位得到了更多的改善，相关权益得到法律保护。同时国家大力关注民生，健全社保、医疗体系，这对实际工资的增长起到了促进作用。

在长期中，产出资本比的变化才是导致利润率变化的根本原因。在相同

---

① 郭飞、王飞：《中国低工资制度的阶段特征与中期对策》，载于《教学与研究》2011 年第 12 期。
② 郑志国：《中国企业利润侵蚀工资问题研究》，载于《中国工业经济》2008 年第 1 期。

的分析框架下，已有研究认为，产出资本比的提高集中表现在劳动生产率和资本技术构成的提高之上。[①] 结合上文的理论模型，我们找到了实际产出资本比各影响因子与利润率变动之间的关系。通过数据的归纳、计算和整理，可得：

表3　　　　　　　　　产出资本比细项对利润率动态的影响（长期）

	全部时期	第一阶段	第二阶段
实际劳动生产率（$\hat{y}_r$）	6.00%	7.81%	3.91%
资本品－产出品相对价格指数（$\hat{\lambda}_{ky}$）	-0.19%	4.50%	-0.11%
资本技术构成（$\hat{k}_r$）	6.70%	8.90%	-0.26%
产出资本比（$\hat{\Pi}/Y$）	-1.50%	-0.82%	-0.48%

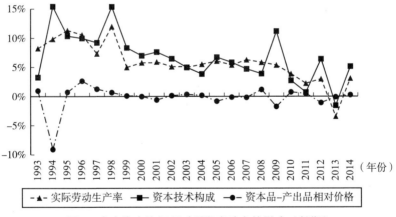

图4　产出资本比细项对利润率动态的影响（长期）

整体来看，资本技术构成的提高是导致产出资本比下降的根本原因，从而验证了马克思资本有机构成导致利润率下降的结论。新技术的引进和推广

---

① Foley, D. K., Michl T. R., "Growth and Distribution", *MA*: *Harvard University Press*, (1999): 52–56.

主要是以不变资本为载体，刺激了实际劳动生产率的提升。但是我们还应注意到，资本品－产出品的相对价格的变动对利润率的变动产生一定影响：第一阶段中，资本品的价格相对较高，可以理解为在进行经济体制改革时，初期需要对新技术和新的固定资产设备进行大量投资，价格相对较高；随着我国经济的发展，研发技术的增强，劳动生产率的提高，固定资产的价格日渐下降。此外，第二阶段资本技术构成增速下降，但大于产出资本比的变化幅度，即资本品－产出品的相对价格指数起到了一定的对冲作用。

2. 短期视角的利润率拆分结果

在基于长期视角考察利润率及其影响因素后，我们来考察短期利润率变化的影响因素。首先，为了方便衡量不同阶段的变化情况，我们依据利润率运动的波峰，将1992—2014年的数据分为四个不同时间段进行考察，对各个阶段内利润率的运动状况和原因进行分析（见图1）。其次，在对短期利润率拆分的理论模型中，我们引入了潜在产出这个变量。本文采用了杨国中、李宏瑾对潜在产出的估计，[①] 得到了1992—2009年的潜在产出，并补足了后五年的数据，同时假设非金融部门的增加值占实际总产出的比例与两者的潜在水平比例一致。由此，我们得到了表4和图5。

表4　　　　　　　　　　　三大因素对利润率动态的影响

	全部时期	第一阶段	第二阶段	第三阶段	第四阶段
利润份额（$\hat{\Pi}/Y$）	0.12%	1.62%	－1.21%	1.46%	－0.42%
产能利用率（$\hat{Y}/Z$）	－0.24%	4.58%	－2.99%	0.67%	－0.34%
产能资本比（$\hat{Z}/K$）	－1.59%	－3.13%	－0.07%	－0.16%	－4.19%
利润率（$\hat{R}$）	－0.23%	3.34%	－2.44%	1.41%	－1.08%

---

① 中国人民银行营业管理部课题组、杨国中、李宏瑾：《基于生产函数法的潜在产出估计、产出缺口及与通货膨胀的关系：1978—2009》，载于《金融研究》2011年第3期。

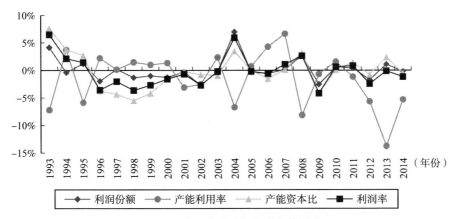

图5 三大因素对利润率动态的影响

表4 显示，在1992—2014 年间，中国非金融企业利润率均值为 – 0.23%，变化的主要原因是由于产能资本比的下降，即资本有机构成的提高，这与我们从长期角度里得到的结论相一致。具体到各个阶段：在第一阶段，利润份额的提升、产能利用率的提升和有机构成的下降共同促进了利润率的恢复；在第二阶段，利润份额和产能利用率都不同程度的下降，但资本有机构成开始上升，利润率进入下降通道；在第三阶段，产能利用率的提升和产能资本比的小幅下降共同维持了利润率的基本稳定，但利润份额增速由负转正拉动了利润率的上涨；在第四阶段，产能利用率、产能资本比和利润份额的下降都导致了利润率的下降，而最为重要的原因则是产能资本比的下降。因此，我们发现，与长期视角分析不同的是，具体到每个阶段，影响因素对于利润率变化的作用程度会所有变化。

下面，我们将进一步考察影响利润率变化的深层次原因，将利润份额和产能资本比进一步拆分。首先，先考虑影响利润份额变化的因子，可得表5 和图6。

表5　　　　　　　　　利润份额细项对利润率动态的影响（短期）

	全部时期	第一阶段	第二阶段	第三阶段	第四阶段
工资利润比（W/Π）	26.09%	30.90%	23.53%	25.21%	27.23%
实际劳动生产率（$\hat{y}_r$）	5.86%	9.80%	7.37%	5.66%	2.34%

续表

	全部时期	第一阶段	第二阶段	第三阶段	第四阶段
实际工资率（$\hat{w}_r$）	5.56%	8.21%	5.05%	6.57%	3.84%
工资品–产出品相对价格指数（$\hat{\lambda}_{wy}$）	0.26%	0.55%	0.99%	0.37%	−0.10%
利润份额（$\widehat{\Pi/Y}$）	0.12%	1.62%	−1.21%	1.46%	−4.19%

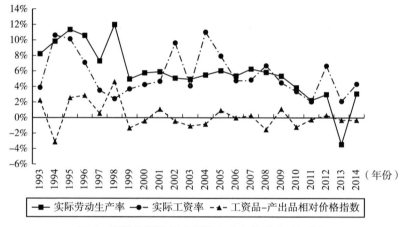

图6 利润份额细项对利润率动态的影响（短期）

与长期相同，影响利润份额的主要因素是实际劳动生产率和实际工资率变化率二者间的差值。而价格指数对于利润率的影响程度小于长期。基于上文对短期利润率的分析，第三阶段利润率由负转正在于利润份额对其的拉动作用。具体来看，实际工资率相较于第二阶段有着明显的提高，而劳动生产率则随时间增加而减少，使得二者之间的缺口缩小，但是我们发现工资品与产出品的相对价格指数增量减少使得最终利润份额增加。虽然20世纪90年代的经济体制的改革激发了市场主体的主观能动性，但是20世纪初期几年，中国的所有制结构并不完善，特别是地方政府为刺激当地经济的发展进行的招商引资提高了企业的谈判能力。随着经济体制逐渐完善，特别是社会保障制度的建立健全，生产性工人的地位日益改善，谈判能力得到提升。但进入21世纪后，劳动生产率和实际工资率都有着明显的下降，而且劳动生产率的下降幅度更大。

在上文的分析中，我们认为产能资本比是导致短期内利润率下降的根本原因，进一步将其拆分，可得表6和图7。

表6 产能资本比细项对利润率动态的影响（短期）

	全部时期	第一阶段	第二阶段	第三阶段	第四阶段
潜在实际劳动生产率（$\hat{z}_r$）	6.22%	11.84%	6.41%	6.21%	3.20%
资本技术构成（$\hat{k}_r$）	5.89%	9.68%	9.13%	4.98%	4.10%
资本品－产出品相对价格指数（$\hat{\lambda}_{ky}$）	-0.19%	-2.47%	0.59%	-0.24%	-0.24%
产能资本比（$\hat{z/k}$）	1.59%	-3.13%	-0.07%	-0.16%	-0.34%

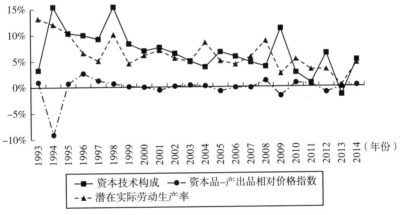

图7 产能资本比细项对利润率动态的影响（短期）

整体而言，潜在实际劳动生产率的变动是导致产能资本比变动的主要原因，但并不能忽略实际资本技术构成对潜在实际劳动生产率的对冲作用。就具体子因素的阶段变化而言，潜在实际劳动生产率随着时间的推移逐渐减少，第一阶段是最高值，第二阶段和第四阶段相较于上一个阶段下降的幅度都比较大；资本技术构成与潜在实际劳动生产率的变化趋势大致相同，但第三阶段有着一个最大幅度的下降。我们观察第二阶段三个因子的变化可以得到，虽然潜在实际劳动生产率的下降程度远高于资本技术构成的下降幅度，但产能资本比的下降幅度并没有那么大，原因在于，资本品－产出品的相对价格指数是四个阶段之中唯一的正值，说明资本品相对于产出品来说价格会贵一些，抵消了部分潜在实际劳动生产率的下降。但随着第三阶段资本技术构成的大幅下降，资本品－产出品的相对价格指数由正转负，对产能资本比的对冲作用消失，因此产能资本比又转为负值。与上文长期分析不同的是，短期视角潜在实际劳动率的变化对于产能资本比的变化影响更为重要。

四、结论

本文考察了中国非金融企业部门的利润率动态及其影响因素，发现1992—2014 年间，中国非金融企业部门的利润率经历了先上升后下降的过程，呈现波动下降趋势。本文创新性地从长期和短期两个时间期界的视角更深入地考察了不同的因素对利润率的影响程度。

我们发现，在长期中产出资本比的下降是导致利润率下降的根本原因。利润份额在此期间虽然有所变化，但是变化速度大大慢于资本有机构成的提升速度，因而无力扭转利润率下降的整体趋势。在对利润份额和产出资本比的拆分研究中我们发现，实际劳动生产率、劳动生产率和实际工资率的缺口是影响利润份额即劳资分配的两个重要因素，资本技术构成和劳动生产率对产出资本比均有重要影响因素。

在短期中，我们将考察周期划分为四个阶段，首先得到产能资本比的下降即资本有机构成的提高依旧是影响短期利润率变动的根本原因，其次是产能利用率，影响最不明显的便是利润份额。但是我们发现一个有趣的现象，即在不同的阶段，三个的影响因素的重要程度会有所变化，如第一阶段，需求因素即产能利用的变动超过了其他两个因子的重要程度。又如在第三阶段，利润份额的上升是导致利润率由负转正的重要原因，也就是说，资本的谈判地位占据主导。同时，与长期分析不同的是，潜在实际劳动生产率是影响产能资本比变化的主要原因，但是在第二阶段和第四阶段，资本有机构成又超过了潜在实际劳动生产率，成为影响产能资本比变化的主要原因。相对于长期分析视角，短期视角之中每个因子对于利润率的影响程度会有所变化，虽然技术要素仍然是影响利润率变化的主导因素，但需求和分配的变动都会影响到利润率的变化趋势，因此在短期之内要将三个因素结合来考虑，而不能对其余任何因素有所忽视。

本文的现实意义在于，因为利润率的动态是决定宏观经济运行是否健康平稳的重要变量。当中国进入新常态阶段，为了更好地实现产业结构升级和宏观经济稳定，必须更好地发挥政府的作用。由于利润率的动态在长期和短期的影响因素各有不同，因此在实际政策制定过程中，必须形成一整套既能在长期促进技术创新，又要在短期改善收入分配和强化需求管理的综合性政策体系。

（原文发表于《当代经济研究》2017 年第 10 期）

如何在经验研究中界定利润率

——基于现代马克思主义文献的分析

李亚伟　孟　捷[*]

利润率是衡量资本积累的核心指标，利润率趋向下降规律是马克思资本积累理论的重要组成部分。2008 年金融危机爆发以后，利润率的长期动态，尤其是新自由主义时期的利润率动态，一直是学者们关注的热点。学者们采取不同方法度量了美国经济自 20 世纪 80 年代初期以来的利润率，得出了不同的结果：迪梅尼尔（G. Dumenil）和列维（D. Levy）测算了 5 种利润率，其中 4 种指标呈现出不同幅度的上升，在 80 年代和 90 年代上升尤为明显[②]；谢克根据他的方法度量的利润率则表现为平稳的趋势[③]；而克莱曼（A. Kliman）[④] 以及巴基尔（E. Bakir）[⑤] 等人分别测算的利润率却在波动中呈现出下降的趋势。

利润率的经验测算，是对其进行理论分析的前提。当代马克思主义经济学家在度量利润率时得出的不同结果，为利润率的理论分析造成了困难。在这种情况下，如何在经验研究中合理地界定利润率，就显得格外迫切，并具有重要的意义。

本文由以下各节组成：第一节回顾了马克思研究利润率的进路，并评述了沃尔夫（E. N. Woff）对马克思的批评。第二节从思想史的角度评价了吉尔曼的开拓性贡献，以及其他学者在吉尔曼（J. M. Gillman）之后陆续展开的经验研究。这些研究成果之间的差异和由此产生的争论，在第三节中得到了较为深入

　＊ 李亚伟：四川大学经济学院。孟捷：清华大学《资本论》与当代问题研究中心、清华大学社会科学学院经济学研究所。

　② Dumenild, G. and Levy, D. , "The crisis of the early 21st century: A critical review of alternative interpretations", *Preliminary draft*, (2011): 1 - 48.

　③ ［美］安瓦尔·谢克：《21 世纪的第一次大萧条》，载于《当代经济研究》2014 年第 1 期。

　④ A. Kliman, *The failure of capitalist production*. London: Pluto Press, 2012: 94 - 101.

　⑤ E. Bakir, "Capital accumulation, Profitability, and crisis: Neoliberalism in the United States", *Review of Radical Political Economics*, published online 21 August 2014: 1 - 23.

的分析。根据我们的梳理，当代马克思主义经济学家在利润率定义上的分歧涉及以下四个维度①：（1）应该衡量价值利润率还是价格利润率；（2）在度量资本存量时，应该采用历史成本还是当前成本；（3）是否应该区分以及如何区分生产性劳动和非生产性劳动；（4）是否应该与资本家的主观意识形式相对应。本文在逐一考察上述争论的基础上，对利润率的经验界定最终给出了一个方向性的意见。

一、马克思的分析进路和沃尔夫的批评

在《资本论》第3卷，马克思在成本价格概念的基础上进一步讨论了剩余价值率向利润率的转化。他指出，在资本家的心目中，不变资本和可变资本是等量齐观的，在此基础上就出现了所谓成本价格的概念。资本家获利的程度不取决于利润和可变资本的比率，而是取决于利润和成本价格（或总资本）的比率。②"用可变资本来计算的剩余价值的比率，叫作剩余价值率；用总资本来计算的剩余价值的比率，叫作利润率。这是同一个量的两种不同的计算法，由于计算的标准不同，它们表示的是同一个量的不同的比率或关系。"③ 用 S 表示剩余价值，C 表示预付不变资本，V 表示预付可变资本，利润率可以被表示为 $r = \dfrac{S}{C + V}$。

在马克思看来，利润率是与剩余价值率相对应的表面现象；进入个别资本家主观意识形式的只是利润率，而不是剩余价值率。马克思的这个看法在方法论上提出了一个重要的问题，既然只有利润率进入资本家的主观意识形式，在经验研究中定义利润率时就应当以进入资本家主观意识形式的价格范畴来衡量，而不是以处于资本家主观意识形式之外的价值范畴来度量。然而，在马克思的文本中虽然自在地包含了这个问题，马克思本人却从未予以明确。

① 本文暂不考虑金融化对利润率的影响，关于二者之间关系的论述，参见孟捷、李亚伟、唐毅南：《金融化与利润率的政治经济学研究》，载于《经济学动态》2014年第6期。
② 《资本论》第3卷，人民出版社2004年版，第50页。
③ 《资本论》第3卷，人民出版社2004年版，第51页。

上述问题在鲍特基维茨所开启的围绕价值转形问题的争论中进一步凸显出来。在鲍特基维茨的转形方案中，经由价值转形而形成的利润率是一个以生产价格定义的利润率。这个利润率和马克思的转形方案中以价值定义的利润率是不同的。在马克思看来，生产价格是一种进入资本家主观意识形式的价格形态，在此意义上，像鲍特基维茨那样主张严格地以生产价格来定义利润率就有理论上的合理性了。

在20世纪70年代的一篇文献里，美国学者沃尔夫进一步讨论了价值利润率和生产价格利润率的差别，并对马克思的观点提出了批评。[①] 他假设每个部门的周转期都是一年，并令 a = 产业间系数矩阵，l = 劳动系数行向量，N = 总就业，m = 每个工人的平均消费列向量，X = 部门总产出列向量，k = 资本系数矩阵，则劳动价值向量 λ 为：

$$\lambda = l(I - a)^{-2}$$

其中 I 是单位向量，λ_i 为部门 i 的（当前价格下）每美元产出所需的直接劳动和间接劳动之和。劳动力的价值，即每个工人的预付可变资本，等于 λm。故剩余价值率等于：

$$\epsilon = \frac{1 - \lambda m}{\lambda m}$$

它可被看作未补偿的（剩余的）劳动时间与得到补偿的（必要的）劳动时间之比。总可变资本 V 和总剩余价值 S 分别为：

$$V = N\lambda m$$

$$S = N\lambda m\epsilon = N(1 - \lambda m)$$

资本有机构成或价值构成 σ 是：

$$\sigma = \frac{\lambda(k + a)X}{N\lambda m}$$

所以，沃尔夫将价值利润率 π_v 表示成：

$$\pi_v = \frac{S}{C + V} = \frac{\epsilon}{\sigma + 1} = \frac{N(1 - \lambda m)}{\lambda(k + a)X + N\lambda m}$$

① E. N. Wolff. "The Rate of Surplus Value, the Organic Composition, and the General Rate of Profit in the U. S. Economy, 1947—1967", *The American Economic Review*, Vol. 69, No. 3 (1979): 329 – 341.

然后，沃尔夫利用联立方程组求解生产价格利润率（即其文中的一般利润率）。他以产业间系数矩阵 a、资本系数矩阵 k、劳动系数行向量 l 和实际工资 ω 来求解生产价格行向量 ρ 和生产价格利润率 π，方程式如下：

$$(\rho a + pk + \omega l)(1 + \pi) = \rho$$

其中 ω 是生产价格形式的货币工资[①]，它等于 ρm，因此上述方程式可以转变为：

$$\rho(a + k + ml) = \left(\frac{1}{1 + \pi}\right)\rho$$

据此方程可解出生产价格行向量 ρ 和生产价格利润率 π。基于价值利润率 π_v 和生产价格利润率 π 的不同表达式，沃尔夫采用美国的投入产出表数据对二者进行了测算，测算结果显示二者在量值上也有着明显的区别。由此，沃尔夫对马克思不区分二者的做法提出批评。[②] 他认为，马克思相信当劳动价值转形为生产价格时，总剩余价值、总可变资本和总不变资本都保持不变，生产价格利润率 π 会等于价值利润率 π_v。但是，这种不变性实际上只有在非常严格的条件下才可能成立。

沃尔夫的上述研究具有积极的意义。在马克思的文本中，正如我们已经指出的，事实上存在着价值利润率和价格利润率的潜在差异。在鲍特基维茨那里，这种差异明确体现为以价值定义的平均利润率和以生产价格定义的平均利润率的差异。沃尔夫的贡献在于，他利用美国的投入产出表数据，在数量上度量了这两种利润率。由于这两种利润率在数量上存在明显的差异，这就迫使研究者在利润率的经验研究中必须对二者做出取舍。

二、吉尔曼的开拓性贡献及其他学者的研究

在马克思主义经济分析史上，美国学者吉尔曼第一次对利润率的长期动

---

① 此处假设所有工人都是同质的，因而实际工资相同。
② 沃尔夫对利润率趋向下降规律还提出了另两点质疑。第一，资本有机构成并不一定随着技术构成的提高而上升；第二，不能独立于剩余价值率的变动而讨论有机构成的变动，二者是正相关的。本文专注于对利润率定义的讨论，暂不评论沃尔夫的这两点质疑。

态开展了经验研究。①②

　　为了清晰地界定马克思主义经济学关于利润率的定义和获得长期连贯数据，吉尔曼选取美国制造业作为考察对象。他首先考察了流量利润率，认为它并不符合利润率的定义，利润率的分母应当是投资的资本即资本存量，而不是耗费的资本。随着机械化程度和原材料利用效率的提高，不变资本存量中的固定资本部分将相对增多，原材料部分相对减少，甚至可能绝对减少。由于固定资本存量的周转速度明显低于原材料存货的周转速度，所以不变资本总存量的增多，反而可能表现为耗费的总不变资本量的减少。采用流量指标测算的利润率，可能会掩盖不变资本存量的增多。

　　资本存量包括不变资本存量和可变资本存量，但吉尔曼决定不考虑后者。他给出了两个理由：一方面，可变资本的周转难以准确测算，因而难以构造现实的可衡量的工资资本存量；另一方面，可变资本存量相对于不变资本存量而言，几乎是可以忽略的。

　　吉尔曼利用厂房和设备在当前价格下的再生产成本扣除折旧，作为固定资本存量。他给出的理由是，利润和工资都是以当前价格来衡量的，因而不变资本也应当以当前价格来衡量。他采用存货作为不变流动资本存量。虽然知道存货的一部分由尚未出售的制成品构成，但他认为除了危机时期以外，这部分在存货中所占的比重在不同时间段里不会大范围地变化，它们的存在并不会严重扭曲度量结果的变动趋势。分别采用固定资本和固定资本加存货作为分母，并利用"扣除生产工人工资和折旧以后的增加值"作为分子，吉尔曼测算了1880—1952 年间美国制造业的两种存量形式的利润率，测算公式分别为：

$$固定资本存量利润率 = \frac{增加值 - 生产工人工资 - 折旧}{固定资本}$$

$$计入存货的存量利润率 = \frac{增加值 - 生产工人工资 - 折旧}{固定资本 + 存货}$$

---

　　①　J. M. Gillman, *The falling rate of profit*. London, Dennis Dobson, 1957.

　　②　吉尔曼的著作发表以后，美国的《科学与社会》杂志开辟专栏，刊发了罗宾逊、多布、马蒂克等学者对其所做的评论，其中多布将吉尔曼的著作视作一个具有挑战性的开拓性研究，并希望人们以类似的方法做进一步的探讨，参见 M. DOBB, "The falling rate of profit", *Science & Society*, Vol. 23, No. 2 (1959)：97 – 103.

图 1 展示了上述两种存量利润率的测算结果，二者的变动均可被划分为两个阶段。1880—1919 年间的利润率变动趋势，支持马克思的利润率趋向下降规律，而 1919—1952 年间的变动趋势则与之相背离。吉尔曼提出了两种可能性，一是在大规模的机械化完成以后，利润率趋向下降规律不再适用；另一种可能性，则是利润率度量公式不再适用于这一时期的资本主义生产状况。吉尔曼倾向于后者。他指出，在第一次世界大战以后，随着垄断资本的兴起，美国的资本主义生产总过程出现了新特点，表现在：（1）仪表化以及电力对蒸汽动力的替代等技术变革，提升了劳动生产率，却没有带来不变资本的大规模相对增加。（2）产业合并和垄断，一方面增加了企业的规模和复杂性，提高了企业的监管费用；另一方面，促使企业之间进行垄断竞争，包括相互之间抢夺顾客和一起抢夺顾客的美元等，造成销售、广告和促销等流通费用提高。

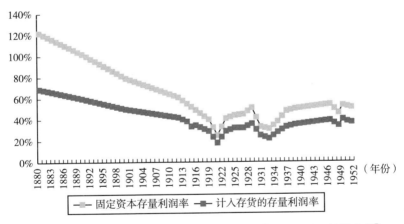

图 1　吉尔曼测算的两种存量利润率（美国制造业，1880—1952 年）①

扣除折旧和生产工人工资以后的增加值，包含监管费用和流通费用，然而它们却不属于资本家的收益。在马克思时代的英国和 1880—1919 年间的美国，这两部分费用相对较小，将它们计为资本家的利润，不会对利润率带来

---

① 资料来源：J. M. Gillman, *The falling rate of profit*. London：Dennis Dobson，1957，Table D&E.

大的影响。但当它们明显提高时，通过计入它们而得到的利润和资本家的实际收益将大不相同。显然，资本家所唯一关心的和指导资本家进行商业决策的，是资本家的实际收益。因此，吉尔曼认为，对于 1919—1952 年间的美国制造业，应当度量与资本家的实际收益相对应的利润率。

吉尔曼以使用工具和机械的工人作为生产性工人，对应统计数据中的"生产工人"，相应地将其他雇员作为非生产性工人。他用符号 u 表示非生产性支出，包括非生产性工人的薪酬、其他的监管支出以及销售和广告等支出。采用吉尔曼的符号，用 s 表示扣除生产工人工资和折旧的增加值，用 C 表示不变资本存量即固定资本加上存货，他的这种利润率可用公式表示为：

$$存量净利润率\ r = \frac{s-u}{C} = \frac{增加值 - 生产工人工资 - 折旧 - 非生产性支出}{固定资本 + 存货}$$

吉尔曼测算的美国制造业在 1919—1939 年间的存量净利润率，如图 2 所示。从中可以看出，存量净利润率呈现出下降趋势。吉尔曼开启了关于利润率的实证研究，他在利润率定义方面的贡献在于：第一，将对生产性支出和非生产性支出的区分，引入利润率度量公式；第二，提出在大规模机械化过程完成以后，利润率的度量应当同时考虑剩余价值的生产和实现；第三，结合经验数据比较了流量利润率和存量利润率，说明了采用存量利润率作为一般利润率具体定义的合理性。

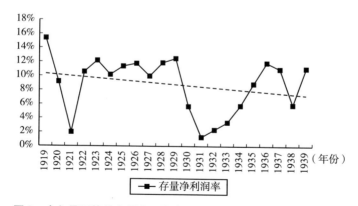

图 2　吉尔曼测算的存量净利润率（美国制造业，1919—1939 年）

资料来源：J. M. Gillman, *The falling rate of profit*. London, Dennis Dobson, 1957, Table H.

　　在吉尔曼对利润率的定义中，是否区分生产性劳动和非生产性劳动占据重要地位。在吉尔曼以后，一些学者接受了吉尔曼的这一观点，如美国学者梅基（S. Mage）和我国学者高峰。但是，不同学者在具体处理方法上，也存在着微妙的差别。

　　梅基将对利润率的实证研究扩展到 1900—1960 年间的美国非农业私营企业部门。[①] 他也像吉尔曼一样，采用当前成本下的不变资本存量作为利润率的分母，即生产者耐用品、构筑物、存货以及燃料和矿物储备等的总和。对于利润率的分子，梅基采用扣除直接税以后的净财产性收入，包括企业账面利润、高管薪酬、存货估值调整、净利息和净租金等。在计算时，他排除了金融、保险和房地产部门，以避免重复计算，因为这些部门的净利润已被包含于其他私营企业部门的净利息和净地租之中。与吉尔曼的存量净利润率的分子相比，税后净财产性收入也去除了非生产性雇员工资等非生产性支出，但它包括了高管薪酬，梅基认为马克思将企业高管也视作资本家。他的测算方法可以用公式表示为：

$$非农业私营企业部门利润率 = \frac{税后净财产性收入}{全部资本存量}$$

　　图 3 比较了梅基的利润率和吉尔曼的存量净利润率，发现二者的变动趋势较为一致，在波动幅度上有所区别。梅基的利润率定义是对吉尔曼的存量净利润率的扩展，二者度量的都是经验形式的价格利润率，均采用当前成本来测算不变资本存量，均区分生产性支出和非生产性支出，并考虑资本家的实际收益。二者的区别在于，吉尔曼认为非生产性支出是剩余价值的一部分，而梅基则将其归入不变资本，本文下一节将对此进行详细论述。

---

　　① S. Mage，"The law of the falling tendency of the rate of profit"，in *Marxian theoretical system and relevance to the U. S. economy.* New York：Columbia University，1963：174 – 175.

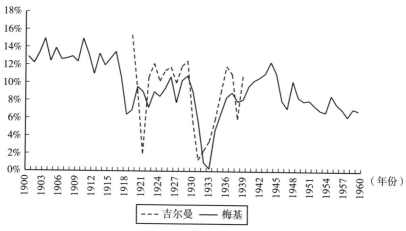

图3　梅基的利润率和吉尔曼的存量净利润率①②

　　我国学者高峰认为，吉尔曼采用固定资本与存货之和作为利润率的分母，是相对合理的，但利润率是利润与预付总资本之比，而不仅仅是与不变资本之比。因此，他在计算1929—1984年间美国制造业的利润率时，将预付可变资本也纳入利润率的分母。③

　　首先，他用增加值减去折旧作为制造业活劳动所创造的新价值，用生产工人工资加上50%的非生产雇员薪金作为生产性雇员工薪收入即可变资本，然后从新价值中减去生产性雇员工薪收入得到剩余价值。其次，他取制造业各年的固定资本净存量和存货之和作为预付不变资本，用制造业各年的产品价值减去制造业增加值得到年不变流动资本，接着用年不变流动资本除以存货得到流动资本的年周转次数，再用生产性雇员工薪收入除以流动资本的年周转次数得到预付可变资本，然后用预付不变资本加上预付可变资本得到预付总资本。最后，他利用剩余价值与预付总资本之比得到利润率。高峰对利润率的定义可以表示为：

　　①　S. Mage, "The law of the falling tendency of the rate of profit", in *Marxian theoretical system and relevance to the U. S. economy.* New York：Columbia University, 1963.

　　②　J. M. Gillman, *The falling rate of profit.* London：Dennis Dobson, 1957, Table H.

　　③　高峰：《资本积累理论与现代资本主义》第2版，社会科学文献出版社2014年版，第279－304页。

$$考虑预付可变资本的存量利润率 = \frac{增加值 - 折旧 - 生产性雇员工薪收入}{固定资本净存量 + 存货 + 预付可变资本}$$

物质生产部门中不直接从事生产的雇员的一部分，属于整体生产工人，也是生产劳动者。高峰把他们的薪金计入可变资本，是合理的。但是，选取 50% 作为比例值，存在着一定的随意性，有待进一步研究。谢克（A. Shaikh）和托纳克（E. Tonak）建立起了马克思主义指标与投入产出表指标的对应关系，对于剩余价值和可变资本等马克思主义指标进行了严格的度量。[1] 谢克还强调，必须区分利润率的长期趋势和短期波动，因为它们有不同的决定因素和含义，古典经济学和马克思主义理论通常关注长期因素，要合理地检验这些理论，就必须区分"一般产能"利润率和观测到的利润率。[2]

自吉尔曼以来，大多数学者均采用当前成本测算资本存量。但在近年来的研究中，美国学者克莱曼对此做法提出了质疑，转而主张以历史成本来衡量固定资本存量。[3] 克莱曼认为，无论是按照公众的普遍看法，还是按照马克思的概念，利润率都是利润与资产的账面价值之比，其中账面价值是在购置资产时实际预付（投资）的货币（即资产的历史成本）减去折旧以及类似的费用。因此，他将利润率定义为年利润与以历史成本计价的年初固定资本存量之比，并用这一定义测算了美国企业部门在 1929—2009 年间的利润率。

克莱曼的利润率定义式的分母，是以历史成本计价的固定资产，等于"初始年份"的（以历史成本计价的）固定资产，加上在特定年份之前每年增加的（以历史成本计价的）固定资产净投资之和。克莱曼利用价格指数和 MELT（劳动时间的货币表现）对它们进行调整。对于利润率的分子，克莱曼采用了多种指标。包括：（1）财产性收入，是新增总价值减去雇员报酬和以

① Shaikh, A. M. and E. A. Tonak, *Measuring the wealth of nations.* New York: Cambridge University Press, 1994: 1 – 151.

② A. Shaikh, "Explaining the global economic crisis", *Historical Materialism*, Vol. 5, No. 1 (1999): 105 – 108.

③ A. Kliman, *The failure of capitalist production.* London: Pluto Press, 2012: 74 – 122.

历史成本计价的固定资产折旧。（2）公司的净营业剩余，是财产性收入减去"生产和进口税减去补贴"。（3）税前利润，是净营业剩余减去"净利息和杂项付款"和"目前的转移支付"。（4）税后利润，是税前利润减去"公司所得税"。其中，财产性收入最接近马克思的剩余价值概念，利用财产性收入测算的利润率，可以表示为：

$$历史成本利润率（财产性收入）= \frac{财产性收入}{以历史成本衡量的固定资产}$$

通过比较美国公司部门的历史成本利润率（财产性收入）和积累率（净投资与历史成本固定资产之比），克莱曼发现自 20 世纪 70 年代以来，二者均呈现下降趋势，利润率的变动几乎总是比积累率的变动早一年或几年；计量分析结果显示，利润率的变动解释了（随后一年的）积累率变动的83%。

迪梅尼尔和列维则对克莱曼的定义提出质疑，本文下一节将详细探讨他们之间的争论。迪梅尼尔和列维分析了利润率影响资本积累和经济运行的两种主要机制[①]，一种是刺激积累意愿，另一种是为积累提供资金。并认为，合适的利润率定义，需要使其能够直接通过上述机制来影响资本积累。他们测算了五种利润率，如图 4 所示，自上而下的五条曲线依次为：（1）马克思意义上的利润率，分子是总收入减去劳动报酬，分母是以当前成本测算的固定资本存量；（2）扣除生产税的利润率，分子是总收入减去劳动报酬和生产税，分母是以当前成本测算的固定资本存量；（3）扣除全部税收的利润率，分子是总收入减去劳动报酬和全部税收，但仍然包括净利息支付，分母是以当前成本测算的固定资本存量；（4）扣除全部税收以及利息的利润率，分子是总收入减去劳动报酬、全部税收以及净利息支付，分母是企业净资产，即总资产减去债务；（5）企业自留利润率，分子是总收入减去劳动报酬、全部税收、净利息支付以及股息，分母是企业净资产。

---

① Dumenild, G. and D. Levy, "The crisis of the early 21st century: A critical review of alternative interpretations", *Preliminary draft* (2011): 21－39.

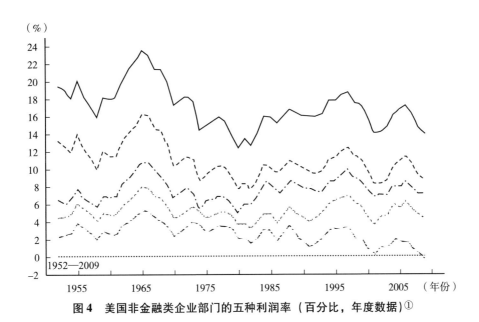

图 4　美国非金融类企业部门的五种利润率（百分比，年度数据）①

　　自 20 世纪 80 年代初期以来，美国非金融类企业部门的前四种利润率均表现出一定程度的上升，而企业自留利润率则呈现出下降的趋势。在同一时期里，美国非金融类企业的资本积累率，即当前成本下的净投资与固定资本存量之比，是趋向下降的。迪梅尼尔和列维发现马克思意义上的利润率和资本积累率差别明显，前者比后者大约高 5 倍，而企业自留利润率和资本积累率则在量值和波动上紧密相关。从刺激积累意愿的视角，他们认为决定投资行为的是扣除全部税收以后的利润。从为积累提供资金的视角，他们发现自留利润与总税后利润之间的差距（即利息和股息之和）呈增大的态势，新自由主义的公司治理制度致使税后利润更多地成为股息，从而不利于投资。所以，他们认为企业自留利润率才是衡量资本积累的合适指标。②

　　① Dumenil, G. and Levy, D., "The crisis of the early 21st Century: A critical review of alternative interpretations", *Preliminary draft* (2011): 25.
　　② 迪梅尼尔和列维的企业自留利润率与谢克的企业利润率不同，后者指的是利润率与利息率的差额，参见［美］安瓦尔·谢克：《21 世纪的第一次大萧条》，载于《当代经济研究》2014 年第 1 期。

关于利润率的分母：大多数学者以固定资本存量定义利润率的分母，这样做的理由在于，不变流动资本和可变资本的周转次数难以度量。吉尔曼试图用存货作为不变流动资本的代理指标，这种做法有其相对合理和便利之处，并为梅基和高峰等学者所沿用。在可变资本存量较小的经济体中，比如大多数工人都支取周薪，则只使用不变资本存量作为利润率的分母，不会对利润率带来很大的影响。但是，如果可变资本存量较大（比如大多数工人都按月支薪）而且变动显著时，这种影响就较为明显。正是基于这种考虑，高峰主张将可变资本存量纳入利润率的分母。

关于利润率的分子：迪梅尼尔和列维的企业自留利润率、吉尔曼的存量净利润率、梅基测算的利润率以及克莱曼的历史成本利润率，都试图度量资本家的实际收益。与他们不同，高峰、谢克和托纳克等学者则主张在利润率的分子中包含非生产性支出。本文下一节将对此做进一步考察。

三、对利润率分子和分母定义的进一步讨论

利润率定义差异的第二个维度，是在衡量资本存量时采用历史成本还是当前成本。对于以固定资产和折旧的当前成本（重置成本）来测算利润率的做法，克莱曼提出了四点批评：（1）当前成本比率不能准确地衡量企业和投资者的未来期望收益率，它不是企业和投资者试图去最大化的比率。当前成本"利润率"的测算，利用今天的价格计算当前的投资支出和未来的收益，但未来期望收益率的测算，则是利用今天的价格计算当前的投资支出，利用预期的未来价格计算未来收益。（2）当前成本"利润率"不能准确地衡量企业和投资者的实际收益率，即利润与初始投资量之比。（3）当前成本"利润率"与资本积累率没有明显的关系。（4）当前成本"利润率"似乎与股票市场收益率没有关系。克莱曼衡量了不同的利润率对标准普尔指数（S&P 500）记录的500家公司的市盈率的预测能力。他发现，以决定系数 R^2 作为利润率预测能力的衡量标准，历史成本利润率的预测能力远远超过当前成本的预测能力。他认为这一结果表明，历史成本利润率更接近资本主义企业和投资者所关注的和通常所说的

利润率。①

迪梅尼尔和列维则认为克莱曼是在摆弄定义。② 他们指出，在一个价格呈上升趋势的世界里，历史成本数据将低估资本存量的价值；历史成本利润率不能反映在给定生产线上持续投资所能够预期的利润率，因为进行新投资所面临的价格水平，是给定年份里的普遍价格，而不是以往的价格。

克莱曼正确地指出了资本存量的历史成本和重置成本之间的差别。历史成本利润率反映了利润与资产的账面价值之本，也就是资本家的实际收益率，因此克莱曼对当前成本利润率的第二点批评是成立的，但另外三点批评却不够有说服力。首先，迪梅尼尔和列维的企业自留利润率也与资本积累率密切相关。其次，克莱曼仅仅拿历史成本利润率和当前成本利润率与股票市场收益率相比较，并没有对它们之间的相互关系进行分析，单凭数据上的相关关系，就否定当前成本利润率，肯定历史成本利润率，是不能令人信服的。再次，第一点批评也存在着问题，因为企业和投资者可以用当前成本利润率和对市场的预期，来得到未来期望收益率。对于估算预期收益率而言，当前成本利润率显然是一个比历史成本利润率更好的指标。总而言之，采用历史成本来衡量资本存量，测度出了资本家的账面收益率，但它不能反映在给定生产线上持续投资所能够获得的利润率，因而不是一个反映资本积累的合适指标。

资本存量的指标有两种，一种是总资本存量，另一种是净资本存量，即总资本存量扣除折旧。在一个技术进步不断地促使固定资本贬值的世界里，以当前成本测算的、不考虑折旧的总资本存量数据会高估资本存量值。布伦纳采用净资本存量作为利润率的分母，③ 谢克对其提出批评，认为企业会选择资产的总存量指标，以评估这项资产在其整个生命周期中的利润率变动状况；实证数据显示，净资本存量的增速慢于总存量的增速，谢克认为这意味着采

---

① A. Kliman, *The failure of capitalist production.* London：Pluto Press，2012：74 – 122.

② Dumenild, G. and D. Levy, "The crisis of the early 21st century：A critical review of alternative interpretations", *Preliminary draft*（2011）：37.

③ R. Brenner, *The economics of global turbulence.* London & New York：Verso，2006：345 – 347.

用净存量指标会低估不变资本存量的增多，进而高估利润率。①

事实上，企业意图评估的往往是资本存量在当前的盈利状况，这就需要采用净资本存量指标。即使企业尝试评估一项投资在其整个生命周期中的盈利状况，它们也可以分别评估净资本存量在当前的盈利，以及计提为折旧的资金所获得的盈利，比如将这部分资金再投资于固定资产或者金融资产等获得的收益。净资本存量，才是资本在当前价格下的重置成本。采用总资本存量会高估资本存量值，当总资本存量的增速大于净资本存量的增速时，这种高估会被加剧，也就是加剧了对利润率的低估。

利润率定义差异的第三个维度，即是否应该区分以及如何区分生产性劳动和非生产性劳动，实际上是应该如何定位非生产性支出（即监管费用和流通费用）。方案一是将其与生产性支出等同，即不区分生产性劳动和非生产性劳动，迪梅尼尔和列维在测算五种利润率指标时遵循这种方案；方案二是将其归入剩余价值，区分生产性劳动和非生产性劳动的学者通常采取此思路；方案三是将其归入不变资本，梅基是该做法的提出者。

斯威齐是方案二的代表人物，他认为，商人的各种开销和用于买入商品的货款，都带有资本的性质；商品的买入价与售出价之间的差额，不仅要提供货款所要求的平均利润，而且需要补偿各种费用支出以及这些支出的正常利润；这些整个地构成对剩余价值的一种扣除。② 吉尔曼也类似地认为，监管费用和销售成本都是剩余价值的组成部分。这种方案的直接依据，是马克思在《资本论》第 2 卷中的论述：

"一般的规律是：一切只是由商品的形式转化而产生的流通费用，都不会把价值追加到商品上。这仅仅是实现价值或价值由一种形式转变为另一种形式所需的费用。投在这种费用上的资本（包括它所支配的劳动），属于资本主义生产上的非生产费用。这种费用必须从剩余产品中得到补偿，对整个资本家阶级来说，是剩余价值或剩余产品的一种扣除，就像对工人来说，购买生

① A. Shaikh, "Explaining the global economic crisis", *Historical Materialism*, Vol. 5, No. 1 (1999): 105–108.

② ［美］保罗·斯威齐：《资本主义发展论》，商务印书馆 2006 年版，第 304–305 页。

活资料所需的时间是损失掉的时间一样。"①

　　梅基对方案二提出批评，认为它误解了剩余价值的含义。② 他指出，非生产性劳动者也和生产性工人一样向资本家出售劳动力，他们的工资也是资本家的支出；剩余价值指的仅是为财产所有者阶级所占有的社会剩余劳动的价值，它由三个部分构成，即企业主收入、利息和租金。梅基认为，马克思将流通费用视为剩余价值或剩余产品的一种扣除，只是从资本家的视角而言，并不是立足于整体的资本主义生产过程。事实上，用于非生产性支出的资本，是社会总资本的一个必要的组成部分。他援引了马克思在《资本论》第 3 卷中的论述：

　　"这些支出固然会形成追加资本，但不会生产任何剩余价值。它们必须从商品的价值中得到补偿；这些商品的一部分价值必须再转化为这种流通费用；但由此不会形成任何追加的剩余价值。就社会总资本来看，这事实上无非就是说，总资本的一部分是那些不加入价值增殖过程的次一级的活动所需要的，并且社会资本的这个部分必须为这些目的而不断地再生产出来。"③

　　梅基认为，马克思的这两段论述有矛盾之处。前者说流通费用不会把价值追加到商品上，而后者则说流通费用必须从商品的价值中得到补偿。按照前一段论述，非生产性支出的再生产就会成为问题。事实上，《资本论》第 3 卷也表露出了关于如何再生产非生产性支出的疑问："商人作为单纯的流通当事人既不生产价值，也不生产剩余价值（因为他由自己的费用加到商品上的追加价值，不过是原先已有的价值的追加，尽管这里还有一个问题：他究竟怎样保持和保存他的不变资本的这个价值？）"④

　　梅基提出的方案三，解决了这一问题。他提出：一方面，非生产性支出虽然不生产新价值，但它们是对社会资本的一部分的消费，以这种方式被消

---

①　《资本论》第 2 卷，人民出版社 2004 年版，第 167 页。

②　J. M. Gillman, *The falling rate of profit*. London：Dennis Dobson，1957：57 – 68.

③　《资本论》第 3 卷，人民出版社 2004 年版，第 325 页。

④　《资本论》第 3 卷，人民出版社 2004 年版，第 326 页。

费的价值，为了保持其持续再生产，必须进入生产出的商品的总价值；另一方面，不变资本和可变资本的区别，基于它们向商品中转化价值的不同方式，不变资本的特征方式是附加原本已存在的价值，因此，对待非生产性支出的合理方式，是将它们视作不变资本的组成部分。

方案一得到的利润率表达式，与方案三恰好一致。方案一将非生产性支出等同于生产性支出，也即是将其中用于劳动力的部分归入可变资本，将其他部分归入不变资本。方案三是将非生产性支出全部归入不变资本。利润率的分母是预付的不变资本和可变资本之和，因此两种方案得到的利润率分母是一致的，分子也都是不包括非生产性支出的剩余价值。然而，方案一的问题在于，它得到的可变资本和不变资本进而剩余价值率和资本有机构成，不严格符合马克思的概念，因此不利于对利润率进行解释。

四、总结

综上所述，本文讨论了围绕利润率定义的四个方面的争论。图 5 试图直观地表现这些争论，从图 5 中可以看出，这些论争涉及：第一，在利润率定义中，采纳价格利润率还是价值利润率；第二，在利润率分母的定义中，是以历史成本衡量资本存量，还是以当前成本衡量资本存量；第三，在利润率的定义中，是否和如何区分生产性劳动与非生产性劳动；第四，是否考虑资本家的主观意识形式对利润率定义的影响。

在图中，以阴影标识的图域代表笔者赞同的观点，具体而言，我们赞成以价格范畴定义利润率；赞成以当前成本度量资本存量；赞成区分生产性劳动和非生产性劳动，并主张将非生产性支出纳入利润率的分母；十分重要的是，资本家的主观意识形式是在定义利润率时需要考虑的重要因素，在图中，资本家的主观意识形式分别影响到对价值利润率和价格利润率的选择，以及对于生产性劳动和非生产性劳动问题的处理。

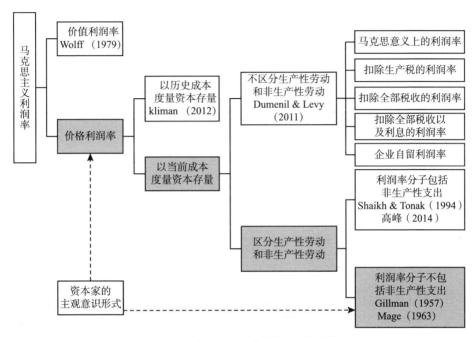

图5 马克思主义利润率的多种定义①

　　还需指出的是，现行的国民经济核算以西方主流经济学为基础，其中的许多指标在含义和范围上都与相应的马克思主义概念有所区别。直接利用这些指标来度量利润率，就不可避免地有其局限性。谢克和托纳克在前人研究的基础之上，结合投入产出表（I－O）与国民收入和产品账户（NIPA），给出了一个核算马克思主义指标的体系。② 这一体系已为一些学者所认可和借鉴。我们认为，根据本文提出的利润率定义标准，参考该体系的核算方法，可以较为严格地衡量利润率，并为马克思主义对于利润率动态的理论解释奠定基础。

（原文发表于《中国人民大学学报》2015 年第 6 期）

---

　　① 图中的阴影区域表示笔者赞同的观点。

　　② Shaikh, A. M. and E. A. Tonak, *Measuring the wealth of nations*. New York：Cambridge University Press，1994：1－151.

美国经济利润率的长期趋势和
短期波动：1966—2009

鲁保林　赵　磊[*]

在资本主义生产方式中，雇佣工人的活劳动是剩余价值的唯一源泉。追逐剩余价值的内在动力和外部竞争压力迫使资本家不断革新以降低生产成本，结果造成活劳动为死劳动所代替，活劳动的减少必定会削弱整个资本主义生产系统生产剩余价值的能力，因而作为剩余价值和预付资本的比率即平均利润率会趋于下降。不过，由于反作用因素的阻挠和抵消，平均利润率一般通过短期波动来贯彻自身的下降趋势。平均利润率的长期下降和短期波动通过对利润预期和投资增长的影响最终传导至产出、就业等变量，因此，平均利润率动态往往是解释资本积累、产出增长的关键。

一、利润率下降规律的经验研究：一个简要的文献回顾

在对利润率下降规律进行理论分析的同时，学术界也展开了大量卓有成效的经验研究。托马斯·韦斯科普夫（Thomas E. Weisskopf, 1979）在此方面做出了开拓性贡献。[②] 爱德华·沃尔夫（Edward N. Wolff, 1979）根据投入产出表计算了美国1947—1967年的利润率等变量，根据他的分析，利润率的变动与马克思的预测相反。[③] 在另一篇文献中，沃尔夫把考察的时间延长到1976年，得出的结论为：价值利润率的确下降了，原因是由于剩余价值率急

---

　*　鲁保林：贵州财经大学经济学院。赵磊：西南财经大学《财经科学》杂志社。

　②　Thomas E. , "Weisskopf, Marxian crisis theory and the rate of profit in the postwar U. S. economy", *Cambridge Journal of Economics*, Vol. 3, No. 4 (1979): 341–378.

　③　Edward N. Wolff, "The Rate of Surplus Value, the Organic Composition, and the General Rate of Profit in the U. S. Economy, 1947—67", *The American Economic Review*, Vol. 69, No. 3 (1979): 329–341.

剧下降，而非资本有机构成提高。① 这个结论招致了一些学者，如弗雷德·莫斯利（Fred Moseley，1988）的批判和质疑。莫斯利尖锐地指出，沃尔夫的研究没有区分生产劳动与非生产劳动。② 1998 年，罗伯特·布伦纳（Robert Brenner）发表《全球动荡的经济学》一文，在学术界引起广泛争论。布伦纳认为，从 1960 年代中期到 80 年代早期，美国制造业的利润率在国际竞争力加剧的压力下迅速下降。③ 沃尔夫（Edward N. Wolff，2001）新近的研究发现，美国利润率自 20 世纪 80 年代初开始复苏。④ 西蒙·莫恩（Simon Mohun，2004）对澳大利亚的利润率进行了实证分析，他的分析思路具有多层次分析的特色。⑤ 贝克尔和坎贝尔（Erdogan Bakir and Al Campbell，2006）把韦斯科普夫（1979）的研究延续到 2001 年。⑥ 谢富胜等（2010）用劳资斗争、价值实现和资本有机构成这些因素的相互作用解释利润率波动或下降的具体根源。⑦

美国非金融公司部门（NFCB）的利润率趋势历来是学界关注的焦点，尽管在这方面的研究已经取得了丰硕的理论成果，但是从现有的文献来看，仍存在如下不足之处：（1）学界较为关注净利润率的变化趋势而忽视平均利润率或一般利润率的变化趋势。（2）已有的实证分析尚未从量的层面揭示生产劳动和非生产劳动对利润率的影响程度。我们接下来的研究则较好地弥补了

---

① Edward N. Wolff, "The Productivity Slowdown and the Fall in the U. S. Rate of Profit, 1947 – 76", *Review of Radical Political Economics*, Vol. 18, No. 1& 2 (1986): 87 – 109.

② Fred Moseley, "The Rate of Surplus Value, the Organic Composition, and the General Rate of Profit in the US. Economy, 1947 – 67: A Critique and Update of Wolff's Estimates", *The American Economic Review*, Vol. 78, No. 1 (1988): 298 – 303.

③ Robert Brenner, "The economics of global turbulence", *New Left Review*, No. 229 (1998): 1 – 264.

④ Edward N. Wolff, "The recent rise of profits in the United States", *Review of Radical Political Economics*, Vol. 33, No. 3 (2001): 315 – 324.

⑤ Simon Mohun, "The Australian Rate of Profit 1965—2001", *Journal of Australian Political Economy*, No. 52 (2004): 83 – 112.

⑥ Erdogan Bakir, Al Campbell, "The Effect of Neoliberalism on the Fall in the Rate of Profit in Business Cycles", *Review of Radical Political Economics*, Vol. 38, No. 3 (2006): 365 – 373.

⑦ 谢富胜、李安、朱安东：《马克思主义危机理论和 1975—2008 年美国经济的利润率》，载于《中国社会科学》2010 年第 5 期。

上述欠缺。在区分生产劳动和非生产劳动的基础上，我们考察了非金融公司部门利润率的演变过程及其根源，并藉此进一步透视、理解美国经济增长的周期波动、兴衰变迁与未来走势。

二、利润率的分解：马克思主义经济学视角

参照西蒙·莫恩的做法，我们将利润率分解为利润份额和产出资本比的乘积，即：

$$R = \frac{S}{K} = \frac{S}{Y} \times \frac{Y}{K} \tag{1}$$

$$r = \frac{\pi}{K} = \frac{\pi}{Y} \times \frac{Y}{K} \tag{2}$$

其中，K 表示非金融公司部门现价非住宅净固定资本存量，π 表示包括资本消耗和存货价值调整的税前利润与利息之和，S 表示剩余价值，等于 π 和非生产劳动支出 U 之和。净产出 Y 等于利润 π 与雇员劳动报酬 W 之和。这里需要指出的是，不少学者把雇员劳动报酬 W 等同于可变资本 V，但问题在于，雇员包括监管雇员和生产雇员，考虑到监管雇员的收入在新自由主义时期上升很快，完全将其纳入可变资本范畴，在经验分析上就会造成劳动份额被高估。我们认为，尽管监管雇员也是"总体工人"的一部分，但由于其劳动性质与生产雇员存在显著的区别，因此只能将其收入中的一部分计算为可变资本。由于统计年鉴并未提供非金融公司部门生产雇员和监管雇员小时薪酬的数据，本文的处理方法如下：（1）假设非金融公司部门生产雇员的小时薪酬与制造业部门生产雇员的小时薪酬相同。（2）假设监管雇员小时薪酬与生产雇员的小时薪酬相同，超出的部分即为非生产劳动花费 U。因此，可变资本的计算方法是用非金融公司部门所有雇员的年劳动小时数 H 乘以制造业部门生产雇员的小时劳动薪酬 w_p。

$\frac{\pi}{Y}$ 表示利润份额，$\frac{S}{Y}$ 表示扩展利润份额[1]，$\frac{Y}{K}$ 表示产出资本比。$\frac{Y}{K}$ 测度的

---

① "扩展利润份额"由 Simon Mohun 提出，参见 Simon Mohun, "Distributive Shares in the US Economy, 1964—2001", *Cambridge Journal of Economics*, Vol. 30, No. 3 (2006): 347－370.

是生产过程的技术状况，$\dfrac{\pi}{Y}$或$\dfrac{S}{Y}$测度的是资本家和工人之间的收入分配关系。r 表示净利润率，R 表示平均利润率或一般利润率，净利润率与资本积累的联系更紧密。[1]

三、利润率的变化趋势及其影响因素

（一）非金融公司部门两种利润率的变化趋势及原因

我们计算了 1966—2009 年美国非金融公司部门的平均利润率和净利润率，并且进行了指数化处理，1966 年为 100，结果如图 1 所示。

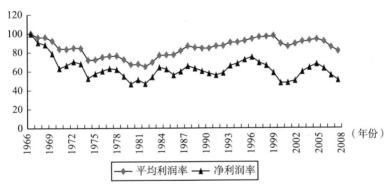

图 1 非金融公司部门平均利润率和净利润率：1966—2009 年

资料来源：根据美国商务部经济分析局、美国劳工部劳工统计局的有关数据计算并绘制。

1966—2009 年，平均利润率和净利润率均趋于下降。在 80 年代中期前，二者有着相似的变动轨迹，之后则逐渐发生背离，前者的上升速度更快，产生这个问题的主要原因就在于非生产劳动的上升减缓了净利润率的复苏程度。为了分析非金融公司部门利润率和在长期和短期中变动的具体原因，我们估算了在不同时期里技术（表中以产出资本比作为技术因素的代表）和分配

① Thanasis Maniatis，"Marxian Macroeconomic Categories in the Greek Economy"，*Review of Radical Political Economics*，Vol. 37，No. 4（2005）：494 –516.

（表中以产出资本比作为收入分配因素的代表）因素对利润率波动的贡献。结果如表 1 和表 2 所示。

表 1　　　　净利润率变化的百分点、技术因素和分配因素的贡献率

年份	1966—1982	1982—1997	1997—2001	2001—2006	2006—2009	整个时期
利润率 r	−0.0841	0.0444	−0.0431	0.0316	−0.0269	−0.0781
利润份额	−0.0438	0.0224	−0.0367	0.0370	−0.0155	−0.0348
产出资本比	−0.0403	0.0221	−0.0065	−0.0054	−0.0114	−0.0433
利润份额的贡献	0.5210	0.5035	0.8504	1.1701	0.5763	0.4455
产出资本比的贡献	0.4790	0.4965	0.1496	−0.1701	0.4237	0.5545

资料来源：根据美国商务部经济分析局、美国劳工部劳工统计局的有关数据计算整理。

表 2　　　　平均利润率变化的百分点、技术因素和分配因素的贡献率

年份	1966—1982	1982—2000	2001—2006	2006—2009	整个时期
利润率 R	−0.1097	0.1020	0.0141	−0.0390	−0.0586
扩展利润份额	−0.0182	0.0434	0.0308	−0.0058	0.0483
产出资本比	−0.0915	0.0586	−0.0167	−0.0332	−0.1069
扩展利润份额的贡献	0.1659	0.4260	2.1847	0.1484	−0.8240
产出资本比的贡献	0.8341	0.5740	−1.1847	0.8516	1.8240

资料来源：同表 1。

表 1 和表 2 列出的数据显示：1966—2009 年，净利润率的下降幅度大于平均利润率，驱动二者下降的最主要因素都是产出资本比。区别在于，后者的下降完全是由于产出资本比的下降所致，而前者则由产出资本比和利润份额的共同作用所致。

（二）非金融公司部门利润率的短期波动分析

"二战" 后初期至 1966 年前后，利润率经历了一个长时期的繁荣阶段。[①]

---

① 牛文俊：《战后美国利润率长期变动研究》，南开大学博士学位论文，2009 年，第 113 页。

然而，随着时间的推移，利润率逐步回落，直至引发 70 年代的经济停滞。一些学者把本次利润率的滑坡归因为"利润挤压"，即利润率的下降源于利润份额的缩减。[1] 我们的实证分析表明，利润份额在此期间确实回落了近 7 个百分点，但是扩展利润份额实际上只下降了 3 个百分点，对平均利润率下降的贡献率也只有 17% 而已。

在经历了 70 年代的低迷之后，利润率从 80 年代初开始逐步回升，净利润率的上升势头持续到 1997 年，平均利润率的向下转折要比净利润率晚 3 年。利润份额的上升和产出资本比的提高共同推动了这一时段净利润率的回升，它们各自的贡献大约是 1∶1。不过，对平均利润率的数学分解显示，产出资本比的贡献比扩展利润份额更大一些。

在资本主义生产条件下，经过一定时期的经济发展，一度促使资本积累和利润率上升的各种因素必然会逐渐减弱，最终走向自身的反面。[2] 1998 年，净利润率开始出现转折，并且在接下来的四年里减少了约 4 个百分点，推动这一时段净利润率收缩的主导因素是利润份额的下降。

2001—2006 年，利润率又逐步复苏。这一时段在 1966—2009 年的整个时期中比较特别，因为无论是就平均利润率还是就净利润率而言，推动它们回升的决定性因素都是（扩展）利润份额，它解释了净利润率变化的 117%，平均利润率变化的 218%。

然而，始于 2001 年末的利润率繁荣仅仅维持不到 5 年就宣告收场，利润率的再度下滑最终引爆了 2008 年肆虐全球的国际金融危机。根据我们的经验分析可知，导致这一时段净利润率下降的主要原因是利润份额的下降。不过，从影响平均利润率变动的两个因素来看，导致其下降的主要因素是产出资本比。

四、利润份额的变动趋势及其影响因素

为了揭示利润率变化的具体机制，我们有必要对利润份额和产出资本比

① Raford Boddy, James Crotty, "Class Conflict and Macro – Policy: The Political Business Cycle", *Review of Radical Political Economics*, Vol. 7, No. 1 (1975): 1 – 19.

② 高峰：《资本积累理论与现代资本主义》，南开大学出版社 1991 年版。

作进一步的分解，以便剖析它们波动的具体原因。

（一）利润份额变动的初步解析

利润份额 $\dfrac{\pi}{Y}$ 可以分解为：

$$\frac{\pi}{Y} = \frac{Y-W}{Y} = \frac{Y-V-U}{Y} = 1 - \frac{V}{Y} - \frac{U}{Y} = \frac{S}{Y} - \frac{U}{Y} \tag{3}$$

利润份额等于扩展利润份额减去非生产劳动份额，[①] 扩展利润份额的变化趋势与剩余价值率的变动紧密相连。1966—2009 年美国非金融公司部门的利润份额、剩余价值率和扩展利润份额如图 2 所示。

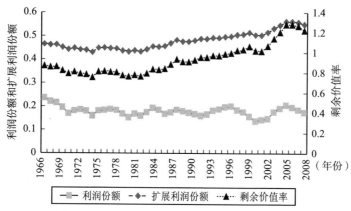

图 2 非金融公司部门的利润份额、扩展利润份额和剩余价值率

资料来源：根据美国商务部经济分析局、美国劳工部劳工统计局的有关数据计算并绘制。

由图 2 可知，1966—2009 年利润份额从趋势看略有下降，且波动相对比较频繁。剩余价值率和扩展利润份额的变动轨迹不仅极为相似，而且在1966—2009 年呈上升趋势。由公式（3）我们可以推测，既然利润份额在1966—2009 年间仅有微弱下降，那么扩展利润份额的上升一定意味着，非生产劳动占净产出的比重在此期间趋于上升。图 3 则很好地说明了这一点，如

----

① 非生产劳动支出占净产出的比重。

图 3 所示，尽管监管雇员占总雇员的比重在最近 30 年间基本保持稳定，甚至
在最近几年一度有所减少，但是非生产劳动与生产劳动之比在此期间却提高
了 75%，非生产性劳动支出的上升主要发生在 80 年代中期以后，并且上升速
度从 90 年代中期开始加快。产生这种现象的背景是：监管人员的工资增速在
90 年代中期后开始加快，进而导致管理人员和普通雇员的收入差距急剧扩大。

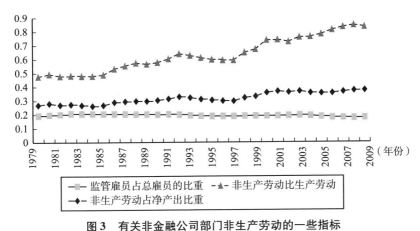

图 3 有关非金融公司部门非生产劳动的一些指标

资料来源：根据美国商务部经济分析局、美国劳工部劳工统计局的相关数据计算并绘制。

（二）利润份额短期波动的分析

利润份额 $\dfrac{\pi}{Y}$ 可以进一步分解为：

$$\frac{\pi}{Y} = \frac{S}{Y} - \frac{U}{Y} = \frac{P_y y - w_p H}{P_y y} - \frac{U}{Y} = \frac{y/H - w_p/P_y}{y/H} - \frac{U}{Y} \qquad (4)$$

p_y 表示产出品价格指数，y 表示实际产出，H 表示所有雇员的劳动小时
数。式（4）表明，决定利润份额变化的要素不仅有劳动生产率、实际工资
水平，还有非生产劳动份额。前面已经分析了非生产劳动对利润份额的影
响，接下来我们考察劳动生产率和实际工资增速对扩展利润份额短期波动
的影响。

表3　　　　非金融公司部门劳动生产率和生产雇员小时实际工资的增长率

年份	1966—1982	1982—1997	1997—2001	2001—2006	2006—2009	整个时期
劳动生产率增长率	1.31%	1.83%	2.32%	3.01%	0.25%	1.71%
每小时实际工资增长率	1.68%	0.10%	2.02%	0.51%	1.14%	1.30%

资料来源：根据美国商务部经济分析局、美国劳工部劳工统计局的有关数据计算并整理。

由表3可知，由于非金融公司部门实际工资增长低于劳动生产率的增速，所以扩展利润份额在1966—2009年的整个时期趋于上升。接下来我们具体分析每个时段的状况。

1966—1982年，实际工资增长率快于劳动生产率增长率，扩展利润份额收窄。实际工资增速过快主要是因为美国经济的快速发展和资本积累导致对劳动力的需求增加。劳动生产率增速减缓的主要原因可以归纳为三点：科技增长潜力放缓、企业固定资本投资增长缓慢、偏紧的劳动力市场和工会力量的增强[1]；1982—1997年扩展利润份额回升了6个百分点，这种回升源于劳动生产率增长和实际工资增长的脱节。劳动生产率的复苏与信息技术革命的兴起、企业组织管理体制的变革和国际竞争程度加强密切相关。然而，实际工资年均增长率极为缓慢，仅0.1%。具体原因为：一是持续10年之久的结构性失业抑制了工人的谈判能力[2]；二是产业空心化导致制造业工作岗位大量流失；[3]三是工会实力遭受重创[4]。1997—2001年，实际工资和劳动生产率增速之间的差距缩小。随着网络经济的繁荣走向高潮，失业率降低并增强了工人阶级的实力和谈判地位，实际工资开始全面上涨。在信息技术革命的推动下，

---

①　[美] P. 阿姆斯特朗、A. 格林、J. 哈里逊：《战后资本主义大繁荣的形成和破产》，中国社会科学出版社1991年版，第220页。

②　Karl Beitel, "The Rate of Profit and the Problem of Stagnant Investment: A Structural Analysis of Barriers to Accumulation and the Spectre of Protracted Crisis", *Historical Materialism*, Vol. 7, No. 4 (2009): 66 – 100.

③　周穗明：《国外左翼论全球化与资本主义、社会主义》，载于《理论视野》2003年第2期。

④　高峰：《"新经济"还是新的"经济长波"》，载于《南开学报（哲学社会科学版）》2002年第5期。

20 世纪 90 年代后半期美国非农商业部门的劳动生产率增速比前半期增加了 1.1 个百分点，其中信息技术资本的贡献率就高达三分之二[1]；2001 年美国 "网络泡沫"破灭，但是劳动生产率增长势头并未减缓。信息技术所促进的全要素生产率的增长[2]和产能利用率的提高能够解释这一现象的发生。受房地产泡沫所带动的居民消费需求的强劲增长提高了美国的生产能力利用率，在短期内，劳动生产率是产能利用率的某种 CU 正函数。[3] 然而，实际工资再度陷入停滞状态；2006—2009 年，美国建立在房地产泡沫之上的虚假繁荣逐步消逝，这一时段生产率的下降既反映了相对疲软的社会需求，同时也说明信息技术革命已经饱和。劳动生产率的跌落推动着这一阶段的利润份额步入下滑通道。

五、产出资本比的变动趋势及其影响因素

（一）产出资本比变动的初步解析

名义产出资本比 $\frac{Y}{K}$ 可以分解为：

$$\frac{Y}{K} = \frac{p_y y}{p_k k} = \frac{p_y}{p_k} \times \frac{y}{k} = \frac{p_y}{p_k} \times \frac{\frac{y}{H}}{\frac{k}{H}} \tag{5}$$

p_y 表示产出品的价格指数，p_k 表示资本品的价格指数，$\frac{y}{k}$ 表示实际产出资本比。式（5）表明：名义产出资本比的变动受产出品与资本品的比价关系以及实际产出资本比的综合影响。我们对名义产出资本比的数学分解表明，在 1966—2009 年间的大部分时期内，实际产出资本比都是名义产出资本比波

① Stephen D. Oliner, Daniel E. Sichel, "The Resurgence of Growth in the Late 1990s: Is Information Technology the Story", *Journal of Economic Perspectives*, Vol. 14, No. 4 (2000): 3 – 22.

② 金乐琴：《1995 年以来美国劳动生产率加速增长的原因》，载于《经济理论与经济管理》2007 年第 8 期。

③ Howard Sherman, "A Marxist Theory of the Business Cycle", *Review of Radical Political Economics*, Vol. 11, No. 1 (1979): 1 – 23.

动的主导因素。

（二）实际产出资本比短期波动的分析

实际产出资本比的增长率等于劳动生产率的增长率减去资本技术构成的增长率，即 $\left(\dfrac{\dot{y}}{k}\right)=\left(\dfrac{\dot{y}}{H}\right)-\left(\dfrac{\dot{k}}{H}\right)$，当前者的增长率超过后者时，实际产出资本比的增长率就会上升，反之就会下降。

1966—1982 年，由于劳动生产率的增速低于资本技术构成的增速，实际产出资本比趋于下降，实际产出资本比的下降意味着前期科技创新的潜力已充分发挥。

自 20 世纪 80 年代初以来，实际产出资本比总体上位于上升区间。1982—1999 年，劳动生产率的平均增速为 1.97%，资本技术构成的平均增速为 0.43%，大大低于前一时期的 2.05%。在马克思看来，资本技术构成提高和劳动生产率增长不过是同一进程的两个方面。[①] 那么，为什么在"新经济"时期二者的增长出现了不同步呢？我们认为以下几点值得注意。第一，信息技术革命节约了不变资本的投入。社会生产信息化是一种低投入、低能耗，以信息、知识、技术为核心的全新的生产方式。[②] 第二，信息技术革命提高了劳动的复杂程度，在同一时间内复杂劳动比简单劳动能形成更多的商品价值。第三，后福特主义劳动过程的应用。后福特主义的"全面质量管理"等措施可以发挥工人的主动精神，提高劳动效率，而且信息化管理手段的应用减少了各种不必要的生产消耗以及生产和销售中的过剩人员。[③]

2000—2009 年，实际产出资本比的增长率为负，实际产出资本比的下降意味着信息技术推动生产力增长的潜力逐步耗尽。

[①] 高峰：《资本积累理论与现代资本主义》，南开大学出版社 1991 年版，第 67 页。

[②] 陈智：《马克思的资本有机构成理论与当代中国的经济发展》，载于《学术探索》2011 年第 2 期。

[③] 谢富胜：《从福特主义向后福特主义转变》，载于《中国人民大学学报》2007 年第 2 期。

六、结论

在区分生产劳动和非生产劳动的基础上，我们分别测算和分析了1966—2009年美国实体经济的平均利润率和净利润率，并且考察了它们的演变过程及其根源。从对利润率的理论与实证分析中，我们发现有两点值得进一步关注：（1）自1980年代初来，随着新自由主义思潮的兴起，劳工实力大为削弱，收入大幅流向管理层所带来的非生产劳动支出急剧增加不仅扩大了收入差距，而且抑制了净利润率的复苏。由此不难理解，为何透支消费、债务增长及资产投机会成为20世纪90年代以来拉动美国经济增长的重要引擎。我们完全可以预见，如果不对经济政策、内部结构以及生产关系进行调整，美国就无法彻底摆脱经济、政治、社会等各种矛盾相互叠加的困境。（2）信息技术革命所推动的利润率回升和经济增长由于市场饱和与创新速度下降已经成为明日黄花，试图通过提高剥削率来减缓利润率的下降始终不过是昙花一现，利润率趋于下降的压力呼唤一场新的科技和产业革命。

（原文发表于《当代经济研究》2013年第6期）

利润率下降规律的条件

——基于中国数据的检验

骆 桢 戴 欣[*]

马克思的平均利润率下降理论认为，机器替代劳动的技术进步会提高资本有机构成与劳动生产率，在剩余价值率不变的情况下平均利润率会下降。然而，劳动生产率提高会使生产资料变得便宜，因此资本技术构成提高并不在逻辑上等同于资本价值构成提高。对单部门模型的利润率公式进行分解，在剩余价值率不变的假定下，可以得到利润率下降规律发挥作用的条件，即劳动生产率对资本技术构成的弹性大于 1。基于中国 1990—2014 年的数据分析表明，我国在当前的技术进步模式下，劳动生产率的增长速度随着资本技术构成的提高正在逐渐放缓，这意味着马克思利润率下降规律正发挥着作用。

一、问题的提出

马克思的利润率下降理论是基于其对技术进步的分析。在马克思看来，机器替代劳动的技术进步会导致资本技术构成和劳动生产率逐步提高。一旦资本技术构成的变化引起资本价值构成的变化，其结果就会是，在剩余价值率不变的情况下一般利润率会逐渐下降。

然而，很多学者认为，马克思忽略了劳动生产率提高的影响，尤其是劳动生产率的提高可以带来剩余价值率的提高。而剩余价值率的提高可能会超

* 骆桢：四川大学经济学院。戴欣：四川大学经济学院。

过有机构成的提高，从而导致利润率不下降甚至上升。① 本文认为，基于剩余价值率提高而否定利润率下降规律的观点，并未对马克思的利润率下降理论构成真正的挑战。虽然马克思的利润率下降趋势是在假定剩余价值率不变的前提下得出的，但是马克思接下来就在后面的章节说明了"阻碍利润率下降的因素"，② 其中大部分都是通过提高剩余价值率来发挥反作用的。而剩余价值率受到实际工资和单位消费品价值量的共同影响。但实际工资和单位消费品价值量之间并不总是独立运动的，随着生产力的进步和单位消费品价值量的下降，实际工资也有提升的长期趋势。然而，不管这些运动的内部机制如何，它们总体上体现为新增价值量在劳资之间的分配关系。而分配关系是由劳资之间的权力对比决定的，因此，脱离劳资关系抽象地讨论实际工资变动是没有意义的。马克思在得出"利润率趋向下降"这一结论的时候，显然是将体现收入分配关系的剩余价值率的影响抽象掉了，这意味着利润率下降规律作为一个长期趋势的理论，将资本积累的短期动态抽象掉了。因此，将利润率下降趋势仅仅看作是一个周期性现象，并不应该是"利润率下降理论"的本意。

但是，这并不意味着劳动生产率提高的影响已经被充分考虑到了。因为，在工作日不变的条件下，社会劳动生产率普遍提高不仅会通过相对剩余价值生产提高剩余价值率，还会使生产资料变得更便宜。马克思在阻碍利润率下降的因素中也提到了生产资料变得便宜这一因素，这意味着资本技术构成提高并不在逻辑上等同于资本价值构成提高。该问题不仅是一个理论问题，更是一个现实问题。

然而现有的文献对资本有机构成提高的讨论主要集中于经验数据是否出

---

① ［美］斯威齐：《资本主义发展论》，商务印书馆1997年版，第118－224页；［美］霍华德：《马克思主义经济学史》，中央编译出版社2003年版，第130－144页；Wolff E. N. , "The Rate of Surplus Value, the Organic Composition, and the General Rate of Profit in the U. S. Economy, 1947－67", *American Economic Review*, Vol. 69, No. 3 (1979): 329－341；沙洛姆·格罗，泽夫·B. 奥泽奇：《马克思利润率下降理论中的技术进步和价值：一个注解》，载于《政治经济学评论》2012年第4期；Okishio, N. , "Technical Changes and the Rate of Profit", *Kobe University Economic Review*, No. 7 (1961): 85－99.

② 《资本论》第3卷，人民出版社2004年版，第258－296页。

现了资本价值构成提高这一统计现象。① 不仅如此，这些文献中的数据有的是用人均资本代替资本有机构成，有的是用资本总额与工资总额之比代替资本有机构成。这样的统计指标和劳动价值论下的资本有机构成概念相去甚远，而且后者还受到分配变动的干扰。因此，这些文献中所用的指标大多没有严格遵循劳动价值论的定义，难以将这些统计指标等同于马克思的理论概念。本文将通过非直接测度的方法对该问题进行分析，并做出趋势性的判断。

二、资本技术构成、劳动生产率与利润率的运动

如前所述，我们将马克思的利润率公式进行如下分解：

$$r = \frac{m}{c+v} = \frac{m'}{1+\dfrac{c}{v}} = \frac{m'}{1+\dfrac{K\lambda}{L\dfrac{1}{1+m'}}} = \frac{m'}{1+(1+m')\dfrac{K}{L}\lambda} = \frac{m'}{1+(1+m')k\lambda} \quad (1)$$

其中，r 为利润率，c 为不变资本，K 为不变资本的实物量，L 为总的活劳动，k 为资本技术构成（k = K/L），λ 为不变资本的单位价值量，v 为可变资本，m′ 为剩余价值率。

根据前文分析，马克思在论述利润率下降规律的时候，假定剩余价值率没有趋势性运动，从而在长期分析中将其运动抽象掉。我们这里假设剩余价值率不变，根据式（1），利润率的变动就取决于 k 和 λ 的相对运动。于是，r 对时间求导得：

$$\dot{r} = -\frac{m'(1+m')(\dot{k}\lambda + k\dot{\lambda})}{[1+(1+m')k\lambda]^2} = -\frac{m'(1+m')k\lambda}{[1+(1+m')k\lambda]^2}\left(\frac{\dot{k}}{k} + \frac{\dot{\lambda}}{\lambda}\right) \quad (2)$$

其中，不变资本的单位价值量 λ 取决于生产生产资料的劳动生产率，以及生产该过程中所耗费的生产资料的劳动生产率。我们只考虑总量模型，所

①　Moseley F. , "The Rate of Surplus Value, the Organic Composition, and the General Rate of Profit in the U. S. Economy, 1947 – 67: A Critique and Update of Wolff's Estimates", *American Economic Review*, Vol. 78, No. 1 (1988): 298 – 303；高峰：《资本积累理论与现代资本主义》，南开大学出版社 1991 年版，第 38 – 150 页；Cockshott W. P. , Cottrell A. , "A Note on the Organic Composition of Capital and Profit Rates", *Cambridge Journal of Economics*, Vol. 27, No. 5 (2003): 749 – 754.

以只有一个总体的劳动生产率 e，于是有 e = 1/λ。易得：

$$\frac{\dot{\lambda}}{\lambda} = -\frac{\dot{e}}{e} \tag{3}$$

将式（3）代入式（2）中，得：

$$\dot{r} = \frac{m'\ (1+m')\ k\lambda}{[1+\ (1+m')\ k\lambda]^2}\left(\frac{\dot{e}}{e} - \frac{\dot{k}}{k}\right) \tag{4}$$

由上式可见，$\frac{\dot{e}}{e} - \frac{\dot{k}}{k}$ 前面的系数必定是大于零的。于是，利润率是否提高，取决于劳动生产率的变动率是否大于资本技术构成的变动率。在马克思的理论视野下，劳动生产率的提高与资本技术构成的提高是密不可分的。因此，我们可以令劳动生产率是资本技术构成的函数，即 e = e(k)，且 de/dk≥0。于是有：

$$\frac{\dot{e}}{e} - \frac{\dot{k}}{k} = \frac{\dot{k}}{k}\left(\frac{\dot{e}}{e}\Big/\frac{\dot{k}}{k} - 1\right) \tag{5}$$

其中，$\frac{\dot{e}}{e}\Big/\frac{\dot{k}}{k}$ 是资本技术构成变动导致劳动生产率变动的弹性。于是，利润率上升与否，取决于劳动生产率对资本技术构成的弹性是否大于1。因此，资本有机构成提高导致利润率下降的规律是否在现实经济运行中发挥作用，取决于现实中劳动生产率对资本技术构成的弹性大小。

因此，本文将不采用直接构建统计指标来测度资本有机构成的办法，而是通过统计数据判断现实经济运行情况是否满足资本有机构成提高导致利润率下降规律的条件。并通过时间序列数据的回归分析，探讨我国当前的技术进步模式下利润率是否存在马克思意义上的下降趋势。

三、数据及其处理

我们用现实经济中的实际国内生产总值除以就业总量来测度劳动生产率。鉴于数据的可得性和完备性，本文的时间序列范围是 1990—2014 年，相关变量数据均以 1990 年为基期。

表1 全国固定资本存量（1990—2014 年）（单位：亿元）

年份	固定资本形成总额	固定资产投资价格指数（上年 = 100）	固定资产投资价格指数（1990 年 = 100）	固定资本形成总额（1990 年为基期）	固定资本存量（1990 年为基期）
1990	4636.1	108.0	100.00	4636.10	30293.91
1991	5794.8	109.5	109.50	5292.05	32265.75
1992	8460.9	115.3	126.25	6701.52	35430.94
1993	13574.4	126.6	159.84	8492.66	40040.37
1994	17187.9	110.4	176.46	9740.40	45392.34
1995	20357.4	105.9	186.87	10893.82	51311.16
1996	23319.8	104.0	194.35	11999.12	57686.57
1997	25363.2	101.7	197.65	12832.39	64196.52
1998	28751.4	99.8	197.25	14575.79	71736.36
1999	30241.4	99.6	196.47	15392.73	79266.78
2000	33527.7	101.1	198.63	16879.76	87458.91
2001	38063.9	100.4	199.42	19087.19	96960.60
2002	43796.9	100.2	199.82	21918.18	108251.90
2003	53964.4	102.2	204.22	26425.15	122812.64
2004	65669.8	105.6	215.65	30451.73	139804.11
2005	75809.6	101.6	219.10	34600.05	159081.63
2006	87223.3	101.5	222.39	39221.03	180867.32
2007	105052.2	103.9	231.06	45464.89	206509.14
2008	128001.9	108.9	251.63	50869.74	234745.48
2009	156734.5	97.6	245.59	63820.16	272837.53
2010	185827.3	103.6	254.43	73037.02	315971.55
2011	219670.9	106.6	271.22	80993.25	362334.32
2012	244600.7	101.1	274.20	89203.69	411826.18

续表

年份	固定资本形成总额	固定资产投资价格指数（上年＝100）	固定资产投资价格指数（1990 年＝100）	固定资本形成总额（1990 年为基期）	固定资本存量（1990 年为基期）
2013	270924.1	100.3	275.03	98508.08	465198.11
2014	290053.1	100.5	276.40	104938.70	519151.09

我们用人均实际固定资本量（实际固定资本存量除以就业总量）来近似地代表"资本技术构成"，因此需要估算实际固定资本存量。由于中国没有进行过大规模的资产普查，本文主要借鉴单豪杰（2008）所采用的方法：在估计一个基准年后运用永续盘存法按不变价格计算我国此后各个年份的固定资本存量。[①] 这一方法可以写作：

$$K_t = K_{t-1}(1 - \delta_t) + I_t \tag{6}$$

其中，下标 t 代表年份。式（6）一共涉及到四个变量：（1）当年投资 I 的选取；（2）投资品价格指数的构造；（3）经济折旧率 δ 的确定；（4）基期固定资本存量 K 的确定。

（1）当年投资 I 的选取。本文采用固定资本形成总额作为当年投资。相比于全社会固定资产投资，固定资本形成总额作为当年投资的指标更具有合理性。关于二者在内涵上的联系与区别，许宪春（2010）在《准确理解中国经济统计》一文中进行了详尽的说明，此不再赘述。[②]

（2）投资品价格指数。国家统计局官网上公布了自 1990 年以来以上一年为基期的固定资产投资价格指数，通过计算可以得到以 1990 年为基期的固定资产投资价格指数，[③] 不必构造其他价格指数代替。

---

① 单豪杰：《中国资本存量 K 的再估算：1952—2006 年》，载于《数量经济技术经济研究》2008 年第 10 期。

② 许宪春：《准确理解中国经济统计》，载于《经济研究》2010 年第 5 期。

③ 本文所有数据（除估算和借鉴外）均来自中华人民共和国国家统计局官方网站。2016 年 7 月国家统计局实施了研发支出核算方法改革，并根据新的核算方法修订了 1952 年以来的国内生产总值数据，因此文中的数据可能与《中国统计年鉴》上的数据有所差异。

（3）经济折旧率 δ 的确定。国内学者大多在资本品相对效率几何下降模式的假定下，相应地采用代表几何效率递减的余额折旧法 $d_t = (1 - \delta)^t$。其中 dt 代表资本品的相对效率，δ 代表重置率或者折旧率，t 代表时期。假定我国的法定残值率为：3% ~ 5%，可以代替资本品的相对效率为 dt，再根据不同种类固定资产的寿命期计算折旧率然后加权平均。本文借鉴单豪杰（2008）的计算结果，采用固定的经济折旧率 10.96%。

（4）基年资本存量 K 的确定。本文采用单豪杰对 1990 年全国固定资本存量的估算结果作为基期的固定资本存量，即 16247.13 亿元。但该结果是以 1952 年为基期的，换算成以 1990 年为基期的结果为 30293.91 亿元。[①] 表 1 显示了固定资本存量的估算结果。

四、回归结果及分析

根据理论模型，说明劳动生产率与资本技术构成弹性关系的简单方程为：

$$\log e = \beta_0 + \beta_1 \log k + \varepsilon_1 \qquad (7)$$

然而，这样的简单回归会遇到以下两个问题：第一，虽然劳动生产率即人均产出与人均资本的关系很可能是非线性的，但在长期中未必像回归式（7）那样保持一个不变的弹性；第二，劳动生产率还受到总需求变动和趋势项的影响。虽然目前没有现成的指标可以直接测算总需求的变动，但是总需求的变动通常体现在产能利用率的波动上。

谢克利用协整关系构建了一个简单的产能测算方法。[②] 谢克认为，如果去除漂移项和趋势项的产出水平在长期中与资本存量保持一个协整关系，那么就可以认为协整回归的估计值就是潜在产出水平。于是，实际产出水平和潜在产出水平的比值就是产能利用率。

---

① 1990 年固定资本存量（以 1990 年为基期）= P1990K1990 = (P1990/P1952)(P1952K1990) = (P199011990/P1952I1990)(P1952K1990) = (4827.8/2589.23) × 16247.13 = 30293.91 亿元，其中 K 为资本实物量。

② Shaikh A. M., Moudud J. K., "Measuring Capacity Utilization in OECD Countries: A Cointegration Method", *Economics Working Paper Archive*, No. 415 (2004).

令产能利用率 $u = Y/Y^*$，其中 Y 为实际产出，Y^* 为潜在产出或经济产能；K 为实际资本存量，t 为时间变量，ε 为随机误差项。建立在技术变革和产能利用率波动背景下描述产出与资本存量之间关系的一般模型如下：

$$\log Y(t) = a_0 + a_1 t + a_2 \log K(t) + \varepsilon(t) \tag{8}$$

对式（8）多元回归后得到的残差序列平稳，通过协整性检验。这意味着实际产出 logY 与实际资本量 logK、时间变量 t 存在协整关系，通过 OLS 得到的拟合方程如下：

$$\widehat{\log Y} = 8.5823 + 0.0813t + 0.1212\log K \tag{9}$$

$$(1.5527)\quad(0.0185)\quad(0.1537)$$

$$n = 25，\ R^2 = 0.9977，\ \overline{R}^2 = 0.9975$$

分别将序列 logK 的观测值和时间序列 t 的自然数值代入式（9），得到 logY 的估计值序列，从而得出潜在产出 Y 的估计值序列。有了估算的产能，可以得到产能利用率 $u_t = Y/Y^*$。中国 1990—2014 年的产能利用率估算结果如表 2 所示。

表 2 产能利用率估算结果（1990—2014 年）

年份	t	logK	logY	$\hat{Y}$	实际 GDP (1990＝100)	产能利用率 u
1990	1	10.31870	9.91423	20215.93998	19067	0.94317
1991	2	10.38176	10.00317	22096.38950	20840.23	0.94315
1992	3	10.47534	10.09581	24241.25703	23799.54	0.98178
1993	4	10.59764	10.19193	26687.06818	27107.68	1.01576
1994	5	10.72310	10.28844	29390.87574	30631.68	1.04222
1995	6	10.84566	10.38459	32357.28353	34001.16	1.05080
1996	7	10.96278	10.48009	35599.57206	37367.28	1.04966
1997	8	11.06970	10.57435	39118.39748	40805.07	1.04312
1998	9	11.18075	10.66911	43006.53092	43987.86	1.02282

续表

年份	t	logK	logY	$\hat{Y}$	实际 GDP（1990 = 100）	产能利用率 u
1999	10	11. 28057	10. 76251	47216. 82726	47374. 93	1. 00335
2000	11	11. 37892	10. 85573	51830. 06331	51401. 80	0. 99174
2001	12	11. 48206	10. 94953	56927. 03680	55668. 15	0. 97789
2002	13	11. 59222	11. 04418	62578. 47219	60733. 95	0. 97052
2003	14	11. 71842	11. 14077	68924. 84071	66807. 34	0. 96928
2004	15	11. 84800	11. 23778	75945. 95880	73554. 89	0. 96852
2005	16	11. 97717	11. 33473	83678. 16387	81940. 14	0. 97923
2006	17	12. 10552	11. 43159	92188. 33685	92346. 54	1. 00172
2007	18	12. 23810	11. 52896	101616. 14553	105459. 75	1. 03782
2008	19	12. 36626	11. 62579	111948. 06817	115689. 34	1. 03342
2009	20	12. 51663	11. 72532	123663. 04545	126564. 14	1. 02346
2010	21	12. 66341	11. 82440	136544. 38202	139979. 94	1. 02516
2011	22	12. 80032	11. 92230	150587. 42615	153278. 04	1. 01787
2012	23	12. 92836	12. 01912	165896. 07640	165387. 00	0. 99693
2013	24	13. 05022	12. 11519	182624. 33337	178287. 19	0. 97625
2014	25	13. 15995	12. 20979	200744. 04523	191302. 15	0. 95297

考虑到人均实际资本对人均实际产出的影响可能是非线性的，并且考虑到需求变动的冲击，我们将回归模型调整为：

$$e = \beta_0 + \beta_1 k + \beta_2 u + \beta_3 t + \beta_4 k^2 + \varepsilon_3 \tag{10}$$

通过 OLS 得到回归结果如下：

$$e = -0.3481 + 0.4661k + 0.4436u + 0.0078t - 0.0209k^2 \tag{11}$$
$$(0.0753) \quad (0.0166) \quad (0.0763) \quad (0.0017) \quad (0.0017)$$

$$n = 25, \quad R^2 = 0.9997, \quad \overline{R}^2 = 0.9996$$

（10）式回归后的残差序列平稳，说明因变量与各个自变量之间存在长期协整或均衡关系。式（11）中的各项系数均在1%的置信水平上显著，因此可以认为人均实际产出或劳动生产率得到了较好的解释。

根据式（11）得到开口向下的抛物线（如图1）：

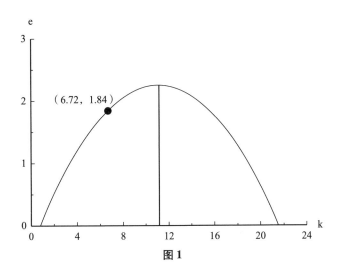

图1

如图1，2014年中国人均实际资本与人均实际产出的组合（6.72，1.84）位于抛物线对称轴的左侧图形上。这意味着，虽然随着资本技术构成的提高劳动生产率也在提高，但劳动生产率的增量不断下降。这意味着在当前的技术进步模式下，我国劳动生产率的增速会不断放缓。基于回归结果式（11），易证：$\dot{e}/e < \dot{k}/k$，即我国现阶段资本技术构成的提高会表现为资本价值构成提高，也就是资本有机构成提高。因此，马克思所说的资本有机构成提高导致利润率下降规律在当前是发挥作用的。

当然，由回归结果式（11）可见，资本技术构成并不是影响劳动生产率的唯一因素。我们将式（11）写成下列一般形式：

$$e = a + bk + ct + dk^2 \tag{12}$$

式（12）对时间求导得：

$$\dot{e} = b\dot{k} + c + dk \cdot \dot{k} \tag{13}$$

等式两端同除以 e 得：

$$\frac{\dot{e}}{e} = \frac{b\dot{k} + c + dk \cdot \dot{k}}{e} \tag{14}$$

将式（12）代入式（14），于是以上关系成立的条件下，利润率不下降的条件为：

$$\frac{\dot{e}}{e} \geq \frac{\dot{k}}{k} \leftrightarrow \frac{b\dot{k} + c + dk \cdot \dot{k}}{a + bk + ct + dk^2} \geq \frac{\dot{k}}{k} \leftrightarrow \frac{c}{a + ct} \geq \frac{\dot{k}}{k} \tag{15}$$

这意味着，在式（12）所代表的关系成立的前提下，如果要利润率不下降，人均资本的增长率就必须低于一个限度。由于利润率下降本身也会导致资本积累放缓甚至停滞，所以人均资本增长的上限也预示着经济增长的极限。

我们令这个人均资本增长率的限度为：$l = \frac{c}{a + ct}$。易见，l 随着时间 t 的增加会越来越小。如果要保证利润率不下降，从而资本积累曲线可以持续进行，那么 c 必须增大。也就是 l 的曲线随着 c 的增大而向外移动，（如图 2）。

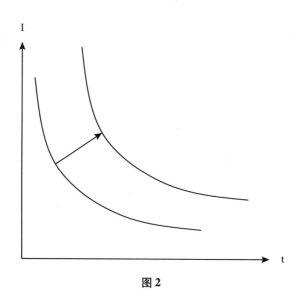

图 2

c 是式（12）中时间变量 t 的参数，描述了劳动生产率变动中不由总需求变动与资本技术构成变动引起的部分，是劳动生产率随着时间推移自身的变动。回归结果式（11）中 c 的估计值非常小，这说明在不考虑需求的情况下，目前我国劳动生产率的提高主要依赖于资本的投入。而这会导致资本有机构成提高，从而利润率下降，因而，经济增长是不可持续的。

五、结论及启示

通过理论分析与模型推导，我们得出了马克思利润率下降规律发挥作用的条件为：资本技术构成的提高大于劳动生产率的提高，也就是，劳动生产率对资本技术构成的弹性小于 1。我们在 1990—2014 年现实经济数据的基础上进行了经验分析，得出以下结论：随着资本技术构成的提高，中国劳动生产率提高的速度逐渐放缓，符合马克思提出的有机构成提高导致利润率下降的条件。同时可以看到，在当前的技术进步模式下，我国劳动生产率的提高主要依赖资本投入，如果要避免利润率的进一步下滑，就必须要突破目前的资本依赖型的技术进步模式。从根本上看，还是要鼓励创新，增强自主创新能力，推动重大技术研发与创新基地建设，构建充满活力的国家创新体系。

（原文发表于《当代经济研究》2017 年第 4 期）

危机后一般利润率下降规律的表现、
国别差异和影响因素

徐春华*

本文从两大部类的视角估算了 1995—2009 年 38 个国家（地区）的一般利润率，进而考察了一般利润率的国别差异、下降规律及其影响因素。研究发现：各国经济体中两大部类的利润率都存在不同程度的差异，并且第 II 部类中的利润率在整体上高于第 I 部类。从总体均值层面看，生产资料部类优先增长的趋势会导致其中的利润率水平下降得比消费资料部门更为明显和稳健。一般利润率下降规律在所有样本国家整体均值层面显著存在。检验结果表明，考虑空间关联后，资本有机构成和剩余价值率对一般利润率的影响具有显著的二重性。

一、引言

对一般利润率的估算及其下降规律的验证一直为国内外学者所关注。特别地，资本主义社会中的利润率究竟是在上升还是在下降，是马克思主义研究者争论的一个重要问题（朱钟棣，2004）。这不仅因为一般利润率下降规律"是现代政治经济学的最重要的规律，是理解最困难的关系的最本质的规律"[1]，而且还因为我们对于这一下降规律仍然存在许多模糊不清的理解或者扭曲的看法（鲁保林等，2011）。

在（一般）利润率的估算方面，不同学者的研究视角与研究方法存在较大差异。譬如，韦斯科普夫（Weisskopf，1979）在其研究中把马克思的利润

---

　* 徐春华：广东外语外贸大学 21 世纪海上丝绸之路协同创新中心及国际服务经济研究院。
　[1] 《马克思恩格斯全集》第 46 卷，人民出版社 1979 年版，第 267 页。

率公式 p = M/(C + V) 改造成 r = Π/K = (Π/Y) × (Y/Z) × (Z/K)，即把利润率拆分为利润份额、产能利用率和潜在产出资本比三者的乘积。之后，牛文俊（2009）与谢富胜等（2010）均采用韦斯科普夫的分析方法分别对战后美国长期利润率以及 1975—2008 年美国实体经济利润率进行考察，但是得出的结论却并不一致。

不同学者在估算（一般）利润率时对不变资本和可变资本的推算做法不一。高峰（1983）和郑佩玉（1986）均认为应该采用固定资本价值预付额和不变流动资本价值年周转额之和来估算不变资本，而可变资本应为可变资本价值年周转额。然而，这种推算方法在实践上很难获得不变流动资本年价值周转额的统计资料，从而只好用固定资本价值来代替不变资本价值（高峰，1983）。此外，乔晓楠（2005）认为不变资本是消耗了的生产资料价值，从而采用当年相应产业部门固定资产的折旧对之进行估计。

在一般利润率下降规律方面，不同学者在考察范围以及研究结果等方面都莫衷一是。就利润率的考察范围而言，有学者将其限定在非金融部门（谢富胜等，2010），也有学者将之锁定在非农业非金融部门（Basu 和 Vasudevan，2013），还有学者主张"利润率变动问题应该在生产和流通、生产和现实相结合的基础上来考察"（高峰，2014）。值得注意的是，考察的范围越局限于制造业，利润率的下降趋势也就越明显，而考察的范围越宽泛则利润率变化的趋势也就越复杂（周思成，2010）。在研究结果方面，周思成（2010）发现英国制造业中的利润率下降，而服务业乃至整个私人部门中的利润率是上升的。Basu 和 Manolakos（2010）通过构造 ARIMA 模型探讨了马克思的利润率趋于下降这一规律，结果表明，1948—2007 年美国的一般利润率呈下降趋势。此外，Petith（2005）认为马克思未能证明利润率必然下降。总之，学者们在一般利润率应如何估算及其是否趋于下降等方面存有争议（Brown 和 Mohun，2011；Basu 和 Vasudevan，2013；考克肖特，2013）。

在利用一般利润率下降规律解释经济危机方面，谢富胜等（2010）认为，利润份额的波动是造成利润率周期性波动的主要原因。Giacché（2011）认为，对外贸易抑制利润率下降的作用只存在于短期中。在对经济危机的解释上，孙立冰（2009）认为"利润率趋向下降的规律"是马克思关于资本主义经济危机理论中的重要支柱，并且很多学者都主张从利润率下降趋势的角度对2008年乃至资本主义社会中所有的经济危机进行解释（Kliman，2011；Giacché，2011）。

上述争论的解决有赖于在立足马克思经典理论的同时选定更为可靠的研究方法以及确定更为合理的考察范围。马克思认为，不同部门中各不相同的利润率会"通过竞争而平均化为一般利润率，而一般利润率就是所有这些不同利润率的平均数"①。同时，一般利润率的高低将受到商业资本大小的影响，即"在一般利润率的形成上，商业资本是一个极为重要的因素"②。故而，马克思将商业资本参与平均化后而形成的利润率称为"利润率的完成形态"，并明确指出，"以后凡是说到一般利润率或平均利润时，要注意我们总是……就平均利润率的完成形态而言"。③ 由此易知，一般利润率既然是作为"利润率的完成形态"而产生，那就必然不是针对单个部门（如制造业部门）而言，而是就整个经济体及其中的大部分资本（包括产业资本、商业资本、金融资本等）而言。因此，不能用单个部门的利润率变动趋势来解释一般利润率下降规律（Moseley，2000），因为囿于制造业或者非金融部门而估算出来的利润率不仅不能全面反映一般利润率所具备的"一般性"这一特征，也不具有"利润率的完成形态"。

马克思出于把握经济规律的需要，从两大部类（生产生产资料的第Ⅰ部类和生产消费资料的第Ⅱ部类）的视角对经济部门进行高度抽象的划分，并且还发现了经济发展过程中生产资料部类优先增长规律。然而，一方面对两大部类的产品进行严格区分是相当困难的，对此，投入产出表不仅能较为科学地推算经济中的两大部类，而且这一分析方法以马克思主义再生产理论为基础才能发挥应有的作用（钟契夫，1993）；另一方面，在生产资料部门优先增长规律的作用下，加之产品的异质性以及其他方面因素的综合影响，两大

---

① 《资本论》第3卷，人民出版社2004年版，第177页。
② 《资本论》第3卷，人民出版社2004年版，第23页。
③ 《资本论》第3卷，人民出版社2004年版，第377页。

部类中的利润率必然会各不相同,从而有必要立足于两大部类的视角来估算一般利润率。

鉴于此,本文主要对以下三个紧密相连的问题进行考察:第一,两大部类中利润率具有怎样的差异? 本文在对两大部类中利润率差异的内在机制进行理论分析的基础上,采用非竞争型投入产出模型对世界 38 个国家(地区)两大部类中的利润率进行估算并考察其具体差异。第二,基于两大部类视角而估算出来的一般利润率具有怎样的国别差异,特别是在 2008 年全球金融危机的冲击下其变化如何? 第三,在经济全球化大背景下,影响一般利润率变动的主要因素是什么? 对此,本文在考虑各国之间所存在的空间异质性与依赖性的基础上,从国际贸易规模的视角构造出相应的空间权重矩阵,采用空间杜宾模型(Spatial Durbin Model,SDM)进行探析。

本文的研究在一定程度上拓宽了一般利润率的估算思路,有助于理解全球化背景下一般利润率的影响因素与一般利润率下降规律,可为审视外资逃离、合理引进及利用外资、防范经济危机提供理论支撑和经验证据,具有显著的理论意义与实践价值。

二、理论分析与研究命题

马克思认为,生产资料是"具有必须进入或至少能够进入生产消费的形式的商品",① 消费资料是"具有进入资本家阶级和工人阶级的个人消费的形式的商品"。② 这两部类中的商品在用途、性质等方面都是迥然不同的。因为"生产资料只有通过加到它上面的、用它来进行操作的活劳动,才能转化为新的产品,转化为当年的产品";③ 而对于消费资料部类,马克思认为"年商品生产的第Ⅱ部类是由种类繁多的产业部门构成的",并将之划分为"(必要)消费资料"和"奢侈消费资料"两方面进行考察。④ 总之,"生产资料和消费

---

①② 《资本论》第 2 卷,人民出版社 2004 年版,第 439 页。
③ 《资本论》第 2 卷,人民出版社 2004 年版,第 478 页。
④ 《资本论》第 2 卷,人民出版社 2004 年版,第 448－458 页。

资料是完全不同的两类商品，……从而也是完全不同种类的具体劳动的产品"。① 就生产资料这类商品而言，其价值在它进入生产加工过程后转移到新商品中，其利润的实现有待于新商品的最终出售。然而消费资料商品在出售过程中实现了其价值，并由此退出流通领域。

第Ⅰ部类资本家所使用的那部分工人并不是由他们自己所生产的生产资料买者，而是第Ⅱ部类所生产的消费资料买者，因此，"为支付劳动力报酬而以货币形式预付的可变资本，不是直接回到第Ⅰ部类的资本家手中。……只有当第Ⅱ部类的资本家用这种货币来购买生产资料的时候，它才通过这种迂回的道路回到第Ⅰ部类的资本家手中"。② 然而，就第Ⅱ部类而言，"当一个资本家……把货币用于消费资料时，对他来说，这些货币已经完结，已经走尽了尘世的道路"。③ 同时，在两者的售卖方式上，"生产资料是直接从商品市场取走的，消费资料是一部分由花费自己工资的工人间接从商品市场取走的，一部分由决不停止消费的资本家自己直接从商品市场取走的……"。④ 由此可见，第Ⅰ部类资本家支付的可变资本需要通过该部类劳动者向第Ⅱ部类购买消费品后，第Ⅱ部类资本家再将之用于购买生产资料时，其可变资本才流回第Ⅰ部类资本家手中。总之，第Ⅰ部类的资本回流方式比第Ⅱ部类更为迂回，这将使得后者的利润率可能会普遍高于前者。综合上述理论分析，得出如下研究命题1。

命题1：在各种因素的综合影响下，两大部类中的利润率不仅存在较大差异，而且第Ⅱ部类中的利润率水平在整体上要高于第Ⅰ部类。

随着资本有机构成的不断提高，越来越多的资本投入到不变资本中，即"资本主义社会把它所支配的年劳动的较大部分用来生产生产资料（即不变资本）"，⑤ 使得"增长最快的是制造生产资料的生产资料生产，其次是制造消

① 《资本论》第2卷，人民出版社2004年版，第479－480页。
② 《资本论》第2卷，人民出版社2004年版，第446页。
③ 《资本论》第2卷，人民出版社2004年版，第468页。
④ 《资本论》第2卷，人民出版社2004年版，第535页。
⑤ 《资本论》第2卷，人民出版社2004年版，第489页。

费资料的生产资料生产，最慢的是消费资料生产"。①

在生产资料部类优先增长规律的作用下，第Ⅰ部类中的利润率会比第Ⅱ部类中的利润率呈现更为明显的下降趋势。一方面，马克思将利润率表述为 $r = m/(k+1)$，其中 r 为利润率，m 为剩余价值率，k 为资本有机构成——不变资本与可变资本之比。故而，在其他因素保持不变的情况下，利润率将会随着资本有机构成的提高而下降。另一方面，第Ⅰ部类的优先增长客观上会占用该经济体中较大部分的资源，由此使得经济体中的大部分资源投入资本回流方式更为迂回的第Ⅰ部类，这也会在较大程度上影响整个经济中的利润率水平。基于此，得出如下研究命题2。

命题2：从整体上说，生产资料部类优先增长的趋势会导致其中的利润率水平下降得比消费资料部门更为明显与稳健，由此确保一般利润率在长期中呈现下降趋势。

关于一般利润率下降规律，马克思对其影响因素及产生机制都做了充分论述。"一般利润率的实际变化，……总是由一系列延续很长时期的波动所造成的、很晚才出现的结果，这些波动需要经过许多时间才能巩固为和平均化为一般利润率的一个变化"。② 不同学者对一般利润率下降规律的研究结论差异甚大。其原因不仅在于他们所采用的方法以及所考察的范围存在较大差异，而且还在于每个国家一般利润率的水平及其变动客观上就存在较大差异的事实。特别地，每个国家往往在要素禀赋、发展水平、制度环境等方面差异很大，从而使得它们的一般利润率水平及其变动态势也会各不相同。此外，一般利润率在2008年全球金融危机期间也会有较大变动。

马克思指出，"一般利润率日益下降的趋势，只是劳动的社会生产力的日益发展在资本主义生产方式下所特有的表现"。③ 一般利润率"只是不断地作为一种趋势，作为一种使各种特殊利润率平均化的运动而存在"，④ 它"不仅

---

① 《列宁全集》第1卷，人民出版社1984年版，第66页。
② 《资本论》第3卷，人民出版社2004年版，第186页。
③ 《资本论》第3卷，人民出版社2004年版，第237页。
④ 《资本论》第3卷，人民出版社2004年版，第411页。

对于单个资本家，而且对于每个特殊生产领域的资本来说，也都表现为外来的既定的东西"。① 由此可知，一方面，就英、美、德、日等老牌的发达资本主义国家而言，它们的一般利润率呈现如马克思所言的下降趋势具有较大可能性；另一方面，就中国、印度等新兴市场而言，其一般利润率在整体上甚至可能呈现波动上升的态势。特别地，从全球经济发展的总趋势来看，表征技术进步的资本有机构成在整体上是不断提高的，当其他因素保持不变时，一般利润率下降规律在全球多国的均值层面显著体现出来。综上得出研究命题3。

命题3：不同国家中的一般利润率往往因其不同国情而差异很大，一般利润率下降规律不仅在老牌发达资本主义国家显著存在，而且从所有样本国家整体层面也能显著识别出来；同时，一般利润率在2008年全球金融危机的冲击下有较大跌幅。

马克思明确指出，如果资本构成的逐渐变化不仅发生在个别生产部门当中，而且发生在一切生产部门或者具有决定意义的生产部门中，则这种变化就包含某一个社会中总资本的平均有机构成发生变化，那么，"不变资本同可变资本相比的这种逐渐增加，就必然会有这样的结果：在剩余价值率不变或资本对劳动的剥削程度不变的情况下，一般利润率会逐渐下降"。② 故而，"在资本主义生产方式的发展进程中使商品变得便宜的同一过程，也会使生产商品所使用的社会资本的有机构成发生变化，并由此使利润率下降"。③

在剖析一般利润率下降规律时，马克思还考察了一系列可能阻碍它下降的因素，包括相对过剩人口，对外贸易，股份资本的增加等方面，④ 进而主张"把一般利润率的下降叫做趋向下降"。⑤ 同时，马克思详细分析了对外贸易的二重作用：一方面它能促使生产资料与生活资料变得便宜从而有提高利润率的作用，另一方面它还能"加速可变资本同不变资本相比的相对减少，从

---

① 《剩余价值理论》第2册，人民出版社1975年版，第359页。
② 《资本论》第3卷，人民出版社2004年版，第236页。
③ 《资本论》第3卷，人民出版社2004年版，第266页。
④ 《资本论》第3卷，人民出版社2004年版，第258-268页。
⑤ 《资本论》第3卷，人民出版社2004年版，第258页。

而加速利润率的下降"。①

事实上，在考虑了各国之间的空间关联后，很多对一般利润率有影响的因素都具有二重作用。就剩余价值率影响因素而言，一方面，一国剩余价值率的提高必然会直接抬升自身的一般利润率，故需要考察这种直接效应；另一方面，它的变动还将间接地影响与该国存在空间关联的其他国家一般利润率，涉及间接效应。在间接效应中，本国剩余价值率越高则越能吸引资本流入，从而相对地减少其他国家生产过程中的资本量并由此影响经济发展和剩余价值率的提高，对其他具有空间关联国家的一般利润率变动具有负向空间溢出效应。另外，当本国利润率较高时，他国的资本会大量流入本国，从而其他国家的利润率会升高而本国的利润率会降低，所以各国利润率之间还会呈现趋同关系，从而显现正的空间溢出效应。

同理，资本有机构成的影响也具有二重性。一方面，作为技术变动指标的资本有机构成变动具有相应的技术外溢效应，即本国资本有机构成的提高还将通过促进其他有空间关联国家的技术进步及经济发展，从而提升它们的一般利润率水平；另一方面，随着其他国家技术进步的加快，它们自身的资本有机构成也将随之提高，从而降低其一般利润率水平。综合上述分析得出如下研究命题4。

命题4：随着国家间关联程度的不断提高，各国的一般利润率变动是多重因素联动影响的结果，其中剩余价值率和资本有机构成均有显著的二重作用，进而使得一般利润率的变动呈现趋同或趋异态势。

对于以上4个相互联系的命题，下文先基于两大部类的视角估算出各国的一般利润率，然后从经验分析层面对这些命题进行考察。

三、方法、数据与模型

（一）对两大部类价值构成的估算

马克思将两大部类的社会总产值（Q）分别划分为不变资本（C）、可变

---

① 《资本论》第3卷，人民出版社2004年版，第264页。

资本（V）和剩余价值（M），即 $Q_h = C_h + V_h + M_h$，其中 $h = I$、II，分别表示第 I 部类和第 II 部类。

由于每一行业的产品均有可能用于生产资料或消费资料，从而用一个较为合理的权重将各行业中的产品划分到两大部类中。特别地，随着经济全球化的纵深发展，各国在生产过程中都会不同程度地使用从其他国家进口的生产资料。事实上，马克思在探讨简单再生产中两大部类之间的交换时就考察了国外商品输入与输出的情形，[①] 并认为"资本主义生产离开对外贸易是根本不行的"。[②] 故而，我们在借鉴张忠任（2004）处理方法的基础上，把世界投入产出数据库（WIOD）所公布的非竞争型投入产出模型（表1）里中间投入的进口部分纳入本文估算各国两大部类价值构成的考察范围。

在生产部门劳动者报酬无法获得的情况下，我们借鉴 Cockshott 和 Cottrell （2003）以及高伟（2009）的做法，采用雇员报酬指标来衡量可变资本。两大部类的价值构成方法为：

表1　　　　　　　　　　开放经济条件下非竞争型投入产出简表

		中间产品	最终产品			总产出和进口
		1 2 ⋯n	消费	资本形成	出口	
国内产品中间投入	1 2 … n	c_{ij}^d	F_i^d	G_i^d	ex_i^d	q_i^d
进口产品中间投入	1 2 … n	c_{ij}^m	F_i^m	G_i^m	ex_i^m	q_i^m
增加值	劳动报酬	v_j				
	社会纯收入	k_j				
总投入		q_j				

[①] 《资本论》第2卷，人民出版社2004年版，第522－523页。

[②] 《资本论》第2卷，人民出版社2004年版，第527页。

$$Q_{II} = \sum_{i=1}^{n} (F_i^d + F_i^m), \ Q_I = \sum_{i=1}^{n} q_i - Q_{II} \qquad (1)$$

$$C_{II} = \sum_{j=1}^{n} \left[\left(\frac{\sum_{i=1}^{n} (c_{ij}^d + c_{ij}^m)}{q_j} \right) \times (F_j^d + F_j^m) \right] \qquad (2)$$

$$V_{II} = \sum_{j=1}^{n} \left[\frac{v_j}{q_j} \times (F_j^d + F_j^m) \right], \ M_{II} = \sum_{j=1}^{n} \left[\frac{k_j}{q_j} \times (F_j^d + F_j^m) \right] \qquad (3)$$

$$C_I = \sum_{i=1}^{n} \sum_{j=1}^{n} (c_{ij}^d + c_{ij}^m) - C_{II}, \ V_I = \sum_{j=1}^{n} v_j - V_{II}, \ M_I = \sum_{j=1}^{n} k_j - M_{II} \qquad (4)$$

$$r_h = M_h / (C_h + V_h), \ h = I、II \qquad (5)$$

其中, 式 (1) 表示将最终产品中用于消费的部分划归为第 II 部类, 将该经济体的总产值减去第 II 部类产值后的部分划归为第 I 部类 (即包括固定资本形成和存货)。式 (2) 与 (3) 表示, 在第 II 部类中, 用生产第 j 种产品所有的中间投入在其总投入中的占比作为权重从第 II 部类总产值中 "剥离" 出该部类的不变资本, 用生产第 j 种产品所支付的劳动报酬在总投入中的占比作为权重从第 II 部类总产值中 "剥离" 出该部类的可变资本投入额, 用生产第 j 种产品带来的社会纯收入在总投入中的占比作为权重从第 II 部类总产值中 "剥离" 出该部类的剩余价值额。式 (4) 表示, 用该经济体所使用的中间投入总额、劳动报酬总额以及社会纯收入总额分别减去第 II 部类中的不变资本、可变资本及剩余价值即为第 I 部类产出中所对应的三大价值构成情况。通过式 (5) 即可算得两大部类的利润率, 计算两者的平均数即可推知相应经济体中的一般利润率, 因为 "这些不同的利润率的平均化, 恰好形成一般利润率"。[①] 通过计算各国剩余价值额与可变资本之比以及不变资本与可变资本之比即可分别得到剩余价值率和资本有机构成两者的数据。

(二) 数据来源与处理

世界投入产出数据库 (WIOD) 公布了 1995—2011 年 40 个国家和地区各

[①] 《剩余价值理论》第 2 册, 人民出版社 1975 年版, 第 61 页。

自的投入产出表（NIOT）以及1995—2009年主要国家的产出与就业的基本信息（SEA）。由于 NIOT 中缺乏雇员报酬的数据，故需要从 SEA 中给予补齐，由此本文的考察时期被限定为1995—2009年。同时，由于 SEA 中的所有数据均是以各个国家自身的货币计价，而 NIOT 中的数据则统一以美元计价，故需要采用相应年份各国（地区）的汇率①将其雇员报酬换算成统一的美元计价额。此外，表1中的"消费"包括 NIOT 中的"居民最终消费支出"、"为居民服务的非营利机构最终消费支出"以及"政府最终消费支出"三部分。用增加值减去劳动报酬并剔除产品补贴以外税额的余额作为社会纯收入，因为增加值作为一个"净"的概念是不允许重复计算的（Koopman，2014）。

由于印度尼西亚和中国台湾的数据具有十分明显的异常值特征，故将其剔除，最终选取38个国家（地区）作为样本。由于大多数国家的家庭服务业行业的相关数据均为零并且在少数非零国家中的这一数值也非常小，所以将所有国家的这一行业给予剔除。

（三）计量模型的选择

（1）空间异质性、空间依赖性与空间计量模型。一方面，各国（地区）在要素禀赋、人口规模、制度环境等方面具有显著的空间异质性；另一方面，全球贸易的日益发展及国际经济合作的广泛展开客观上加深了各国或各区域之间的空间依赖及空间关联。对此，空间计量经济模型是较好的选择（Anselin，2010）。

一般而言，广义嵌套空间模型（General Nesting Spatial Model，GNS）涵盖了多种空间计量模型所对应的不同形式。GNS 大体上可以表述成如下形式：

$$Y = \rho WY + \alpha I_N + \beta X + \theta WX + u, \quad u = \lambda Wu + \varepsilon \qquad (6)$$

其中，Y 表示 $N \times 1$ 的被解释变量向量，W 表示空间权重矩阵，从而 WY 表示被解释变量的内生交互效应（endogenous interaction effects），也称为因变量的空间滞后项；I_N 为 $N \times 1$ 且元素都为1的列向量，α 为常数项向

---

① 数据来源于联合国数据中心。

量，ρ、β、θ 以及 λ 为对应的回归系数向量，并将 ρ 和 λ 统称为空间相关系数，ε ~ IID（0，σ_{ε}^2I）；X 表示解释变量矩阵，从而 WX 表示解释变量的外生交互效应（exogenous interaction effects），也称为自变量的空间滞后项；u 为 N×1 的扰动项列向量，从而 Wu 表示不同观测值扰动项的交互效应。

在式（6）的 GNS 中，当空间自回归系数 λ = 0 时，这一模型便退化成 SDM。进一步，在 SDM 中，如果 θ = 0，则为空间自回归模型（Spatial Autoregressive Model，SAR）；如果 θ = -ρβ，则为空间误差自相关模型（Spatial Error Model，SEM）；如果 ρ = 0，则为解释变量空间滞后模型（spatial lag of X model，SLM），因此 SAR、SEM 及 SLM 都是 SDM 的特例（Vega 和 Elhorst，2015）。对于面板空间计量模型中的固定效应和随机效应需用 Hausman 检验来判断。

（2）直接效应、间接效应与总效应。在空间溢出效应的估计方法上，多数研究都倾向于选择一个或者多个空间模型的点估计方法来实现，对此，LeSage 和 Pace（2009）则主张从偏微分视角来考察。事实上，由于空间关联的客观存在，一个地区中某一自变量的变化不但会通过直接效应（direct effect）影响该地区的因变量，而且还会通过间接效应（indirect effect）对周边地区的因变量产生相应的影响（LeSage 和 Pace，2009）。

由于 SDM 被广泛使用（LeSage 和 Pace，2009；Elhorst，2010），以下重点对其进行分析。对式（6）中 SDM 的表达式合并同类项可得以下形式：

$$Y = (I - \rho W)^{-1} \alpha I_N + (I - \rho W)^{-1} (\beta X + \theta WX) + (I - \rho W)^{-1} u \quad (7)$$

对因变量 Y 取期望得 E(Y)，然后对第 k 个自变量求其偏微分即得：

$$\left[\frac{\partial E(Y)}{\partial x_{1k}} \cdots \frac{\partial E(Y)}{\partial x_{Nk}} \right] = (I - \rho W)^{-1} [\beta_k I + \theta_k W] \quad (8)$$

对角线上的元素为直接效应，非对角线上的元素为间接效应。在 SAR 中简化为：

$$\left[\frac{\partial E(Y)}{\partial x_{1k}} \cdots \frac{\partial E(Y)}{\partial x_{Nk}} \right] = (I - \rho W)^{-1} \beta_k \quad (9)$$

式（9）偏微分矩阵中的直接效应与间接效应类似。在 SLM 中，则 β_k 为直接效应，而 θ_k 为间接效应；在 SEM 中，则 β_k 仍表示直接效应，但无间接效应（Vega 和 Elhorst，2015）。

由此可见，SEM、SLM 甚至 SAR 在用于捕获直接效应和间接效应的分析中都存在不同的局限。就 SAR 而言，其不足之一便是一个解释变量的溢出效应与直接效应之间的比值独立于 β_k（Elhorst，2010）。此外，直接把 SDM 的回归系数作为其空间回归系数的做法是不合理的乃至是错误的，而应从直接效应、间接效应和总效应来理解和分析空间系数的含义与影响。故而，我们主要选用 SDM 来探讨命题 4 中的相关论断。

（3）空间权重矩阵的构造。多数研究以 n×n 的二进制邻接矩阵作为空间权重矩阵 W。这一矩阵中元素 w_{ij} 的设置规则为：如果国家 i 和国家 j 之间存在地理分布上的邻近关系则取值为 1，否则为 0。然而，二进制邻接矩阵并不能合理而准确地反映每个国家之间的空间依赖关系。

基于上述认识，同时考虑到对外贸易能够在相当大程度上反映各国之间的关联性，我们采用每个国家这 15 年间贸易额与 GDP 比值的均值（简称为贸易规模均值，并记为 avetrad）作为空间权重矩阵的基本元素（徐春华和刘力，2016），即 w_{ij} 的取值规则为：当 i≠j 时，则 $w_{ij} = \dfrac{avetrad_i + avetrad_j}{\sum avetrad}$；当 i＝j 时，$w_{ij}=0$。其中，$\sum avetrad$ 表示所有国家的贸易规模均值之和。由此构造出的贸易空间权重矩阵表明，如果两国之间拥有的贸易总额规模越大则其空间依赖程度也越高。[①] 此外，在回归分析过程中把这一权重矩阵标准化。

值得一提的是，地理距离权重矩阵也被学者普遍使用，它一般包括反距离空间权重矩阵以及反距离平方空间权重矩阵两种形式。设 W_{ij} 为地理距离权重矩阵中的任意元素，则反距离空间权重矩阵（记为 W_{ij}^1）的设定标准为：当 i≠j 时，则 $w_{ij}^1 = 1/d$；当 i＝j 时，$w_{ij}^1 = 0$。反距离平方空间权重矩阵（记为 W_{ij}^2）的设定标准为：当 i≠j 时，则 $w_{ij}^2 = 1/d^2$；当 i＝j 时，$w_{ij}^2 = 0$。其中，d 是根据国家首都的经纬度而计算的球面距离。

---

① 诚然，尽管任意两国之间的贸易额更能说明各国空间依赖程度，但是由于这一数据缺失故而只能选用贸易规模均值来识别各国的空间依赖性。

四、经验分析

(一) 38 个国家两大部类中的利润率差异

从表2中易知, 38 个国家两大部类的利润率确实存在不同程度的差异, 并且从总体上看, 在绝大多数国家中第Ⅱ部类的利润率要普遍高于第Ⅰ部类。如果分别考察这 38 个国家中第Ⅰ部类与第Ⅱ部类的利润率平均值则这一差异更为明显 (见图1)。

从图1可以直观地看出, 第Ⅰ部类的利润率平均值明显低于第Ⅱ部类, 并且两者都呈波动下降趋势。从波动变化趋势看, 第Ⅰ部类和第Ⅱ部类的利润率平均值从 1995 到 2009 年的降幅约分别为 4.33 个与 5 个百分点。第Ⅱ部类的利润率平均值在总体上约高出第Ⅰ部类均值 7 个百分点, 命题 1 成立。

表 2　　　　　　　　　　38 个国家两大部类中的利润率

国别	1995 年		2000 年		2005 年		2009 年	
	Ⅰ	Ⅱ	Ⅰ	Ⅱ	Ⅰ	Ⅱ	Ⅰ	Ⅱ
澳大利亚	0.256	0.263	0.263	0.253	0.287	0.267	0.287	0.261
美国	0.303	0.359	0.287	0.340	0.328	0.328	0.345	0.347
加拿大	0.258	0.362	0.265	0.330	0.281	0.327	0.262	0.288
德国	0.233	0.292	0.210	0.296	0.228	0.337	0.186	0.308
法国	0.190	0.316	0.192	0.332	0.186	0.342	0.152	0.332
英国	0.267	0.210	0.242	0.179	0.258	0.173	0.192	0.097
中国	0.216	0.202	0.233	0.238	0.231	0.260	0.213	0.241
印度	0.377	0.534	0.392	0.624	0.403	0.666	0.366	0.658
日本	0.278	0.476	0.283	0.503	0.285	0.508	0.293	0.595
韩国	0.234	0.272	0.223	0.304	0.196	0.298	0.122	0.165
奥地利	0.254	0.282	0.258	0.287	0.250	0.297	0.226	0.300

续表

国别	1995 年		2000 年		2005 年		2009 年	
	I	II	I	II	I	II	I	II
比利时	0.188	0.325	0.165	0.302	0.177	0.280	0.168	0.291
保加利亚	0.248	0.401	0.306	0.415	0.256	0.300	0.233	0.294
巴西	0.350	0.333	0.325	0.357	0.310	0.314	0.308	0.279
塞浦路斯	0.506	0.461	0.489	0.500	0.440	0.412	0.391	0.364
捷克	0.275	0.377	0.213	0.288	0.193	0.273	0.167	0.230
丹麦	0.204	0.307	0.201	0.255	0.173	0.221	0.093	0.164
西班牙	0.256	0.321	0.230	0.311	0.221	0.318	0.222	0.295
爱沙尼亚	0.161	0.204	0.214	0.308	0.235	0.287	0.171	0.192
芬兰	0.224	0.244	0.219	0.268	0.202	0.244	0.144	0.203
希腊	0.526	0.666	0.474	0.591	0.491	0.580	0.451	0.526
匈牙利	0.192	0.255	0.186	0.283	0.196	0.247	0.141	0.185
爱尔兰	0.275	0.184	0.298	0.265	0.278	0.248	0.241	0.178
意大利	0.259	0.305	0.296	0.391	0.282	0.387	0.250	0.362
立陶宛	0.345	0.381	0.417	0.388	0.399	0.369	0.370	0.351
卢森堡	0.249	0.483	0.169	0.433	0.164	0.388	0.144	0.312
拉脱维亚	0.301	0.289	0.319	0.320	0.279	0.298	0.251	0.277
墨西哥	0.567	0.692	0.552	0.704	0.607	0.722	0.570	0.578
马耳他	0.206	0.301	0.271	0.401	0.219	0.330	0.214	0.274
荷兰	0.222	0.292	0.198	0.293	0.214	0.284	0.170	0.226
波兰	0.305	0.319	0.295	0.330	0.314	0.364	0.267	0.256
葡萄牙	0.216	0.240	0.200	0.252	0.177	0.250	0.154	0.245
罗马尼亚	0.343	0.437	0.297	0.406	0.288	0.404	0.266	0.202
俄罗斯	0.244	0.232	0.398	0.353	0.352	0.336	0.241	0.211
斯洛伐克	0.236	0.284	0.193	0.264	0.249	0.374	0.304	0.462
斯洛文尼亚	0.237	0.463	0.208	0.391	0.174	0.298	0.141	0.228

续表

国别	1995 年		2000 年		2005 年		2009 年	
	I	II	I	II	I	II	I	II
瑞典	0.202	0.207	0.172	0.213	0.183	0.197	0.109	0.131
土耳其	0.731	0.764	0.507	0.601	0.477	0.544	0.463	0.518

注：在表中，"I"表示第 I 部类，"II"表示第 II 部类。

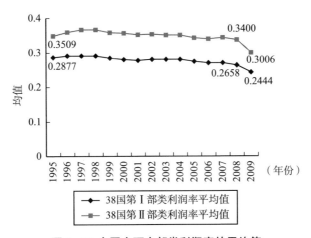

图 1　38 个国家两大部类利润率的平均值

由图 1 不难发现，第 II 部类利润率平均值的波动幅度相对要大，并且它在 1998 年之前表现出明显的上升态势。随着 2008 年全球性金融危机的爆发，第 I 部类（第 II 部类）的利润率均值从 2008 年的 26.58%（34%）迅猛降至 2009 年的 24.44%（30.06%）。总之，第 I 部类的利润率下降趋势更为明显与稳健，进而可确保一般利润率趋于下降（命题 2）这一规律得以成立。

（二）各国一般利润率的差异及其趋于下降的规律

（1）世界主要国家中的一般利润率差异。从图 2（a）中易知，日本的一般利润率呈现微幅波动下降的趋势：从 1995 年的 37.65% 缓慢降至 2009 年的 37.39%。然而，韩国的一般利润率下降态势则较为明显：从 1995 年的 25.33%

波动降至 2008 年的 22.36%，随后在 2008 年金融危机的影响下大幅降至 2009 年的 14.33%。从图 2（b）中不难看出，中国（印度）的一般利润率从 1995 年的 20.88%（45.54%）波动上升至 2009 年的 22.67%（51.16%），而巴西的一般利润率则从 1995 年的 34.14% 波动下降到 2009 年的 29.39%。

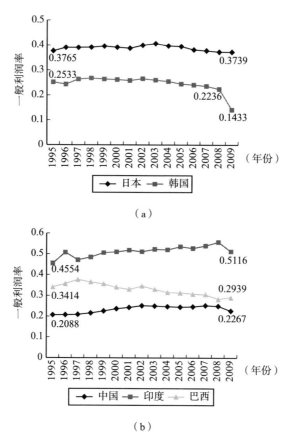

图 2　1995—2009 年日本、韩国、中国、印度、巴西的一般利润率

从图 3（a）中可见，1995—2009 年，澳大利亚的一般利润率从 1995 年的 25.95% 波动上升至 2009 年的 27.39%，而美国（加拿大）的一般利润率则从 1995 年的 33.09%（31%）波动下降到 2009 年的 31.62%（27.46%）。从图 3（b）可知，德国（法国）的一般利润率从 1995 年的 26.24%

（25.27%）波动下降到 2009 年的 24.73%（24.24%），而英国的一般利润率则从 1995 年的 23.81% 波动下降到 2008 年的 23.14%，之后受 2008 年全球金融危机的影响断崖式地跌至 2009 年的 14.41%。通过对上述 11 国的一般利润率及其变动情况的分析可知，命题 3 成立。

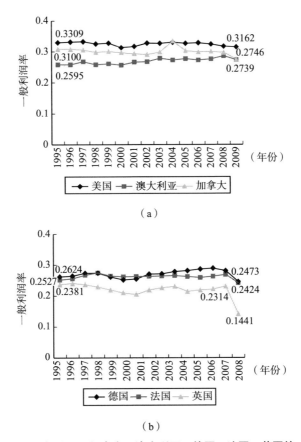

（a）

（b）

图 3　1995—2009 年美国、加拿大、澳大利亚、德国、法国、英国的一般利润率

（2）来自世界 38 个国家整体均值层面的经验观察。图 4 清楚地表明世界 38 个国家中一般利润率的平均值呈现明显的下降趋势：这一均值从 1995 年的 31.93% 波动下降到 2008 年的 30.29%，在 2008 年全球性金融危机期间，这一均值进一步下跌 2009 年的 26.99%。命题 3 中的相关论断显然成立。

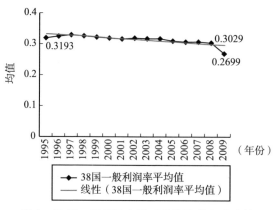

图4　38国一般利润率的平均值及其变动趋势

五、经验分析

（一）模型、方法与数据

基于前文论述，我们将有待考察的空间计量模型设为如下 SDM 的形式：

$$\text{lngrp} = \rho\,(\,I_T \otimes W_N\,)\text{lngrp} + \alpha I_{NT} + X\beta + (\,I_T \otimes W_N\,)X\theta + \varepsilon \qquad (10)$$

其中，lngrp 为对数化后的一般利润率（grp）矩阵，$\otimes$ 为克罗内克积，X 为解释变量矩阵（包括本文重点考察的剩余价值率对数值和资本有机构成对数值两大主要解释变量以及其他控制变量），其余符号含义同前。

在控制变量的选取方面，第一，考虑到马克思谈及了不变资本、人口因素、对外贸易、股份资本等因素的变动对一般利润率造成的影响，同时出于数据可得性的考虑，依次将各国的固定资本形成总额与 GDP 比值（fixcapi）、人口密度（千人/每公里土地面积，peopden）、贸易额与 GDP 比值（trade）以及上市公司的市场资本总额与 GDP 比值（lccapi）分别作为这几个因素的控制变量。第二，使用居民最终消费支出与 GDP 比值（rescons）以及一般政府最终消费支出与 GDP 比值（govcons）分别控制各国居民消费和政府行为。第三，用城镇人口在总人口中的占比（urban）控制城镇化的作用。第四，一国的环境状况也可能影响各国一般利润的变动，故将二氧化碳排放量（单位：千克/2005 年美元 GDP，CO_2）作为环境状况的替代指标。同时，我们对所有的变量都做了对数化处理。特别地，由于比利时与卢森堡两国的解释变量数据缺失较多，选取表 2 中剩余的 36 个国家作为考察对象，从而所对应的空间权重矩阵为 36×36 的形式。采用多重共线性检验发现所有变量的方差膨胀因子（VIF）都远小于 10，从而不存在较为严重的多重共线性。

首先，采用 Moran I 统计量对全局空间相关性进行检验，其表达式为：

$$\text{Moran I} = \frac{\sum\limits_{i=1}^{n}\sum\limits_{j=1}^{n} W_{ij}(A_i - \overline{A})(A_j - \overline{A})}{S^2 \sum\limits_{i=1}^{n}\sum\limits_{j=1}^{n} W_{ij}} \tag{11}$$

其中，$S^2 = \frac{1}{n}\sum\limits_{i=1}^{n}(A_I - \overline{A})$，$\overline{A} = \frac{1}{n}\sum\limits_{i=1}^{n}A_i$，$A_i$ 表示国家观测值，n 为国家总数。Moran I 的取值范围为 $[-1, 1]$，其绝对值大小则表示空间相关性的强弱。同时，通过构造 Z 统计量来判别 Moran I 的显著性，其原假设 H_0 为：不存在空间相关。Z 统计量的表达式为：

$$Z(I) = \frac{I - E(I)}{\sqrt{\text{Var}}} N(0, 1) \tag{12}$$

在统计量中，Var(I) 表示方差，E(I) 表示均值。如 Z 值拒绝原假设则表明存在空间相关。在控制了相应的变量后，ln*grp*、ln*m* 以及 ln*occ* 的 Moran I 检验结果[①]见表 3。

表 3   **ln*grp*、ln*m* 及 ln*occ* 的 Moran I 检验结果**

年份	1995	1996	1997	1998	1999	2000	2001	2002
ln*grp*（控制所有变量）	−0.003 (0.790)	0.138 ** (2.475)	0.137 ** (2.474)	0.081 ** (2.102)	0.141 ** (2.506)	0.175 *** (2.757)	0.171 *** (2.668)	0.020 (0.951)
ln*m*（控制其他控制变量）	0.158 *** (2.579)	0.181 *** (2.761)	0.210 *** (3.046)	0.127 ** (2.069)	0.204 *** (2.942)	0.154 ** (2.509)	0.186 ** (2.509)	0.182 ** (2.535)
ln*occ*（控制其他控制变量）	0.137 ** (2.302)	0.122 ** (2.076)	0.084 (1.627)	0.123 ** (1.991)	0.095 * (1.725)	0.055 (1.174)	0.045 (1.026)	0.049 (1.113)

---

① 计算 Moran I 值以及估计空间面板模型均通过 Matlab2014a 编程实现，相关程序可主要参考 Elhorst 与 LeSage 的代码（http：//www. spatial-econometrics. com）。

续表

年份	2003	2004	2005	2006	2007	2008	2009
ln*grp*（控制 所有变量）	0. 106 * (1. 866)	0. 117 ** (2. 013)	0. 130 ** (2. 027)	0. 004 (0. 744)	− 0. 027 (0. 331)	− 0. 044 (0. 097)	− 0. 074 (− 0. 203)
ln*m*（控制 其他控制变量）	0. 142 ** (2. 090)	0. 107 * (1. 747)	0. 075 (1. 294)	0. 069 (1. 405)	0. 092 (1. 605)	0. 076 (1. 496)	0. 178 *** (2. 639)
ln*occ*（控制 其他控制变量）	0. 001 (0. 549)	0. 005 (0. 622)	0. 000 (0. 482)	0. 059 (1. 282)	0. 132 ** (2. 012)	0. 165 ** (2. 414)	0. 040 (1. 108)

说明: 括号内为 Z 统计量, * 、 ** 、 *** 分别代表在 10% 、5% 、1% 的显著性水平上显著, 下表同。

从表 3 中不难发现, 一方面, ln*grp* 的 Moran I 值在 2006 年后变得不再显著, 且逐渐过渡到负相关区域, 表明一般利润率在国别间的整体趋同态势有所弱化, 甚至开始走向趋异的方向; 另一方面, ln*m* 和 ln*occ* 的 Moran I 值都在正值范围内波动——尽管在部分年份中不显著。总之, 空间相关性的客观存在表明应选用空间计量回归方法进行分析。

(二) 回归结果及其解释

从表 4 中易知, 所有回归结果的拟合优度都在 0. 999 以上, 表明本文所设定的空间计量模型有很高的解释力度。Wald 检验结果在 1% 的水平下显著, 这表明应选用 SDM 而非 SAR 或 SEM 等模型来分析。Hausman 检验结果选择了固定效应（空间固定效应、时间固定效应和时空双固定效应）下的 SDM 模型而非随机效应模型。同时, 三大固定效应下 SDM 模型的空间相关系数都接近于 − 1, 均通过了 1% 的显著性检验, 再次印证了空间关联的客观存在。

表 4　　　　　　　　贸易空间权重矩阵下空间计量模型的回归结果

	空间固定效应		时间固定效应		时空双固定效应		随机效应
	SAR	SDM	SAR	SDM	SAR	SDM	SDM
ln*m*	0. 999 *** (345. 54)	0. 999 *** (360. 04)	0. 989 *** (486. 73)	0. 986 *** (372. 37)	0. 996 *** (338. 58)	0. 993 *** (322. 50)	0. 992 *** (312. 57)
ln*occ*	− 0. 705 *** (− 169. 51)	− 0. 708 *** (− 177. 77)	− 0. 687 *** (− 246. 69)	− 0. 687 *** (− 184. 57)	− 0. 704 *** (− 171. 16)	− 0. 702 *** (− 162. 31)	− 0. 702 *** (− 155. 51)

续表

	空间固定效应		时间固定效应		时空双固定效应		随机效应
	SAR	SDM	SAR	SDM	SAR	SDM	SDM
lntrade	0.004 * (1.852)	− 0.002 (− 0.798)	− 0.000 (− 0.111)	− 0.002 (− 0.905)	− 0.002 (− 0.712)	− 0.017 *** (− 4.281)	− 0.006 ** (− 1.974)
lnfixcapi	0.001 (0.544)	0.004 (1.627)	0.002 (0.708)	0.001 (0.368)	0.001 (0.411)	0.004 * (1.773)	0.002 (0.712)
lnurban	− 0.093 *** (− 9.114)	− 0.139 *** (− 8.631)	− 0.002 (− 0.607)	0.002 (0.313)	− 0.109 *** (− 10.92)	− 0.104 *** (− 4.756)	− 0.027 ** (− 2.128)
lngovcons	0.002 (0.464)	− 0.001 (− 0.177)	− 0.002 (− 0.938)	0.006 (1.499)	− 0.001 (− 0.280)	− 0.011 ** (− 2.551)	− 0.002 (− 0.515)
lnrescons	0.006 (0.737)	0.001 (0.080)	0.015 *** (3.260)	0.018 ** (2.291)	− 0.002 (− 0.237)	− 0.023 ** (− 2.56)	− 0.005 (− 0.506)
lnpeopden	0.033 *** (4.370)	0.017 (1.422)	− 0.001 * (− 1.825)	0.003 *** (3.394)	− 0.005 (− 0.509)	0.029 ** (2.015)	− 0.004 (− 1.215)
lnco2	0.003 (1.302)	0.016 *** (4.766)	− 0.001 * (− 1.680)	0.003 * (1.847)	0.017 *** (4.692)	0.018 *** (3.885)	0.010 *** (3.321)
lnlccapi	0.001 *** (3.129)	0.001 *** (2.072)	0.001 (1.274)	0.002 ** (2.574)	0.001 ** (2.060)	0.002 *** (2.886)	0.001 ** (2.096)
W × ln*m*		0.974 *** (4.523)		0.589 *** (5.494)		0.577 *** (6.013)	− 0.263 *** (− 3.174)
W × ln*occ*		− 0.676 *** (− 4.249)		− 0.345 ** (− 2.060)		− 0.366 ** (− 2.714)	0.313 ** (2.296)
W × ln*trade*		− 0.002 (− 0.065)		− 0.096 ** (− 2.095)		− 0.697 *** (− 4.416)	− 0.194 ** (− 2.039)
W × ln*fixcapi*		0.098 ** (2.533)		0.149 (1.336)		− 0.024 (− 0.303)	0.202 *** (2.668)
W × ln*urban*		− 1.166 *** (− 2.743)		0.266 (1.275)		− 0.053 (− 0.090)	0.647 * (1.803)

续表

	空间固定效应		时间固定效应		时空双固定效应		随机效应
	SAR	SDM	SAR	SDM	SAR	SDM	SDM
W × lngovcons		0.056 (0.966)		0.699 *** (3.866)		− 0.321 * (− 1.698)	0.067 (0.348)
W × lnrescons		0.022 (0.269)		0.304 (1.236)		− 1.044 *** (− 4.138)	− 0.449 * (− 1.944)
W × lnpeopden		1.033 ** (2.499)		− 0.087 *** (− 2.751)		1.855 *** (3.258)	− 0.120 (− 1.046)
W × lnco2		− 0.016 (− 0.741)		0.054 *** (2.689)		0.290 ** (2.037)	0.374 *** (3.372)
W × lnlccapi		− 0.001 (− 0.489)		− 0.096 ** (− 2.095)		0.042 *** (3.225)	0.034 ** (2.433)
ρ	− 0.004 (− 0.042)	− 0.955 *** (− 4.463)	− 0.267 *** (− 11.16)	− 0.992 *** (− 25.35)	− 0.151 *** (− 9.371)	− 0.993 *** (− 37.51)	− 0.003 (− 0.214)
R^2	0.9997	0.9998	0.9991	0.9992	0.9998	0.9998	0.9997
LogL	2072.55	2109.19	1658.90	487.685	2048.76	483.403	1992.59
Wald_spatial_lag						391.26 ***	
Hausman 检验统计量（伴随概率）						1926.95 （0.000）	
观测值	540	540	540	540	540	540	540
直接效应							
lnm	0.999 *** (340.47)	0.999 *** (358.61)	0.991 *** (484.46)	0.993 *** (497.61)	0.997 *** (343.00)	1.001 *** (353.45)	0.992 *** (310.78)
lnocc	− 0.705 *** (− 165.03)	− 0.708 *** (− 176.31)	− 0.688 *** (− 239.95)	− 0.693 *** (− 244.86)	− 0.704 *** (− 167.62)	− 0.708 *** (− 185.51)	− 0.702 *** (− 152.98)
lntrade	0.004 * (1.778)	− 0.002 (− 0.739)	− 0.000 (− 0.117)	0.000 (0.057)	− 0.002 (− 0.747)	− 0.004 * (− 1.756)	− 0.006 ** (− 1.972)
lnfixcapi	0.001 (0.540)	0.002 (0.904)	0.002 (0.700)	− 0.002 (− 0.555)	0.001 (0.441)	0.005 ** (2.069)	0.002 (0.677)
lnurban	− 0.092 *** (− 8.972)	− 0.122 *** (− 10.59)	− 0.002 (− 0.634)	− 0.003 (− 1.329)	− 0.109 *** (− 10.76)	− 0.106 *** (− 7.871)	− 0.028 ** (− 2.248)

续表

	空间固定效应		时间固定效应		时空双固定效应		随机效应
	SAR	SDM	SAR	SDM	SAR	SDM	SDM
ln$govcons$	0.002 (0.465)	−0.001 (−0.437)	−0.002 (−0.860)	−0.007 ** (−2.256)	−0.001 (−0.250)	−0.005 (−1.526)	−0.002 (−0.452)
ln$rescons$	0.006 (0.764)	0.001 (0.040)	0.015 *** (3.186)	0.013 ** (2.203)	−0.001 (−0.131)	−0.004 (−0.593)	−0.004 (−0.467)
ln$peopden$	0.033 *** (4.407)	−0.001 (−0.083)	−0.001 * (−1.789)	−0.001 *** (−2.907)	−0.005 (−0.517)	−0.004 (−0.474)	−0.004 (−1.231)
ln$co2$	0.003 (1.276)	0.017 *** (4.965)	−0.002 * (−1.684)	−0.001 (−0.869)	0.017 *** (4.786)	0.013 *** (3.799)	0.010 *** (3.317)
ln$lccapi$	0.001 *** (3.163)	0.001 *** (2.100)	0.001 (1.275)	0.001 (1.421)	0.001 ** (2.080)	0.001 (1.570)	0.001 ** (2.093)
间接效应							
ln$m$	−0.001 (−0.031)	0.010 (0.895)	−0.209 *** (−14.44)	−0.202 *** (−3.823)	−0.131 *** (−10.58)	−0.215 *** (−4.724)	−0.266 *** (−3.381)
lnocc	0.001 (0.030)	0.001 (0.020)	0.145 *** (14.42)	0.178 ** (2.040)	0.093 *** (10.58)	0.176 ** (2.494)	0.318 ** (2.317)
ln$trade$	−0.000 (−0.031)	−0.000 (−0.005)	0.000 (0.120)	−0.051 ** (−2.168)	0.000 (0.744)	−0.357 *** (−4.453)	−0.197 ** (−2.127)
ln$fixcapi$	−0.000 (−0.207)	0.050 *** (2.437)	−0.000 (−0.696)	0.079 (1.374)	−0.000 (−0.440)	−0.015 (−0.374)	0.200 *** (2.671)
ln$urban$	0.000 (0.053)	−0.562 *** (−2.547)	0.000 (0.629)	0.134 (1.256)	0.014 *** (7.291)	0.027 (0.089)	0.630 * (1.813)
ln$govcons$	0.000 (0.150)	0.030 (0.969)	0.001 (0.860)	0.363 *** (3.902)	0.000 (0.245)	−0.160 (−1.658)	0.079 (0.411)
ln$rescons$	−0.000 (−0.017)	0.010 (0.231)	−0.003 *** (−3.149)	0.157 (1.265)	0.000 (0.125)	−0.535 *** (−4.150)	−0.436 * (−1.890)
ln$peopden$	0.000 (0.030)	0.554 *** (2.528)	0.001 * (1.780)	−0.043 *** (−2.666)	0.001 (0.516)	0.945 *** (3.179)	−0.124 (−1.068)
ln$co2$	−0.000 (−0.347)	−0.016 (−1.376)	0.001 * (1.668)	0.109 *** (3.104)	−0.002 *** (−4.398)	0.144 * (1.961)	0.369 *** (3.357)
ln$lccapi$	−0.000 (−0.070)	−0.001 (−0.920)	−0.000 (−1.254)	0.027 *** (2.647)	−0.001 ** (−2.007)	0.021 *** (3.127)	0.034 ** (2.427)

续表

	空间固定效应		时间固定效应		时空双固定效应		随机效应
	SAR	SDM	SAR	SDM	SAR	SDM	SDM
总效应							
ln$m$	0.998 *** (120.9)	1.009 *** (99.27)	0.782 *** (52.97)	0.790 *** (14.95)	0.866 *** (67.19)	0.786 *** (17.33)	0.727 *** (9.084)
lnocc	−0.705 *** (−99.22)	−0.708 *** (−27.05)	−0.543 *** (−52.06)	−0.515 *** (−5.919)	−0.612 *** (−62.86)	−0.532 *** (−7.550)	−0.384 *** (−2.753)
ln$trade$	0.004 * (1.779)	−0.002 (−0.112)	−0.000 (−0.116)	−0.051 ** (−2.128)	−0.002 (−0.747)	−0.361 *** (−4.487)	−0.203 ** (−2.147)
ln$fixcapi$	0.001 (0.539)	0.052 ** (2.561)	0.002 (0.701)	0.078 (1.345)	0.001 (0.441)	−0.010 (−0.257)	0.202 *** (2.655)
ln$urban$	−0.092 *** (−9.050)	−0.683 *** (−3.024)	−0.001 (−0.635)	0.131 (1.220)	−0.095 *** (−10.75)	−0.079 (−0.259)	0.602 * (1.681)
ln$govcons$	0.002 (0.466)	0.029 (0.940)	−0.002 (−0.858)	0.356 *** (3.846)	−0.001 (−0.251)	−0.165 * (−1.720)	0.077 (0.395)
ln$rescons$	0.006 (0.765)	0.010 (0.242)	0.012 *** (3.167)	0.170 (1.354)	−0.001 (−0.131)	−0.539 *** (−4.134)	−0.440 * (−1.862)
ln$peopden$	0.033 *** (4.372)	0.553 ** (2.520)	−0.001 * (−1.786)	−0.044 *** (−2.715)	−0.005 (−0.517)	−0.940 *** (3.157)	−0.128 (−1.075)
ln$co2$	0.003 (1.279)	0.001 (0.080)	−0.001 * (−1.683)	0.108 *** (3.064)	0.015 *** (4.759)	0.157 ** (2.116)	0.379 *** (3.380)
ln$lccapi$	0.001 *** (3.173)	0.000 (0.056)	0.001 (1.278)	0.028 *** (2.725)	0.001 ** (2.083)	0.022 *** (3.257)	0.035 ** (2.472)

说明：括号内为估计系数的 t 值；LogL 表示对数似然值。下表同。

　　空间固定效应和时空双固定效应下 SDM 的拟合优度相对较高，且前者的 LogL 优于其他的固定效应模型；同时时空双固定效应模型的识别效果要优于无固定效应、时间固定效应、空间固定效应或者随机效应等模型的估计结果（Elhorst，2014）。因此，我们重点选用空间固定和时空双固定效应下 SDM 的估计结果进行分析。

　　从回归结果来看，ln$m$ 的回归系数都接近于 1 并且都在 1% 的显著性水平上显著，存在空间相关的其他国家中的回归系数（W×ln$m$）均显著为正（在空间固定及时空双固定效应下 SDM 的回归系数分别为 0. 974 与 0. 577）；lnocc 的回归系数大致在 −0. 7 附近，符号与预期相符，均通过了 1% 的显著性检验。然而如前所述，并不能直接把这些回归系数当作 SDM 的空间回归系数，而应从直接效应、间接效应及总效应中来分析。

就 ln$m$ 而言，一方面，在直接效应的回归结果中，所有 SAR 与 SDM 中 ln$m$ 的系数仍然在 1 附近小幅变动，并且高度显著，这表明一个国家中剩余价值率的上升会显著提高自身的一般利润率水平。另外，在间接效应的回归结果中，时间固定效应和时空双固定效应下 SDM 的回归系数分别为 −0. 202 和 −0. 215，并且均通过了 1% 的显著性检验，表明剩余价值率的负向空间溢出效应是显著存在的。

就 lnocc 而言，一方面，在直接效应中，其回归系数大致在 −0. 7 附近且均在 1% 的显著性水平下显著，说明本国的资本有机构成提高能显著地负向作用于本国一般利润率，这与马克思经济学的相关理论相吻合；另一方面，在间接效应中，时间固定效应和时空双固定效应下 SDM 的回归系数分别为 0. 178 和 0. 176，并且均在 5% 的显著性水平下显著，表明资本有机构成具有技术外溢效应。总之，在直接效应与间接效应的综合作用下，总效应中的结果均一致表明资本有机构成以及剩余价值率是导致一般利润率变化的主要因素，从而命题 4 成立。

就控制变量而言，第一，时空双固定效应下 SDM 的直接效应表明，本国对外贸易的扩大会抑制自身一般利润率水平的提高；同时，时间固定效应和时空双固定效应下 SDM 的间接效应表明，对外贸易还具有负向的空间溢出效应。第二，时空双固定效应下 SDM 的直接效应显示，本国固定资本形成总额的提高有助于提高一般利润率，而空间固定效应下 SDM 的间接效应则表明它还有正向的空间溢出效应，这与马克思的判断相符。第三，空间固定效应及时空双固定效应下 SDM 的直接效应一致表明，本国城镇化的推进将对一般利润率的提升产生显著的负向作用，同时空间固定效应下 SDM 的间接效应表明，本国城镇化还具有负向的空间溢出效应，说明城镇化过程中的各种成本在很大程度上是对利润的一种侵蚀。第四，时间固定效应下SDM的直接效应显示，政府消费行为不利于本国一般利润率的提高，而居民消费行为则能显著提高其一般利润率水平；时间固定效应下SDM的间接效应表明政府消费行为具有正向空间溢出效应，而时空双固定效应下SDM的间接效应表明居民消费行为呈现出负向的空间溢出效应。这与多数政府支出均用于非生产性投资而产生的"挤出效应"密切相关，而本国居民消费的扩大则通过拉动自身经济增长来提高其一般利润率水平。第五，时间固定效应下SDM的直接效应说明，本国人口密集度越大，越不利于自身一般利润率的提高，而空间固定效应与时空双固定效应下SDM的间接效应表明它具有正向的空间溢出效应。第六，多数固定效应下SDM的直接效应与间接效应均表明，罔顾环境成本的生产模式尽管会因为减少环保成本而提升本国的一般利润率，但是却有显著的负向空间溢出效应。第七，大部分固定效应下SDM的直接效应与间接效应都显示上市公司市场资本总额的增长不仅能促使自身一般利润率水平的提高，而且呈正向的空间溢出效应。

（三）稳健性分析

值得注意的是，本文基于对外贸易份额这一指标而构建的贸易空间权重矩阵很可能是内生的，因为各国一般利润率的差异可能会直接影响各国之间的对外贸易额，而基于地理位置的空间距离权重矩阵则在外生性方面有独特的优势。鉴于此，同时考虑到SDM相对于SAR更具优势，我们同时采用反距离空间权重矩阵和反距离平方空间权重矩阵两种形式，运用SDM对原有模型进行了估计，相关结果如表5所示。

从表5中不难看出，在两类空间权重矩阵的回归结果中，lnm和lnocc在直接效应和总效应中的回归结果都基本与前文结果类似并仍相当显著，但是它们的符号在间接效应中空间固定效应、时空双固定效应以及随机效应这三类回归结果中却与表4中的结果存在较大差异，表明这两大变量对一般利润率变动具有二重作用，从而命题4成立。

表5　　　　　　　　　　　空间距离矩阵下 SDM 的回归结果

	空间固定效应		时间固定效应		时空双固定效应		随机效应	
	W_{ij}^1	W_{ij}^2	W_{ij}^1	W_{ij}^2	W_{ij}^1	W_{ij}^2	W_{ij}^1	W_{ij}^2
ln$m$	1.003 *** (360.58)	1.001 *** (359.27)	1.001 *** (531.00)	1.005 *** (494.58)	1.003 *** (367.59)	1.001 *** (367.78)	1.002 *** (347.80)	0.999 *** (354.92)
lnocc	− 0.715 *** (− 171.29)	− 0.712 *** (− 172.86)	− 0.693 *** (− 223.50)	− 0.697 *** (− 229.86)	− 0.717 *** (− 172.77)	− 0.713 *** (− 175.93)	− 0.718 *** (− 166.87)	− 0.714 *** (− 173.37)
ln$trade$	0.001 (0.330)	0.000 (0.164)	− 0.001 (− 1.022)	− 0.000 (− 0.270)	0.001 (0.380)	− 0.000 (− 0.080)	− 0.001 (− 0.546)	− 0.002 (− 0.737)
ln$fixcapi$	0.001 (0.419)	0.001 (0.342)	− 0.003 (− 0.940)	− 0.002 (− 0.861)	0.001 (0.226)	0.000 (0.058)	− 0.002 (− 0.978)	− 0.003 (− 1.106)
ln$urban$	− 0.111 *** (− 10.58)	− 0.107 *** (− 10.91)	0.000 (0.063)	− 0.004 (− 1.496)	− 0.109 *** (− 10.76)	− 0.104 *** (− 11.00)	− 0.056 *** (− 6.829)	− 0.055 *** (− 6.975)
ln$govcons$	− 0.002 (− 0.671)	− 0.003 (− 0.890)	0.001 (0.288)	0.004 (1.157)	− 0.002 (− 0.687)	− 0.003 (− 0.938)	0.001 (0.309)	0.001 (0.264)
ln$rescons$	− 0.001 (− 0.308)	− 0.001 (− 0.381)	− 0.002 (− 0.535)	− 0.001 (− 0.255)	− 0.003 (− 1.404)	− 0.001 (− 0.820)	− 0.002 (− 0.810)	− 0.001 (− 0.414)
ln$peopden$	0.009 (0.925)	0.004 (0.347)	− 0.001 (− 1.152)	− 0.001 ** (− 2.165)	0.013 (1.291)	0.002 (0.189)	− 0.001 (− 0.247)	− 0.001 (− 0.382)
ln$co2$	0.016 *** (4.734)	0.016 *** (4.654)	− 0.000 (− 0.168)	0.000 (0.096)	0.014 *** (4.222)	0.015 *** (4.644)	0.012 *** (4.482)	0.010 *** (3.876)
ln$lccapi$	0.001 *** (2.633)	0.001 ** (2.294)	− 0.001 (− 1.396)	− 0.001 (− 1.220)	0.001 ** (2.488)	0.001 ** (2.346)	0.001 (1.487)	0.001 (1.266)
ρ	− 0.706 *** (− 5.066)	− 0.232 *** (− 3.730)	− 0.271 *** (− 18.55)	− 0.992 *** (− 25.35)	− 0.844 *** (− 7.959)	− 0.272 *** (− 7.925)	− 0.119 * (− 1.883)	− 0.050 * (− 1.708)
R^2	0.9998	0.9998	0.9991	0.9991	0.9998	0.9998	0.9997	0.9997
直接效应								
ln$m$	1.001 *** (369.42)	1.001 *** (339.87)	1.002 *** (503.52)	1.005 *** (512.73)	1.002 *** (367.29)	1.001 *** (374.92)	1.002 *** (346.48)	0.999 *** (363.91)
lnocc	− 0.712 *** (− 176.84)	− 0.710 *** (− 166.97)	− 0.695 *** (− 229.12)	− 0.696 *** (− 231.90)	− 0.713 *** (− 177.12)	− 0.711 *** (− 172.60)	− 0.717 *** (− 170.78)	− 0.714 *** (− 174.66)
ln$trade$	− 0.001 (− 0.219)	− 0.000 (− 0.174)	− 0.001 (− 0.743)	− 0.001 (− 0.352)	− 0.000 (− 0.080)	− 0.001 (− 0.260)	− 0.002 (− 0.621)	− 0.002 (− 0.755)
ln$fixcapi$	0.000 (0.138)	0.001 (0.193)	− 0.002 (− 0.730)	− 0.002 (− 0.941)	0.000 (0.026)	− 0.000 (− 0.032)	− 0.002 (− 0.961)	− 0.002 (− 1.079)

续表

	空间固定效应		时间固定效应		时空双固定效应		随机效应	
	W^1_{ij}	W^2_{ij}	W^1_{ij}	W^2_{ij}	W^1_{ij}	W^2_{ij}	W^1_{ij}	W^2_{ij}
lnurban	-0.105*** (-10.30)	-0.105*** (-10.66)	0.000 (0.116)	-0.005* (-1.668)	-0.105*** (-10.79)	-0.104*** (-10.698)	-0.056*** (-6.834)	-0.055*** (-7.009)
lngovcons	-0.002 (-0.571)	-0.003 (-0.795)	0.001 (0.213)	0.004 (1.260)	-0.002 (-0.579)	-0.003 (-0.867)	0.001 (0.336)	0.001 (0.295)
lnrescons	-0.001 (-0.353)	-0.001 (0.296)	-0.002 (-0.463)	-0.001 (-0.253)	-0.002 (-0.845)	-0.001 (-0.567)	-0.002 (-0.716)	-0.001 (-0.379)
lnpeopden	0.001 (0.101)	-0.001 (-0.093)	-0.001 (-1.093)	-0.001** (-2.113)	0.003 (0.265)	-0.004 (-0.376)	-0.001 (-0.271)	-0.001 (-0.438)
lnco2	0.017*** (4.992)	0.017*** (4.880)	-0.000 (-0.212)	0.000 (0.114)	0.017*** (4.611)	0.017*** (4.806)	0.012*** (4.656)	0.010*** (3.940)
lnlccapi	0.001*** (2.609)	0.001*** (2.295)	-0.001 (-1.498)	-0.001 (-1.148)	0.001*** (2.605)	0.001** (2.281)	0.001 (1.485)	0.001 (1.246)
间接效应								
lnm	0.024*** (3.847)	0.013*** (2.940)	-0.062*** (-4.770)	-0.034*** (-5.183)	0.019** (2.026)	0.012*** (2.482)	0.044*** (2.991)	0.020*** (3.366)
lnocc	-0.051*** (-4.234)	-0.029*** (-3.792)	0.067*** (3.706)	0.041*** (4.643)	-0.051*** (-3.713)	-0.029*** (-4.096)	-0.080*** (-3.396)	-0.038*** (-3.806)
lntrade	0.024*** (3.143)	0.013*** (2.769)	-0.015*** (-2.562)	-0.006* (-1.816)	0.016* (1.783)	0.009* (1.672)	0.026** (2.023)	0.010* (1.885)
lnfixcapi	0.011** (2.233)	0.006* (1.770)	-0.020* (-1.735)	-0.014 (-2.445)	0.007 (1.197)	0.003 (0.970)	0.004 (0.373)	0.002 (0.625)
lnurban	-0.106*** (-3.141)	-0.021 (-1.317)	-0.009 (-0.488)	-0.027*** (-2.786)	-0.064* (-1.998)	-0.012 (-0.705)	-0.024 (-0.636)	-0.013 (-0.856)
lngovcons	-0.008 (-1.097)	-0.006 (-1.327)	0.013 (1.248)	0.017*** (3.055)	-0.005 (-0.709)	-0.004 (-1.007)	-0.006 (-0.427)	-0.005 (-0.882)
lnrescons	0.001 (0.247)	-0.004 (-1.319)	-0.017 (-0.941)	-0.004 (-0.498)	-0.014** (-2.228)	-0.006* (-1.815)	-0.022* (-1.876)	-0.007 (-1.625)
lnpeopden	0.141*** (3.705)	0.090*** (4.516)	-0.001 (-0.530)	0.000 (0.270)	0.154*** (3.776)	0.083*** (3.666)	0.005 (0.350)	0.005 (0.801)
lnco2	-0.023*** (-4.671)	-0.020 (-4.968)	0.006 (1.177)	0.004 (1.583)	-0.039*** (-3.663)	-0.020*** (-3.194)	-0.024** (-2.126)	-0.006 (-1.197)
lnlccapi	-0.002*** (-2.687)	-0.001 (-1.156)	0.005* (1.764)	0.004*** (2.895)	-0.002* (-1.683)	-0.001 (-0.966)	-0.003 (-1.553)	-0.001 (-1.192)

说明：限于篇幅，没有报告外生交互效应、部分统计量以及总效应的回归结果，备索。

在控制变量方面，对外贸易以及固定资本形成总额的直接效应都不显著，但它们在间接效应和总效应中则能显著地表现出它的二重作用。政府消费行为和居民消费行为的回归系数在绝大多数模型中都为负并且不显著。其他变量的回归结果与前文类似。

此外，我们选用混合 OLS 估计、GMM 估计以及 SEM 估计等方法进行探讨，结果表明，① 即便在没有考虑空间相关性的情况下，lnm 的回归系数还是在 1 附近变动而且十分显著，lnocc 的回归系数依然是在 − 0.7 附近变动而且十分显著。SEM 的相关系数为 − 0.2326，但是并不显著，这表明一般利润率更倾向于通过自身历史"惯性"的形式（SAR 模型以及 SDM 模型）来体现其空间传递性。

六、小结

本文考察了 1995—2009 年 38 个国家中两大部类的利润率以及经济体中一般利润率的变动情况，研究发现：第一，第 Ⅱ 部类中的利润率水平整体上高于第 Ⅰ 部类，并且生产资料部类优先增长的趋势会导致其中的利润率水平下降得比消费资料部门更为明显和稳健。第二，一般利润率下降规律不仅显著存在于美、日、英、法、德等老牌发达国家，而且在其他国家的均值层面也显著存在，在 2008 年金融危机的冲击下它们都有较大跌幅。第三，尽管一般利润率的变动是多种因素综合影响的结果，但是资本有机构成以及剩余价值率仍然是两大具有二重性的重要影响因素，相关结果稳健。总之，对一般利润率的估算应该立足于两大部类的视角，要对一般利润率的主要影响因素进行有效识别，不仅需要立足于马克思的经典理论，而且需要充分考虑各国之间的空间异质性与空间相关性，更需要从直接效应与间接效应的层面对其进行考察。

基于本文的结论可得如下政策启示。第一，鉴于中国的一般利润率在整体上不仅低于巴西、印度等主要发展中国家，而且也低于日本、美国等主要发达国家，这可能引发大量资本的抽离，对此可通过相关措施来增强投资者

---

① 限于篇幅，结果没有报告，备索。

的信心。第二，鉴于多数发达资本主义国家中的一般利润率在整体上呈明显的下降趋势，而中国呈波动上升态势，一般利润率下降趋势是国际产业转移的根本动因（徐春华和吴易风，2015），所以在长期内"外资仍然喜欢中国"，[①] 从而中国应合理引导外资在各大行业中的流向以推动产业结构优化升级。第三，一般利润率在长期中不断下降与经济危机的产生是相伴相生的，特别是各国一般利润率的变动已呈显著的空间联动特征，由此强化了局部经济危机的全球扩散渠道。因此，还应建立与健全防范他国经济危机冲击的相应举措。

（原文发表于《世界经济》2016 年第 5 期）

---

① 陈恒：《外资仍然喜欢中国》，载于《光明日报》，2015 年 9 月 13 日。

1800—2015 年世界总体利润率长期下降原因分析

——基于世界体系理论的实证研究

王天翼[*]

利润率是表征资本主义经济体系运行状况的重要变量之一。马克思主义政治经济学指出，资本的本质在于不断追求剩余价值以实现自身的增殖，资本积累是资本主义经济运行的核心，扩大再生产、进行投资性资本积累是资产阶级的内在驱动，而利润率是决定资本家利润预期的主要因素。利润预期直接影响投资，进而影响资本的积累。一般而言，较高的利润率促使资本家提高投资率和积累率，降低失业率，促进工人收入上升，扩大社会总需求，促进经济繁荣；同时刺激创新，推动新技术的研发与应用，提高劳动生产率，加快经济增长。反之，较低的利润率或利润率下降的趋势，会导致资本家减少投资和创新，导致经济下滑。

本文估算了美国、英国、日本、瑞典、德国、荷兰、法国、丹麦、芬兰、加拿大、意大利、澳大利亚、韩国、巴西、阿根廷、墨西哥、西班牙、智利、俄罗斯、印度和中国 21 个国家的长期利润率数据，并依据国际货币基金组织（IMF）的分类方式将上述国家分组为发达国家和发展中国家[①]，分别探讨了各组利润率变化规律，研究了发达国家和发展中国家对世界总体利润率的不同贡献。在此基础上，将各国利润率平均得到世界总体利润率，用以分析资本主义世界经济体系两个多世纪以来的宏观变化趋势。

对世界总体利润率进行研究、分析和预测，探讨资本主义生产方式主导下的世界经济增长过程，有助于正确看待资本主义的新发展、新特征、新趋

---

　* 王天翼：清华大学马克思主义学院。

　① 参见：https://www.imf.org/extermal/np/fad/publicinvestment/data/data080219.xlsx. 国际货币基金组织分类中的"新兴及发展中国家"，本文简称为"发展中国家"。

势和新问题，有助于加深对世界经济格局的认识，有助于我国正确规避和应对经济危机，有助于增强我们的理论自信与道路自信。

一、世界体系理论视野下的利润率检视

在马克思主义政治经济学中，利润率等于剩余价值与预付总资本的比率（r = m/c）。在西方主流经济学会计核算体系中，剩余价值可以用利润来衡量，而预付总资本则可以近似地用资本存量来衡量。由于剩余价值的全部来源是可变资本而非不变资本，因此随着资本有机构成的提高，可变资本占全部预付资本的比例不断降低，在剩余价值率不变的情况下，可变资本所产生的剩余价值占全部预付资本的比例，即利润率，也自然会呈现出下降的趋势。

利润率趋向下降规律是马克思主义政治经济学中一条极为重要的规律，也是马克思主义危机理论的重要逻辑内核之一，因此学界对现实经济利润率开展的实证研究格外受到关注。李民骐、肖枫和朱安东研究了资本主义世界总体利润率和相关变量的长期变化，发现自 19 世纪中叶开始，英国、美国、日本和欧元区的加权平均利润率和综合积累率表现出 4 个长波，主要是工资和税收成本的上升导致了利润份额的下降[1]。扎卡赖亚[2]估算了美国等八个国家 1960—2000 年的利润率，发现各国利润率总体呈下降趋势，尤其在 20 世纪 70 年代中期有过一次普遍的下挫，这次利润率下挫导致了各国政治和经济的巨大变革，也加速了各国金融化的进程。梅托[3]对 19 世纪以来的 14 个资本主义国家的长期利润率进行了估算，并结合各国 GDP 权重估算了世界总体利润率长期趋势，结果显示世界平均利润率从 1869 年的 38% 左右下降到 2010 年的 9% 左右，下降趋势十分明显。

[1]　Li M, Xiao F, Zhu A. Long Waves "Institutional Changes, and Historical Trends: A Study of the Long-term Movement of the Profit Rate in the Capitalist World-economy", *Journal of World – Systems Research*, Vol. 13, No. 1 (2007): 33 – 54.

[2]　Zachariah D., "Determinants of the Average Profit Rate and the Trajectory of Capitalist Economies", *Bulletin of Political Economy*, Vol. 3, No. 1 (2009): 13 – 36.

[3]　Maito E E. The Historical Transience of Capital: The Downward Trend in the Rate of Profit since XIX Century [J/OL]. 2014. https://www.academia.edu/6849268/Maito_Esteban_Ezequiel_ – _The_historical_tran sience_of_capital_The_downward_trend_in_the_rate_of_profit_since_XIX_century_final_draft.

相对于以单个国家为对象进行的利润率研究，针对多国的利润率研究能够更加全面可靠地反映世界总体利润率变化趋势。与此同时，由于利润率是一个与时间联系非常密切的变量，因此纵向延续近年利润率序列，以及横向扩展研究国家，都是有必要的。特别是在 2008 年世界金融与经济危机以后，资本主义世界的利润率又发生了怎样的变化，学界目前对于这一问题的回答尚不够充分。

本文采用实证研究的方法，以国家为单位，试图在尽可能长的时间范围内，对马克思的利润率趋向下降规律进行检验。本文选择 21 个国家作为研究对象对利润率趋向下降规律进行实证检验，覆盖经济体量较大的国家、典型的发达资本主义国家、典型的第三世界国家和快速崛起的新兴经济体。在研究数据的取得上，主要以各国的官方统计数据为准，数据不足的年份采用学术界公认的可信度较高的数据库作为补充。在现实的经济生活中，估算利润率并非一个简单而清晰的过程。在利润率估算中，对生产性部门的界定、对利润的界定和对资本的界定都存在不同的思路和方法，从而形成了不同的利润率估算口径。本文结合对利润率的趋势分析、长期分析和周期分析，主要以各国非金融企业部门为考察对象，以税前和税后净利润为利润估算口径、以固定不变资本加存货为资本估算口径来进行利润率的估算。

本文依据国际货币基金组织的分类方式将上述 21 个国家分组为 14 个发达国家和 7 个发展中国家，如表 1 所示。

表 1　　　　　　　　　　　　国家分组

发达国家		发展中国家	
国家名	利润率数据长度	国家名	利润率数据长度
美国	1869—2018	阿根廷	1910—2016
英国	1855—2017	巴西	1955—2016
日本	1885—2016	墨西哥	1939—2017
丹麦	1966—2017	智利	1950—2015
瑞典	1800—2018	俄罗斯	1994—2017
荷兰	1807—2016	印度	1950—2016

续表

发达国家		发展中国家	
国家名	利润率数据长度	国家名	利润率数据长度
芬兰	1975—2018	中国	1956—2015
加拿大	1970—2016		
德国	1868—2018		
法国	1950—2016		
意大利	1980—2018		
澳大利亚	1960—2016		
韩国	1955—2018		
西班牙	1954—2016		

如图 1 所示，20 世纪 60 年代至今，发达国家 GDP 之和占高收入国家 GDP 总和的比例一直在 80% ~ 90%，发展中国家 GDP 之和占中低收入国家 GDP 总和的比例 20 世纪 90 年代以后达到 60% 以上，之前也保持在 40% ~ 50%，全部 21 个国家 GDP 占世界全部国家 GDP 的比例也始终保持在 70% 以上。因此，本文研究的 21 个国家的经济发展很大程度上代表了世界经济发展的情况，为本文研究世界总体利润率趋势提供了可行性基础。

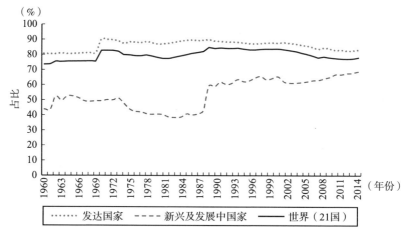

图 1 发达国家、发展中国家、世界总体（21 国）GDP 分别占世界全部高收入国家、中低收入国家和全部国家 GDP 的比例

二、世界总体利润率变迁中的此消彼长

（一）发达国家利润率持续快速下降

发达国家由于历史上经济一直处于相对发达状态，历史经济统计数据的收集和保存也相对完整，因此我们得以估算 1800—2015 年两百余年间发达国家的利润率水平。图 2 显示了 14 个发达国家的平均利润率。

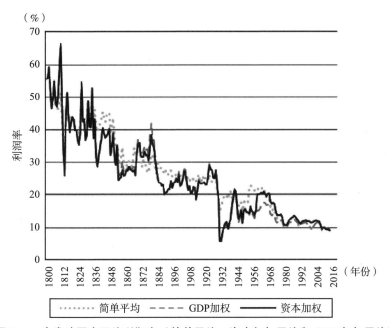

图 2　14 个发达国家平均利润率（简单平均，资本加权平均和 GDP 加权平均）

图 2 使用了 3 种不同的平均利润率计算方法。从利润率的定义出发，资本加权平均作为最符合逻辑的平均算法，侧重于反映生产过程中生产资料的不同积累规模，但受限于数据的可得性，有部分国家的早期资本数据缺失或不可比，因此采用资本加权平均算法得到的利润率在早期阶段尚不足以充分利用各国利润率数据。相对于资本加权平均，采用 GDP 加权的平均算法更侧

重于综合反映各国通过各自不同的经济体量而对平均利润率产生的影响，但同样也存在各国早期利润率数据利用不充分的问题。简单平均算法假设各国权重相同，无法体现各国资本规模和经济体量的差异，但是优点是可以充分利用已估算出的全部利润率数据。

从整体上看，3 种不同的平均利润率计算方法都得到了非常相似的长期趋势，表明发达国家利润率存在明显的下降趋势。发达国家在 19 世纪初曾经取得过 50% 以上的利润率水平。但随着时间的推移，发达国家利润率发生了显著的下降。三条曲线的线性趋势拟合结果在斜率上相当统一，显示发达国家利润率的下降速度为每百年下降 19 个百分点左右。第一次世界大战期间和第二次世界大战前的大萧条期间，3 条曲线都出现了比较强烈的下挫。1973 年、1979 年、1990 年和 1999 年的历次石油危机都导致了发达国家利润率的重新下挫。2000 年爆发于美国的互联网泡沫崩溃严重打击了美国经济，也波及了发达国家整体利润率。随后几年经济稍有恢复，又遭到了 2008 年金融与经济危机的重创，从此发达国家利润率重新进入下行通道。

从细节上看，3 种不同的平均算法也带来了相当程度的结果差异。3 种平均算法所得到的利润率下降趋势几乎一致，但简单平均结果的绝对值明显高于 GDP 加权和资本存量加权结果，而后两者在绝对值上也相当接近。这暗示着经济体量较大或者资本存量较大的国家利润率普遍更低。进一步的研究证明了这个猜想。1869 年以后的 GDP 加权和资本加权平均曲线受到美国影响最为显著，而处在资本主义世界经济中心的美国，其利润率却相对其他发达国家整体较低。对此一个可能的解释是，GDP 较高、资本存量较大的国家通常工业化程度较高、基础设施较为完善，这些领域往往规模大、资本存量高而利润率相对较低，因而拉低了整体利润率。另外，简单平均结果的波动幅度明显小于另外两个结果，这暗示了经济体量较大的国家利润率波动幅度普遍更大。

我们观察到 20 世纪下半叶以来，发达国家利润率长波周期的波动幅度也大为压缩，平均利润率维持在一个较为稳定的低位。近半个世纪，发达国家经济一直在 12% 左右的低利润率徘徊，既无力提振利润率，也无法容许利润率继续下降至威胁到资本主义生产方式延续，因此只能纷纷转向新自由主义，通过进一步剥削无产阶级来勉力维持现有的利润率水平。"现代的工人……并不是随着工业的进步而上升，而是越来越降到本阶级的生存条件以下。"① 新自由主义的泛滥在全球范围内制造了严重的贫富分化、经济衰退和政治动荡，2008 年金融与经济危机已经向这种涸泽而渔的经济政策敲响了警钟。

（二）发展中国家利润率长期较高

发展中国家在世界经济体系中处于国际价值转移的输出地位，长期以来依附发达国家，主要出口原料等初级产品或低附加值的产品，其经济发展也普遍建立在廉价劳动力的基础上。尽管如此，发展中国家占据着世界上大部分的劳动力和自然资源，一度成为世界上生产和贸易最活跃的地区。尤其是经历了第二次世界大战后的民族国家独立浪潮后，发展中国家中也涌现出不少的经济快速发展的经济体。发展中国家正在世界经济中发挥着越来越重要的作用。

图 3 显示了 7 个发展中国家三种不同的利润率平均结果。由于发展中国家经济发展起步普遍较晚，经济统计数据获取难度较大，且 1950 年以前数据一致性较差，因此本文根据可得数据估算出 1950—2015 年发展中国家利润率。

发展中国家利润率的三条曲线也展示出了较为类似的整体趋势，表明利润率每百年大约下降 13%，这一下降速度大大低于发达国家的 19%。GDP 加权和资本加权平均结果表明发展中国家在 20 世纪 80 年代前经历了一段经济向好、利润率相对稳定的过程，而 80 年代以后利润率则开始下降。简单平均结果则显示，20 世纪 50 年代以来，发展中国家利润率呈现出稳定中略微下降的趋势。尽管如此，在绝对值层面，发展中国家直到 21 世纪初都还保持着 15% 以上的高利润率，同时期发达国家平均利润率则已经一度不足 10%。

---

① 《马克思恩格斯文集》第 2 卷，人民出版社 2009 年版，第 43 页。

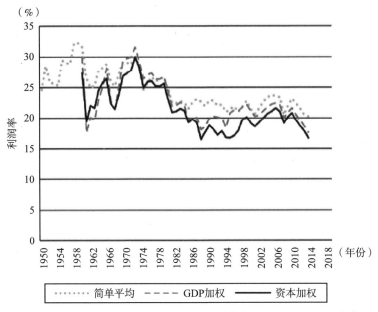

图3　7 个发展中国家平均利润率（简单平均，资本加权平均和 GDP 加权平均）

　　发展中国家并非没有机会摆脱对发达国家的依附。有相当数量的发展中国家都曾在 20 世纪上半叶和中叶有过经济快速发展的时期，但不幸的是大部分国家都未能准确把握和坚持正确的经济发展思想，很容易受到西方新自由主义的干扰，在一次次内部和外部的经济和金融危机的冲击下苦苦挣扎。发展中国家中最大的例外是中国，对中国的详细分析我们将在下文中进行。

三、世界总体利润率变迁的规律分析

　　图 4 展示了 1800—2015 年 14 个发达国家和 7 个发展中国家数据组成的世界总体利润率。整体上看，19 世纪以来世界总体利润率呈现出同发达国家利润率相当类似的下降趋势。资本加权和 GDP 加权的世界平均利润率大约每百年下降 17%—18%。简单平均算法的结果与前两者大同小异。

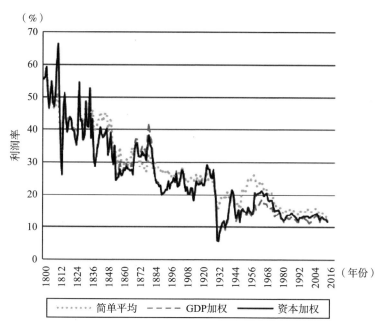

（%）

图4 世界（21国平均）利润率（简单平均，资本加权平均和GDP加权平均）

我们可以看出，世界总体利润率整体走势和发达国家利润率走势大体一致。这显然是由于发达国家资本存量和GDP都占据了21个国家总和的主体地位。图5展示了发展中国家利润率对世界总体利润率的提振作用。从图5可以看出，20世纪70年代以来，尽管发达国家和发展中国家利润率都呈现出下降趋势，但由于发展中国家长期较高的利润率，使得世界总体利润率在20世纪80年代后整体稳定在13%左右。这充分说明了在发达国家利润率恢复乏力的境况下，发展中国家在维持世界总体利润率方面所作出的贡献。

发展中国家在国际贸易中长期处于劣势地位，尽管创造了大量的财富，但却往往因为与发达国家贸易过程中的不平等交换而被掠夺大量价值。在2008年危机冲击后，发达国家利润率在2010年便得到了控制和一定程度的恢复，并在随后的若干年间保持了相对稳定。而发展中国家的利润率在略微恢复后便重新一路下滑，从2007年至2015年的短短7年间从22%

降低至17%，下降近5%，下降幅度接近1/4，而且尚未看到趋势扭转的迹象。从发达国家爆发的金融和经济危机，却对发展中国家造成了更加深重的打击，这深刻反映了当前世界经济体系中发展中国家所处的不利态势。如何改变在国际贸易中的不平等地位，是摆在每一个发展中国家面前的重要课题。

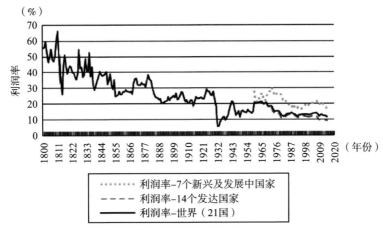

图5　世界、发达国家、发展中国家资本存量加权平均利润率

图6展示了中国利润率对世界和发展中国家利润率的影响。20世纪80年代以前，中国资本存量只占据发展中国家资本存量总量的20%左右，以及本文研究的21国资本存量总量的不到1%—3%，在这一时期中国利润率还不足以对世界和发展中国家资本加权平均利润率产生明显的影响。20世纪80年代以来，中国经济开始了迅速的发展，短短35年之后，2015年中国资本存量已经占据发展中国家的57%，21国的19%，成为世界经济中举足轻重的一员，开始对世界和发展中国家的资本加权平均利润率发挥着举足轻重的作用。从图6可以看出，在20世纪80年代以后，如果扣除中国，发展中国家利润率曲线就会出现明显的下降。同时，由于中国逐渐主导了发展中国家的资本加权平均利润率，因此2011年以后，发展中国家的资本加权平均利润率迅速向中国利润率曲线靠拢，到最近的2015年时几近重合。从世界资本存量加权

平均利润率来看，如果扣除中国的因素，2015 年世界总体利润率将从 11.7% 下降至 10.5%，下降幅度高达 10%。通过分析中国利润率对世界和发展中国家利润率的影响，我们可以更清晰地认识到为何中国会被称作世界经济的引擎。

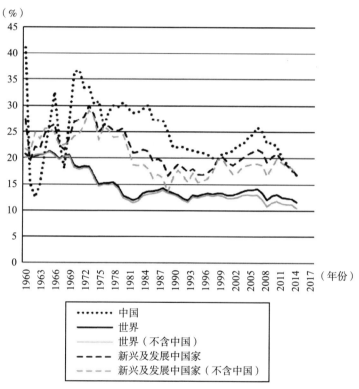

图6 中国利润率对世界和发展中国家利润率的影响

（以资本存量加权平均利润率为例）

当前的世界经济体系依旧是资本主义生产方式主导下的经济体系，在许多方面反映出资本主义经济的典型特征，而利润率的长期变化就是其中之一。资本的天性是追求剩余价值，而一旦利润率下降至资本难以承受的地步并且无法得到有效恢复，整个资本主义经济体系将会遭到毁灭性的打击。"帝国主义是过渡的资本主义，或者更确切些说，是垂死的资本主义。"[①] 如今的资本主义世界体系已经步入帝国主义阶段一百余年，其腐朽性表现得愈发明显，距离其生命的终点也越来越近。我们可以通过延长线性趋势来简单估计世界总体利润率下降至零的年份，并在近似的意义上将其视作资本主义世界经济的生命终点，尽管在利润率降至零之前资本主义经济很可能已经提前崩溃。图 7 展示了从 1800 年开始世界资本加权利润率的多阶段趋势，表 2 则对图 7 中的信息进行了进一步的整理。以最早有可用数据的 1800 年为起点，我们分别考察了 1800—1851 年、1800—1901 年、1800—1921 年、1800—1948 年、1800—1975 年、1800—2015 年这 6 个阶段的世界总体利润率线性趋势。我们看到，最早的 1800—1851 年利润率下降趋势最快，按其趋势，到 1946 年世界总体利润率就将下降至零；随后的 4 个时间段利润率下降趋势放缓，预估的利润率下降至零的年份陆续推迟到了 1973 年、1996 年、2002 年、2032 年；最后一个时间段，即 1800—2015 年的两个多世纪，其线性趋势显示出利润率下降为零的年份为 2062 年。

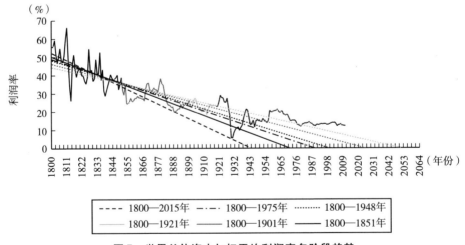

图 7　世界总体资本加权平均利润率多阶段趋势

---

① 《列宁全集》第 22 卷，人民出版社 2017 年版，第 437 页。

表 2　世界总体资本加权利润率多阶段趋势详细信息（起始年份均为 1800 年）

截止年份	截止年份利润率	下降速度	预估降至零的年份	降至零所需时间
1851	38.9%	36%/百年	1946	95 年
1901	26.4%	29%/百年	1973	72 年
1921	23.0%	25%/百年	1996	75 年
1948	15.3%	24%/百年	2002	54 年
1975	15.0%	20%/百年	2032	57 年
2015	11.7%	17%/百年	2062	47 年

从表面上看，必须要承认，世界总体利润率的下降趋势在逐渐平缓，从早期的 36% 每百年一直减缓到近年来的 17% 每百年，这表明资本主义的自我修复机制仍在发挥作用。但同时我们也看到，世界总体利润率的下降趋势从未有根本性改变，其降至零所需要的时间从 90 余年，到 70 余年，到 50 余年，到最近的 40 余年，整体来看几乎一直在缩短。与此同时，20 世纪以来资本主义世界体系正在发生更深刻的变化，如金融化趋势加剧、金融不稳定的威胁越来越大，经济危机发生频率明显增高、破坏范围和破坏力不断增大。

四、结语

利润率的周期性下降揭示了经济周期性波动的基本机制，而周期性波动中所掩藏的利润率长期下降的趋势反映了资本主义生产积累的内在矛盾，因此马克思主义者认为利润率趋向下降规律是资本主义经济危机理论的最重要、最本质规律。马克思在《资本论》第 3 卷关于"利润率趋向下降的规律"中指出，在利润率趋向下降的过程中，内在地包含了资本主义社会的 3 类基本矛盾，即剩余价值生产和剩余价值实现的矛盾、生产扩大和价值增值的矛盾以及人口过剩和资本过剩的矛盾，这些矛盾激化的综合表现就是资本主义经济危机。资本主义经济中利润率的性质是解释经济危机的关键，也是关系到资本主义合法性的根本问题。

　　本文估算了1800—2015年具有代表性的21个国家的利润率。研究发现，发达国家平均利润率、发展中国家平均利润率和世界总体利润率均呈明显的波动中下降趋势，与马克思主义政治经济学利润率趋向下降规律的预测相吻合。在世界层面，我们看到尽管对世界总体利润率起主导作用的发达国家利润率呈现出下降趋势，但由于发展中国家长期较高的利润率和不断增大的经济体量，使得世界总体利润率在20世纪80年代后整体稳定在13%左右。这充分说明了在发达国家利润率恢复乏力的境况下，发展中国家在维持世界总体利润率方面所作出的贡献。其中中国作出了最为突出的贡献，如果扣除中国的因素，2015年世界总体利润率将从11.7%下降至10.5%，下降幅度高达10%。

　　发达国家、发展中国家和世界总体利润率两个世纪以来显示出明显的下降趋势，这既是资本主义生产方式根本矛盾的体现，也反映了现代资本主义的一些新特征和新变化。首先，世界范围内资本有机构成的提高是世界总体利润率下降的根本原因。随着社会生产力的发展和全球化程度的加深，世界各国不断进行技术创新和产业升级，各个行业资本密集程度不断提升，从根本上导致了利润率的下降。其次，金融资本的过度膨胀是20世纪以来世界总体利润率尤其是发达国家利润率下降的重要原因。随着以美国为首的发达国家不断放松金融管制，金融资本逐渐占据了经济的主导地位，一方面带来频发的金融危机，另一方面导致资本从创造剩余价值的实体产业向分割剩余价值的金融业转移，从而导致经济结构愈发失衡，利润率难以恢复。最后，新自由主义思想的泛滥是20世纪下半叶以来世界总体利润率尤其是发展中国家利润率下降的政策原因。新自由主义确实在恢复利润率方面取得了一定效果，但其加强剥削以增大利润份额的举措没有也不可能摆脱资本主义根本矛盾的限制，反而压低了投资率和积累率，并将剩余价值实现的困难和危机推向了整个世界，2008年的金融与经济危机很大程度上正是推行新自由主义的恶果。2008年危机已经过去了十余年，新自由主义思想在全球的主导地位却并没有发生根本性改变，这为之后世界经济的发展再次埋下了隐患。

（原文发表于《高校马克思主义理论研究》2020年第2期）

第五编　利润率下降危机理论及其拓展

马克思主义危机理论和 1975—2008 年美国经济的利润率

谢富胜　李　安　朱安东[*]

一、引言

2007 年始于美国次贷市场的金融危机爆发以来，不同学派的学者对其根源进行了大量的研究。西方主流学者认为这场危机产生于市场失灵、监管不力、金融发展过度、信息不充分和贪婪或恐慌等因素，并认为这些因素并非内生于资本主义本身。这种自我指涉性（Self – Reference）的解释忽略了产生这些问题的结构性前提，在现象之间寻找因果联系。国外马克思主义学者则将其归因为 20 世纪 70 年代中期以来新自由主义的发展，特别是在此背景下金融业的过度发展，即"金融化"。虽然马克思主义的观点对于理解当前的金融危机占有方法论上的优势，但正如莱伯曼所警示的："我们怎么才能运用我们对基本矛盾的理解对危机进行更高深的分析；我们怎么才能避免不是苍白无力地重申资本主义就是危机和空谈总危机，就是摆出次贷危机、金融衍生品、援助计划、最新进展等无穷无尽的细节？"[①] 马克思主义经济学认为，利润率是资本主义宏观经济动态波动的重要决定因素。通过 1975—2008 年经验数据来分析美国经济中利润率的波动及其决定因素，能更好地甄别经济周期波动，尤其是本次危机的根源。

本文第二部分简要评述了国外马克思主义学者对当前危机的分析；第三部分在评述各种马克思主义经济危机理论的基础上，对利润率下降论和马克

---

* 谢富胜：中国人民大学经济学院。李安：中国人民大学经济学院。朱安东：清华大学马克思主义学院。

① D. Laibman, "The Onset of Great Depression II", *Science & Society*, Vol. 73, No. 3 (2009).

思主义的货币、信用和金融危机理论进行新的综合；第四部分计算 1975—2008 年美国非金融公司部门（Non – Financial Corporate Business，NFCB）的季度利润率，通过初步和进一步分解揭示利润率下降的具体原因；第五部分分别计算 1975—2008 年美国 NFCB 部门参与金融活动后的年度利润率和金融部门的年度利润率，分析金融化的发展及其内在矛盾如何导致当前的危机；最后为结论和展望。

二、国外马克思主义学者对当前危机的分析综述

针对当前的美国金融危机，国外马克思主义学者对其性质、根源、传导机制进行了全面的分析，提出了不尽相同的理论解释。（1）生产过剩论。布伦纳和每月评论派认为，1973 年以来的长期生产过剩造成了经济停滞，迫使发达国家通过降息、放松管制、金融化和推动资本的全球投机等手段拉动经济增长和延缓危机的发生。但是，长期生产过剩背景下生产与消费的矛盾、金融化背景下投机与生产的矛盾、全球化背景下国家间的矛盾最终引发了当前的金融危机。布伦纳将这一时期的生产过剩归因于来自日、欧和新兴经济体的竞争。每月评论派秉承了斯威齐和巴兰的垄断资本理论，认为垄断造成的消费和投资不足导致了生产过剩和停滞。[①]（2）金融化或金融掠夺论。20 世纪 80 年代以来，资本越来越多地转向金融领域，从金融渠道而非贸易和商品生产中获得了更多利润，形成了新的金融化积累模式。拉帕维查斯认为，由于产业资本对银行贷款的依赖下降了，金融化从控制产业资本转向了控制个人，银行通过不断扩张次贷等个人金融业务从家庭部门的收入中直接榨取利润，进行"金融掠夺"。[②]迪姆斯基认为，金融化中的投机性和预期的不确定性造成了这种积累模式的不稳定性，抵押贷款市场中贷方设置的剥削性信

---

① 布伦纳：《全球生产能力过剩与 1973 年以来的美国经济史》（上、下），载于《国外理论动态》2006 年第 2、第 3 期；J. Foster and F. Magdoff, *The Great Financial Crisis*. New York：Monthly Review Press，2009.

② C. Lapavitsas，"Financialised Capitalism"，*Historical Materialism*，Vol. 17，No. 2（2009）：57 – 89.

用关系是当前危机的根源。当 2007 年利息率提高、房价下降和次贷违约率快速提高同时发生时，经济中的流动性和偿付能力遭到了致命的打击，进而通过证券化链条引发了整个金融系统的危机。[①] （3）新自由主义体制失败论。科茨认为，放松管制、削减福利、私有化、打击工会和加剧劳动力市场竞争等措施，有利于增强资产阶级的力量，进一步扩大了社会的不平等。风险极高的金融投机催生了一系列大资产泡沫，形成了通过金融泡沫拉动经济增长的新自由主义社会积累结构。随着债务规模的扩大，经济中的债务负担和金融业的脆弱性不断加重，进而引发了危机。这意味着新自由主义体制已经到了穷途末路。[②]

　　生产过剩论正确地试图从产业资本运动中寻找危机的基础，却片面地将生产过剩归因于流通领域中的竞争或垄断程度。[③] 虽然马克思肯定了竞争如何迫使资本家不断提高生产力和扩大再生产，也肯定了资本的集中与积聚将造成生产过剩和停滞，但是竞争或垄断程度只是表现资本主义生产内在规律的资本外部运动。金融化或金融掠夺论分析了危机最先爆发于金融领域的内在过程和具体机制，但未从产业资本和金融业相结合的角度解释金融化的内在矛盾，也未回答为何产业资本先于金融业出现问题却没有爆发危机，以及为何美国的长期贸易逆差和资本流入没有提前诱发危机；而且对金融化和资本全球流动的有效监管并不能从根本上避免危机的发生。新自由主义体制失败论从 30 多年的较长视角分析了危机爆发的制度背景，从宏观层面描述了引致危机的诸多因素，但没有结合经济运行过程中各种因素的具体作用来分析资本积累过程的内在矛盾是如何引致危机的。上述三种理论都结合新自由主义和金融化等资本主义的最新进展解释了当前的金融危机，对于我们认识危机的根源和形成机理大有裨益。虽然上述学者都坚持了马克思主义经济学的研究方法，但由于他们的研究角度不同，这些理论解释缺乏一个统一的分析框架，甚至混淆了危机的原因、形式和结果。与以研究经济运作为中心的西方

---

① G. Dymski, "The Political Economy of the Subprime Meltdown", *working-paper* (Sep. 2008).

② 科茨：《目前金融和经济危机》，载于《当代经济研究》2009 年第 8 期。

③ M. Lebowitz, *Following Marx*. Leiden：Brill，2009：273 - 297.

主流分析方法不同，马克思主义经济学着重以资本积累为中心的研究方法。我们需要以马克思的利润率下降理论为基础，发展一个系统的马克思主义经济危机理论，并在实证基础上更深刻地审视 30 多年来劳资之间以及资本与资本之间的矛盾运动及其与危机的联系。

三、马克思主义经济危机理论：一项新的综合

马克思在其著作中从不同角度分析了资本主义经济危机，但没有对此进行必要的整合。发展一个逻辑一致的、能解释现实的资本主义经济危机的危机理论是马克思主义者的重要任务。在此过程中，后来的学者在解读马克思文本的基础上逐渐形成了消费不足论、比例失调论、利润挤压论和利润率下降论四个代表性理论流派，各持己见地寻求危机的主因，造成了马克思主义危机理论的分野甚至相悖。① 同时，这些理论都着眼于产业资本积累的内在矛盾，相对忽视了马克思对货币、信用和金融的研究。下面我们根据曼德尔的分类，将上述危机理论分为单因论和多因论进行评述，在此基础上，对马克思主义危机理论进行一项新的综合。

（一）单因危机论述评

单因论主要有消费不足论、比例失调论和利润挤压论。（1）消费不足论。考茨基和斯威齐等认为，资本主义生产的无限扩张既会超过全社会的总消费力，又会使工人阶级的消费力萎缩，最终引发消费不足的危机。② 卢森堡认为，资本主义经济将强迫一切非资本主义的社会阶级转变为新增的消费力，但终将面临全社会消费力的极限，以致引发消费不足的危机。③ （2）比例失调论。杜冈和希法亭等认为，只有通过某种手段维持投资在不同部门和企业

---

① 许建康：《经济长波论及其各学派分歧的最大焦点》，载于《经济纵横》2009 年第 11 期；《新帕尔格雷夫经济学大辞典》第 3 卷，经济科学出版社 1996 年版，第 409 页。

② ［日］伊藤诚：《价值与危机》，宋群译，中国社会科学出版社 1990 年版，第 102 页；［美］斯威齐：《资本主义发展论》，陈观烈、秦亚男译，商务印书馆 1997 年版，第 10 章。

③ ［比利时］欧内斯特·孟德尔：《〈资本论〉新英译本导言》，仇启华、杜章智译，中共中央党校出版社 1991 年版，第 177 页。

之间的比例性，才能保证资本积累的秩序。但是，由于投资是由个别资本家分散决策的，而且存在竞争或垄断、技术创新和消费结构变化等因素，因而这种比例性必然受到破坏，进而引发比例失调的危机。① （3）利润挤压论。克罗蒂、格林和哈里森等认为，工人阶级力量的增强和过度积累导致的产业后备军缩小，将促使劳动生产率下降和实际工资率上升，进而提高收入分配中的工资份额。这将挤压总利润中用于积累的部分，使积累下降，最终引发危机。②

这三种单因的危机理论在马克思的文本中都能找到依据，因而都具有解释资本主义经济危机的合理性，但是上述危机理论都具有一定的片面性。（1）消费不足理论将剩余价值的实现问题简化为工人阶级的有限消费问题，但是没有考虑资本家相互之间的投资需求；卢森堡只是在资本一般的意义上说明危机，忽视了现实的危机只能产生于许多资本之间的竞争。③ （2）受制于竞争从外部施加的强制性，资本必须不断扩大再生产和追求自身的增殖，这使资本积累的不平衡性成为一种常态；比例失调是更深层次的危机的结果，而非原因。④ （3）消费不足和比例失调论实质上都是从价值实现角度寻找危机的根源，很容易导出修正主义的观点：似乎提高工资或用外部手段保持生产的比例性就能避免危机。实现问题在资本主义经济中始终存在，但是资本主义经济并非总处在危机之中，因此二者不是危机的充分条件。（4）利润挤压只是危机前的短期现象，不是危机的直接原因。它在现实中将导致两个结果：或者资本用机器替代劳动力，从而降低对劳动力的需求和压低工资；或者资本加紧分化工人阶级以重夺优势。

以上三种理论都把危机归因于资本主义经济的一个方面，但是危机的原

---

① ［比利时］曼德尔：《论马克思主义经济学》（上卷），廉佩直译，商务印书馆1964年版，第386页。

② ［日］伊藤诚：《价值与危机》，宋群译，中国社会科学出版社1990年版，第106页。

③ ［俄］罗斯多尔斯基：《马克思〈资本论〉的形成》，魏埙等译，山东人民出版社1992年版，第70－79页。

④ ［加拿大］M. C. 霍华德、［澳］J. E. 金：《马克思主义经济学史》，顾海良等译，中央编译出版社2003年版，第314页。

因却在于资本积累过程所固有的多重限制。危机的发生通常意味着供求关系、不同部门或企业之间的比例关系和劳资关系同时发生紧张，因此必须把三者相互结合起来才能正确地分析危机。

（二）作为多因论的利润率下降论：批评与辩护

按照马克思的定义，价值利润率（p）可用公式表达：$p = s/(c + v)$　　　（1）

其中 s 为剩余价值，v 为可变资本，c 为不变资本。将（1）式的分子和分母同时除以 v，我们得到 $p = (s/v)/(c/v + 1)$，其中 s/v 为剩余价值率，c/v 为资本有机构成。马克思指出，资本追求价值增殖和相互之间的竞争不断提高资本有机构成，导致利润率在长期中下降，在促进人口过剩的同时，还促进生产过剩、资本过剩、投机和危机。[①]

资本有机构成提高引起利润率下降在马克思主义者中引起过激烈的争论，同时形成了三类批评：（1）利润率下降本身不会发生。因为个别资本仅在预期到利润率会提高时才采用新的生产方法，所以以技术创新为基础的积累不会使利润率下降——即"置盐定理"；[②] 米克等学者用战后等时期利润率的上升反驳这一理论。[③] （2）利润率下降的内在机制并不确定。斯威齐认为马克思在这里假定剩余价值率不变，然而资本有机构成提高会提高劳动生产率，加之产业后备军扩大造成的工资下降，剩余价值率最终会提高，且不一定比有机构成提高得慢。[④] 新李嘉图主义者认为生产率提高将使不变资本贬值并进一步减弱资本有机构成的提高；有机构成提高本身有利于资本更有效地压制劳动，从而提高剩余价值率。[⑤] （3）利润率下降论缺乏整体性和历史性。一

---

① 《马克思恩格斯全集》第 46 卷，人民出版社 2003 年版，第 270 页。

② ［日］置盐信雄：《技术变革与利润率》，骆桢、李怡乐译，载于《教学与研究》2010 年第 7 期。

③ ［加拿大］M. C. 霍华德、［澳］J. E. 金：《马克思主义经济学史》，顾海良等译，中央编译出版社 2003 年版，第 319 页。

④ ［美］斯威齐：《资本主义发展论》，陈观烈、秦亚男译，商务印书馆 2000 年版，第 118 - 124 页。

⑤ ［英］本·法因、劳伦斯·哈里斯：《重读〈资本论〉》，魏埙等译，山东人民出版社 1993 年版，第 64 - 71 页。

些学者认为利润率下降论忽视了生产和流通、剩余价值生产和实现之间的矛盾，且假定价值增殖的使用价值基础和资本积累的主导部门在长期中没有变化。相反，产业部门的多样化可以刺激资本积累，并使利润率恢复。此外，利润率下降论是一个不受具体历史时间约束的抽象趋势，与资本积累的现实动态无关。[①]

这些批评都没有全面地理解利润率下降论。（1）在动态过程中，个别资本采用新的生产方法会通过获得超额利润和扩大利润总量提高个别利润率，但是竞争会使新的生产方法普遍化，进而降低资本整体的平均利润率。[②] 20世纪 30 年代大萧条、70 年代滞胀危机等历史上的大危机发生前都伴有利润率的下降。[③]（2）马克思在分析剩余价值率、资本有机构成和利润率之间的联系时，并未简单地假定剩余价值率不变，他明确指出剩余价值率提高和利润率下降相结合是生产率提高在资本主义经济中表现出来的特殊性。[④] 新李嘉图主义者的批评以比较静态学为基础，但是技术进步的长期动态趋势仍是资本替代劳动，这会进一步压低工资并提高资本有机构成。[⑤]（3）因为利润率下降反映了资本主义再生产过程的整体问题，所以弄清危机是集中在生产领域还是流通领域既基本上毫无意义，又可能混淆利润率下降的原因和表现形式。消费只是作为结果，而不是起决定作用的目的出现的。[⑥] 资本有机构成提高正是技术创新和主导产业在长期中变化的体现，新部门在长期中同样不能避免资本有机构成的提高和利润率下降。[⑦] 利润率趋向下降总是寓于资本积累的现实动态之中，并且在长波的下降期和周期的衰落期表现出来。

在长期中资本有机构成的提高构成资本积累过程的真正限制。但在垄断

[①] 孟捷：《马克思主义经济学的创造性转化》，经济科学出版社 2001 年版，第 104－105 页。

[②] 《马克思恩格斯全集》第 46 卷，人民出版社 2003 年版，第 294 页。

[③] G. Duménil and D. Lévy, "Why Does Profitability Matter", *Review of Radical Political Economics*, Vol. 25, No. 1 (1993).

[④] 《马克思恩格斯全集》第 46 卷，人民出版社 2003 年版，第 58－82 页。

[⑤] 欧内斯特·孟德尔：《〈资本论〉新英译本导言》，仇启华、杜章智译，中共中央党校出版社 1991 年版，第 172 页。

[⑥] 《马克思恩格斯全集》第 26 卷 Ⅱ，人民出版社 1973 年版，第 573－574、第 585 页。

[⑦] 《马克思恩格斯全集》第 46 卷，人民出版社 2003 年版，第 263 页。

资本主义阶段，不变资本的节约可能是技术高度发达的工业部门中企业竞争的核心，劳动高度密集型的服务业也可抵消有机构成的持续增长，因而有机构成趋向缓慢提高或相对稳定在一定的高度。① 因此，除资本有机构成外，还必须考虑马克思提到过的、促使利润率周期下降的另外两个因素：工资提高导致的剩余价值率下降以及商品价值实现问题。② 利润率下降理论实际上是一种多因论。

在资本主义经济中，利润率是决定资本家利润预期的主要因素。利润率通过利润预期和投资率影响总产量和就业量。在利润率下降条件下，为了保证利润量不变或增加，必须使投资增加的比例大于利润率下降的比例。但是不断增加的投资，达到一定程度时，又引起利润率的进一步下降，不仅降低资本家的利润预期，而且投资的增长也难以持续下去，最终引起经济中总产出和就业水平的下降。积累得越多就越难积累，只有通过一场危机才能恢复积累的秩序。利润率的周期性下降揭示了经济周期波动的基本机制；周期中蕴含的利润率长期下降趋势反映了资本积累的内在矛盾。正是在这个意义上，马克思认为利润率趋向下降规律是现代政治经济学中最重要的规律，是理解最困难的关系的最本质规律。③

（三）马克思主义危机理论：一项新的综合

利润率下降意味着积累状况的恶化并预示着危机，作为一种多因论的利润率下降论符合马克思的本意。进一步，现实的危机只能从资本的现实运动、竞争和信用中引出。④ 在简单商品经济中，始终存在着货币作为价值尺度与作为交易媒介的潜在矛盾。⑤ 在资本主义经济中，信用通过借贷资本、银行资本和虚拟资本等的具体运动扬弃了资本积累的限制，但同时使这些限制具有了

---

① ［法］施瓦茨：《资本主义的精妙剖析》，魏埙等译，山东人民出版社 1992 年版，第 292 - 293 页。

② ［美］斯威齐：《资本主义发展论》，陈观烈、秦亚男译，商务印书馆 1997 年版，第 167 页。

③ 《马克思恩格斯全集》第 31 卷，人民出版社 1998 年版，第 148 页。

④ 《马克思恩格斯全集》第 26 卷 Ⅱ，人民出版社 1973 年版，第 585 页。

⑤ D. Harvey, *The Limits to Capital*. Chicago：University of Chicago Press，1982：9.

最普遍的形式，进而引发危机，这一过程的基础仍然是货币。[①] 完备的危机理论既要将导致利润率下降的多种原因综合起来，又要将信用关系的具体运动考虑为引发危机的内生过程。

1. 利润率公式的新综合

为了利用统计资料从经验上甄别利润率下降的具体机制，国外诸多学者对马克思的价值利润率公式进行了新的分解，例如莫斯利、莱伯曼和莫汉等学者将利润率公式分解为利润份额和资本产出效率的乘积；而韦斯科普夫的方法综合并区分了利润份额、价值实现和有机构成等因素对利润率的影响，更适合我们当前的研究。[②] 按照韦斯科普夫的方法，利润率可表示为：

$$r = \Pi/K = (\Pi/Y) \times (Y/Y^*) \times (Y^*/K) \qquad (2)$$

其中 r 为利润率，Π 为利润，K 为资本存量，Y 为产出，Y^* 为潜在产出；Π/K 为利润率，Π/Y 为利润份额，Y/Y^* 为产能利用率，Y^*/K 为产能资本比。工资份额上升将使利润份额下降；剩余价值实现困难及其引致的投资下降，最终表现为产能利用率下降。其他条件不变，这两种情况都会导致利润率下降。

（2）式的第三项可以被分解为：$Y^*/K = (Y^*/Y) \times (Y/W) \times (W/K)$（3）

其中 W 为工资总额。（3）式等号右侧的第三项是工资总额与资本存量之比，其倒数近似资本有机构成。其他条件不变，资本有机构成提高将通过产能资本比的下降而导致利润率下降。

（2）式将前述部分独立的因素进行了整合，这些因素的相互作用造成了利润率的周期性波动。为了防止从公式出发，经验研究必须结合具体的货币、技术和劳资斗争来揭示三种因素在资本积累过程中的现实作用。

①　《马克思恩格斯全集》第 46 卷，人民出版社 2003 年版，第 685 页。

②　F. Moseley, "The Rate of Profit and the Future of Capitalism", *Review of Radical Political Economics*, Vol. 29, No. 4（1997）; D. Laibman, "The Falling Rate of Profit", *Science and Society*, Vol. 57（1993）; S. Mohun, "The Australian Rate of Profit", *Journal of Australian Political Economy*, No. 52（2002）; T. Weisskopf, "Marxian Crisis Theory and the Rate of Profit in the Postwar U. S. Economy", *Cambridge Journal of Economics*, Vol. 3, No. 4（1979）.

2. 货币、信用和金融与危机的发生

马克思揭示了资本积累规律的双重作用:"随着资本主义生产方式的发展,利润率会下降,而利润量会随着所使用的资本量的增加而增加。"① 这必然导致"单个资本家为了生产地使用劳动所必需的资本最低限额,随着利润率的下降而增加"。② 资本加速积累的需要迫使资本家不得不更加依赖于生息资本;同时,达不到预付资本最低限额的大量分散的中小资本,由于利润预期的降低不得不进行各种金融投机;于是,催生了金融业的繁荣和泡沫。危机的发生以信用的扩张为先决条件。因此,关键是将实际因素和货币因素结合起来,分析危机的发生机制。

宇野学派将产业资本积累与借贷资本运动相结合,用负债式积累螺旋解释了危机的发生。③ 利润率的持续下降最终使得资本家无力还本付息,只能通过变卖资产或以债养债保全积累,负债规模恶性膨胀,从而形成恶性的负债式积累螺旋,债务链条破裂的普遍发生将引发危机。

宇野学派的负债式积累螺旋危机理论深刻地揭示了黄金货币化制度下的危机机制。但是布雷顿森林体系终结之后,美元成为不兑现黄金的准国际储备货币。美国金融管理当局的货币供给几乎摆脱了任何物质上的限制,可以借助于各种所谓的金融创新保证资本的积累能力。信用关系借助于金融化进一步扩大,把资本主义经济发展成为最纯粹最巨大的赌博欺诈制度。④ 产业资本既为了获得积累所需的货币资本而负债,又将负债用于运作各种金融资产以获得虚拟的利润和摆脱利润率下降的桎梏。金融资本不仅贷款给产业资本以参与剩余价值的分配,而且逐渐从一个适应产业资本积累的辅助系统,演变成使所有其他经济活动从属于自身的特权系统,使一切资本"都周期地患一种狂想病,企图不用生产过程作媒介而赚到钱。"⑤ 金融化通过对整个社会关系领域的渗透不断再生产出新的金融积累能力,工人阶级通过负债和买卖金

---

① 《马克思恩格斯全集》第 46 卷,人民出版社 2003 年版,第 276、第 242－251 页。
② 《马克思恩格斯全集》第 46 卷,人民出版社 2003 年版,第 279 页。
③ [日] 伊藤诚:《价值与危机》,宋群译,中国社会科学出版社 1990 年版,第 102 页。
④ 《马克思恩格斯全集》第 46 卷,人民出版社 2003 年版,第 500 页。
⑤ 《马克思恩格斯全集》第 45 卷,人民出版社 2003 年版,第 67－68 页。

融产品使个人未来收入资本化。资本的国际流动在全球形成了投机热潮。

金融化无限制地创造信用货币的能力必然侵蚀作为价值尺度的货币基础。货币管理当局始终面临着通过信用创造维持资本积累与维护货币基础的合法性之间的深刻矛盾。金融本身并不产生新价值，其利润最终来源于产业资本的积累，因而金融业的持续发展依赖于新价值的不断流入。当产业资本越来越多地参与金融投机时，新价值的创造将被削弱，进而整个金融化过程将逐渐陷入停滞。货币管理当局不得不通过不断注入更多的货币符号延续金融化过程，用货币流通量的泡沫性膨胀掩盖实体经济运动的低迷。当货币管理当局为了维护本国资本的整体利益而不得不提高利率以捍卫货币基础的合法性时，债务链条的破裂将通过债务压缩机制引发危机。

马克思主义危机理论的新综合表明，资本在积累过程中不断遇到自身的限制：实体资本的积累受到劳资斗争、价值实现和技术进步的影响而出现周期性波动；实体资本通过不断增强金融活动以改善资本盈利能力的同时，金融业自身也变为一个在经济活动中越发具有特权的积累机构；我们可以从经验上来分析实体资本参与金融活动后的利润率和金融部门本身的利润率；金融化的发展不仅进一步弱化了资本积累的能力，而且受到货币本身内在矛盾的限制。这些多重限制只能通过危机得以解决。

四、1975—2008 年美国实体经济利润率及其动态

为了延续韦斯科普夫的研究并与之比较，我们计算和分解了 1975—2008 年美国 NFCB 的实体经济季度利润率。在此期间，美国全部商业部门的收入中平均有 76.7% 来自企业部门，企业部门的收入中平均有 89.7% 来自 NFCB 部门，[①] 因而 NFCB 部门利润率反映了美国实体经济的发展状况。

（一）利润率的计算及其影响因素的初步分解

有很多不同的方法测算 NFCB 部门的利润率，我们按照韦斯科普夫和杜

---

① 根据美国商务部经济分析局编《国民收入和产出账户》表 1.13 和表 1.14 相关数据计算，http：//bea. gov/national/nipaweb/Index. asp，Nov. 12，2009.

梅尼尔的方法进行了测算。[①] NFCB 部门实体经济利润率（r_{NFCB}）的分子为包含存货价值调整（IVA）和资本耗费调整（CCAdj）的税前利润加净利息支出；分母为固定资产（包括软件、设备和建筑物）加存货存量，即有形资产。r_{NFCB} 不包含股票或债券的买卖或发行等金融活动的影响。马克思主义经济危机理论通常被用于分析税前利润率，它反映了 NFCB 部门创造全部新价值的能力。图 1 绘出了 NFCB 部门的实际产出和 r_{NFCB}。

$$r_{NFCB} = \frac{\text{包含 IVA 和 CCAdj 的税前利润} + \text{净利息支出}}{\text{有形资产}} \tag{4}$$

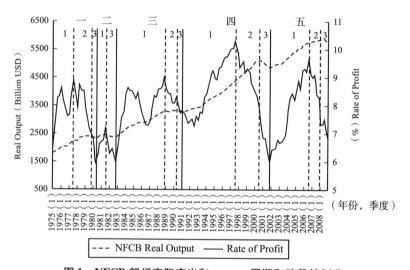

图 1　NFCB 部门实际产出和 r_{NFCB}：周期和阶段的划分

资料来源：利润率根据（4）式计算。其中的"包含 IVA 和 CCAdj 的税前利润"、"净利息支出"和 NFCB 部门实际产出，来自于美国商务部经济分析局编《国民收入和产出账户》表 1.14；有形资产来自于美国联邦储备委员会编《资金流量账户》表 B.102，http://federal-reserve.gov/releases/z1，Nov. 12, 2009. 需要说明的是，本文中涉及的实际值都以 2005 年为基期进行了调整，1975—2000 年产业分类法为 SIC，2001 年后为 NAICS；除直接可得的季（年）度数据，季（年）度数据为当季各月（当年各季度）数据的平均值。

图 1 表明：（1）实际产出长期上升，r_{NFCB} 明显周期性波动并存在某个稳定的范围，这说明生产过剩论关于利润率在这一时期基本停滞的判断可能是

[①]　T. Weisskopf, "Marxian Crisis Theory and the Rate of Profit in the Postwar U. S. Economy", *Cambridge Journal of Economics*, Vol. 3, No. 4 (1979): 341 – 378; G. Duménil and D. Lévy, "The Real and Financial Components of Profitability", *Review of Radical Political Economics*, Vol. 36, No. 1 (2004).

恰当的。（2）每次 r_{NFCB} 的波动都先于实际产出的波动，且在 1991 年以后波动更为剧烈，这可能与新经济下美国经济的金融化有关。

根据实际产出的波动，可将 1978—2008 年划分为五个周期；各个周期又可进一步划分为三个阶段：第一阶段从周期开始时的实际产出低谷到 r_{NFCB} 高峰，此时 r_{NFCB} 和实际产出同时增长，为扩张前期；第二阶段从 r_{NFCB} 高峰到实际产出高峰，此时 r_{NFCB} 开始下降、实际产出继续增长，为扩张后期；第三阶段从实际产出高峰到周期结束时的实际产出低谷，此时 r_{NFCB} 和实际产出同时下降，为收缩期。表 1 列出了周期和阶段的划分与各节点上的 r_{NFCB} 和实际产出。

表 1 表明：（1）我们划分的周期节点中只有 4 个不同于美国国民经济研究局（NBER）的划分，且最多相差两个季度，因而反映了美国经济的整体状况并与其他研究具有可比性。（2）r_{NFCB} 在每个收缩期开始前的第二阶段就已下降的事实说明 r_{NFCB} 下降是实际产出下降的基础，因此第二阶段将是我们的分析重点。为了分析 1975—2008 年 r_{NFCB} 在长期和周期中波动的具体原因，我们根据（2）式中四个基本变量的经验数据，来分析各个因素在多大程度上说明了 r_{NFCB} 的波动。表 2 列出了这段时期的 r_{NFCB} 及其三个影响因素的平均值。

表 2 表明：（1）1975—2008 年 r_{NFCB} 平均约为 8.04%，明显低于 1945—1974 年按同一方法计算的 10.16%，说明 r_{NFCB} 在近 30 多年来并没有得到有效恢复。（2）r_{NFCB} 长期趋势表现出周期性的波动，从第一至第二周期趋于下降，在第三至第四周期趋于上升，但第四周期收缩期时又降至 5.80%，第五周期趋于下降。（3）Π/Y 从第二周期最低平均 16.01%，恢复到第三至第五周期的平均 17.5% 以上。这说明里根政府以来打击工会、削减福利和提高劳动力市场竞争程度等措施开始见效，这与科茨等的判断相吻合。（4）1975—2008 年 Y/Y^* 平均仅为 79.08%，明显低于 1948—1974 年的 83.55%，这说明价值实现问题更为严重。（5）Y^*/K 在第二周期下降，在第三至第四周期连续上升，这可能与 20 世纪 70 年代末、80 年代初用机器替代劳动和 90 年代以来 IT 技术的广泛应用有关，进一步分解将说明这是否

反映了 K/W 对利润率的影响。

表1   NFCB 部门实际产出和利润率：周期和阶段的划分

周期	阶段	NBER 参考日期	本文日期	本文的节点	利润率(%)	实际产出（10 亿美元）
一	1	1975（1）	1975（1）	实际产出低谷	6.64	1810.9
	2		1977（3）	利润率高峰	9.04	2248.3
	3	1980（1）	1979（4）	实际产出高峰	6.98	2400.8
二	1	1980（3）	1980（2）	实际产出低谷	5.82	2320.4
	3	1981（3）	1981（3）	利润率和实际产出高峰	7.39	2488.3
三	1	1982（4）	1982（4）	实际产出低谷	5.91	2351.8
	2		1988（4）	利润率高峰	9.13	3314.8
	3	1990（3）	1990（2）	实际产出高峰	8.42	3352.5
四	1	1991（1）	1991（1）	实际产出低谷	7.83	3298.8
	2		1997（3）	利润率高峰	10.40	4412.2
	3	2001（1）	2000（3）	实际产出高峰	7.88	5117
五	1	2001（4）	2001（4）	实际产出低谷	5.80	4863.1
	2		2006（3）	利润率高峰	9.83	5789.9
	3	2007（4）	2007（4）	实际产出高峰	8.26	5904.1
			2008（4）		6.84	5736.7

资料来源：美国国家经济研究局编《经济周期参考日期》，http：//nber. org/cycles/cyclesmain. html，Nov. 13，2009.

表2   利润率影响因素的初步分解：整个时期和各周期的平均值   单位：%

时期	整个时期	一	二	三	四	五
r_{NFCB}	8.04	7.85	6.45	8.01	8.51	7.88
Π/Y	17.59	17.82	16.01	17.84	17.45	17.55
Y/Y^*	79.08	80.47	74.89	79.52	80.54	76.20
Y^*/K	57.76	54.71	53.83	56.40	60.44	59.10

资料来源：Y/Y* 来自美国联邦储备委员会编《工业生产和产能利用表》，http：//federalreserve. gov/releases/g17/，Nov. 12，2009.

  由于我们的研究目的是分析利润率及其影响因素的变化而不是水平，因而需要进一步计算 r_{NFCB} 和三个变量随时间的增长率。将（$\dot{x}$）定义为对任意变量 x 取对数，再对时间求导数（下同）。

（2）式的增长率方程为 $(\dot{r}_{NFCB}) = (\dot{\Pi/Y}) + (\dot{Y/Y^*}) + (\dot{Y^*/K})$ 　　　（5）

表 3 列出了 NFCB 部门的利润率及其影响因素在各个阶段的增长率。表 3 表明：（1）Π/Y 是 r_{NFCB} 周期波动的最主要原因，平均解释了第一阶段利润率上升的 74.37%，第二阶段利润率下降的 80.10%，第三阶段利润率下降的 61.23%。第二阶段 Π/Y 的下降印证了马克思关于工资和工资份额在危机的准备时期会普遍提高的判断。[①]（2）Y/Y* 是 r_{NFCB} 周期波动的第二位原因，但在第二周期第一阶段与利润率的上升出现了微弱的不一致。（3）Y*/K 与 r_{NFCB} 的周期波动在大部分阶段中并不一致，其原因需要进一步分解说明。

表3　　　　　　　利润率影响因素的初步分解：各阶段的增长率　　　　单位：%

周期	一			二			三			四			五		
阶段	1	2	3	1	2	3	1	2	3	1	2	3	1	2	3
r_{NFCB}	3.10	-2.88	-9.10	4.78	-8.49	-4.48	1.81	-1.34	-2.45	1.09	-2.31	-6.11	2.78	-3.48	-4.74
Π/Y	2.01	-2.24	-6.17	4.44	-5.71	-3.13	0.95	-1.11	-1.14	0.66	-2.32	-4.15	2.81	-2.51	-2.56
Y/Y*	1.23	-0.03	-3.15	-0.15	-3.16	-2.30	0.86	-0.49	-1.85	0.26	-0.35	-2.20	0.56	-0.20	-2.60
Y*/K	-0.14	-0.61	0.22	0.49	0.38	0.96	-0.01	0.26	0.54	0.17	0.36	0.24	-0.59	-0.77	0.43

注：第二周期第 2 阶段各项数值为 1981（3）—1982（1）的增长率（下同）。

（二）利润率影响因素的进一步理论分析

利润率的影响因素包含价格因素和实际因素的两方面作用。W/Y（工资份额）表示 Π/Y 的相反变动，反映了产出品和工资品价格、实际工资率和实际劳动生产率的综合作用。K/W 与 Y*/K 呈反方向变动，反映了资本品和工资品价格、实际资本劳动比和实际工资率的综合作用。为了具体地分析这些

---

① 《马克思恩格斯全集》第 45 卷，人民出版社 2003 年版，第 457 页。

因素，有必要对相关变量做进一步分解。[①]

1. W/Y 可以被分解为：$W/Y = (p_w/p_y) \times [w/(y/L)]$ (6)

其中，y 为实际产出，p_y 为产出价格指数，名义产出 $Y = y \times p_y$；w 为实际工资率，L 为劳动小时数，p_w 为工资品价格指数，名义工资 $W = w \times L \times p_w$；$y/L$ 为实际劳动生产率。可见，p_w/p_y 或 $w/(y/L)$ 提高将使工资份额上升。(6) 式的增长率方程为：

$$(\dot{W/Y}) = (\dot{p_w/p_y}) + (\dot{w}) - (\dot{y/L}) \tag{7}$$

$(\dot{W/Y})$ 和 $(\dot{\Pi/Y})$ 的关系是：

$$(\dot{\Pi/Y}) = (1 - \dot{W/Y}) = \frac{d(1 - W/Y)/dt}{(1 - W/Y)} = -\frac{d(W/Y)/dt}{\Pi/Y} = -\frac{W}{\Pi} \times (\dot{W/Y}) \tag{8}$$

2. Y^*/K 可以被分解为：$Y^*/K = (p_y/p_k) \times [(Y^*/L)/(k/L)]$ (9)

其中，p_k 为资本品价格指数，Y^* 为实际产能，Y^*/L 为潜在实际劳动生产率。可见，p_y/p_k 或 $(Y^*/L) / (k/L)$ 下降将使 Y^*/K 下降。(9) 式的增长率方程为：

$$(\dot{Y^*/K}) = (\dot{p_y/p_k}) + (\dot{Y^*/L}) - (\dot{k/L}) \tag{10}$$

进一步，Y^*/K 的下降间接地反映了 K/W 的上升。K/W 可以被分解为：

$$K/W = (p_k/p_w) \times [(k/L)/w] \tag{11}$$

其中，k 为实际资本存量，$K = k \times p_k$。可见，p_k/p_w 或实际资本—劳动比 (k/L) 提高将使 K/W 上升。(11) 式的增长率方程为：

$$(\dot{K/W}) = (\dot{p_k/p_w}) + (\dot{k/L}) - (\dot{w}) \tag{12}$$

同时，K/W 提高在现实中通常伴随着技术创新、固定资本更新和更有效的管理，从而使 Y^*/L 提高。因而 (10) 式隐含了将 Y^*/K 下降归因于 k/L 提高的必要条件：k/L 提高应与 $(Y^*/L)/(k/L)$ 下降同时发生，并且 p_y/p_k 的变动不足以抵消 $(Y^*/L)/(k/L)$ 的下降。

将 (5)、(7)、(8)、(10) 和 $(\dot{Y/Y^*})$ 综合起来可得：

---

① 理论上 Y/Y^* 也可进一步分解为表示消费水平、投资水平和部门之间平衡性的变量，但由于与美国消费和投资结构、产业和企业之间的经济活动等有关的完备数据不可得，我们没有做进一步分解。

$$(\dot{r}_{NFCB}) = -\frac{W}{\Pi} \times [(\dot{p_w/p_y}) + (\dot{w}) - (\dot{y/L})] + (\dot{Y/Y^*})$$

$$+ [(\dot{p_y/p_k}) + (\dot{Y^*/L}) - (\dot{k/L})] \qquad (13)$$

(三) 利润率影响因素进一步分解的经验分析

为了从经验上分析 r_{NFCB} 波动的具体原因，我们计算了 W/Y、Y/Y* 和 K/W 所包含的价格因素和实际因素的增长率，结果如表 4 所示；为了甄别价格因素之间的关系，我们同时给出了 p_y、p_w 和 p_k 的增长率；表 5 列出了各因素增长率分阶段的平均值。

表 4 利润率影响因素的进一步分解：各阶段的增长率 单位：%

周期	一			二			三			四			五		
阶段	1	2	3	1	2	3	1	2	3	1	2	3	1	2	3
W/Y	-0.44	0.49	1.10	-0.85	1.16	0.62	-0.20	0.25	0.24	-0.15	0.51	0.68	-0.57	0.64	0.57
p_w/p_y	0.40	0.57	1.16	0.26	-0.40	-0.01	0.24	0.34	0.68	0.33	0.43	0.15	0.18	0.62	0.20
w	0.43	-0.25	-0.95	-0.28	0.55	0.35	0.19	-0.31	-0.29	0.05	0.88	0.31	0.01	0.28	0.47
y/L	1.27	-0.17	-0.90	0.82	-1.01	-0.28	0.63	-0.22	0.14	0.54	0.80	-0.22	0.76	0.26	0.10
Y/Y*	1.23	-0.03	-3.15	-0.15	-3.16	-2.30	0.86	-0.48	-1.85	0.26	-0.35	-2.20	0.56	-0.20	-2.60
Y*/K	-0.14	-0.61	0.22	0.49	0.38	0.96	-0.004	0.26	0.54	0.17	0.35	0.24	-0.59	-0.77	0.42
p_y/p_k	0.46	0.58	1.21	1.07	0.57	0.63	-0.03	0.39	-0.10	-0.21	-0.73	-0.35	0.05	-0.67	-0.39
Y*/L	0.04	-0.14	2.25	0.97	2.16	2.02	-0.24	0.27	2.00	0.28	1.15	1.98	0.21	0.46	2.71
k/L	0.64	1.05	3.24	1.55	2.35	1.69	-0.26	0.40	1.35	-0.11	0.06	1.39	0.85	0.55	1.89
K/W	-0.65	0.15	1.82	0.51	1.62	0.72	-0.66	-0.03	1.07	-0.27	-0.51	1.28	0.61	0.33	1.61
p_k/p_w	-0.86	-1.15	-2.37	-1.33	-0.17	-0.62	-0.21	-0.73	-0.58	-0.11	0.31	0.20	-0.24	0.05	0.19
k/L	0.64	1.05	3.24	1.55	2.35	1.69	-0.26	0.40	1.35	-0.11	0.06	1.39	0.85	0.55	1.89
w	0.43	-0.25	-0.95	-0.28	0.55	0.35	0.19	-0.31	-0.29	0.05	0.88	0.31	0.01	0.28	0.47

续表

周期	一			二			三			四			五		
阶段	1	2	3	1	2	3	1	2	3	1	2	3	1	2	3
p_y	1.10	1.87	2.44	2.16	1.59	1.18	0.55	0.84	0.67	0.33	0.18	0.31	0.52	0.14	0.11
p_w	1.50	2.44	3.59	2.41	1.19	1.17	0.79	1.18	1.35	0.66	0.61	0.46	0.71	0.76	0.31
p_k	0.64	1.29	1.22	1.08	1.02	0.55	0.58	0.45	0.77	0.55	0.91	0.66	0.47	0.81	0.50

资料来源：该表为（7）、（10）、（12）和（13）式的计算结果，其中 W、Y 和 Y* 来自于美国商务部经济分析局编《国民收入和产出账户》表 1.14；p_w 来自于美国劳工部劳工统计局编《消费者物价指数》，http：//bls.gov/cpi/Nov.12，2009；NFCB 部门名义产出和实际产出之比为 p_y；L 来自于美国劳工部劳工统计局的斯普拉格和格雷泽提供的未公布的美国 NFCB 劳动小时数据。k =（非住宅非金融企业实际固定资产 – 非住宅农业实际固定资产 + 住宅实际固定资产 + 实际存货），其中非住宅非金融企业实际固定资产、非住宅农业实际固定资产数据和住宅实际固定资产分别来自于美国商务部经济分析局编《固定资产》表 4.1、4.2 和表 5.1、5.2，http：//bea.gov/national/fa2004/selecttable.asp，Nov.12，2009；实际存货来自于美国联邦储备委员会编《资金流量账户》表 B.102 以及美国商务部经济分析局编《国民收入和产出账户》表 5.7.9。

表5　　　　利润率影响因素的进一步分解：各因素增长率分阶段的平均值　　单位：%

阶段	1	2	3	阶段	1	2	3	阶段	1	2	3
W/Y	−0.44	0.61	0.64	K/W	−0.09	0.31	1.30	Y*/K	−0.02	−0.08	0.48
p_w/p_y	0.28	0.31	0.44	p_k/p_w	−0.55	−0.34	−0.64	p_y/p_k	0.27	0.03	0.20
w	0.08	0.23	−0.02	k/L	0.54	0.88	1.91	Y*/L	0.25	0.78	2.19
y/L	0.80	−0.07	−0.23	w	0.08	0.23	−0.02	k/L	0.54	0.88	1.91

表5表明：（1）在扩张前期，实际劳动生产率的提高恢复了 NFCB 部门的盈利能力；资本品价格相对于工资品价格的下降使资本的有机构成下降；由于危机过后潜在实际劳动生产率的提高慢于实际资本劳动比的上升，而产出品价格相对于资本品价格并未很快上涨，产能资本比小幅下降，进而减弱了 r_{NFCB} 的提高。（2）在扩张后期，实际工资率的增长和工资品价格相对于产出品价格的更快上升，推动了工资份额的上升；实际资本劳动比的上升成为资本有机构成和产能资本比上升的主要原因。（3）在收缩期，工资品的价格上升和实际劳动生产率的下降，使工资份额继续趋于上升；实际资本劳动比的上升是资本有机构成上升的最主要原因；由于潜在实际劳动生产率的上升

快于实际资本劳动比的提高，同时产出品价格比资本品价格上升得快，产能资本比趋于上升。为了揭示实际和价格因素导致 r_{NFCB} 下降的具体过程，下面我们结合表4详细分析各周期的第二阶段。

第一周期：（1）20世纪70年代末高通胀下 p_w 的快速上升和福特制危机引起的 y/L 下降，推动了 W/Y 的上升；由于1977—1979年失业率平均达到了较高的6.31%，[①] w 趋于下降。（2）生产过程的重组下企业用机器替代劳动提高了 k/L，这与 w 下降一起推动了 K/W 上升；但 p_w 的更快上涨减缓了这一过程。（3）福特制危机的持续和机器替代劳动导致的生产工人减少，使 Y^*/L 下降和 k/L 上升成为压低 Y^*/K 的主要原因；但高通胀下 p_y 的上升减弱了这一作用。（4）凯恩斯主义扩张总需求政策的延续使 Y/Y^* 的下降并不明显。

第二周期：（1）福特制危机的延续降低了 y/L，同时反凯恩斯主义政策有效压低了 p_w，二者推动了 w 和 W/Y 的上升。（2）资本主义生产过程重组提高了 k/L，并使 K/W 趋于上升；但通胀下降背景下 p_k 增长放缓，与 w 上升一起减缓了 K/W 上升。（3）p_k 增长的放缓提高了 p_y 的相对增长程度，使 Y^*/K 上升；但非生产工人比例的上升进一步降低了 y^*/L 的增长速度，一定程度上减缓了 Y^*/K 的上升。[②]（4）国际债务危机引发的美国债务紧缩，使 Y/Y^* 下降较明显。

第三周期：（1）1986年以来打击工会的措施和美国通胀率的再次上升，使 p_w 提高较快，同时 w 趋于下降。生产过程向弹性化的转型进一步降低了生产工人的比例，从而使 y/L 趋于下降，这与 p_w 提高一起推升了 W/Y。（2）20世纪80年代末以来，生产过程逐渐趋于弹性化，[③] 直接增加非生产工人比例的大棒政策使 k/L 的增长趋于减缓，这与 p_w 上升和 w 下降一起压低了 K/W。

①　美国劳工部劳工统计局编《失业率》，http：//data. bls. gov/PDQ/servlet/SurveyOutputServlet? data_tool = latest_numbers&series_id = LNS14000000，Nov. 19，2009.

②　非生产工人为高于生产线监工层级（line-supervisor level）的管理者。参见美国商务部普查局编《制造业年度普查》，http：//census. gov/prod/2006pubs/am0531gs1. pdf，Nov. 19，2009.

③　谢富胜：《企业网络》，载于《经济理论与经济管理》2006年第7期；D. Gordon，*Fat and Mean*，New York：The Free Press，1996，Chap. 3.

（3）由于生产过程转型期中 y/L 和 Y*/L 表现不佳，同时高通胀下 p_y 提高较快，Y*/K 趋于上升。（4）1981 年以来美联储的连续降息促进了经济的复苏，进而减弱了 Y/Y* 的下降。

第四周期：（1）新经济下失业率从 1992 年的最高 7.6% 降至 2000 年的 4% 左右，因而 w 趋于上升，但 IT 技术扩散、基础设施投资增加等因素引起的 y/L 提高，降低了 w 的相对提高程度；同时 p_w 上涨成为 W/Y 提高的主要原因。（2）IT 投资增长和新一轮固定资本更新推动了 k/L 和 p_k 的上升。但 w 的更快上升使 K/W 趋于下降。（3）资本节约型的 IT 技术的扩散，推动 Y*/L 比 k/L 提高得更快，进而提高了 Y*/K。（4）新经济下的繁荣使得 Y/Y* 下降并不明显。

第五周期：（1）21 世纪初股市泡沫的破裂降低了股票期权给非生产工人带来的收益，同时 IT 投资的增长及其对生产率增长的贡献也趋于减弱，因而 w 和 y/L 的增长率趋于下降；p_w 上升是这阶段 W/Y 提高的主要原因。（2）新泡沫经济下投资的增加既提高了 p_k，又提高了 k/L，因而 K/W 趋于上升，但 w 的增长减弱了 K/W 上升。（3）生产工人比例的下降和 IT 技术对生产率增长贡献的下降，降低了 Y*/L 相对于 k/L 的增长速度，加之 p_k 增长较快，因而 Y*/K 趋于下降。（4）金融化带来的财富效应使 Y/Y* 下降幅度很小。

五、1975—2008 年美国经济的金融化利润率与当前的危机

上述分析表明，1975 年以来美国生产过程的重组并没有使产业资本利润率得到根本性的恢复。借助于不兑现的美元的准国际储备货币地位，美国资本积累模式逐渐发生转向：产业资本更加依靠金融活动维持盈利能力；金融资本逐渐脱离产业资本循环，形成以未来价值索取权的占有为基础的独立系统；不受限制的美元供给通过境外美元循环进一步促进这种资本自行增殖过程。但是金融化促进经济增长的积累模式与美元作为国际价值尺度的职能之间的内在矛盾始终存在，危机的发生表明这种积累模式必须回到它的货币基础。下面我们参照杜梅尼尔等开创的方法，对美国经济的金融化利润率进行

测算和分析。①

（一）NFCB 部门参与金融活动后的利润率及其动态

NFCB 部门的实体经济活动和金融活动的划分具有一定程度的随意性，是否将与某些金融活动有关的现金流或资产算作利润或成本并没有公认的标准。为了在现有数据的范围内尽量完整地体现金融活动对利润率的影响，我们将 NFCB 部门参与金融活动后利润率（r^*_{NFCB}）的分子取为实体经济利润加净金融收入，净金融收入等于利息收入、股息收入、资产持有收益（包括共同基金收益和美国对外直接投资收益）和海外收益之和（即金融收入），减去利息和股息支出（即金融成本）；分母取为资产净值，即有形资产减去净负债（负债减金融资产），再加上外国在美直接投资；为了排除通胀对债务的影响，分子还加上了一个调整项，即通胀率乘以净负债。与杜梅尼尔的方法相比，股息支出在这里被算作金融成本的一部分在分子上予以扣除，这更好地体现了全部金融活动对积累的影响。为了比较，我们绘出了 NFCB 部门参与金融活动后的年度利润率和实体经济年度利润率，结果如图 2 所示。

$$r^*_{NFCB} = \frac{\text{包含 IVA 和 CCAdj 的税前利润} + \text{净利息支出} + \text{净金融收入} + \text{调整项}}{\text{有形资产} - \text{净负债} + \text{外国在美直接投资}}$$

（14）

图 2 表明：（1）r^*_{NFCB} 基本上与 r_{NFCB} 同期波动。这说明 NFCB 部门的金融活动与实体经济活动具有很强的相关性；（2）r^*_{NFCB} 的波动幅度明显大于 r_{NFCB}，其波动幅度在 20 世纪 80 年代有所减小，但之后不断增大。这说明 NFCB 部门的金融不稳定性随着金融活动的增加逐渐加强；（3）r^*_{NFCB} 在长期中趋于下降。1975—1981 年 r^*_{NFCB} 高于 r_{NFCB}，此后始终低于后者。同时，二者的差距在 1982—1990 年基本稳定在约 2%，在 1991—2008 年逐渐增至 4.94%。这说明 NFCB 的金融活动在 1975 年至 80 年代初开始增加，在 80 年代基本保持稳定，1991 年以后快速增加。这证实了我们对 NFCB 部门金融活动变化的判断。

---

① G. Duménil and D. Lévy, "The Real and Financial Components of Profitability", *Review of Radical Political Economics*, Vol. 36, No. 1 (2004).

导致 r^*_{NFCB} 周期波动和长期下降的最主要原因是利息和股息支出的变动。1975 年以来 NFCB 部门盈利能力长期无法恢复，内部融资不足以满足资本再生产所需的现金流。同时，受到"股东价值运动"的影响，NFCB 部门的行为越来越短期化，把越来越多的现金流投向了股票回购以操纵股价和拉升企业的账面价值，这进一步削弱了内部融资的能力。在这两方面作用下，NFCB 部门的金融缺口从 1975 年的 -83.6 亿美元增至 2008 年的 2324.2 亿美元，[①]不得不依靠负债和发行股票等外部融资渠道获得资本再生产所需的现金流来维持积累和一定水平的利润率。但是，外部融资的代价是必须将越来越多的实体经济利润用于支付利息和股息。这不仅使得金融成本占实体经济利润的比例从 1975 年的 73% 升至 2008 年的 115%，而且使金融成本超过了各项金融收入，使净金融收入从 1975 年的 -452 亿美元降至 2008 年的 -5908 亿美元，进而导致了 r^*_{NFCB} 的周期波动和长期下降。

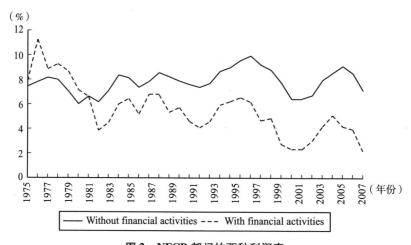

图 2　NFCB 部门的两种利润率

资料来源：r_{NFCB} 所用数据来源同图 1。r^*_{NFCB} 根据（14）式计算，其中净金融收入来自于美国商务部经济分析局编《国民收入和产出账户》表 1.14 以及美国联邦储备委员会编《资金流量账户》表 R.102 和 F.102；调整项中的通胀率来自于美国商务部经济分析局编《国民收入和产出账户》表 1.1.9；净负债和外国在美直接投资分别来自于美国联邦储备委员会编《资金流量账户》表 B.102、L.102。

——————

① 金融缺口 = 资产性支出 -（内部融资额 + IVA）。资料来源：美国联邦储备委员会编《资金流量账户》表 F.102。

（二）金融部门的利润率及其动态

金融部门的利润率表现了金融部门参与利润分配的地位。确定金融部门的范围必须满足两个条件：可以得到充分、可比的数据，计算出的利润率应该有意义。因为房地产部门的资产主要由家庭所有；各种基金不具有企业性质，不是独立的投资渠道，且其本身不创收；个人信贷机构为富人所有，采取委托管理形式，并非独立的企业部门；政府性金融机构不以盈利为目的，所以这些部门不适于计算利润率。因此，我们将金融部门限定为商业银行、储蓄机构、信贷机构、人寿和财产保险公司、证券化产品发行机构、金融公司和证券经纪机构这七个部门。

有限定的金融公司（RFCB）利润率（r_{RFCB}）的分子为 RFCB 部门的税后利润、业主税后收入、股息收入、资产持有收益（包括共同基金收益、股权收益和美国对外直接投资收益）、海外收益和调整项（通胀率乘以净负债）之和；分母为资产净值，即有形资产减去净负债（负债减金融资产），再加上外国在美直接投资。为了比较，我们绘出了 RFCB 部门的年度利润率和 NFCB 部门参与金融活动后的年度利润率，结果如图 3 所示。

$$r_{RFCB} = \frac{税后利润 + 业主税后收入 + 股息收入 + 资产持有收益 + 海外收益 + 调整项}{有形资产 - 净负债 + 外国在美直接投资}$$

$$(15)$$

图 3 表明：（1）r_{RFCB} 基本上与 r_{NFCB}^{*} 同期波动，但 1991 年后的大部分年份明显高于 r_{NFCB}^{*}。显示 1991 年后美国形成新的金融化积累模式。（2）不考虑 20 世纪 80 年代以来发生危机的时期，r_{RFCB} 在长期中呈现明显的上升趋势。表明美国经济的金融化确实促进了 RFCB 部门参与价值分配的地位的提升。（3）r_{RFCB} 的波动幅度明显高于 r_{NFCB}^{*}，在历次危机发生时都大幅度下降，并在 1991 年后波动得更为剧烈，例如从 1999 年的 15.8% 降至 2001 年的 -2.1%，从 2006 年的 13.5% 降至 2008 年的 -12.3%。这说明金融化本身的发展具有高度的不稳定性。

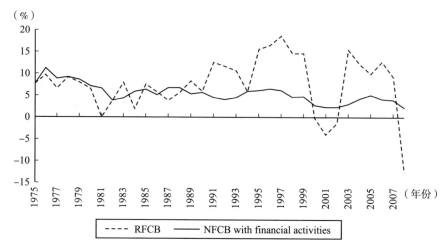

图 3　RFCB 部门的利润率和 NFCB 部门参与金融活动后的利润率

资料来源：r_{RFCB}根据（15）式计算，其中税后利润股息收入分别来自于美国商务部经济分析局编《国民收入和产出账户》表 6.19、7.10；业主收入根据 Duménil & Lévy, The Real and Financial Components of Profitability 一文附录的方法进行计算，数据来自于美国商务部经济分析局编《国民收入和产出账户》表 6.2、6.4、6.5、6.8、6.17 和 6.19，以及美国商务部经济分析局编《分产业核算的 GDP》，http：//www. bea. gov/industry/xls/GDPbyInd_ VA_ SIC. xls，Jan. 3，2010；资产持有收益根据美国联邦储备委员会编《资金流量账户》表 F. 102、F. 109、F. 114、F. 115、F. 116、F. 117、F. 126、F. 127、F. 129、F. 229、L. 102、L. 109、L. 114、L. 115、L. 116、L. 117、L. 126、L. 127、L. 129 和 L. 229 进行计算；海外收益来自于美国联邦储备委员会编《资金流量账户》表 F. 102、L. 102 和 L. 229。有形资产来自于美国商务部经济分析局编《固定资产》表 3.1ES；净负债来自于美国联邦储备委员会编《资金流量账户》表 L. 109、L. 114、L. 115、L. 116、L. 117、L. 126、L. 127 和 L. 129；外国在美直接投资来自于美国联邦储备委员会编《资金流量账户》表 L. 229。

　　1975 年后美国经济的金融化和 1991 年后新金融化积累模式的形成是美联储、金融业、NFCB 部门、家庭部门以及境外美元等多方面综合作用的结果，具体来看：（1）20 世纪七八十年代初为了抑制通胀而维持高利率政策导致的沃克尔冲击和 1975 年以来利润率未得到有效恢复的事实，促使美联储在 80 年代中期以后不得不连续降低短期利率以刺激经济，借贷成本的下降推动了金融部门的发展。（2）20 世纪 70 年代作为金融业核心的银行业的经营困境迫使金融监管做出让步，银行获准进入投资银行业和保险业等领域，尤其是将抵押贷款证券化并售出，其获利焦点也相应地从净利息边际转向了收取多种业务的中介费，这使得证券化和金融创新快速膨胀。（3）NFCB 部门利润率的下降迫使更多的资本投入无需经过生产过程就可获利的金融业。这拉升了 r_{RFCB} 并逐渐形成一种正反馈，将更多的资本引入金融部门，1975—2008 年 RFCB 部门和 NFCB 部门的资产净值之比增加了 127%。（4）1975 年以来家庭部门实际收入增长的停滞提升了其两方面信贷需求：以劳动力再生产为目的的"贫穷需求"和以进一步弥补收入不足为目的的"投机需求"。尤其是 21 世纪以来次贷等个人抵押贷款和这些贷款支持的证券化产品的扩张，形成了抵押贷款—房地产市场—证券化—衍生品联动的金融链条。（5）20 世纪 70 年代后欧洲美元和石油美元的流入为美国经济的金融化供应了巨大的流动性。美国的国际贸易逆差使发展中国家获得了高额的美元外汇储备。为了保持本币的低汇率，预防资本突然外逃和增加外汇储备的收益，发展中国家将大量外汇储备用于购买以美元计价的资产，进而增加了美国金融市场上的货币流通并压低了长期利率。①

（三）金融化的脆弱性、美联储的两难和当前的危机

美国经济的金融化是以不断扩大的企业、个人和国际负债为基础的。2000 年后美国经济逐渐步入了具有高度利息率弹性、风险极高的"庞齐金融"，同时通过金融化促进经济增长的需要和美元的国际价值尺度职能之间的矛盾不断加强。

1. 美国金融化的脆弱性

表 6 列出了 2000 年以来与美国经济的金融化有关的一些重要指标。

表 6　　　　　　　　　　2000—2008 年美国经济金融化的重要指标

年份	NFCB 部门利息支出占实体经济利润的比例（%）（1）	家庭债务支出占可支配收入的比率（%）（2）	美国贸易逆差（亿美元）（3）	外国持有的美国金融资产（亿美元）（4）	联邦基金利率（%）（5）	30 年期固定利率贷款利率（%）（6）	通胀率（%）（7）	美元与主要货币的实际汇率指数（8）
2000	72.77	12.30	4174.26	10382.24	6.24	8.06	3.38	105.08
2001	82.93	12.84	3982.70	7828.70	3.89	6.97	2.83	112.54

---

①　齐昊：《国外马克思主义视角中的美国金融危机》，载于《政治经济学评论》2009 年第 8 期。

续表

年份	NFCB 部门利息支出占实体经济利润的比例（%）（1）	家庭债务支出占可支配收入的比率（%）（2）	美国贸易逆差（亿美元）（3）	外国持有的美国金融资产（亿美元）（4）	联邦基金利率（%）（5）	30 年期固定利率贷款利率（%）（6）	通胀率（%）（7）	美元与主要货币的实际汇率指数（8）
2002	69.86	13.09	4591.51	7951.61	1.67	6.54	1.59	110.92
2003	60.71	13.20	5215.19	8583.03	1.13	5.82	2.27	97.85
2004	47.73	13.26	6311.30	15332.01	1.35	5.84	2.68	90.86
2005	47.05	13.70	7486.83	12473.47	3.21	5.87	3.39	90.67
2006	47.91	13.79	8035.47	20651.69	4.96	6.41	3.24	90.58
2007	56.27	13.87	7265.73	21294.60	5.02	6.34	2.85	86.40
2008	60.68	13.64	7060.68	5340.71	1.93	6.04	3.85	83.44

资料来源：（1）、（3）、（4）分别来自于美国商务部经济分析局编《国民收入和产出账户》表 1.14、7.11 和 4.1。（2）见美国联邦储备委员会编《家庭部门还本付息和贷款比率》，http：//federalreserve. gov/releases/housedebt/default. htm, J-an. 6, 2010.（5）见美国联邦储备委员会编《部分利率》表 H. 15，http：//federalreserve. gov/releases/h15, Jan. 6, 2010.（6）见联邦住房抵押贷款公司编《30 年期固定利率贷款利率》，http：//freddiemac. com/pmms/pmms30. htm, Jan. 6, 2010.（7）见美国劳工部劳工统计局编《消费者物价指数》。（8）见美国联邦储备委员会编《外汇汇率》表 H. 10，http：//federalreserve. gov/releases/h10, Jan. 6, 2010.

　　表 6 表明：（1）NFCB 部门维持负债式积累的前提是有足够的利润可以还本付息，2000—2004 年美联储的降息将 NFCB 部门的债务负担降低了 42%。但是 NFCB 部门经营策略上的短期化、组织上的分化和不稳定化以及金融上的投机化迫使其不断扩大债务规模甚至以债养债，2000—2006 年净负债占有形资产的比例从 2% 升至 7%，从而提高了积累的利息率弹性。（2）RFCB 部门对次贷等个人金融业务的推动使美国家庭债务支出占可支配收入的比例（Debt Service Ratio）在 2000—2007 年提高了 13%，同时家庭部门承担的总负债占可支配收入的比例在 2001 年后始终高于 100%。维持健康的个人债务关系的前提是个人有足够、稳定的可支配收入来偿付不断增加的本息。但是个人负债的增加实际上是以不确定性极高的未来收入作抵押的，极易因利息率提高、房价下降等冲击而使债务链条断裂。（3）流入美国的境外美元在

2001—2007 年增长了 172%。这扩大了借贷资本供给、降低了长期利率，并通过推动企业和个人负债的扩张增加了经济的脆弱性。国际主权和非主权主体向美国投资的意愿取决于国家利益、对美元计价资产收益的预期和汇率等多重因素。境外美元的堆积和回流加大了美元贬值和美国通胀的可能性：2001—2007 年美元与主要货币的实际汇率指数下降了 23%，2002—2005 年通胀率上升了 113%。由于国际投资主体无法承担美元贬值导致的资产损失风险，同时美国金融化积累模式的基础越来越薄弱，2000 年以来的境外美元流入是不可持续的。

2. 美联储货币政策操作目标的内在矛盾

在一个利润主要通过金融活动形成的模式下，对于积累拥有战略地位的金融部门获得了政治和经济权力，经济政策因而必须反映金融化的规则。20 世纪 70 年代滞胀危机后，美联储认为应该通过控制金融不稳定性减弱经济的不稳定性，而控制金融不稳定性的渠道是调节货币流通量、控制通胀和稳定美元币值。美联储必须在维护美元作为国际储备货币的基础地位与促进金融化积累所需的流动性之间的矛盾下，小心翼翼地扶持投机行为并公开地促使其合理化。①

在现实中，由于金融创新使得货币流通量越来越难以直接控制，美联储选择通过调控利率间接地调节货币量。21 世纪初互联网泡沫破裂后，为了快速拉动经济复苏，美联储在 4 年内将短期利率从 6% 以上降至 1% 左右。这推动了 2000 年以来的金融化及其财富效应，同时使得美国经济中的货币量超出了其质的规定性所允许的范围：2000—2007 年 NFCB 部门的实际净增值增长了 14.72%，净增值增长了 30.52%，② 而经济中的流动性（M_2）增长了 52.71%，③ 货币量的增加严重超过了经济中创造新价值的能力；境外美元的流入进一步促进了货币量的膨胀，推动美国的通胀率连续上升，并降低了美

① 布伦纳：《高盛的利益就是美国的利益》，载于《政治经济学评论》2010 年第 2 期。
② 美国商务部经济分析局编《国民收入和产出账户》表 1.14。
③ 美国联邦储备委员会编《货币存量指标》表 H.6，http://federalreserve.gov/releases/h6/current/h6.htm，Jan. 17, 2010.

元在国内和国际上的价值。

3. 危机的发生

为了控制通胀和维系美元币值，美联储在 2004—2007 年将短期利率迅速提高了 271%。短期利率的提高加重了产业资本的利息负担，使 NFCB 部门利息支出占实体经济利润率的比例在 2005—2007 年后上升了约 9 个百分点，进而如图 2 所示，促使 NFCB 部门参与金融活动的利润率和实体经济利润率在 2005 年和 2006 年相继下降，减弱了经济增长的动力。

金融化在很大程度上依赖于经济中的借贷资本供给量，而充足的借贷资本量取决于一定水平的长短期利差。如表 6 所示，2001 年以来境外美元的大规模流入压低了美国的长期利率，因而一个较低的短期利率才能为银行提供合理的长短期利差。但是，2003 年以来，美联储的升息使长短期利差从 2004 年的 4.5% 迅速降至 2007 年的 1.32%。长短期利差的缩小不利于经济中流动性和信贷供给的扩大，进而增加了金融化的脆弱性和不可持续性。2007 年，利息率的上升导致了家庭部门债务负担和次贷等贷款违约率的上升，进一步加重经济中的流动性问题和偿付能力问题，并最终通过证券化链条引发了一场全面的金融危机。

上述分析表明，促进金融化积累和维护货币基础合法性之间的内在矛盾是引发金融危机的直接根源。但金融化的发展导源于实体经济利润率的长期停滞。当产业资本试图通过金融活动恢复其利润率时，金融成本的提高反而压低了其实际得到的利润率。金融部门的发展必须依赖于新价值的不断流入，美联储宽松的货币政策短期内有利于金融化的持续，但同时也造成了整个经济中各个部门的脆弱性和风险的累积。美联储为了维护美元的地位和美国资本整体利益而调整货币政策的行为，引发了当前如此严重的金融危机。

我们认为，利润率在长期和周期中的波动是资本积累的核心机制；借助于韦斯科普夫的经典文献，可以将劳资斗争、价值实现和有机构成因素综合起来，用这些因素的相互作用解释利润率的波动或下降的具体根源；现实的经济危机必须将实际因素和货币、信用等金融因素结合起来；在利润率新综合基础上，我们发展了在黄金非货币化条件下经济危机从债务收缩型危机向金融化危机转化的逻辑框架。

经验研究表明：（1）1975 年以来实体经济利润率并未得到有效恢复；利润份额的波动是利润率周期性波动的最主要原因；其具体机制在不同时期并不相同，资本主义生产过程在 1991 年之前的重组和 1991 年之后的弹性化，分别主要导致了机器和非生产工人对生产工人的替代，进而提高了工资份额；产能利用率是利润率周期性波动的第二位原因，在实体经济仍占主导的 1991 年前波动较大，在 1991 年后的金融化积累模式下对利润率波动的作用明显缩小；有机构成的波动与马克思的判断相一致，但资本品、消费品和产出品之间的比价关系在一定程度上抵消了有机构成对利润率的影响。（2）对非金融公司部门金融化利润率和有限定的金融部门利润率的分析表明，20 世纪 90 年代初，美国形成了依靠金融活动进行积累的新模式。借助于信用制度维系经济增长，资本被迫通过金融化狂热地追求新的投资和新的冒险，使得虚拟经济严重脱离实体经济而过度膨胀，进一步导致整个利润率的下降和金融市场的脆弱性，回归货币基础的内在机制最终加速了矛盾的总爆发，引发当前如此严重的危机。

当前美国政府通过拯救金融系统来促进经济复苏，但不能从根本上解决矛盾。经济复苏的基础在于实体经济的盈利能力的恢复，而美国经济已经空心化和金融化了；盈利能力的提高必然要求提高工人的价值创造能力，进而必须建立劳资妥协的生产关系，但是美国生产过程的重组使工人原子化、就业弹性化了，必要的劳资协定难以达成，劳动利用效率难以得到实质性改进；美联储采取如此宽松的货币政策只会通过转嫁危机来暂时缓解自身的矛盾，但会加深世界资本主义体系的内部矛盾，这一矛盾将可能以体系内其他国家或地区的危机表现出来。社会化生产与资本主义占有的基本矛盾在资本运行的现象形态上，突出地表现为利润率趋于下降的规律。一方面，科学技术在生产中日益自觉的应用，资本技术构成的不断提高，表明社会生产力具有无限扩大的趋势和潜力。这正是资本保值增殖的基本手段，但却与资本积累的目的和动力发生了根本性的冲突。于是在另一方面，生产力发展在资本主义制度下却颠倒地表现为资本利润率趋于下降的规律，说明生产力的发展在根本上受到了资本占有社会化生产这一生产关系的限制，受到了"以广大生产者群众的被剥夺和贫困化为基础的资本价值的保存和增殖"的限制①。所以，资本积累"只能在一定的限制以内运动"，② 必然是非连续的过程，内存于资本主义生产方式的"各种互相对抗的因素之间的冲突周期性地在危机中表现出来。危机永远只是现有矛盾的暂时的暴力的解决，永远只是使已经破坏的平衡得到瞬间恢复的暴力的爆发。"③

（原文发表于《中国社会科学》2010 年第 5 期）

---

① ② 《马克思恩格斯全集》第46卷，人民出版社2003年版，第278页。
③ 《马克思恩格斯全集》第46卷，人民出版社2003年版，第277页。

论利润率趋向下降的规律及与资本主义经济危机的内在联系

孙立冰*

"利润率趋向下降的规律"是马克思关于资本主义经济危机理论的重要支柱，他通过规律内部矛盾的层层展开，对资本主义经济危机爆发的原因进行了充分的分析，并通过论证资本主义一般利润率下降的必然性，揭示了资本主义生产方式的局限性和历史暂时性。消费不足论和比例失调论由于完全忽视了利润率趋向下降规律的作用，所以，在对资本主义经济危机的解释上显得很无力。

马克思高度重视"利润率趋向下降的规律"，称这一规律"从每一方面来说都是现代政治经济学的最重要的规律，是理解最困难的关系的最本质的规律。从历史的观点来看，这是最重要的规律。"① 之所以重要，并不在于规律本身，而在于其构成了马克思关于资本主义经济危机理论的支柱，并由此揭示了资本主义生产方式的局限性和历史暂时性。关于规律与经济危机之间的内在联系，争论由来已久，有就规律本身的否定，也有就规律对经济危机解释力的怀疑，更有对二者关系的完全忽视。本文将力求在马克思原意的基础上，就此问题进行重点阐释。

一、资本有机构成提高引起的一般利润率下降具有必然性和长期趋势性

（一）利润率趋于下降的必然性

利润率趋于下降的必然性，是引起争论比较多的话题。而争论的焦点

---

* 孙立冰：长春税务学院马克思主义经济学研究中心。

① 《马克思恩格斯全集》第46卷（下），人民出版社1980年版，第267页。

则是，资本有机构成、一般利润率和剩余价值率之间的关系问题。乔治·C. 斯蒂贝林早在《资本论》第三卷出版之前就提出，"较高的资本有机构成与较高的剥削率是有关系的，因此，当资本有机构成提高时，利润率可能会保持不变"①。其后，斯威齐也对马克思的利润率下降理论持否定态度，"不能笼统地推测，说资本有机构成的变化相对地大于剩余价值率的变化，以致前者将支配利润率的动向。相反，似乎我们应该把这两个变数看作是大体上同等重要的东西。因为这个缘故，所以，马克思对利润率下降趋势规律的系统表述方式是没有很大的说服力的"②。这里主要涉及两个问题：第一，剩余价值率随着资本有机构成提高是否也发生变化；第二，剩余价值率提高的幅度是否超过资本有机构成提高的幅度，从而达到阻止利润率下降的目的。

科学技术的应用和社会生产力的发展，在促使资本的不变部分和可变部分相比逐渐增加的同时，也相应提高了剩余价值率的水平。一方面，由于就业压力的客观存在和"部分工作时间"的实行，绝对剩余价值的生产成为可能，但剩余价值的增加主要还是依靠劳动强度增加的条件下相对剩余价值的生产。另一方面，由于劳动生产力的发展，消费资料变得便宜，从而引起工资价值下降，那么，在工人人数一定的情况下，剩余价值量必然增加。两方面的结果表明，随着资本有机构成的提高，剩余价值率也必然提高。

但提高的幅度从长期来看是不会超过资本有机构成提高的幅度。首先，无论是靠延长劳动时间还是靠增大劳动强度，都会遇到工人的生理条件、社会舆论和劳动者抵制的限制，而可变资本即工资价值由于受到工会的牵制也不会明显地下降，所以剩余价值率的提高是很有限的。相反，资本有机构成的提高却是无限的，现代科学技术的应用、劳动生产力的发展往往伴以机器设备和原材料等的大幅增长和劳动力数量的相对减少，即使不增添或较少增添不变资本固定部分的投入，但随产量的增加，原料、辅助材料和燃料等不

---

① M·C·霍华德，J·E·金：《马克思主义学说史》，中央编译出版社 2003 年版，第 130 页。
② ［美］保罗·斯威齐：《资本主义发展论》，商务印书馆 2006 年版，第 122 页。

变资本流动部分的增加却是一定的。其次，为增加剩余价值量或减少工资价值所进行的劳动强度的加强和先进技术的应用，都会反过来加速资本有机构成的提高。因此，马克思指出："一个同样的甚至不断提高的剩余价值率表现为不断下降的利润率，这个规律换句话说就是：一定量的社会平均资本（例如资本100）表现为劳动资料的部分越来越大，表现为活劳动的部分越来越小。这样，因为追加在生产资料上的活劳动的总量，同这种生产资料的价值相比，是减少了，所以，无酬劳动和体现无酬劳动的价值部分，同预付总资本的价值相比，也减少了。……虽然所使用的劳动的无酬部分和有酬部分的比率可以同时增大"①。也就是说剥削率的提高对利润率下降的抵销作用是有限的，在一般情况下是不能完全阻止利润率下降的。

（二）利润率下降就长期而言是一种趋势，就短期而言则可能出现暂时的上升或停止的现象

例如，劳动剥削程度的提高、不变资本各要素变得便宜、相对过剩人口的产生等等，都会阻碍利润率的下降，但不能在长时间内完全抵销利润率的下降，更不能取消规律，因为规律作用的内在力量没有变，规律与反作用因素相抗衡的机制没有变。即资本家为了获得更多的利润和更高的剩余价值率，不断进行资本积累，采用伴随资本有机构成提高的先进技术和作业强度，使数量越来越小的活劳动推动数量越来越大的生产资料。活劳动是剩余价值即利润的唯一源泉，活劳动与生产资料的比率越来越小，由此活劳动与总资本的比率越来越小，那么活劳动所创造的剩余价值与总资本的比率也越来越小，即利润率越来越小。资本家越是努力地提高利润率，就越是加快利润率的下降。当然，反作用因素也曾取得暂时的或偶尔的胜利，正因为反作用因素的作用，利润率下降的道路并不平坦，而具有趋势性质，是一个长期且缓慢的过程。所以，我们要以长期的眼光来考察利润率下降问题，而不能因为利润率暂时的、偶尔的停止或上升而否定利润率趋向下降规律的

---

① 《资本论》第3卷，人民出版社1975年版，第240页。

科学性。

二、规律内部矛盾的激化最终导致资本主义经济危机的爆发

在资本主义生产方式下，劳动生产力的发展，一方面使劳动力的数量相比其所推动的资本不断减少，利润率不断下降；另一方面，由于现有资本量的增加或再生产劳动力所必需的生活资料的便宜，剩余劳动增加，相对剩余价值增加，从而利润的绝对量增加。这是存在于利润率下降规律内部的两种相互矛盾的运动。"这两种运动不仅同时并进，而且互为条件，是表现同一个规律的两种现象。但是，他们对利润率起着相反的影响"[①]。在利润率下降的情况下，资本家必然加速资本积累和生产力发展，以获得更多的利润量抵补利润率下降的损失，这又加快了利润率的进一步下降。这个内在矛盾不断展开、激化、衍生并表现为不同的矛盾：剩余价值的生产条件和实现条件的矛盾、生产扩大和价值增殖的矛盾，以及人口过剩与资本过剩的矛盾。随着规律内部矛盾的展开，这些矛盾不断尖锐化，最终引发经济危机。

（一）剩余价值的生产条件和实现条件的矛盾

"资本主义的生产过程，实质上就是剩余价值的生产，"这是它的直接目的和决定性动机，因此，决"不能把它描写成以享受或者以替资本家生产享受品为直接目的的生产"[②]。这就是说，资本家并不是为了消费实物形式的剩余价值，而是为了获得更多的积累量，形成能够价值增殖的资本进行扩大再生产，所以，剩余价值的生产只是完成了剩余价值转化为追加资本的第一个行为，不低于生产价格卖掉所有的商品，包括代表剩余价值的部分，这是取得剩余价值的第二个行为。这两个行为在资本家阻止利润率下降的努力过程中相互矛盾，构成剩余价值的生产条件和实现条件之间的矛盾。"前者只受社会生产力的限制，后者受不同生产部门的比例和社会消费力的限制"[③]。

[①]　王乃恒、郑贵廷、高明久等：《〈资本论〉纲要》第 3 卷，中国展望出版社 1988 年版，第 129 页。

[②][③]　《资本论》第 3 卷，人民出版社 1975 年版，第 272 页。

首先，资本主义生产的无政府状态决定，"全部生产的联系是作为盲目的规律强加于生产当事人，而不是作为由他们的集体的理性所把握、从而受他们支配的规律来使生产过程服从于他们的共同的控制"①。生产的盲目扩大造成各个生产部门的比例失调，使得一些部门的价值不能全部实现，产品积压；而另一些部门的商品不能满足生产和扩大再生产的需要，阻滞社会生产的发展。其次，以资本主义对抗性的分配关系为基础的社会消费力，受到诸多的限制：为阻止利润率下降资本家不断压低用于劳动力再生产的工资价值，使得社会绝大多数人的消费水平极为低下；资本有机构成提高使推动一定量资本所需的工人人数相对缩小，游离出来的工人失去工资，消费更加困难；资本积累、扩大再生产的强烈欲望促使资本家节制物欲，把更多的剩余价值用于积累；当利润率很低时，资本积聚已经不能满足资本家追逐利润的要求，资本的集中这时成为资本积累的主要形式，垄断剥夺了小资本家的资本使其成为生产者，消费水平大幅下降，而垄断资本家消费的提高却是很有限的。而另一方面，为了在激烈的竞争中保存自身和避免灭亡，为了补偿利润率下降所带来的损失，为了获取更多用于追加资本的利润量，资本家不断改进生产提高生产力，加快积累扩大生产规模，这大大增加了社会上可供消费的商品量，进一步加大了剩余价值实现的困难。

综上，剩余价值的生产条件和实现条件的矛盾实际就是生产的盲目扩大和社会消费力相对缩小之间的矛盾，生产越发展，就越为消费关系的狭隘基础所不容，而资产阶级调控生产和市场关系的无能力，更促使这种矛盾日益增长，最终将演化成资本主义经济危机。

（二）生产扩大和价值增殖的矛盾

资本主义生产的目的是资本价值的保值增殖，即增加所使用资本的价值量。马克思认为，增加所使用资本的价值量主要通过利润量的增加来实现，而利润量的增加则有两个途径：第一，当现有的资本量一定的情况下，生产

---

① 《资本论》第 3 卷，人民出版社 1975 年版，第 286 页。

力的发展往往伴随现有资本的贬值，那么总产品中预付资本价值的下降就意味着代表利润的价值部分增加，即直接增加了资本的价值量；第二，生产的扩大增加了使用价值的数量和种类，这些增加的使用价值作为构成不变资本和可变资本的物质要素，吸收追加劳动，从而吸收追加的剩余劳动，形成追加资本，间接增加所使用资本的价值量。前者既包含了现有资本的贬值，延缓利润率的下降，又与可变资本同不变资本的相对减少同时并进，引起利润率的加快下降；而后者，虽然所使用资本的增加引起劳动人数的实际增加，但"同时，创造仅仅相对的过剩人口的一些要素也在起作用"①。

生产扩大和价值增殖之间的矛盾源于利润率下降规律，并被这一规律所激化。在利润率下降规律的作用下，一定量资本所获得的利润量在减少，也就是资本的增殖率在下降，而资本价值增殖是资本家进行生产的历史目的，所以，为了补偿利润率下降所引起的利润量减少，资本家必然要通过技术更新和生产力发展来提高剥削程度，扩大生产规模。这样做的结果虽然确实增加了利润量，实现了资本价值增殖，但同样加速了利润率进一步的下降。也就是说，为实现资本价值的保值增殖目的而不断发展生产力、扩大生产规模的方法却包含着使生产扩大和价值增殖的矛盾不断激化的因素。

因此，马克思指出资本及其自行增殖是"资本主义生产的真正限制"，"资本主义生产总是竭力克服它所固有的这些限制，但是它用来克服这些限制的手段，只是使这些限制以更大的规模重新出现在它面前"②。生产的扩大和资本价值增殖之间便发生了不可调和的矛盾，从而引起生产过程的突然停滞和危机。

（三）资本过剩与人口过剩的矛盾

利润率下降规律刺激资本家力图通过资本积聚和资本集中扩大推动劳动的资本总量，以补偿利润率下降造成的利润量减少，这反而加快了利润率的

---

① 《资本论》第3卷，人民出版社1975年版，第272页。
② 《资本论》第3卷，人民出版社1975年版，第278页。

进一步下降，因此，为维持一定的利润率所需要的资本总量的最低限额也随着利润率的不断下降而逐渐增加。当利润率下降到一定程度，大量分散的小资本家已无法保证资本的保值增殖，纷纷走上投机、信用欺诈、股票投机等冒险的道路；另外，利润率的下降也使资本的新形成道路异常坎坷，即使是大资本家也面临着这样的处境，无论怎样加快积累、改善管理，都无法使资本（C + ΔC）与资本 C 相比生产出更多或相等的利润，甚至是比资本增加前更少的利润了。那么，必然有一部分资本在利润率下降的过程中无法以利润量的增加来补偿，这一部分资本在资本主义生产方式下就是过剩的资本。而且，就其无法作为资本执行价值增殖的职能来说，是绝对的资本过剩①。与此相伴而生的是相对过剩人口。资本主义绝对的发展生产力的结果之一，即可变资本相对不变资本的比率不断缩小，推动一定量资本所需要的劳动力数量不断减少，工人被机器从工厂中挤出的人数不断增加，形成"人为的过剩人口"。另外，资本的过剩加快了工人从工厂中游离出来的速度，大量小资本的破产停业、新资本形成的困难，使更多的工人沦为失业人员。

所以，"一方面是失业的资本，另一方面是失业的工人人口"②。资本过剩和人口过剩在资本主义生产方式下同时并存，产生于同一个原因：资本家为实现资本价值增殖、阻止一般利润率下降而采取的提高劳动生产力和加快资本积累等手段。同时，它们形成的条件相同，就资本而言，它必须按照资本主义生产过程的"健康的、正常的"发展所需要的剥削程度来剥削劳动，否则宁肯闲置不用；就工人而言，当这些人口不能为过剩的资本所使用，不能按照较高的剥削程度和利润率提供充足的利润，便成为相对的过剩人口③。

三、忽视利润率趋向下降规律的危机理论是不科学的

其中消费不足论把经济危机及萧条产生的原因归于消费不足，认为社会对消费品的需求赶不上消费品的生产，因此造成有效需求不足。该派代表人

---

① 《资本论》第 3 卷，人民出版社 1975 年版，第 279 – 280 页。
② 《资本论》第 3 卷，人民出版社 1975 年版，第 280 页。
③ 《资本论》第 3 卷，人民出版社 1975 年版，第 278 – 280 页。

物斯威齐认为，资本主义危机的本质是实现的危机，在实现的危机中，比例失调是不重要的，关键原因是人们的消费不足导致了总供求失衡。他认为资本主义存在着一种固有的趋势，即消费品生产能力的扩大快于消费品需求的增长。而比例失调论则强调生产的无政府状态造成的不同工业部门之间商品生产的比例失调，是周期性经济危机的成因。因此，比例失调论认为治理经济危机的关键是避免生产的比例失调，而要实现这一点，必须在经济体系各部门之间保持平衡。然而，在理论上这种平衡是可能的，在现实中生产的无政府状态导致这种平衡随时可能被打破，因此，由于比例失调而导致的经济危机无时不在。

消费不足论和比例失调论两种危机理论都完全忽视了利润率趋向下降规律的作用，因此，在解释生产为何会不断扩大，社会生产和社会消费之间的鸿沟为何越来越大，以及资本主义生产的无政府状态为什么不可避免，以致导致再生产过程发生紊乱而产生经济危机的问题上都显得很无力。而马克思从利润率下降规律的作用出发，通过规律内部矛盾的层层展开对这些问题进行了充分的分析。

关于消费不足论者的观点，马克思早已有之，只不过提法不同，马克思称其为剩余价值生产条件与实现条件的矛盾，我们在上面也有过论述。但不同的是，马克思认为这种矛盾只不过是利润率下降规律内部矛盾展开的一个表现，并不是经济危机爆发的真正原因，并没有从本质上对"消费品生产能力的扩大快于消费品需求的增长"的原因进行说明。这种观点过于强调事物的表象，从价值实现层面来解释危机，并企图通过扩大军费开支、增加非生产性费用和对外贸易来阻止危机的爆发。显然，这是不可行的，虽然可以暂时缓解矛盾，但由于消费不足的根源在于资本主义生产的不断扩大，生产不断扩大的根源则在于对利润的追求和为阻止利润率下降的不断努力。所以，只要资本主义存在利润率趋向下降规律的作用，资本家就会竭尽所能的发展生产力、扩大生产，为社会源源不断地提供越来越多的商品和消费能力相对越来越小的消费群体。

比例失调论源于资本主义各个生产部门之间的不平衡，陈恕祥教授认为不能单用这一矛盾解释危机，应该把比例破坏问题放在生产扩大和价值增殖的矛盾中去考察，应该在首先确定生产过剩对资本主义来说是普遍的、一般的和绝对的这个基础上，再来说明无政府状态如何使再生产过程发生紊乱①。我们在前面已经讨论过生产过剩是资本家为阻止利润率下降而不断扩大生产造成的，它一方面对维持一定的利润率来说，是生产资料的生产过剩了；另一方面相对于劳动者有支付能力的需求而言，是商品的生产过剩了。所以，资本主义经济危机表现为一般的生产过剩的经济危机。而脱离一般利润率下降规律，进而脱离一般的生产过剩，只承认各生产部门间比例破坏，这只能说明平衡表现为由不平衡形成的一个不断的过程，即只能说明比例破坏是经常存在的，只能说明局部的生产过剩，不能说明表现为一般的生产过剩的经济危机②。

　　一般利润率下降规律从根本上制约了资本主义生产的发展，作为规律内部矛盾的不同表现形式的矛盾的激化，引起资本主义经济危机的爆发。消费不足论和比例失调论忽视了一般利润率下降规律在矛盾中的根本作用，只就矛盾讨论矛盾，不能从根源上指出资本主义生产的真正限制。

（原文发表于《当代经济研究》2009 年第 12 期）

---

①②　陈恕祥：《论一般利润率下降规律》，武汉大学出版社 1995 年版，第 162 页。

相关文献

［1］杨青梅：《利润率趋向下降规律相关争论》，载于《高校马克思主义理论研究》2020 年第 6 期。

［2］李亚伟：《新自由主义时期的利润率动态及其成因：韦斯科普夫学派的视角》，载于《海派经济学》2014 年第 12 期。

［3］李亚伟：《利润率趋向下降规律新一轮争论的数理与经验考察》，载于《海派经济学》2018 年第 16 期。

［4］任力、王亮杰：《西方学者对马克思利润率下降规律研究的新进展》，载于《经济学家》2021 年第 7 期。

［5］周思成：《欧美学者近期关于当前危机与利润率下降趋势规律问题的争论》，载于《国外理论动态》2010 年第 10 期。

［6］刘灿、韩文龙：《利润率下降规律研究述评——当代西方马克思主义经济学研究的新进展》，载于《政治经济学评论》2013 年第 4 期。

［7］王勇：《知识经济与资本主义平均利润率变动趋势》，载于《教学与研究》2001 年第 10 期。

［8］鲁品越：《利润率下降规律下的资本高积累——〈资本论〉与〈21世纪资本论〉的矛盾及其统一》，载于《财经研究》2015 年第 41 期。

［9］周钊宇、胡钧：《过度竞争是利润率长期下降的根源吗？——基于马克思主义视角的检视》，载于《教学与研究》2021 年第 3 期。

［10］周钊宇、宋宪萍：《马克思利润率趋向下降规律是错误的吗？——质疑检视与理论澄清》，载于《马克思主义研究》2020 年第 10 期。

[11] 鲁保林、赵磊、林浦：《一般利润率下降的趋势：本质与表象》，载于《当代经济研究》2011 年第 6 期。

[12] 彭必源：《对国外学者非议马克思利润率下降规律的分析》，载于《当代经济研究》2008 年第 1 期。

[13] 彭必源：《评西方学者对马克思利润率下降趋势理论的分析》，载于《当代经济研究》2011 年第 3 期。

[14] 裴宏、李帮喜：《置盐定理反驳了利润率趋向下降规律吗?》，载于《政治经济学评论》2016 年第 7 期。

[15] 李帮喜、王生升、裴宏：《置盐定理与利润率趋向下降规律：数理结构、争论与反思》，载于《清华大学学报》（哲学社会科学版）2016 年第 31 期。

[16] 宁殿霞：《破解〈21 世纪资本论〉之谜——皮凯蒂对马克思的误解及其辨正》，载于《当代经济研究》2015 年第 8 期。

[17] 骆桢：《对"置盐定理"的批判性考察》，载于《经济学动态》2010 年第 6 期。

[18] 薛宇峰：《利润率变化方向是"不确定"的吗?——基于经济思想史的批判与反批判》，载于《马克思主义研究》2015 年第 7 期。

[19] 谢富胜、汪家腾：《马克思放弃利润率趋于下降理论了吗——MEGA～2Ⅱ出版后引发的新争论》，载于《当代经济研究》2014 年第 8 期。

[20] 孟捷、李亚伟：《韦斯科普夫对利润率动态的研究及其局限》，载于《当代经济研究》2014 年第 1 期。

[21] 王海鸿、郭栋林：《论剩余价值率假定与一般利润率下降规律》，载于《当代经济研究》2020 年第 10 期。

[22] 鲁保林、孙雪妍：《为利润率下降规律辩护：方法论与三层涵义》，载于《当代经济研究》2017 年第 11 期。

[23] 骆桢：《有机构成提高导致利润率下降的条件及其背后的矛盾关系》，载于《当代经济研究》2016 年第 8 期。

[24] 骆桢：《论置盐定理与马克思利润率下降理论的区别与互补》，载

于《财经科学》2017 年第 11 期。

[25] 孙多友：《一般利润率变化趋势再讨论》，载于《学习与探索》2017 年第 9 期。

[26] 孟捷、冯金华：《非均衡与平均利润率的变化：一个马克思主义分析框架》，载于《世界经济》2016 年第 39 期。

[27] 余斌：《平均利润率趋向下降规律及其争议》，载于《经济纵横》2012 年第 9 期。

[28] 马艳、李真：《马克思主义平均利润率变动规律的动态模型》，载于《海派经济学》2007 年第 2 期。

[29] 孟捷、李亚伟、唐毅南：《金融化与利润率的政治经济学研究》，载于《经济学动态》2014 年第 6 期。

[30] 李亚伟、孟捷：《如何在经验研究中界定利润率——基于现代马克思主义文献的分析》，载于《中国人民大学学报》2015 年第 29 期。

[31] 谢富胜、郑琛：《如何从经验上估算利润率?》，载于《当代经济研究》2016 年第 4 期。

[32] 李亚平：《中国制造业利润率变动趋势的实证分析》，载于《经济纵横》2008 年第 12 期。

[33] 赵峰、姬旭辉、冯志轩：《国民收入核算的政治经济学方法及其在中国的应用》，载于《马克思主义研究》2012 年第 8 期。

[34] 谢富胜、李直：《中国经济中的一般利润率：1994—2011》，载于《财经理论研究》2016 年第 3 期。

[35] 鲁保林、赵磊：《美国经济利润率的长期趋势和短期波动：1966—2009》，载于《当代经济研究》2013 年第 6 期。

[36] 谢富胜、李安：《美国实体经济的利润率动态：1975—2008》，载于《中国人民大学学报》2011 年第 25 期。

[37] 骆桢、戴欣：《利润率下降规律的条件——基于中国数据的检验》，载于《当代经济研究》2017 年第 4 期。

[38] 李翀：《马克思利润率下降规律：辨析与验证》，载于《当代经济

研究》2018 年第 8 期。

[39] 赵峰、季雷、赵翌辰:《中国非金融企业利润率动态的长期和短期影响因素分析:1992—2014》,载于《当代经济研究》2017 年第 10 期。

[40] 王天翼:《1800—2015 年世界总体利润率长期下降原因分析——基于世界体系理论的实证研究》,载于《高校马克思主义理论研究》2020 年第 6 期。

[41] 王庭笑:《资本主义一般利润率变动的长期趋势》,载于《南开学报》1988 年第 4 期。

[42] 牛文俊:《战后美国利润率长期变动的研究》,南开大学博士学位论文,2009 年。

[43] 邹建军、刘金山:《我国一般利润率测度及趋势分析》,载于《暨南学报》(哲学社会科学版)2017 年第 39 期。

[44] 吴晓华、时英、陈志超:《中国经济中的利润率变化趋势及技术影响分析》,载于《福建师范大学学报》(哲学社会科学版)2020 年第 2 期。

[45] 崔云:《科学认识平均利润率趋向下降规律——基于〈资本论〉本义与 1948—2015 年美国利润率等数据》,载于《学术论坛》2017 年第 40 期。

[46] 谢富胜、李安、朱安东:《马克思主义危机理论和 1975—2008 年美国经济的利润率》,载于《中国社会科学》2010 年第 5 期。

[47] 杨继国:《基于马克思经济增长理论的经济危机机理分析》,载于《经济学家》2010 年第 2 期。

[48] 孙立冰:《论利润率趋向下降的规律及与资本主义经济危机的内在联系》,载于《当代经济研究》2009 年第 12 期。

[49] 于泽:《IT 革命、利润率和次贷危机——一个基于马克思危机理论视角的分析》,载于《管理世界》2009 年第 6 期。

[50] 鲍金红、倪嘉:《马克思的利润率趋向下降规律探析——基于金融危机的视角》,载于《当代经济研究》2012 年第 6 期。

[51] 朱奎:《利润率的决定机制及其变动趋势研究》,载于《财经研究》2008 年第 7 期。

［52］陈恕祥：《论一般利润率下降规律》，武汉大学出版社 1995 年版。

［53］谢富胜、李安：《美国实体经济的利润率动态：1975—2008》，载于《中国人民大学学报》2011 年第 2 期。

［54］徐燕、陆夏：《重构韦斯科普夫利润率动态研究模型——兼评一般利润率下降规律的相关理论》，载于《海派经济学》2020 年第 18 期。

［55］王明扬：《资本增殖率趋向下降规律研究——对马克思一般利润率趋向下降规律的再认识》，中共中央党校博士学位论文，2020 年。

［56］高希武：《资本利润率趋向下降规律的启示》，载于《晋阳学刊》2009 年第 2 期。

［57］鲁保林：《一般利润率下降规律：理论与现实》，西南财经大学博士学位论文，2012 年。

［58］鲁品越：《利润率下降规律与资本的时空极化理论——利润率下行背景下的资本扩张路径》，载于《上海财经大学学报》2015 年第 17 期。

［59］孙小雨：《真实竞争和利润率下降：真实竞争理论与 MF 模型的比较》，载于《世界经济》2018 年第 41 期。

［60］杨善奇：《实体经济困境与思考——一个平均利润率趋向下降规律的分析》，载于《经济学家》2016 年第 8 期。

［61］赵英杰：《利润率趋向下降与经济危机关系的新探索——基于1970—2011 年美国的经济数据》，载于《兰州商学院学报》2014 年第 30 期。

［62］刘灿、韩文龙：《利润率下降规律研究述评——当代西方马克思主义经济学研究的新进展》，载于《政治经济学评论》2013 年第 4 期。

［63］王初根：《试论马克思的利润率趋向下降的规律》，载于《江西师范大学学报》1984 年第 1 期。

［64］桑朝阳、马可：《资本收益率高企和利润率下降规律——皮凯蒂对马克思理论的经验证明》，载于《当代经济研究》2018 年第 11 期。

［65］骆桢：《论置盐定理与马克思利润率下降理论的区别与互补》，载于《财经科学》2017 年第 11 期。

［66］孙小雨：《产品创新与利润率下降——一个再生产非均衡分析框

架》，载于《中国经济问题》2021 年第 5 期。

[67] 梁豪、胡绪明：《利润率趋向下降规律被遮蔽的一面及其与资本逻辑瓦解的内在关联》，载于《江西社会科学》2017 年第 37 期。

[68] 刘楠、郭佳：《关于马克思利润率趋向下降规律的辨析》，载于《金融评论》2015 年第 7 期。

[69] 宁殿霞：《利润率下降规律：一个亟须破解的迷局》，载于《天津社会科学》2016 年第 5 期。

[70] 马健行：《利润率趋向下降规律与资本主义发展三阶段》，载于《江淮论坛》1991 年第 1 期。

[71] 喻雷：《对"利润率趋向下降的规律"量的分析》，载于《西北大学学报》（哲学社会科学版）1985 年第 4 期。

[72] 袁镇岳、庄宗明：《对马克思的利润率下降倾向规律的"评论"的评论——对〈美国经济评论〉爱德华·N·沃尔夫一文的剖析》，载于《中国经济问题》1983 年（S1）。

[73] 胡莹、田曦：《关于马克思利润率下降趋势理论的论战及评析》，载于《海派经济学》2015 年第 13 期。

[74] 孙小雨：《从非均衡角度评 TSSI 对置盐定理的批判——比较 TSSI 和 MF 模型对利润率趋于下降的证明》，载于《政治经济学报》2018 年第 12 期。

[75] 张世贵、吕少德：《从平均利润率下降看资本主义的两难历史困境》，载于《东南学术》2022 年第 2 期。

[76] 王海鸿、郭栋林：《论剩余价值率假定与一般利润率下降规律》，载于《当代经济研究》2020 年第 10 期。

[77] 杨帅泓、朱安东：《马克思—斯拉法生产价格体系下的利润率下降规律——对置盐定理的一个修正》，载于《当代经济研究》2021 年第 4 期。

[78] 卢映西、宋梦瑶：《经济学研究要注意避免幸存者偏差因素的影响——以企业绩效和利润率下降规律研究为例》，载于《当代经济研究》2020 年第 6 期。

[79] 樊勇、李昊楠：《资本有机构成变动与马克思利润率下降理论的再检验——以"营改增"为背景的实证》，载于《财政研究》2019年第3期。

[80] 原彰、周庆安：《资本有机构成提高与利润率下降规律浅析》，载于《当代经济》2018年第13期。

[81] 汪波、李朝前、刘楠：《基于技术创新的一般利润率下降规律研究》，载于《金融评论》2018年第10期。

[82] 曾尔曼：《生产力发展还存在利润率下降？——基于"马克思均衡"的实证分析》，载于《厦门科技》2016年第4期。

[83] 钱箭星、肖巍：《克莱曼对经济危机的马克思主义分析——利润率下降趋势规律的再证明》，载于《当代经济研究》2015年第5期。

[84] 胡钧、沈尤佳：《〈资本论〉讲坛第十五讲 资本生产的总过程：利润率趋向下降的规律》，载于《改革与战略》2013年第29期。

[85] 余泽波：《利润率下降规律与资本输出问题》，载于《世界经济》1982年第11期。

[86] 刘纪楠：《马克思一般利润率下降趋势理论研究》，吉林财经大学硕士学位论文，2013年。

[87] 鲍金红：《利润率趋向下降规律及其在当代资本主义经济中的走势分析》，载于《海派经济学》2012年第10期。

[88] 刘江：《资本有机构成变化对利润率下降的制约》，载于《北京化工大学学报（社会科学版）》2008年第2期。

[89] 段宾：《马克思"利润率趋向下降的规律"的新研究》，载于《中州学刊》2003年第6期。

[90] 鲁保林、赵磊、林浦：《一般利润率下降的趋势：本质与表象》，载于《当代经济研究》2011年第6期。

[91] 鲁保林：《中国工业部门利润率动态：1981—2009年》，载于《海派经济学》2014年第12期。

[92] 鲁保林：《利润挤压和利润非挤压：理论与实证》，载于《教学与研究》2013年第9期。

［93］鲁保林、赵磊：《美国经济利润率的长期趋势和短期波动：1966—2009》，载于《当代经济研究》2013 年第 6 期。

［94］鲁保林：《劳动挤压与利润率复苏——兼论全球化金融化的新自由主义积累体制》，载于《教学与研究》2018 年第 2 期。

［95］鲁保林、孙雪妍：《为利润率下降规律辩护：方法论与三层涵义》，载于《当代经济研究》2017 年第 11 期。

［96］蒋建军、齐建国：《当代美国知识经济与"三率"变化分析》，载于《数量经济技术经济研究》2002 年第 10 期。

后　记

　　经典著作的恒久魅力，在于其所蕴含的思想能够穿透时空而抵达当下，超越时代而指向未来。《资本论》就是这样的经典之作，无论时代如何变迁，它都始终站在人类思想之巅。

　　1983 年马克思逝世一百周年，陈征先生主编了一套《资本论》教学研究参考资料以表示对这位伟大革命导师的纪念。该套丛书选编了新中国成立后30 余年国内研究《资本论》的论文和译文，分五册由福建人民出版社出版，分别是：《〈资本论〉创作史研究》《〈资本论〉的对象、方法和结构》《〈资本论〉第一卷研究》《〈资本论〉第二卷研究》以及《〈资本论〉第三卷研究》。这套资料的出版受到了学界的一致好评。

　　斗转星移，现在距离《资本论》教学研究参考资料丛书的出版已经整整过去了四十年。四十年来，中国从低收入国家一跃成为世界第二大经济体，发生了天翻地覆的变化。然而，作为中国的主流经济学，马克思主义政治经济学经历了一个从一统天下到多元并存再到强势重建的否定之否定的发展历程。曾经有一段时期，马克思主义经济学"失语、失踪、失声"问题非常突出，一些年轻人缺乏理论自信，认为马克思经济学过时了，《资本论》过时了。对此，陈征先生在接受采访时郑重指出："我始终对《资本论》研究充满信心和动力。"他还表示："《资本论》没有过时，也永远不会过时。因为《资本论》分析了资本主义的问题，预见了资本主义一定要向更高级社会形态演变的规律，对现在依然有很强的指导意义。"在一次题为《关于马克思主义经济学研究的几个问题》报告中，李建平先生强调必须重视对马克思经济学经典著作的现代解读，因为"《资本论》揭示了资本主义市场经济乃至所有市场经济的一般规律，如价值规律、资本积累规律、平均利润率下降规律等，在现代依然具有指导意义，依然能够指导我国的社会主义改革和建设实践"。

党的十八大以来，习近平总书记高度重视马克思主义政治经济学的学习和应用。在主持十八届中央政治局第二十八次集体学习时的讲话中，总书记指出，在我们的经济学教学中，不能食洋不化，还是要讲马克思主义政治经济学，当代中国社会主义政治经济学要大讲特讲，不能被边缘化。作为马克思主义最厚重、最丰富的著作，习近平非常重视《资本论》的教学与研究。早在 2012 年 6 月，他在中国人民大学调研时就特地考察了该校的《资本论》教学研究中心，并发表重要讲话，他指出：马克思主义中国化形成了毛泽东思想和中国特色社会主义理论体系两大理论成果，追本溯源，这两大理论成果都是在马克思主义经典理论指导之下取得的。《资本论》作为最重要的马克思主义经典著作之一，经受了时间和实践的检验，始终闪耀着真理的光芒。

福建师范大学一直以来都非常重视《资本论》以及马克思主义政治经济学的教学与研究。即便在《资本论》研究处于低潮时，我们都始终坚持给经济学专业的本科生开设《资本论》课程。几代人薪火相传，几十年砥砺奋进。我们在政治经济学教学研究尤其是《资本论》研究领域取得了蜚声学界的研究成果，被誉为"南方坚持马克思主义经济学教学与科研的重要阵地"。显然，这一地位的取得与陈征和李建平两位"大先生"长期潜心于《资本论》教学、研究和传播是分不开的。陈征先生的《〈资本论〉解说》是"我国第一部对《资本论》全三卷系统解说的著作"。李建平先生的《〈资本论〉第一卷辩证法探索》是国内最早运用文本分析研究马克思经济理论和方法的专著。一代又一代福建师大经济学人在马克思主义经济学领域辛勤耕耘，奠定了学校作为政治经济学学术重镇的地位。

2021 年 9 月，经济学院成立了《资本论》的理论、方法和结构及其当代价值研究团队。在李建平先生的倡议和指导下，鲁保林教授开始组织团队的骨干力量编写一套新的《资本论》教学研究参考资料，旨在反映改革开放以来中国学者在《资本论》研究对象、劳动价值论、生产力理论、资本主义基本矛盾理论、工资理论、重建个人所有制、社会再生产理论、一般利润率趋向下降规律研究上所取得的代表性成果。这套丛书由李建平先生和黄瑾教授担任主编，一共八册。各分册的负责人为：（1）陈晓枫：《资本论》研究对象；（2）陈美华：劳动价值论；（3）陈凤娣：生产力理论；（4）许彩玲：资本主义基本矛盾及其当代表现；（5）杨强、王知桂：工资理论；（6）孙晓军：重建个人所有制；（7）魏国江：社会再生产理论；（8）鲁保林：一般利润率趋向下降规律。

为保持入选论文原貌，入选论文的作者简介以论文发表时为准。我们对作者的授权和支持表示衷心感谢！不过，由于工作单位变动等因素的影响，一些入选论文未能联系到原作者，敬希望作者见书后及时与我们联系，以便奉寄样书和支付稿酬。由于本书篇幅有限，还有许多佳作尚未入选，我们深表遗憾。经济科学出版社孙丽丽编审为本套书的出版付出了辛勤劳动，在此一并感谢。

2023 年是马克思逝世一百四十周年。本套丛书历经一年半的编写和审改也即将问世，这套丛书的编写饱含了我们对马克思这位伟大思想家的崇高敬意和深厚感情。跟随马克思的足迹前进，是对这位伟大革命导师最好的缅怀和纪念。作为"南方坚持马克思主义经济学教学与科研的重要阵地"，我们将进一步增强责任感和使命感，做《资本论》研究的继承者和发展者，为繁荣发展中国马克思主义经济学贡献力量。

福建师范大学《资本论》的理论、方法和结构及其当代价值研究团队

2023 年 3 月